销售
运营管理

（第2版）

世界500强企业如何运筹帷幄、决胜市场
识别和挖掘销售增长潜力的实用指南

黄迪祺 ◎著

全新修订版

GE、诺和诺德、诺华、IBM、西门子、惠普、埃森哲、宝洁
多位世界500强企业高管　联袂推荐

针对中国企业销售运营管理实践中存在的难点和盲点，
第二版补充了大量专题和案例，
一本更完善、实用的销售运营管理工具书

中华工商联合出版社

图书在版编目(CIP)数据

销售运营管理 / 黄迪祺著. -- 2版. -- 北京：中华工商联合出版社，2024.3
ISBN 978-7-5158-3882-3

Ⅰ.①销… Ⅱ.①黄… Ⅲ.①企业管理–销售管理 Ⅳ.①F274

中国国家版本馆CIP数据核字（2024）第 042904 号

销售运营管理

作　　者：	黄迪祺
策划编辑：	李红霞
责任编辑：	李红霞　孟　丹
封面设计：	周　琼
责任审读：	付德华
责任印制：	陈德松
出版发行：	中华工商联合出版社有限责任公司
印　　刷：	三河市宏盛印务有限公司
版　　次：	2024年3月第2版
印　　次：	2024年3月第1次印刷
开　　本：	710mm×1000mm　1/16
字　　数：	360千字
印　　张：	26
书　　号：	ISBN 978-7-5158-3882-3
定　　价：	69.00元

服务热线：010－58301130－0（前台）
销售热线：010－58302977（网店部）
　　　　　010－58302166（门店部）
　　　　　010－58302837（馆配部、新媒体部）
　　　　　010－58302813（团购部）
地址邮编：北京市西城区西环广场A座
　　　　　19－20层，100044
http://www.chgslcbs.cn
投稿热线：010－58302907（总编室）
投稿邮箱：1621239583@qq.com

工商联版图书
版权所有　侵权必究

凡本社图书出现印装质量问题，请与印务部联系。

联系电话：010－58302915

第2版序

PREFACE TO THE SECOND EDITION

2018年通过《销售运营管理：世界500强如何运筹帷幄、决胜市场》一书的出版，第一次系统地、完整地将欧美领先企业销售运营管理这一职能和实践引进中国。5年来，我致力于销售运营管理在中国的普及和发展，有幸结识了许多志同道合的同道中人，并欣喜地看到许多中国领先企业设立销售运营部门、学习和践行这项管理实践：

- 在互联网行业，美团、阿里、百度等公司的销售运营部门都是相当重要的机要部门；
- 在医疗器械行业，最早设立销售运营部门并进行卓越销售运营管理变革的迈瑞已是内资医疗器械行业的领导者；
- 在IT软件行业，金蝶销售运营部门多达200余人，在销售运作中发挥重要的功能；用友、金山情况与此类似；
- 在制造行业，有隆基股份、三一重工……
- 在医药行业，有齐鲁药业、金赛药业……

……

尽管国内设立销售运营部门的企业仍然寥寥，我粗略估计大约仅占企业总数的2%~5%，但相信会有越来越多的企业认识到销售运营管理的巨大价值并采取行动、付诸实践。因为通过卓越销售运营管理谋求可持续的、内涵式的增长是企业发展的必由之路，是立志做强做大、励精图治的企业的睿智之选，我的理由有三：

一、销售运营管理是企业内涵式增长的必由之路

所有的增长方式最终都会转向寻求内涵式增长，而销售运营管理就是内涵式增长的最优解。企业获得销售增长可以分为外延式增长和内涵式增长两类方式。外延式增长是指通过大规模资源投入获得增长的方式，典型如高额的广告投入、人海战术及通过资本并购快速扩张等。而内涵式增长是指公司在没有额外投入大量资源的情况下，通过改善自身的管理水平、优化资源配置效率获得的增长，典型如开发未触及的客户群体、优化渠道或定价策略、调整销售组织结构、提升人员效能、优化薪酬激励、强化绩效管理等。外延式增长的特点是增长迅速，但其不足也显而易见，首先，多数企业缺乏外延式增长所需的大量资源，许多企业幻想通过广告、直播、购买网络流量等招数一夜成名、成功、暴富，却忘了这些方式背后都需要巨额资本的加持，这种方式获得的增长与其说是营销成功，不如说是资本成功；其次，外延式增长很容易走到尽头，一旦停止或减少投入，很容易就陷入负增长；第三，外延式增长也较容易被复制而难以持续，王老吉不是很快就被加多宝复制了吗？总之，外延式增长更像是"拔苗助长"。因而，领先企业寻求更健康、更稳健、更持续的内涵式增长方式，这种增长方式也被称为organic growth（有机增长、内生增长）。而销售运营管理，正是专注内涵式增长的一套系统方法论。

二、通过销售运营管理谋求高质量增长是国际、国内优秀企业的共同的睿智选择

麦肯锡2018年发布的白皮书《卓越销售运营管理：企业未来增长之路（Commercial Excellence：You path to growth）》，对200多家企业的业务

运营能力的评估，发现拥有卓越业务运营管理能力的企业，与同行相比，销售收入增长持续领先1.9%，而利润增长始终领先4.7%。白皮书指出："坚持构建和维持一流销售运营能力，会持续获得丰厚回报。竞争在不断加剧。现在，许多市场进攻者通过超级执行力（卓越运营），而不是仅仅通过好的产品来超越竞争，驱动增长。为了对抗这种压力，市场领导者和市场进攻者毫无例外都应该构建并维持一流的业务运营能力，以获得显著的竞争优势"。GE、IBM、西门子、辉瑞、罗氏、丹纳赫等全球著名企业都拥有强大的销售运营管理团队，持续投入销售运营管理体系；而在中国，许多先知先觉的领先企业，包括美团、阿里、百度、迈瑞、三一重工、金蝶等也投入大量资源提升销售运营管理体系，既然国际、国内如此之多最优秀的公司不约而同地选择通过销售运营管理来追求增长，而这些最优秀公司又都是全球最聪明、最精锐的商界精英在掌舵，他们不谋而合的共同选择必有其原因——销售运营管理是驱动销售增长的最佳途径。

三、销售运营管理是赢得营销系统战争的必由之路

营销的成功、企业的崛起是一场"系统战争"。央视纪录片《大国崛起》在分析了公元1500年后英国、荷兰、美国等9个世界性大国崛起的历史后总结到："……单一的因素一定是错误的，一定是各种因素的综合造成了大国的崛起。"营销成功也与此同理。营销领域有一个很有趣的现象，就是你几乎搜不到顶级公司光鲜的营销案例，比如你搜不到GE营销做了什么惊天动地的营销、你也搜不到IBM做过什么轰轰烈烈的营销，但她们都是最成功的公司。她们的营销似乎没有哪方面特别强，但似乎每方面又都很强：产品也不错、渠道管理也很健康、市场活动也组织得很好、该打的广告也都有、营销队伍也训练有素、价格策略也恰到好处……几乎每个方面都堪为标杆。其实这正是因为营销是一个包含诸多要素的整体系

销售运营管理

统，营销的成功必然源于对所有营销要素的小心翼翼的筹划和持之以恒的努力。恰如孙子兵法所形容的那样："善攻者,敌不知其所守；善守者,敌不知其所攻。"你根本不知道它厉害在哪里，但她每个部分都那么卓越，整体系统更是卓尔不群。Top公司的营销，就是这种感觉：每个部分都很强大，你想去进攻它，都不知道要从哪里入手。营销没有捷径，扎实经营好营销系统的每个环节，练好基本功，才是王者成功之道。顶级公司的营销成功可以概括为"营销系统战"。销售运营管理即是一套帮助企业管理好营销成功的各种关键要素、驾驭好营销系统战争的系统方法论。

第2版《销售运营管理》在第1版的基础上，结合近5年我们观察到的中国企业销售运营管理实践中的难点和盲点，丰富补充了更多内容和案例，主要更新包括：

在市场目标管理模块，我们发现中国企业对"科学合理设定市场目标"的认知和方法十分欠缺，为此我们增加了指导市场目标制定的"市场目标制定的5大原则"及"市场情报系统建设"的内容（第5章）。

在销售策略制定模块，我们发现中国企业不仅在"策略制定"的系统性、组织性、科学性上缺失很多，在"策略落地"、策略执行上更是严重管理不善，为此增加了"策略落地"的内容（第6章）。

在人员配置管理模块，我们发现中国企业一线销售人员接受过专业化销售训练的百分比至多不超过20%；而销售经理人员接受过专业化训练的百分比甚至不足5%，因此销售队伍各级人员的"质量"堪虞，提升空间巨大，为此我们增加了提升销售队伍质量"辅导"和"传帮带"两种方法的内容（第7章）。

在营销绩效管理模块，我们发现许多中国企业缺乏完善的衡量、监测营销绩效表现的仪表盘、驾驶舱，为此我们增加了"业务分析体系建设五部曲"的内容（第8章）。

在薪酬激励模块，我们发现许多企业的提成设计存在一些误区，为此增补了一些提成设计案例；此外，我们还增加了"'可期望前景-成本'激励矩阵"帮助企业从更全方位的视角思考和设计薪酬激励方案（第9章）。

在销售流程管理模块，近年在华为为代表的复杂产品、项目式销售的业务模式中，销售流程解决方案LTC颇为盛行，为此我们增加了LTC流程优化的简介及案例（第10章）。

在销售IT模块，我们发现许多企业对"引进了CRM，却并没有提升营销管理水平"感到困惑，我们对CRM未能提高营销管理水平的原因进行了剖析，并提出对策（第10章）。

在综合案例方面，为了帮助读者朋友更好地理解销售运营管理体系的运作，及其如何切实帮助企业改善销售业绩，我们增加了"互联网大厂销售运营管理审计+针对性培训方案"和"识别销售增长潜力，助力医疗设备企业重拾升势"的两个完整案例，介绍如何运用"销售运营管理审计"技术，帮助企业识别和挖掘销售增长潜力（第11章）。

此外，要充分发挥销售运营管理"运筹帷幄、决胜市场""识别和最大化销售增长潜力"的使命，设立和发展强大的、专业的销售运营部门不可或缺，我们增加了这一部门发展、升级方法的介绍，以及专业销售运营人员的能力要求和培养方案等内容（第12章）。

销售运营管理是全球领先企业建立销售管理体系的最佳指南，建体系是一件艰巨、长期的任务，"罗马不是一天建成的"，我们建议读者朋友可以从"识别、变现和最大化销售增长潜力"的点点滴滴的努力入手，创建本公司的销售运营体系：

首先，是"识别"销售增长潜力、机会点。我们希望读者朋友们使用本书时善于将本公司目前在销售运营管理八大模块上的管理现状与书中领先企业的最佳实践进行对标，分析公司目前是这样做的吗？有哪些方面尚

销售运营管理

未开展或做得不够完善？这些做得不够好的方面往往就是销售体系有待完善的地方，也是促进销售增长的机会点。

其次，是"变现"销售增长潜力，识别出本公司某个模块上需加以改善的机会点后，设计解决方案，实施变革。比如发现公司在销售策略落地方面做得不够好，那么可以设计有针对性的销售策略项目管理方案；又比如发现公司各级销售人员缺乏体系化的专业销售技能训练，那么可以设计销售培训体系建设方案。通过逐点逐项、锲而不舍地体系改善，将销售增长潜力"变现"为现实的增长。

最后，是"最大化"销售增长潜力。随着读者朋友经验积累和专业度提升，就更有能力"识别"出更多销售体系存在的增长机会点，也能更娴熟地运用更多方法"变现"销售增长潜力，最终将销售组织中所有可能的销售增长潜力全部识别出来、变现出来，就实现了"最大化"销售增长潜力。

希望读者朋友们运用本书更好地帮助企业"识别、变现和最大化销售增长潜力"，帮助企业建立或完善销售管理体系，最终达到"运筹帷幄、决胜市场"的境界。

期待第2版的出版，能带给中国企业更多的启迪和实用指南，更期待结识更多志同道合的朋友，共同推动销售运营管理在中国的普及和发展。

黄迪祺

2023年10月

推荐序
RECOMMENDED PREFACE

迪祺要我为他的书写点东西，刚开始我有点犹豫，因为乍看书名，以为又是一本MBA教材式的书籍，心中不禁有些担心：一个"80后"写的书能在琳琅满目的"管理秘籍""营销百科"的图书市场里脱颖而出吗？带着这种疑惑，我开始看迪祺的书，一页一页读下去后，发现不仅原先的担忧是多余的，而且更有后生可畏之叹。

迪祺在书里夹叙夹议，谈古论今，将枯燥的概念，用讲故事的方法来阐释，这引起了我的兴趣。书中既有迪祺十几年职业生涯的心得，又有他山之石的借鉴；既有职场的趣闻，又有历史传说中的逸趣；还有影视小说中的场景……在谈笑风生中将销售运营的精髓，实操中的要点一一剖析，使读者跟着作者的思路去领略和体会销售运营管理的理论和方法，并在脑海中留下自己的思考。想让一个在职场摸爬滚打30多年的老兵对一本管理方面的书感兴趣，不是一件容易的事，但是迪祺做到了。

改革开放40年来，中国能像华为一样比肩世界500强、既大且强的民营企业屈指可数。原因在于现代科学管理的理论、方法、具体的实施（特别是其中的细节）是中国民营企业的短板。任正非说，"华为之所以能够在国际市场取得今天的成绩，就是因为华为十几年来真正认认真真、恭恭敬敬地向西方公司学习科学管理"。要成长为像华为一样优秀的世界500强企业，就需要像华为一样扎扎实实地向西方企业学习科学管理。这本书就是介绍IBM、通用电气、西门子等世界500强企业如何进行科学管理和理性决策的专著。

· 7 ·

销售运营管理

　　管理大师西蒙认为，管理即决策。通用电气、阿斯利康这类世界500强公司特别重视科学管理和理性决策在公司运营中的重大作用。每年年底年初都会投入大量的人力、财力进行市场的统筹规划，这一关键业务运营程序通常称为运营系统（Operating System）或年度运营计划（Annual Plan），这些重大决策通常包括以下问题：公司的市场机会在哪里？公司应该采取什么样的经营策略？如何科学合理地设定业务目标？以什么样的营销组织去支持公司的业务战略？如何围绕市场机会进行人员、财务等各种资源的分配？这一系列的重大决策都要建立在科学的、翔实的、量化的数据分析的基础之上。

　　销售运营部门作为重要的参谋部门，需要进行大量的、细致的调研和分析工作，为上述决策提供信息、数据支持，并提出策略建议和方案。毫无疑问，这些运筹和决策工作的质量将直接决定公司一年市场的兴衰成败，正如本书的副标题所说的"运筹帷幄，决胜市场"。销售运营部门还要负责推动业务战略落地和绩效追踪，跟踪业务策略执行情况，将绩效实时反馈给管理层及各层业务人员，必要时调整策略或资源分配方向，甚至发起管理变革。

　　本书向读者真实呈现了世界500强年度业务运营的管理实践，完整地介绍了销售运营部门的工作职责及其方法、工具，介绍了许多真实的商战案例。书中介绍了业务管理的4+1管理模式，指出业务运营管理应该紧密围绕5个核心维度开展：市场目标、销售策略、人员配置、费用预算及绩效薪酬，精准地抓住了业务管理的核心问题。4+1管理模式为企业经营者带来3个直接的帮助：第一，为企业经营者提供了一个高效的业务运营规划的思考框架，企业在制定年度运营规划的时候，依据这套模式，就能够做到周全细致的谋划，达到未战先谋、胜兵先胜而后求战、增加企业商战胜算的目的；第二，企业依据4+1管理模式要求的组织架构方式，层层构建"业务+人力、财务、运营"的核心经营团队，能够大幅增强企业的团队协同作战能力，组织管控能力和执行能力，有效推动企业战略落地；第三，4+1管理模式也是一套行之有效的业务领导人培养的方法，其施行将为企业培养大量的业务领导人和专业职能领导人，为企业长期发展提供最重要的原动力：人才。

我相信迪祺这本书可以帮助中国的企业，特别是民营企业提高运营管理科学性、计划性、系统性，尤其是在市场营销方面，可以有利于企业对客户详情、市场潜力的研判，减少在指标分配、绩效考核、薪酬激励、财务预算等方面决策时的随意性。只有这样，企业才有可能在竞争中不被对手打败，才有可能在发展中不被边缘化，从而实现基业长青的梦想。

本书是国内不可多得的一本业务管理的实战型专著。这本书不是MBA教科书，却足以作为商学院教材的补充；不是实操手册，但却可以使企业在制定规章流程时思路更清晰，不管是新入行的职员，还是职场老将，都可以从这本书获益。

我特别真诚地建议那些准备接掌家族企业的青年企业家将这本书作为案头的参考书。我深信这本书将帮助这些接班人更敏锐地发现自己的企业在销售运营中的问题，更重要的是能从这本书中受到启发，从而找到解决问题、建立科学管理体系的方向。

原GE医疗大中华区副总裁
中国传媒大学媒介与公共事务研究院公益传播研究所所长
中国公共关系协会常务理事、企业社会责任研究中心主任
吴浣苓
2018年10月

第1版序
PREFACE TO THE FIRST EDITION

销售运营管理是近十几年西方企业新兴起的一项职能和实践。

说它是一项职能，是因为在很多欧美领先企业里都有这样一个并列于人力资源部、财务部等职能的独立部门，不同企业的称呼可能不太一致，我所知道的中文叫法就有销售运营部、业务运营部、销售绩效部、战略运营部、销售市场部、销售与市场效能部等，英文的叫法有Sales Operation，Commercial Excellence，Business Operation，Sales Excellence，Sales Effectiveness，Sales Force Effectiveness，Sales and Marketing Excellence等。这个部门的作用相当于业务参谋部，类似于军队里的作战参谋功能，最重要的工作就是围绕着每年业务目标制定作战计划、行动方案、政策规则，以及在过程中进行助攻、方向调整、资源分配优化等。

说它是一项实践，是因为随着这项职能的发展，它逐步形成了自己的工作领域和方法论，这些工作内容通常包括以下方面。

1. 市场研究和预判：通过对市场大势和竞争态势的信息、情报收集，以及对企业自身经营情况的数据搜集和分析，为企业开展业务管理提供参考信息和决策依据。

2. 业务目标设定和分解：基于对市场和业务的理解，向管理层建议每年的业务目标，并负责将其分解到各个事业部及各层级。

3. 业务策略的制定和发展：包括当年企业应该主攻哪些市场、哪些区域、哪类产品、哪类客户等业务策略的分析和制定。

4. 销售组织设计和人员配置：结合企业当年的目标和策略，需考虑如下问题：该用什么样的销售组织去支持业务目标的实现？该配置什么样的销售人员及其在不同区域、不同产品线上如何部署？

5. 费用预算资源的分配：为了达成企业当年的业务目标，对预算资源应该如何在不同的项目、区域、产品之间进行分配要做进一步的考量。

6. 销售市场绩效管理、KPI设计执行以及业务分析体系的构建：设计绩效管理的KPI体系，并通过数据管理和业务分析的构建来及时发现问题和采取纠偏措施。

7. 销售激励方案的设计：为了保障业务目标的实现，设计合理的销售奖金方案，以确保销售人员执行销售战略的积极性。

8. 业务管理系统的建设和使用：近十几年业务管理领域IT化进程迅速，常用的销售管理软件有客户关系管理系统（Customer Relationship Management）、报价系统（Quotation and Pricing）、业务智能系统（Business Intelligence），这部分工作一般也放在销售运营部来管理。

9. 销售流程的优化：为了使业务运作更为流畅，需要优化设计销售的流程，这些流程包括管理流程和业务流程。管理流程包括何时分配和调整指标、何时回顾业务等。业务流程则包括客户界面的管理、从线索到合同到付款（Lead To Cash）的流程优化等。

此外，还有一部分公司（如辉瑞、诺华、罗氏等），会将销售人员的培训工作也放在这个职能里，以期最大化提高整个销售市场队伍（业务队伍）的战斗力。

十几年来，销售运营管理发展十分迅速，为许多跨国企业开拓中国市场做出了不可小视的贡献。在欧洲和美国，关于销售运营管理的研究较为领先，甚至形成了许多专门以销售运营提升为核心业务的咨询公司。但在中国，仍鲜有企业了解这项职能和实践，更鲜有企业将之付诸实践。

我先后在华为、通用电气、诺和诺德等世界级大企业从事业务运营

销售运营管理

管理工作十余年。尤为幸运的是，通用电气的卓越业务运营管理实践得益于麦肯锡的协助，而诺和诺德公司对销售运营功能也十分重视，在十余年间，先后邀请麦肯锡、波士顿、翰威特等世界一流咨询公司为其梳理和构建最佳销售运营管理实践，且在全球范围内建立不同国家之间的交流和分享机制，于是我得以窥探世界领先的业务运营管理的实践和方法论。按照美国近年流行的1万小时成就一个专家的说法，即如果一个人能够持续在一个领域深入研究和实践1万小时以上，就能够成为这一领域的专家，那么按照每天工作8小时，每年工作250天计算，我不知不觉在这一领域沉淀了近3万小时，算是小专家一枚吧。

2013年，我回到母校拜访研究生导师包政先生，聊及十余年的工作经历，包老师作为给数十家企业做过管理咨询的、中国管理咨询界的领袖级大师，立刻敏锐地指出这些管理实践和方法论对于目前中国企业的价值，并鼓励我将十几年的管理实践和心得撰写成书。

经过5年的沉淀，《销售运营管理》即将出版。本书复原了世界顶级公司在面对市场目标与策略、营销组织设计、人员配置和布局、预算分配、销售绩效薪酬激励等这些核心经营问题时是如何思考、分析和决策的，希望能够帮助中国企业经营者了解世界顶级公司运筹帷幄、决胜市场的思路、方法及工具。

期待本书介绍的内容能够对中国企业管理实践有所启迪，更期待通过本书，能够与更多业务运营管理的实践者和研究者结成朋友，共同探讨、交流、切磋、进步，将这一领域的实践和研究进行到底。

黄迪祺

2018年10月

目录 CONTENTS

Part 1
概念篇　什么是销售运营管理？

>> 第1章　销售运营管理：世界500强攻城略地的幕后参谋 / 2
　　第1节　销售运营管理概述 / 3
　　第2节　趣说销售运营管理之一：成吉思汗的销售运营管理之道 / 11
　　第3节　趣说销售运营管理之二：雍正的御用军师告诉你什么是"运筹帷幄，决胜千里" / 14

>> 第2章　销售运营管理职能的兴起 / 18
　　第1节　销售运营职能对提升企业市场竞争力的深远意义 / 18
　　第2节　销售运营在公司运营框架中的功能和定位 / 27
　　第3节　销售运营管理的使命：优化资源配置推动战略落地 / 33
　　第4节　销售运营管理：企业增长之路 / 47

Part 2
实践篇　销售运营管理之道

>> 第3章　销售运营管理之道：一个实战的模型 / 60
　　第1节　一个实战的模型：业务管理的核心逻辑——4+1管理模式 / 60

第2节　围绕4+1管理模式开展销售运营管理 / 68

第3节　销售运营管理工作框架：挖掘机会、调配资源、促进增长 / 76

第4章　年度运营计划体系 / 80

第1节　时间维度上的年度运营计划体系 / 80

第2节　组织层级维度上的年度运营计划体系 / 84

第3节　年度运营计划体系如何创造市场竞争优势 / 90

第5章　市场目标 / 94

第1节　中国企业业务管理系统失效的头号杀手：目标管理系统缺位 / 94

第2节　市场目标制定的六个步骤 / 97

第3节　市场目标制定的五大原则 / 100

第4节　支持市场目标制定的市场情报系统 / 114

第6章　策略制定 / 122

第1节　好策略的四大特点 / 122

第2节　策略制定的六大原则 / 124

第3节　策略制定的总体思路 / 126

第4节　策略制定的5个常用工具 / 127

第5节　策略落地：销售策略项目管理 / 152

第7章　销售组织设计与人员部署 / 161

第1节　销售组织设计总体思路、六大原则及金三角模型 / 161

第2节　销售人员的部署：种类和数量 / 183

第3节　销售人员质量之销售培训体系构建 / 194

第4节　销售人员质量之销售辅导、传帮带 / 208

第8章　绩效管理与业务分析 / 219

第1节　从策略到任务到KPI / 220

第2节　绩效跟踪与分析 / 226

第3节　业务分析体系构建五部曲 / 230

第9章　销售激励和奖金设计 / 242

第1节　销售奖金是目标、策略、行为、结果的黏合剂 / 242

第2节　中国销售奖金设计的四大要素 / 244

第3节　运营视角看销售奖金设计：奖金是一种资源，设计时要讲究投入产出比 / 257

第4节　销售奖金设计的一般流程 / 273

第5节　超越薪酬激励："可期望前景-成本"激励矩阵 / 277

第10章　形成业务计划 / 284

第1节　围绕4+1管理模式输出年度运营计划的业务简报 / 284

第2节　年度业务计划的本质是决策的科学理性 / 286

第3节　销售流程管理与LTC / 293

第4节　销售IT系统支持 / 301

第11章　销售运营管理变革案例 / 321

第1节　4+1管理模式中国企业落地记——为某50亿元集团企业导入4+1管理模式 / 321

第2节　互联网大厂销售运营管理审计+针对性培训方案 / 347

第3节　识别销售增长潜力，助力医疗设备企业重拾升势 / 352

Part 3　趋势篇　销售运营管理的趋势

>> 第12章　销售运营管理的组织结构支持 / 366

第1节　典型的销售运营管理部门的组织结构 / 366

第2节　销售运营部门与企业组织结构顶层设计的智慧 / 369

第3节　"打铁还需自身硬"，销售运营部门的发展升级 / 373

第4节　销售运营能力模型和培训体系 / 378

第5节　销售运营管理部门与其他部门 / 388

>> 第13章　销售运营管理的趋势 / 390

>> 推荐语 / 393

Part 1

概念篇

什么是销售运营管理?

第1章
销售运营管理：
世界500强攻城略地的幕后参谋

《孙子兵法》是世界兵书之最，其深邃的谋略思想深远地影响了全球的商战，为世界各国企业所推崇。《孙子兵法》的核心思想是"上兵伐谋"，强调战前谋略和筹划是战争的上乘艺术和决定胜负的关键因素，它将《始计篇》放在第一篇，开宗明义指出，决定战争成败的首要任务在于战前谋划："夫未战而庙算胜者，得算多也；未战而庙算不胜者，得算少也。多算胜，少算不胜，而况于无算乎！吾以此观之，胜负见矣。"书中用大量的篇幅介绍战前谋划，如《始计篇》《谋攻篇》阐述战前对整体形势和竞争对手的全方位的分析和度量，《用间篇》阐述情报搜集的意义和方法，并留下了"故上兵伐谋，其次伐交，其次伐兵，其下攻城""知彼知己者，百战不殆；不知彼而知己，一胜一负；不知彼不知己，每战必败"等关于战前谋划的至理名言。

无独有偶，西方战争之父克劳塞维茨《战争论》也描述道：我们所知的每一场战争，其实早在战争开始之前就已经结束了（战争的部署、对胜负结局的预见早已在指挥官脑海中预演过多遍了）。作者高度评价了战前谋划对于战争胜负的作用。

商战亦是如此，我们看到某个跨国企业在中国市场攻城略地，成功抢占了某块市场、成功推出了某个产品，事实上都是幕后一系列苦心孤诣谋划的结果，是幕后一系列形势分析、谋划判断和关键决策的结果，

第1章
销售运营管理：世界500强攻城略地的幕后参谋

这些决策包括以下一系列问题：市场机会在哪里？开发哪些目标客户？如何开发？策略是什么？如何设计销售组织支持战略落地？如何排兵布阵？如何针对性投放资源？如何绩效追踪、激励人员以确保销售战略执行到位……

那么问题来了，跨国企业中是谁在幕后承担这项"庙算"的工作？是谁对这些关键决策提出建议、对策和方案？是谁负责市场、竞争情报和数据的搜集和分析？他们又是如何进行这一系列"庙算"工作的？

在跨国企业，承担这个"作战参谋"职能的部门叫作"销售运营部"，本书将介绍这个部门的实践，以及他们运筹帷幄，决胜市场的思路、方法和工具——"销售运营管理之道"。

第1节　销售运营管理概述

"销售运营管理"在通用电气公司（GE）也叫卓越业务运营管理（Commercial Excellence，简称CE），是继六西格玛后的业务管理利器。2000年后，企业竞争的重点逐渐由产品质量转移到商务领域（高效分销），管理工具也由六西格玛转移到卓越业务运营管理。六西格玛在通用电气的运作方式是有一群专业人士，在全球寻找质量改进的机会，成立项目并加以实施。卓越业务运营管理也是如此，一方面在全球所有涉足的业务、区域、国家里均设有销售运营经理（Sales Operation Manager），践行这一实践，另一方面在全球总部还设有卓越业务运营管理团队，在全球寻找营销管理改进的机会，分享全球最佳的营销实践，持续提升各个成员国家的业务管理水平。如同六西格玛，卓越业务运营管理是一套基于科学的数据分析和最佳业务实践的业务运营方法论。

销售运营管理

韦尔奇在1995年前后提出建立"年度运营计划"取代传统的讨价还价式的预算系统，着手打造"基于全面、客观、量化的市场及竞争分析"的年度运营计划系统。伊梅尔特接任CEO后，进一步强调通过内部运营效率的提升来达成组织的"有机增长"，于是在2004年提出将卓越业务运营管理作为通用电气公司追求内在组织增长的6大要素之一（见图1-1）。

图1-1 通用电气公司增长战略六大要素之一：卓越业务运营管理

由于这一管理实践为近十几年才新兴的，在不同公司对这一实践的称呼尚有差异，有的公司也称为商务运营（Commercial Operation，Commercial在英语里是一个比较大范围的概念，大体上包括中文里的市场、销售、商务等功能）或业务运营（Business Operation），也有的公司称为MSE，即Marketing and Sales Excellence，或者叫Sales Excellence，但大体上都是卓越销售、卓越营销的意思。为了方便起见，笔者在本书中以最为普遍使用的销售运营管理（Sales Operation）称之。

也由于这个领域实践的前沿性，目前尚没有一个约定俗成的定义，笔者根据自己十几年的实践心得，对销售运营管理下一个定义：销售运营管理就是围绕业务目标，找出影响目标的关键影响因素，制定策略，并充分调动人、财、技术、组织方式等各种资源，以全力支持业务目标实现，以追求最优效率和最佳投资回报率（ROI）的经营管理过程。

据不完全统计，下面这些世界领先公司都设有销售运营管理职能：值得一提的是，近年来国内各行业的一些龙头企业、优秀企业也纷纷重视并发展销售运营职能，如互联网的MAT美团、阿里、百度、腾讯；软件行业的金蝶、金山；医疗器械行业的迈瑞；制造业的隆基股份等。

互联网业：亚马逊、谷歌、美团、百度、阿里巴巴、腾讯、字节、智联

制药业：辉瑞、诺华、拜耳、罗氏、诺和诺德、阿斯利康、葛兰素史克、赛诺菲、爱尔康、施维雅、百时美施贵宝

软件IT业：甲骨文、SAP、微软、惠普、金蝶、用友、金山

医疗器械：美敦力、强生、东芝、西门子、迈瑞

制造业：GE、华为、IBM、丹纳赫、隆基、三一重工、浙江大华

快消品：宝洁、联合利华、可口可乐、伊利、蒙牛

随着销售运营管理职能的发展，它逐步形成了自己的工作领域和方法论，这些工作内容通常包括市场目标、销售策略、人员配置、费用预算、销售激励、销售绩效、销售流程、销售IT 8大模块（见图1-2）。

图1-2 销售运营管理八大模块

销售运营管理

1．市场目标管理（市场调研、竞争分析、客户管理、STP、GTM、区域划分、指标设定和分解）。通过对市场大势、竞争态势的信息和情报收集，以及对企业自身经营情况的数据搜集和分析，为企业开展业务管理提供参考信息和决策依据；基于对市场和业务的理解，向管理层建议每年的业务目标，并负责将其分解到各个事业部、各层级、各产品。

2．销售策略管理（策略制定、策略追踪）。包括当年企业应该主攻哪些市场、哪些区域、哪类产品、哪类客户，以及对当年业绩可能产生较大影响的因素的识别和管理等业务策略的分析、制定、追踪、调整。

3．销售人员配置（销售人员规划—组织结构、销售人员数量规划、销售胜任力模型、销售培训、辅导机制、职业阶梯、销售招聘流程）。结合企业当年的目标和策略，需考虑如下问题：该用什么样的销售组织去支持业务目标的实现？该配置什么样的销售人员及其在不同区域、产品线上如何部署？应该招募具备哪些能力的销售人员？如何辅导和培训以不断提升他们的技能？

4．销售费用管理（销售预算流程、销售预算制定逻辑）。即为了达成企业当年的业务目标，预算资源应该如何在不同的项目、区域、产品之间进行分配。

5．销售激励与奖金设计（奖金预算、奖金设计、沟通、实施和分析、销售竞赛、销售认可）。为了保障业务目标的实现，设计的销售奖金方案要确保销售人员的积极性，同时对如何设计销售竞赛和销售认可项目也需作出合理安排。

6．销售绩效管理（营销绩效KPI设定、业务分析体系建立）。销售市场绩效管理、KPI设计执行以及业务分析体系的构建：设计绩效管理的KPI体系，并通过数据管理和业务分析系统的构建来及时发现问题和采取纠偏措施。

7. **销售流程优化（管理流程、业务流程）**。为了使业务运作更为流畅，需要对涉及销售的流程进行优化。这些流程包括管理流程和业务流程。管理流程指何时分配和调整指标、何时回顾业务等内容。业务流程则包括客户界面的管理、从线索到合同到付款的流程优化，如近年因华为而备受关注的LTC流程（Lead To Cash）等。

8. **销售管理软件（CRM、BI、CPQ等）**。近十几年业务管理领域IT化进程也是非常迅猛的，常用的销售管理软件有客户关系管理系统（CRM，Customer Relationship Management）、报价系统（CPQ，Configuration, Price, and Quotation）、业务智能系统（BI, Business Intelligence），这部分工作一般也放在销售运营部来管理。

关于这八大模块，我在咨询工作中较常被问及一个问题：为什么市场目标和策略不是在一起的？理论上讲，目标和策略确实是相辅相成的，在经典的教科书中，往往也把目标和策略视为一体，通过策略分析制定目标。但在实践中，市场目标管理和策略管理是两个相对独立的流程，这是因为：

（1）市场目标管理和策略管理相对独立，几乎所有的公司都会有市场目标管理，但却只有极少的公司会有策略管理。比如说，你问一名事业部总经理或者销售总监，你今年任务是多少，他可能可以很清楚地回答你；但你问他今年的策略是什么，他可能一头雾水。相当多的企业有指标管理而没有策略管理。

（2）工作方式上，指标管理往往通过分析数据完成，策略管理往往通过研讨会、模型分析、访谈、头脑风暴等方式完成，甚至有时来自意外的成功。指标管理强调理性、数量分析，策略管理强调创新思维。

（3）时间上，策略管理在一个销售组织里的发育时间往往晚于指标管理，是否对策略进行系统管理是企业销售管理水平的一个侧面反映。

（4）难度上（高级度上），策略管理是比指标管理更高级的管理活动，也更困难，需要具备深刻的行业洞见、丰富的行业经验。

（5）频率上，指标管理常年进行，而好的策略的制定和产生则不一定会频繁产生，可能数年都找不到有效的突破。

当然最理想的情况下，应该将两者有效结合起来，在充分考虑策略的基础上设定市场目标。

参考阅读：维基百科对销售运营管理的诠释

1. 销售运营管理的含义（Sales Operations）

销售运营管理是帮助销售组织更富有效率、效能地运转，以支持业务战略和目标的一系列业务活动和流程。销售运营有时也指销售管理、销售支持或业务运营。（Sales operations are a set of business activities and processes that help a sales organization run effectively, efficiently and in support of business strategies and objectives. Sales operations may also be referred to as sales, sales support or business operations.）

（笔者认为销售运营管理有三个境界："初级境界"是销售支持，为销售提供一些数据、流程管理方面的支持。"中级境界"是销售运营，为销售提供策略、计划、销售组织和人员配置、绩效、激励、培训等一系列的支持和指导。"高级境界"是企业运营，以协助销售实现业务目标为核心，协同和调度市场、人力、财务等部门全力支持销售去实现企业运营目标，此时的角色就演化为COO，即首席运营官。销售是大多数企业唯一的产粮单元、收入单元，是企业的火车头，也是企业运营的重中之重，能够运营好销售，再以销售带动支持部门，整个企业的运营自然不在话下。不同企业销售运营职能发展的阶段不同，取决于发育时间长短、销售运营部门领导的能力和境界以及团队成熟程度等。）

销售运营管理活动在不同公司各不相同，但通常包括以下五类活动。（The set of sales operations activities vary from company to company but often include these five categories.）

（1）销售支持（Sales Force Enablement）

◇ 销售流程开发（Sales Process Development）

◇ 销售流程实施和审查（Sales Process Adoption and Compliance）

◇ 客户关系系统开发和流程建设（CRM Development and Processes）

◇ 销售工具开发（Sales Tool Development）

◇ 销售培训（Sales Training）

◇ 销售队伍沟通（Sales Force Communications Management）

（2）业务分析（Business Analytics）

◇ 销售指标/绩效标准设定（Sales Metrics）

◇ 销售预测（Sales Forecasting）

（3）销售行政及商务（Sales Administration）

◇ 报价和合同管理（Proposal/Contract Development）

◇ 供应商甄选和管理（Vendor Selection and Management）

◇ 销售计划管理（Planning Process Stewardship）

（4）达标规划（Attainment Planning）

◇ 奖金设计（Incentive Sales Compensation Plan Design）

◇ 市场覆盖战略和角色及职责的匹配（GTM Strategy Alignment with Roles and Components）

◇ 区域分析和划分（Territory Analysis and Definition）

◇ 目标设定（Goal Setting）

（5）销售运营部职责和架构的设计（Sales Operations Mandate and Design）

销售运营管理

◇ 销售组织的参谋长（Chief of Staff to the Sales Organization）

◇ 销售队伍能力管理和提升（Stewardship of Sales Force Capacity）

◇ 发起变革管理（Initiative Change Management）

◇ 销售运营队伍设计（Sales Operations Team Design）

◇ 销售运营人才管理（Sales Operations Talent Management）

销售运营团队通常是销售部门和财务、市场、法务、IT等其他支持部门的联络人，他们在跨部门项目和会议中代表销售的需求。（The sales operations team members are often liaisons for sales to other parts of the organisation such as finance, marketing, Legal and IT. They will represent the needs of sales in meetings and cross-functional projects.）

2. 销售运营部的形成（Sales Operations Department）

越来越多的公司建立销售运营部门，作为销售运营卓越中心，销售运营被认为是业务运营和财务目标实现的重要贡献者。（More and more companies are forming sales operations departments within their organizations and, per the sales operations excellence center, sales operations is an established process and considered to be vital contributor to business operations and accounting functions.）

在过去，这些职能或者不存在，或者由销售经理们执行，或者零散地存在组织内的不同部门里。如今很多公司认识到销售运营职能的显著利益以及在公司总部设置正式的销售运营领导者的必要性。（In the past, these functions were non-existent, handled by sales managers or scattered throughout an organization. Companies are now recognizing the significant benefits of sales operations activities and the need for centralization and formal leadership.）

3. 销售运营管理对企业的贡献（The benefits of Sales Operations）

销售运营职能帮助销售领导者：

◇ 制定合理及时的决策，以实现短期和长期的业绩目标（To make sound and timely business decisions to drive short-term and long-term performance）

◇ 以最优效率的方式将销售资源配置给最大的销售机会（To align selling resources with the greatest opportunities in the most cost effective ways）

◇ 确保销售团队的人受到公平的对待，并获得准确的回报（To ensure all sales personnel are treated fairly and are paid accurately）

◇ 通过优化销售流程、技术和方法论提高销售绩效（To improve sales performance through better processes, technology and methodologies）

◇ 提高士气（To improve employee morale）

归根结底，销售运营活动为销售组织的成功和达成/超越业务目标的能力做出显著的贡献。（Ultimately, sales operations activities significantly contribute to the success of a sales organisation and that organisation's ability to meet/exceed business targets.）

在本书后续章节里，将分几个部分介绍销售运营管理兴起的背景、在公司运营框架中的定位、功能和具体管理实践，最后对这一实践的最新发展趋势加以展望。

第2节 趣说销售运营管理之一：成吉思汗的销售运营管理之道

成吉思汗留给后人的记忆是一位军事天才，其实，成吉思汗首先是一位杰出的改革家和管理学家，在军事成就的背后，是他推动一系列制度改革奠定了军事上的竞争优势。我们不妨把成吉思汗比作一位杰出的销售总监，看看他如何通过卓越的销售运营管理运筹帷幄、决胜千里，带领他的销售队伍取得骄人的业绩（见图1-3）。

1. 制定务实的市场开拓策略和竞争策略

成吉思汗在统一蒙古各部的过程中采取了联合弱势力量对付强敌、逐步壮大自己、各个击破的策略。在早期较为弱小的情况下，成吉思汗准确选取目标市场和竞争对手，各个击破，逐步蚕食，以战养战，逐步壮大自身力量，再挑战更强的对手，这样的策略使其稳扎稳打，大获成功。

2. 建立和规范完善的销售组织

建立千户制和护卫军制。1204年，成吉思汗对他的军队进行整顿，建立千户制和护卫军制，进一步健全了军事组织。整顿内容是：①将所有军队按千户、百户、十户统一编组，委派各级那颜；②设立扯儿必（蒙古汗国、元朝官名）官，任命亲信那可儿6人为扯儿必；③成立护卫军，设八十宿卫、七十散班；从千户、百户那颜和白身人的子弟中拣选身材好的做护卫，规定了轮番宿卫制度。通过整顿，草原各部落间原来存在的不同派系，统编成一致的销售队伍，一改过去贵族每家各自为政的松散组织形式，建设成为一支纪律严明、高度集中的销售力量。

3. 建立和完善销售培训体系

成吉思汗通过各种方法来训练自己的将士，使得每一个战士都有高超的骑术、纯熟的箭术，如每年大规模的围猎活动，其顺序方法与作战一样，相当于实地演习，小孩子从小参加围猎，长大后常常会成为一名出色的战士。

4. 改善销售装备

以马匹为例，成吉思汗十分注重马匹的训练，马匹经过训练后要达到"千马为群，寂无嘶鸣。下马不用控系，亦不走逸"的程度，这样在作战中就能运动自如。优良的装备大大提升了成吉思汗军队的机动性和战斗力。

5. 进行销售激励和奖金变革

在成吉思汗之前，草原上的各个部落，基本上处于奴隶制社会阶段，极少数贵族、少数平民和大量奴隶构成每个部落的人员结构，当贵族对外发动战争时，一旦胜利，战争基本上就会演变成一场抢劫。改革前的分配模式主要是两种：比较小的部落，就是各抢各的，谁抢着算谁的，人们往往会因为急于抢劫而放弃继续战斗；比较大的部落，所有的战利品，都要上交贵族首领，然后，贵族占有大部分，极小部分会分发给平民，奴隶一无所获，仅能糊口生存，人们的战斗热情不高，经常因为分配不均，产生内讧。

成吉思汗改变了这种状况。他制定严格的分配比例，确保人人都能从战斗中获益。在这个分配方案中，最引人注目的，一是成吉思汗自己只分得战利品的百分之十，二是奴隶的子女，也有财产继承权。这样的分配模式，极大地释放出了潜在的战斗力。由于实际战斗参与者的利益，甚至会超过可汗，一个优秀的战士，往往可以通过一场大的战斗，改变整个家族的命运，所以，大家从为成吉思汗而战，转变成为自己而战，打造出一支前无古人的举族而战、全民皆兵、主动请战的销售队伍。

这种变革的效果非常明显。当时成吉思汗面对的宋、金等敌人，实行的是军饷制，为"工资"而战的部队和为"命运"而战的虎狼之师，一旦交锋，无异于鸡蛋碰石头。成吉思汗的一个全新的游戏规则，发挥出惊人的威力，甚至其他部落的精锐都倒戈投奔于他。

6. 改善销售信息系统

此外，成吉思汗还进行管理信息系统的改善。蒙古人早期没有文字，口头传令失误率极高，铁木真除了建立驿道系统外，还让人编写一系列的歌曲，不同的曲调代表不同类型的命令，再把简单的歌词嵌入进去，由于曲调固定，人们很容易记忆和传播，加速了信息传播的准确度和速度。

销售运营管理

经过一系列周密的销售运营部署和运筹帷幄，成吉思汗最终大获成功。成吉思汗的销售运营管理模式参考图1-3。

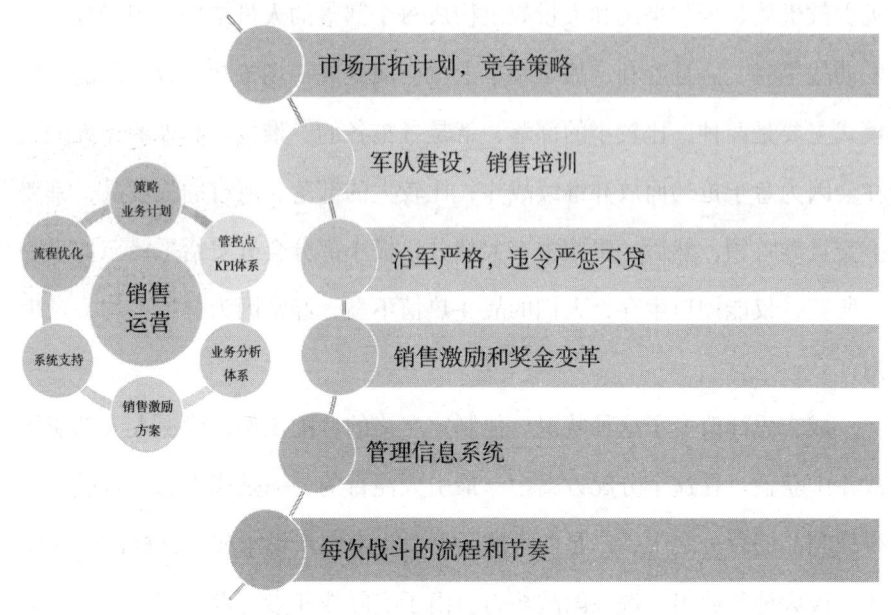

图1-3 成吉思汗的销售运营管理

左侧环形图标注：策略业务计划、管控点KPI体系、业务分析体系、销售激励方案、系统支持、流程优化、销售运营

右侧流程：
- 市场开拓计划，竞争策略
- 军队建设，销售培训
- 治军严格，违令严惩不贷
- 销售激励和奖金变革
- 管理信息系统
- 每次战斗的流程和节奏

第3节 趣说销售运营管理之二：雍正的御用军师告诉你什么是"运筹帷幄，决胜千里"

我经常在各种场合被问到究竟什么是"销售运营管理"，近日在看《雍正王朝》时，其中雍正的御用军师邬思道先生的一段对西北战局的精辟分析，很好地诠释了销售运营管理的内涵。

清朝康熙晚年，西北边境烽烟再起，康熙皇帝派大将军传尔丹率六万大军前往征讨，不料全军覆没。康熙皇帝大为震怒，指派谁为大将军前往解决边患，成为康熙朝的一大难题。

与此同时，围绕皇位继承的问题，皇四子（后来的雍正皇帝）集团和皇八子集团之间的明争暗斗正如火如荼地进行着……

皇四子集团主要成员为皇四子和皇十三子，皇八子集团主要成员为皇八子、皇九子、皇十子和皇十四子。

两个集团都清醒地意识到谁能解决此时的西北边患，谁就极有可能成为皇位继承大战的胜出者。皇四子集团的皇十三子和皇八子集团的皇十四子均有军事才能，因此皇四子集团的如意算盘是让皇十三子出任大将军，而皇八子集团的如意算盘则是确保皇十四子出任大将军。这样一来，皇位继承之战就变成了征西大将军的争夺之战。

然而，事情并非如此简单，出任大将军的集团必须要有百分之百的把握确保征伐成功，否则结果必将适得其反。

皇四子（后来的雍正）正在为此事一筹莫展，他的御用军师邬先生的一席话，让他拨云见日，既奠定了西北征战胜利的基础，更为雍正继承皇位铺平了道路……

邬先生：您真的要举荐十三爷出来带兵啊？

雍正：为什么不？

邬先生：难道您忘了，十三爷的外公就是柯尔克蒙古大汗。

雍正：那又怎么样？他还是爱新觉罗的子孙呢。我就不信十三弟，连这点都分不清楚。

邬先生：人家以此为借口极力反对呢？

雍正：我就以百余口身家力保。

邬先生：那四爷这百余口性命，也就断乎难保。

雍正：这话怎么讲？

邬先生：西北用兵看起来打的是兵马，实际上打的是钱粮，是后援。茫茫荒漠，十万大军，最怕的就是粮草补给，后援短缺。传尔丹全军覆没,大家都说是他轻敌冒进。可是就没有人替他想想,兵部一个月几道兵符,责他畏死观望,劳师糜资,而应给他的钱粮器械,又找种种借口不按时供应,他坐困愁城能不急着找叛军决战吗?如果说传尔丹是轻敌冒进,这恰恰是朝廷逼的,他的失败不是败在敌军,而是败在自己人手里。

雍正:老十四也是知兵之人,难道他就不知道这样做会导致兵败,难道……

邬先生:没错,十四爷和八爷要的就是传尔丹兵败。

雍正:他们不惜牺牲朝廷六万大军,就是为了争得这个带兵之权?

邬先生:是呀,四爷,皇上若派了十三爷做大将军,十四爷和八爷更会时时设阻,处处掣肘,到那个时候,十三爷就是第二个传尔丹,十万大军和四爷这百余口性命……

雍正:皇阿玛圣明烛照,难道他就一点儿都没有察觉?

邬先生:四爷这话问得好,如果说以前皇上没有觉察,现在也一定是洞若观火了,我料定,皇上心里早就默定大将军的人选了。

雍正:谁?

邬先生:十四爷。

雍正:……

邬先生:四爷,论才略十四爷可以胜任,但更重要的是,只有十四爷带兵出征,才不至于后援受制,重蹈覆辙。

雍正:照你这么一说,皇阿玛很快会有旨意。

邬先生:不会,他老人家还在观望。

雍正:观望什么?

邬先生:观望八爷,更是在观望四爷您。

雍正:哦?

邬先生:太子一位虚悬,皇上又日渐苍老,这大清的继位人,才是他老人家的最大心事，这个继位人皇上心里早就有数了，可一直不把它抖搂出来，为什么？一是为了要保护他，以免他重蹈废太子的覆辙；二是要进一步观察他，看他这个人是不是有人君的器宇。四爷，您如果真的有这个器宇，这一次一定要以朝廷的大局为重，力保十四爷出任大将军，而不是去争这个大将军，四爷……

雍正：我被先生一席话说走了神，依先生的看法，我应该抢先举荐十四弟，出任大将军？

邬先生：对！

雍正：可十万大军在他手里，万一……

邬先生：不是在他的手里，而是在朝廷的手里，我刚才已经说了，西北用兵打的是粮草，是后援，而接济调配大军粮草的是陕甘总督，只要争到这个位置，就能制约他的十万大军，百万大军……

雍正：让老十四出任大将军，年羹尧出任陕甘总督！

邬先生的一番运筹，尤其"西北用兵看起来打的是兵马，实际上打的是钱粮，是后援"，可谓是一语中的，抓住了决胜战场的个中关键。战争绝不仅仅在于临阵冲锋的那个决战时刻，决战之前的种种精心运筹，包括对战争全局的分析和预判、选贤任能、排兵布阵、粮草和补给、前后方的协调运作，这一切是决战时刻战斗力的先决条件！而对战争全局的预判、运筹正是"销售运营管理"的精髓所在！

企业的销售大军也是如此，销售成败不仅取决于将士的勇猛，还取决于小心翼翼地运筹工作，包括市场竞争局势的研判、销售策略的研究和制定、销售队伍的建立和发展、销售组织的设计、销售干部的选拔、销售预算的制定和分配、销售绩效制度、销售奖励政策、职能部门的支持和协调等一系列要素的综合考虑和安排。这就是"销售运营管理之道"，一门关于"运筹帷幄，决胜千里"的学问。

第 2 章
销售运营管理职能的兴起

第一章里，我们介绍了销售运营管理这一近二十年世界领先企业新兴的职能及其实践的主要内容。这一章，我们将阐述销售运营管理在公司运营中的定位、使命及其深远意义。

第 1 节　销售运营职能对提升企业市场竞争力的深远意义

销售运营助力企业聚焦竞争和市场争夺

在20世纪初期至中期，世界处于商品匮乏的时代，日益增长的人口和需求对商品种类、数量形成巨大的市场空间（见图2-1），因此，只要能够把商品生产出来，就能够获得商业的成功。此时尽可能多地生产出社会所需的商品是企业家关注点，以效率管理为重点的泰勒的科学管理、大规模生产管理实践和理论也成为企业管理界的重点。随着时间的推移，资本追逐回报和利润的本性，驱动企业家降低生产成本，以获得更可观的利润，而生产工艺改进、流水线生产、降低成本，成为企业管理界追逐的目标，福特的流水线化改进、大幅降低汽车生产成本取得的巨大成功便是那个时代的缩影。

第2章
销售运营管理职能的兴起

到20世纪下半叶，大多数领域都有多家竞争厂家，世界从产品稀缺逐渐演变为产品和需求相对均衡的状态，消费者有了更为广阔的选择空间，关注点和兴趣点也开始从追求拥有某种产品转移到追求耐用、高质量的产品，因此产品的质量成为竞争的焦点。20世纪80年代至90年代，由于进口产品如彩电、手机顶着质量可靠的光环，拥有令人羡慕的市场地位和高额溢价，质量管理相应的成为企业管理界的热门和重点，以TQM（Total Quality Management，全面质量管理）为代表的质量管理把管理理论带进了全新的纪元。兴于摩托罗拉，发扬于通用电气公司的六西格玛更是将质量管理推向了顶峰。

到了21世纪，世界从产品、需求相对均衡状态又进一步发展为产品过剩状态，甚至几乎任何产品都能找到数量众多的供应商。消费者可选择的范围和种类进一步扩大，大多数产品的质量不再是关键问题，消费者的兴趣点和关注点从质量、有用性扩展到便利、利益、时尚等，变得复杂多变和难以捉摸。企业竞争的重点也逐步由质量领域转移到了商务领域（Commercial，高效分销，或者说销售市场领域）——如何更高效地与目标客户群体进行互动，捕捉他们真正的需求？如何抓住时机说服他们采购产品并构建高效的商务关系？如何最高效率地分销产品？但是，企业的资源又是有限的，不可能无限度地投入到捕捉不确定、难以琢磨的需求中去。在这种背景下，企业管理界的重点也相应转移到了卓越营销的课题上来，即如何将有限的资源（人力、财力、组织方式）组织起来去实现最大化的营销绩效？这就诞生了销售运营管理实践。其功能和目标就是摸索最佳的业务管理实践，寻求最佳的业务管理方法论（或者说销售市场管理方法论、营销管理方法论）（见图2-1）。

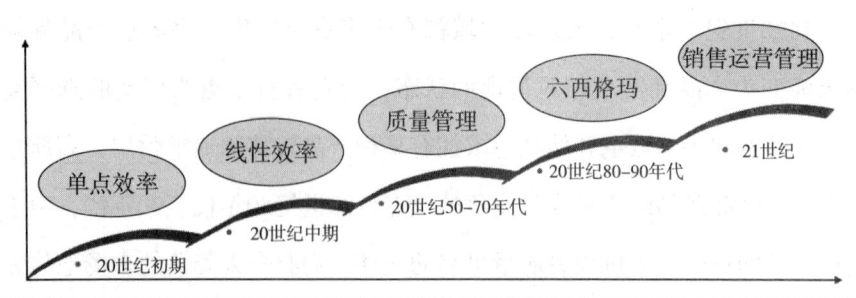

销售运营管理

	20世纪初期	20世纪中期	20世纪50-70年代	20世纪80-90年代	21世纪
市场特点	商品匮乏，日益增长的人口和需求对商品种类、数量形成巨大的市场空间		大多数领域都有多家竞争厂家，世界从产品稀缺逐渐演变为产品和需求相均衡的状态，消费者有了更为广阔的选择空间		产品过剩状态，消费者兴趣点和关注点扩展到便利、利益、时尚等
关注重点	尽可能多地生产商品	降低生产成本，以获得更可观的利润	高质量、耐用产品	高质量、耐用、美观产品	个性化、多元化、复杂化
竞争焦点	生产领域		质量领域		商务领域（市场领域）
管理重点	以效率管理为重点的泰勒的科学管理、大规模生产管理实践和理论	生产工艺改进、流水线生产、降低成本	质量管理（TQM）	六西格玛（6σ）	卓越销售市场运营（Commercial Excellence），即如何将有限的资源（人力、财力、组织方式）组织起来去实现最大化的营销绩效
典型案例	泰勒的个体工作效率研究和提升	福特的流水线改进、大幅降低汽车生产成本	以TQM（全面质量管理）为代表的质量管理把管理理论带进了全新的纪元	兴于摩托罗拉，发扬于GE的六西格玛将质量管理推向了顶峰	诞生了销售运营管理实践。其功能和目标就是摸索最佳的业务管理实践，寻求最佳的业务管理方法论（或者说销售市场管理方法论、营销管理方法论）

图2-1 市场竞争焦点与企业管理焦点的历史演变

就是在这样的背景下，一项专门研究如何在限定资源下达成既定市场目标，如何最优化资源使用效率，最大化ROI的实践和职能产生了，这就是销售运营管理。

销售运营助力企业优化配置资源，提高营销效率

竞争越激烈，对运营效率的需求也就越为迫切。在某项业务兴起的早期，企业可能占有先机优势，竞争也不那么激烈，客户的选择也不多，此时只需要快速行动，就能够获得业务成长。但是大多数情况下，竞争对手会很快追上来，客户的选择会变多，客户的要求会变多，此时企业就会需要增加更多的投入、更多的人员、更多的促销费用、开拓更多的客户。

然后，竞争进一步白热化，单纯地增加资源的投入，很难再支撑有效的增长，此时如何让每一分钱都花得更明智就变成了非常关键的课题。一项市场活动，究竟是在一线城市开展效果最好，还是在二线城市开展效果最好？一笔促销费用，究竟是给到中心市场效果最好，还是给新兴市场效果最好？一批人员配额（Head count，跨国公司每年会测算和审批各个国家人员数）究竟是配置到北京效果最好，还是配置到其他地区效果最好？这一系列的决策，背后依据的是业务的目标和策略，这就是销售运营管理需要解决的课题。笔者听过一个故事，说某大型烟草国企在西藏配置了5名销售人员，笔者不知道此决策形成的背后原因，按常理思考，西藏地广人稀，生活习惯迥异，差旅费用高昂而潜在顾客有限，如果这5名销售人员配置在广州、上海等地，是不是可能会给企业带来更多的业务收入？这就是典型的销售运营的核心命题，如何最优化使用限定资源，产生最大化业务收入，即"运营效率最大化"，本书里，我们会反复回归这一核心命题。

由此可以看出，销售运营管理职能的出现和企业对运营效率的追求是分不开的。

销售运营助力企业整合多部门力量，建立市场导向型组织

分工的产生和组织协同深刻地影响社会和企业的运作。企业的效率仅有两个来源，一是源于分工的专业效率。二是源于协作的协同效率。然而，在企业中二者之间似乎有着天然的矛盾，分工越深，协作就越成难题，这就是职能部门的一个天然倾向。大多数的企业在初期都会建立职能部门式的组织结构，即按销售、市场、人力资源、财务、IT等划分成部门，职能部门是以分工和专业化为基础的，随着企业规模的扩大，分工越来越细化、各个职能部门变得越来越庞大和臃肿，这种传统职能式的组织结构的弊端也就越来越突出。主要体现为本位主义和与业务相脱节。

销售运营管理

　　职能部门倾向于越来越多地从本部门的利益出发考虑问题，而不是从公司经营的角度和整体利益出发、不是从争夺市场的整体需要出发。推诿、扯皮、推卸责任时有发生。另外，部门间的隔阂使得职能部门离客户、市场、业务人员越来越远，了解业务动态、竞争策略变得越来越难。以上两种倾向，使得职能部门制定的政策、流程难以支撑企业业务发展和有效竞争的需要。举一个例子，产品人员倾向于要求销售人员将更多的精力放在新产品的推广上面，以满足新产品上市成功的荣誉，然而，大多数情况下，新产品往往只能占到现有业务额的很小的比重，过多精力投入意味着对原有产品的投入不足，因而对总体公司目标的完成是有害的。再举一个例子，销售人员往往倾向于藏匿区域的潜在的销售机会，以避免被指派过高的业务指标而影响收入。这几个例子都是职能部门设置常见的情境。

　　正是这样的背景下，管理理念较为先进的跨国企业成立了运营职能部门。运营职能以业务管理为切入点、以业务目标和策略为出发点，整合对公司经营业绩影响最大的关键影响因素，按照业务目标和策略的要求，系统化地配置企业的关键资源，使人员、费用预算、奖金、荣誉、职位等核心资源的配置都能服从目标和策略的牵引，对企业形成整体合力、抢夺市场提供有力的决策支持。可以说，运营管理职能的出现，有利于消除传统职能组织结构各自为政的弊端，是对传统职能组织结构的一个优化。

　　当然，运营管理职能和企业规模也息息相关。在企业规模小的时候，事实上是企业老板自己在承担运营管理的功能：协调各个职能部门的关系，使之服务于市场的争夺和业务的发展。但当企业发展到一定规模的时候，业务的复杂程度提高、跨职能协同变得越来越困难、老板的精力变得越来越难以面面俱到，这时，就产生了运营管理职能的需要。运营管理职能相当于老板的"外脑"，起重要的参谋作用，帮助企业主为企业发展出谋划策、运筹帷幄。

笔者观察，这一转折点发生在企业规模达到100人左右时，当企业规模低于100人时，运营管理职能的功能并不会很凸显，当企业规模高于100人时，运营管理职能会发挥越来越重要的作用。另一个重要的参数是业务人员的数量。业务人员的数量越是庞大，就越需要形成统一规范的业务管理方法论，对统一的业务管理方法论的投入产出就会更为显著。这一临界值大约是30名业务人员，如果一个企业拥有30名以上业务人员，而每名业务人员的效率提升2%，那么对企业就是一笔相当可观的收益了，所以，业务人员越多，对销售运营管理的投入就具有越高的投资回报潜力。第三个影响运营管理职能的重要参数是企业开展业务活动的地理范围。如果企业在较为广阔的地理范围和较多的区域内开展业务活动，那么高管的精力就会显得不足，难以照顾到所有区域的业务，更没有精力系统化地思考整体业务策略，同时，如何借鉴先进区域的经验并快速复制到其他区域，以期最大化整个公司的业务运营效率就成为突出的课题。另外，如果一个企业在全国有10个销售大区，10个大区的销售总监资历、能力、经验、个性差异很大，那么公司的一项策略出台，往往10个大区对策略的理解、重视程度和执行情况大不相同，如何消除这种差异，确保公司整体策略能够有效落实到位，也是一个公司运营效率的重要课题。所以，销售运营管理实践率先兴起于500强跨国公司，因为他们同时满足以上几个特征，组织规模巨大、业务人员众多、生意范围遍及全球，产生了提升全球业务运营效率的迫切需求。

销售运营助力企业管控和风险防范

曾有一家民营企业，从外资企业招募了一名销售总监，这名销售总监借之前积累的客户，一年内使得这家企业的销售业绩翻了番，随后销售总监离职，企业的业绩立刻一落千丈，甚至不如挖来销售总监之前。类似的现象，在很多企业里屡见不鲜。对于大多数企业主来说，最难管理的是业

销售运营管理

务系统，尤其是当企业品牌较弱，业务主要依靠客户关系来获得的时候。如企业不掌握业务获取的逻辑，主要表现在以下几个问题：究竟是哪些客户采购了公司产品？他们为什么采购公司的产品？销售订单是否不断转化为美誉和口碑，形成可延续的生意？尤其在中国的"用人不疑，疑人不用"的传统文化中，很多企业做生意的方式就是招募一个业务总监往那儿一放，成败全在此人身上，而此人的水平就决定了此后企业一两年的业绩情况。但人的能力是很难看清楚的，这样管理业务的方式就存在巨大的用人失误风险。销售运营职能的出现，降低了企业这种业务管理风险。一是销售运营职能传承企业关于客户、市场、过往策略的经验，确保了业务管理的延续性和一贯性；二是在业务日常运转上起到强大的辅佐作用，避免销售总监个人管理风格变化对业务运作带来的影响。

  这部分内容有点难以理解，我们举一点实际的例子。我们知道企业用人是存在投入期的，新募人员或者新晋升人员往往不能立刻进入角色，对新角色有一个适应过程，需要熟悉新的业务或新的区域。比如，一个公司全国有10大区，某大区经理新被提升到全国总监，那么他之前的经验可能局限他所负责的区域，而对其他9个大区的情况并不是非常地熟悉和了解，那么，如果让他一个一个大区去摸索，可能需要一个比较漫长的过程，而此时，销售运营职能的存在，就可以立刻为他提供全国全局性的参谋，诸如各个区域过往的情况、人员的业绩情况、各个区域业务重点难点，这样就大大缩短了新人适应的过程，提高了企业的产出和运营效率。

  我们看到很多中国的企业领导人一换，业绩波动往往很大，而外资企业在中国的CEO频频换动，但业绩并未受到很大的影响，背后就有销售运营职能健全的因素。

  所以说，销售运营职能起到管控业务和规避经营风险的重要作用。

  业务发展和业务管控是一对相生相长的辩证统一体，业务小的时候，企业经营风险小；业务大，企业经营风险就变大，这时一点失误都可能造成很大的损失，所以，更加需要加强管控，更加需要业务管理透明化。中国很多企业一扩张，就纷纷学习通用电气进行分权管理，放权到区域，结果一放就乱，一放就衰弱。事实上，通用电气确实是一个分权的公司，但绝不是一个放权的公司，认为通用电气是一家放权的公司，其实是外界的误读。分权，其实有两层含义，一个是纵向上的分权，一个是横向上的分权，世人只看到通用电气在纵向上的分权，却不知道通用电气在横向分权上也是做到了极致。通用电气在每一个事业部、每一个业务、每一个国家都是以团队的方式配置高管，即"事业部总经理+职能部门经理"的方式，标准配置一般是总经理加上财务经理、人力资源经理和运营经理，所以是"人力+财务+运营"协助"事业部总经理"的团队配置方式，因为人力、财务、运营是标配，笔者习惯把他们称为"三剑客"。这个经营团队是相互协作也相互制衡的，职能的人只是虚线汇报给总经理，而直线汇报给上层组织相应的职能。例如，中国的财务经理其实是直线汇报给亚太的财务经理，日常协助中国总经理开展工作。总经理的提议要经过职能经理的签字，职能经理有否决权，如果职能经理不同意，提议是不能被执行的。同时，职能经理负有自己的职责、立场和原则，总部的一项决议，不管总经理是否同意，职能经理是可以推动执行的。笔者所在事业部，当年总部有一项商务决议，大致是要求经销商每一次订货都必须签订合同，在药品经销领域这是史无前例的，但GE出于合规的考虑，强势推动必须做到。所有的业务人员，甚至总经理都认为这将给经销商带来诸多不便，但销售运营经理还是强势推行了这一政策。所以，其实通用电气并不是一家放权的公司，它是一家分权的公司，是一家管控相当严格和严密的公司。笔者认为，通用电气能够存续百年，至今仍生机勃勃，和他们这种严密的管控体制，小心翼翼规避业务管理风险的谨慎是分不开的，正如中国古话所说,"小心撑得万年船"。

销售运营管理职能的兴起,和企业规模扩张带来的管控和规避经营风险的诉求是息息相关的。

销售运营助力企业沉淀业务管理经验,实现可复制式的成长

从一定程度上说,企业是由一群具有特定经验的人组成的,这些人掌握的知识就是企业存在的基础,这些人在本企业、竞争对手、行业方面掌握的知识越丰富,工作效率就越高,工作就越有成果,企业也就越有竞争力。企业员工的经验会不断地转化为企业的策略、流程、制度、经验教训、培训课程,沉淀在企业内部,变得可以传承、可以复制,企业也变得更易培养新人和扩张。所以,可口可乐总裁说即使可口可乐在一夜之间化为灰烬,也能很快重建起来。就是因为他们关于市场、关于客户、关于如何运作的知识都还存在,只要这些知识存在,他们就能募集新人,很快重新建立起可口可乐王国。所以,聪明的企业需要不断地积累业务管理知识。而在企业中,大量的关于客户、关于市场的知识是存在于一个个分散的销售人员手中的,很多企业疏于这方面的系统管理,销售人员一离职,公司对此销售人员所覆盖的区域的情况就抓瞎,再配置新人进去,又要从头熟悉市场和客户,效率非常低下。销售运营管理功能的出现,不断地收集累积分散在销售人员头脑中的关于客户、市场、竞争的信息以及最佳的实践,形成信息库、培训资料和经典案例库,为企业制定精准的策略提供支持,为企业分享最优实践提供渠道,为企业快速训练业务人员、快速扩张业务创造可能。在GE,新进的销售人员和销售经理,都被要求在入职后的一定期限内,接受销售运营部关于客户、市场、业务分析,以及CRM系统和资源使用的培训,而且这些培训都被标准化了。我当时负责培训销售人员CRM系统和业务分析,我会培训他们CRM系统中包括哪些客户和市场

信息以及他们如何查询和使用，同时我会培训他们业务分析的逻辑，告诉他们策略重点是什么、如何使用业务报表、需要关注哪些绩效表现等。与此同时，我也会通过和他们的大量沟通、交流，不断地升级CRM系统和调整业务分析侧重点，保持与时俱进。无独有偶，在华为技术，每一个大的成功订单都被编成一个一个的案例，这些案例积累成经验库和培训素材，新进的销售人员可以阅读和学习。

这里读者可能会产生一个疑问，那么销售运营职能和培训职能有什么不同呢？我们知道，从培训到行动是有差距的，培训转化为行动，就需要将培训中好的工具、模版落实到位。例如，都知道收集客户信息很重要，但是如何确保业务人员有一个统一的工具，可持续不断地收集客户信息，同时又能确保信息质量呢？定期检查、定期分析就是销售运营职能的工作内容之一。越来越多的公司，将销售专业知识、技能的培训整合进比较了解业务的销售运营职能，以便好的理念能更快地转化为行动和实际效果。这一趋势，我们在本书最后讨论运营管理趋势时，会再行介绍。

企业这种更好地管理、复制和传播业务管理知识并快速转化为实际效果的需求，更好地培养业务管理人员以实现快速业务扩张的巨大需求，大大促进了销售运营管理职能的兴起和形成。

第2节　销售运营在公司运营框架中的功能和定位

公司运营框架与销售运营管理职能

在世界500强企业中，公司运营往往是在一个整体的战略运营框架中来完成的，其顶级运营框架大致分为三个环环相扣、紧密衔接的环节（见图2-2）。

销售运营管理

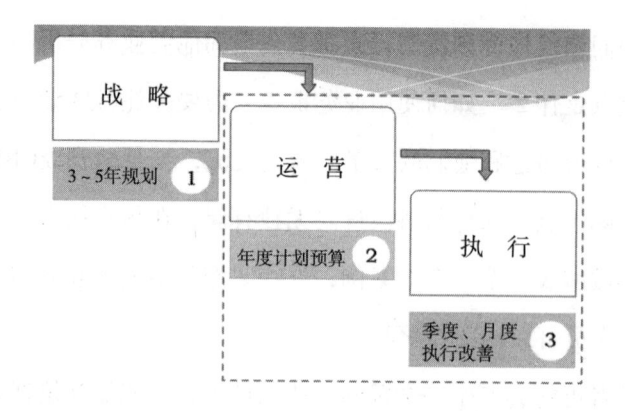

图2-2 公司战略运营框架及运营管理职能

1. 战略环节

◇聚焦于公司未来3~5年的远景规划，主要的决策为是否开拓新业务、是否进入新领域、现有业务要做到什么程度（达到什么行业地位）等。

◇由公司最高机构直接领导和负责。

◇通常战略规划的输出结果是各事业部的营业目标（收入）和盈利目标（利润），当然，如果该公司是单一领域经营的企业，则战略环节输出的直接是整个公司的收入和利润目标。

◇通常这一环节会在财年中期的时候启动。由于战略不是本书介绍的重点，我们不做过多的探讨，我们将把重点放在介绍运营环节。

2. 运营环节

◇聚焦于公司下一年度的具体运营计划，主要的决策为"怎么做"。即如何在限定的资源条件下去达成既定的营收目标以及利润目标。（这里所指的"限定的资源条件"是指战略规划输出的营业收入目标减去利润目标之差，再进行财务报表上的分解，即得到各项资源限制条件，如销售费用、人工成本预算等。）策略是什么？即如何将目标以及这些有限的资源在不同的产品线、不同的区域、不同的客户、不同的预算科目上进行分解、分配和调度，以达到最优的结果。

◇该环节由销售运营管理部门主导，协调业务部门、财务部门、人力资源部门协助业务部门进行细致的规划。

◇通常这一环节会在财年开始前的3~4个月启动。

◇输出的结果是详细的下一年度的运营计划。我们将在后面的年度运营计划体系、策略制定、形成业务计划等章节中进行详细的介绍。

3. 执行环节

◇聚焦于季度、月度执行情况与年度运营计划之间的偏差及纠正上。主要的决策涵盖以下问题：执行的进度如何？与原定计划是否吻合？如果产生偏差，其原因是什么？如何进行及时纠正和调整？

◇这一环节由运营管理部门主导，协调业务部门、财务部门、人力资源部门，协助业务部门进行周期性的回顾、总结和调整。

◇周期通常是在财年开始后的第1个月启动，之后以月度、季度、半年度进行。

◇输出的结果则是周期性的运营分析报告。

通常把运营环节和执行环节作为"运营管理"职能，由销售运营管理部来主导。以上三个环节的战略运营框架详见表2-1。

表2-1 战略运营框架三个环节对比

	战略环节	运营环节	执行环节
聚焦点	3~5年规划 做什么 业务范围界定	年度运营计划 怎么做 如何达成目标和最优	周期性运营分析 做得怎么样 如何确保动作到位
主导部门	CEO为首的最高领导机构	运营管理部门或COO	运营管理部门或COO
周期	年度	年度	月度、季度、半年
启动时间	财年中期	财年开始前3~4个月	财年中各个周期节点
频率	1次/年	1次/年（如果战略发生调整，将多于1次）	多次
主要输出物	战略规划报告及营业收入目标、盈利目标	年度运营计划	周期性运营分析报告

案例　通用电气的运营系统（GE Operating System）

通用电气闻名于世的运营系统（GE Operating System）就是前面介绍的战略运营框架的典型例子。

某GE高管曾概括说："GE成功的真正原因，一是管理；二是体制。而把两者融合在一起的是它的精密的运营系统（Operating System）"。这段话从一个侧面反映了通用电气的运营系统的重要性。

那么通用电气的运营系统是怎样的呢？其功能和作用又是怎样的呢？

如图2-3所示的就是GE的运营系统。这个系统由4个相互衔接、环环相扣的环节组成：

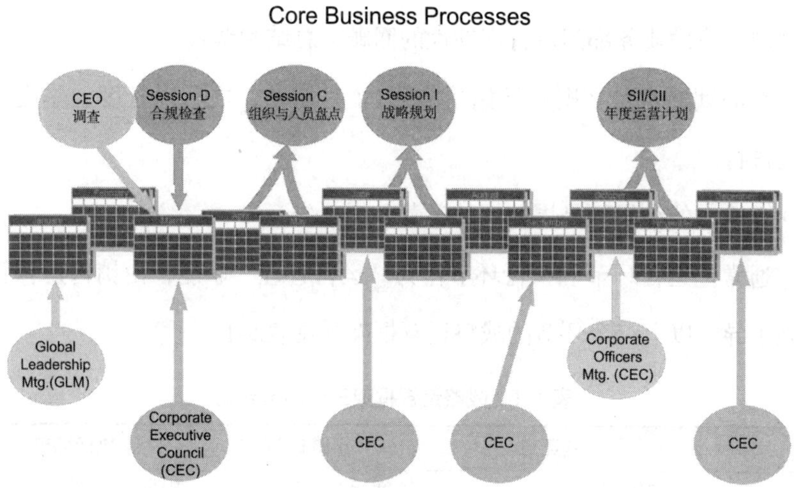

Core Business Processes

图2-3　GE的运营系统

Session I 战略规划环节：这一环节启动于每年的年中六七月份，主要使命是扫描公司经营环境的变化、回顾各个业务单元的业绩，并制定未来3~5年的战略，即业务组合和每个业务单元在所属行业中的目标位置。

Session II 年度运营计划环节：这一环节启动于每年的10~12月份，主要任务是将公司的战略规划分解,并编制成下一年度的年度运营计划,包括具体的销售指标、利润目标,以及开展行动所需的各项资源分配计划等。

SessionC 组织人员盘点环节:这一环节启动于每年的三四月份,主要使命是回顾上一年度的人员业绩,实施奖惩,并对人员的下一年度安排做出相应的计划。表现突出的人员在这个环节将获得好的回报,如果有合适的空缺,还可能被升职,担任更高的职位。所有员工将在这个环节自评上一年度的业绩、突出贡献和不足,并和上级经理讨论和制定下一年度的个人工作任务和培训发展计划。

SessionD 合规检查环节:这是通用电气特有的一个环节,诚信或合规检查声明。严格地说,这是一个贯穿全年、持续不断的活动。从加入通用电气的第一天开始,每个人都会被要求通过在线学习(e-learning)课程学习一系列的合规课程,并签署多份"诚信声明",并在一年中多次复习。诚信,被认为是GE员工的最重要的品质,并在职业生涯中被反复强调。

通过这样一套环环相扣、紧密衔接的"战略→运营→执行"的年度循环的运营系统,确保整个公司的战略在限定的时间内被各层人员落实到位,确保整个公司的所有层级的员工在相应的时点上完成规定的工作任务,将几十万人有效地组织起来,用相同的"节奏"和"韵律"紧密跟随公司的战略发展,实现企业的"自运转"。企业也由这样一个周而复始、逐年循环的年度运营系统持续提高和发展。这个年度运营循环被称为核心业务流程(Core Business Processes),是整个公司运作的顶级流程。

有人说"计划没有变化快",并以此为由拒绝做计划。其实有计划好过没有计划,计划本身是一个从无到有、从有到优的循序渐进的过程。今年的计划出现了偏差,通过对偏差的分析和解决,积累了关于此项计划的知识和经验，在下一年度的计划过程中，计划就会更加完善和精准。企业的管理水平就在这一个运营循环的过程中获得了持续的提升。

建立运营系统初期是一件耗时耗力的工程，但如果坚持两年以上，这套机制就会成为企业的"永动机"，将会对企业运营发挥出巨大的作用。

战略与运营的差异

可能会有读者困惑，战略和运营有什么不同？为了帮助读者朋友更好地理解运营的使命和范畴，我们用一点篇幅来辨析战略和运营的异同。

战略要回答的问题是"做或不做""做到什么程度"，即"What"的问题，包括要做什么（What to do）和做到什么程度（To what degree）。"做什么"就是选择企业要从事的业务，如企业要不要进入新业务领域，要不要开展多元化经营等。"做到什么程度"，就是你在新领域里要做成什么样子，要达到什么目标或者状态。

举个例子来说明，通用电气"进入11个领域（医疗、能源、飞机发动机等）且在每一个领域数一数二"就是一个非常典型的战略问题。它回答了企业要在哪些领域进行竞争，以及在每个领域要做到什么程度（通常用行业排名、市场份额、营业额、成长速度等指标描述）。

因此战略研究的问题是范围经济、行业结构、一体化、经营范围等。

运营要回答的问题是"怎么做"，即"How"的问题。如何做到战略环节制定的预定程度？企业或BU如何触及目标市场（Go To Market）？如何开发更多的客户？需要如何设置组织结构？各种资源在区域和不同产品线间如何分配？上述问题都是运营有待回应的内容。

因此运营研究的问题是规模经济、资源配置、规范和流程效率、标杆等。简言之，运营的核心使命就是研究如何实现企业战略。战略与运营的区别详见图2-4。

第 2 章
销售运营管理职能的兴起

- 战略解决的是"做或不做""做到什么程度"。
  - 要回答的问题是做什么，做到什么程度
  - 研究的是范围经济、行业结构、一体化、经营范围等问题；
  - 如通用电气进入11个领域（后整合为6个），在每个领域里做到数1数2

- 战术（运营）解决的问题是"怎么做"
  - 要回答的问题是如何做，如何做到预定程度
  - 研究的是规模经济、资源配置、规范和流程效率、标杆等问题

战略	运营
• 选择	• 操作
• 结构	• 非结构
• 质变范畴	• 量变范畴
• 长期	• 短期
• 不常发生	• 持续发生
• 更重客户、趋势	• 更重竞争、动态

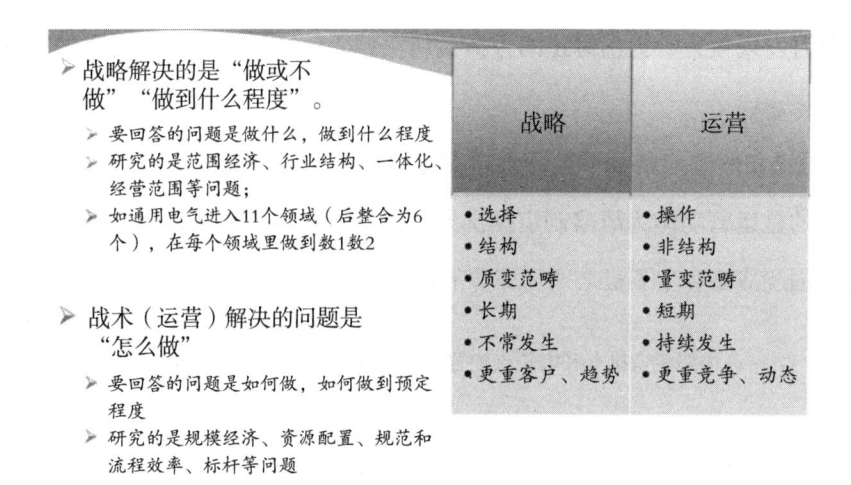

图2-4 战略与运营（战术）的区别

第3节 销售运营管理的使命：优化资源配置，推动战略落地

关于如何去实现企业战略，学术上有多种学派，有愿景学派、资源学派、能力学派、环境适应学派等，给出的答案各不相同，但共同的是都在寻求企业内部资源和外部环境的匹配。可见，企业想要实现的愿景和自身现实资源之间的匹配，是运营需要解决的核心命题。

运营功能实现它的使命主要包括两个方面。

一是参与战略过程，为战略制定提供信息和见解。运营管理部门是企业战略的重要信息和数据来源，他们清楚地了解企业目前的市场、客户、产品、价格、渠道、组织结构、人员能力等诸多实际情况，这些信息是企业战略制定的基础。

二是在战略制定后，组织和分配资源去支持企业战略的执行和落地，为战略实施有效地组织资源，实现愿景和资源之间的匹配，并在匹配过程

中及时发现偏差，提出修正的方案，纠正偏差。这个环节是战略实现的有力保障。

图2-5形象地展示了运营管理在这两个方面的功能定位，左边的内容表示的是运营功能为战略制定提供大量的分析和见解，右边部分则展示了运营围绕战略和生意机会调度资源的功能。

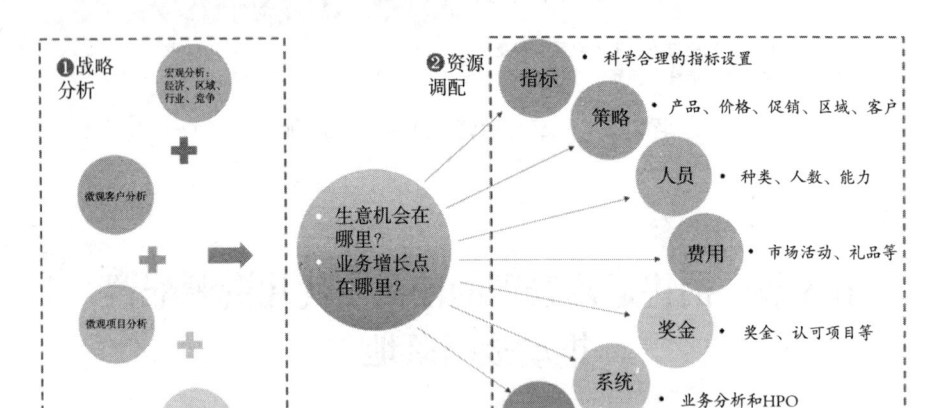

围绕生意机会和增长点配置资源——机会导向和效率导向

图2-5 运营管理在参与战略制定和执行战略过程中的功能定位

中国企业老板往往感叹自己的企业缺乏执行力，导致战略常常落空，其实是运营管理功能的缺位。举个小例子，有家民营医药经销企业A公司有一年提出了增长65%的目标，A在某医疗领域（医疗领域是药品行业的术语，可以理解为某类疾病或者某个科室，如神经外科疾病就是一个医疗领域等）深耕多年，做得非常成功，成了这个治疗领域的领头羊，销售额达数十亿元，全国销售队伍过千人。该治疗领域当年的预计增长率为20%。企业老板认为20%的增长率太慢，于是决定全面引进多个治疗领域的新药品，并期望带来额外45%的增长，以期达到企业整体增长65%的目标。然而这个战略在制定和落地上都犯了错误，这些错误有：①战略制定方面，愿景完全脱离了市场和企业自身的现实情况；②客户方面，我们知道医生都是分治疗领域的，A公司原来领域的医生虽然很认可A公司品牌，但其他治疗领域的医生则对A完全陌生，并不容易很快接受A公司；③竞争方面，其他治疗领域各有其他公司在经营，岂能轻易容许他人进占；④自身能力方面，A公司原有的销售队伍熟悉原治疗领域，对新进入治疗领域则完全陌生，根本无法向新的目标客户进行有效的推广；⑤在战略实施方面，我们知道战略决定组织，组织要支持战略，然而A公司并没有根据战略愿景对销售队伍的组织结构、数量和质量做出相应的调整，只是简单地要求原有销售队伍去售卖更多的产品，结果销售队伍的专注度被严重分散，非但新产品销售全无进展，甚至自有领域的销售增长也仅为预期的一半。在这个案例中，如果运营功能健全，在战略制定阶段进行周详的分析，或者在战略执行阶段配套配置充分的资源，也许不会如此惨败。

销售运营管理是衔接战略和经营成果的关键一环，是企业运转中枢神经的重要组成部分。缺乏销售运营管理系统，战略落地就难以实现。

案例　销售运营系统缺位的典型病症

在给企业做顾问的时候，经常发现公司老总的市场思路、策略、努力方向、方法都是很清晰的，但是销售人员却完全没有按照老总要求的方向去工作，仍然埋头按照自己习惯的方式方法在做业务。这就是"运营系统"缺失的典型病症。也就是说企业缺乏有效的运营系统来把老总的意图、思路、策略、努力方向、方法等系统化地转化成对销售人员的策略引导、转化为销售组织布局及人才招聘策略、销售能力培训、绩效评估、销售激励政策等可操作方案并有效地贯彻下去。

举一个例子，在给一家公司做顾问的时候，老总清晰地提出公司的

销售运营管理

策略是"抓大放小，主攻大客户"，但到区域里和销售人员交流后，发现销售人员仍然把大量的时间花费在数量众多但是销量贡献很小的小客户身上。从老总的"战略"到"销售队伍的执行"之间到底缺失了什么呢？——缺失了"运营系统"，在这之间，至少有很多工作是缺失的。

1. 策略制定和沟通

在这个例子中，作者通过数据分析发现老总的策略是很对的，这个行业是非常典型的二八原则，客户集中度非常高，且不论客户规模大小，销售人员投入的精力、生产成本、供应链成本、定制研发成本几乎都是相当的，比如说你为一个1000万元的订单定制研发一个产品，和为一个10万元的订单定制研发一个产品，其研发投入、生产投入、销售人员牵扯的精力几乎差不多。这意味着大量的小客户吃掉了公司绝大部分的资源，从而也吃掉了公司大部分的利润。遗憾的是，老总的这种基于敏锐感制定的销售策略，并没有通过数据、案例、故事等方式让所有销售人员清晰地理解和接受，自然在执行的时候是要打折扣的。

此外，老板有了这个策略，但没有精力把这种策略转化为具体的方法、工具，这也是需要运营职能思考并细化的。

策略制定、解读、细化、沟通是运营系统的重要功能。

2. 销售组织调整和人员部署

为了贯彻老总的策略，可以考虑进行销售组织上的调整，如成立"大客户管理"部门或者设置"大客户经理"职位。如果做了这样的销售组织调整，至少有两个作用：①向所有销售人员清晰地传递策略导向；②销售人员无形中会为争取"大客户经理"头衔而努力，起到荣誉认可和激励的作用。如果没有必要成立专门部门，那么也应该在人员招募策略上做出调整。如那些在把握大客户上做得比较好的业务人员是哪些人？他们有哪些典型的特点？在招聘业务人员的时候需要把上述问题考虑进去。

3. 销售能力培训

销售不能贯彻老总的意图，还有一种可能是销售观念或者销售能力不到位。销售观念可以通过策略宣导和沟通加以引导，而能力则需要通过持续的培训和辅导来改变。比如，在这个例子中，业务员是否掌握大客户管理所需的技能？如果是有欠缺的，那么在这方面也有几个事情需要完成：①通过相应的培训提升技能。比如，送业务员参加大客户培训，并展开学习效果评估，甚至可以采取大客户管理效果竞赛。②通过内部经验分享，让那些大客户开发和管理做得好的业务员或经理分享其宝贵经验，启发新进业务员或做得不够好的业务员。③经理层的销售辅导。在每周的销售回顾中，把那些无利可图的小客户的销售项目直接排除，中止业务员在这些线索上花费时间。

4. 绩效评价方面的调整

绩效评价也应该做出相应的调整，在公司层面的报表、各级销售经理人员的报表中，都应该动态体现公司、每个区域、每个销售在大客户导向方面的变化和成效，将整个公司的关注点都聚焦到这一关键策略上。遗憾的是我看到很多公司没有进行这方面的配套调整。

5. 销售激励和奖金设计方面的调整

最重要的是，要把这种策略转化为业务员的切身利益。比如，使业务员从大客户身上能够赚到的提成数倍于中小客户，唯有如此，策略才会真正地被销售人员贯彻执行。

衔接老总的战略意图和经营成果的桥梁就是"运营系统"，这就是笔者介绍的GE、西门子等跨国公司的"战略—运营—执行"的环环相扣、相互衔接的"战略运营框架"。运营系统以年度为运行周期，服务于公司的战略意图，确保每年的各项运营要素都良好地服务于公司当年的战略目标，并在年度中间持续地动态跟踪和调整。如果没有强有力的运营系统，企业想要取得成功就只能看运气了。

2016年6月，哈佛商业评论公众号重发了哈佛大学教授罗伯特·卡普兰（Robert S. Kaplan，平衡计分卡创始人）的经典文章《拥有全世界最好的战略，管理却崩溃了？！》。文中指出："如果公司拥有世界上最好的战略，但管理者无法将这些战略转化为运营计划并执行这些计划以达到公司的绩效目标，公司只会寸步难行。"

无独有偶，拉姆查兰（世界排名第一的管理咨询大师，GE、杜邦、3M等公司的长期管理顾问）不约而同撰写文章《拉姆查兰告诉你：决策变执行只需三步：攻克执行力难关》，描述了企业运营体系（Operating Mechanism）在实现公司战略方面不可忽视的作用。

这些文章反映了这样一个趋势：许多企业正在反思战略无法落地的原因，自我检视公司运营系统存在的问题，以及探索如何系统构建"推动战略落地的运营系统"。

笔者也曾撰写了一篇文章《中国企业家最缺的是什么？》，简要介绍了通用电气运营体系的框架（GE Operating System），指出构建企业运营系统是推动战略落地、持续提升管理水平、提高执行力、实现企业自运转、为企业家解放出更多精力以致力于战略发展的秘诀所在。那么问题来了，要如何构建战略运营系统呢？

战略运营系统的构建要从业务管理入手

战略运营系统的构建要从业务管理入手，即从销售市场的运营管理入手。这是为什么呢？

一个浅显的事实是一个企业只要业务体系不出问题，整个企业就不会出现太大的问题。销售和市场是企业的核心职能，重中之重，而"善治者，必择其要而治之"。销售好比是企业这台精密机器的中心枢纽、好比是企业列车的火车头和核心动力，抓住销售治理这一核心命题，就能够纲举目张、一通百顺。

另一个重要的原因是卓越企业的运营是横向而不是纵向的，其最简化的逻辑是"客户→销售→职能→生产→研发"，所以运营体系的构建要从销售运营入手，以销售运营管理确保销售人员对客户的服务水平，促进市场增长，同时以销售所反映的客户需求牵引和指导职能部门、生产部门和研发部门的重点活动，从而形成服务和争夺市场的整体合力，从而构建高效的市场导向、销售导向的企业运营体系。

法国电信主席兼首席执行官曾说："如果你真的相信'客户就是上帝'，那么在这个世界上，地位仅次于上帝的就一定是那些天天和上帝直接打交道的人，他们就是销售人员。"可谓一针见血。谋求市场成功的企业，应该让销售人员成为客户需求的代言人，而职能、生产、研发就应该围绕着销售来运作——建立"销售驱动型公司"（见图2-6）。这也是华为提出的"让听得见炮声的人呼唤炮火"背后的根本逻辑。

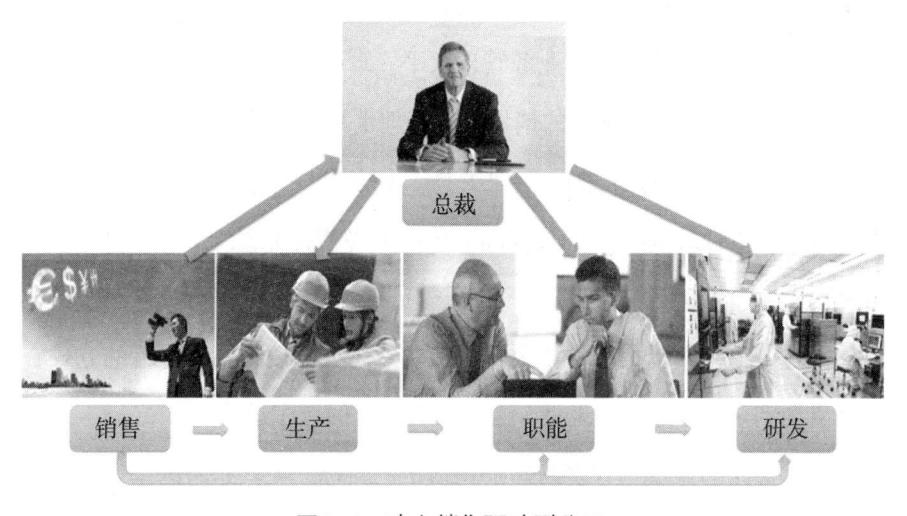

图2-6 建立销售驱动型公司

销售运营管理

许多世界级大公司深谙个中诀窍，纷纷设立了"销售运营"功能。这一角色在企业中正日益受到重视，尤其公司规模越大，其重要性越凸显。

GE是如何构建卓越销售运营管理体系的？

伊梅尔特接任GE的CEO后，为了落实其战略，在卓越销售运营管理方面，主要采取了以下几方面的举措。

①方法论的建设。开发一套基于科学的数据分析和最佳业务实践的卓越运营方法论，使之成为全球业务管理的金标准。

②将这些方法论在全球范围内开展培训，将这项培训列为全球业务管理人员的必修课程。

③做出人事上的重要安排。在GE涉足的全球各个国家、各项业务均设有卓越业务运营经理（Commercial Excellence Manager）或销售运营经理（Sales Operation Manager），协助总经理管理业务，并践行卓越业务运营管理（Commercial Excellence）的各项要求和最佳做法。

④在全球总部设立卓越业务运营管理（Commercial Excellence）团队。在全球范围内寻找销售市场改进的机会，分享全球最佳的销售市场管理实践，持续提升各个成员国的业务管理水平。卓越业务运营管理团队的另一项职责是定期评估成员国家的销售市场管理水平，并提出改进意见。

⑤配套推行全球先进的管理工具。如客户关系管理系统（CRM，即Customer Relationship Management）、业务智能系统（BI，即Business Intelligence）的建设等。

通过一系列举措，确保了公司的战略意图能够以统一、规范的方式有效地贯彻到全球各地，实现整个公司运营系统的有序运转。

这些做法后来成为许多跨国公司效仿的目标，尤其是跨国家、跨业务领域的大型集团公司。这也是值得致力于解决战略落地、提升执行力的中国民营企业借鉴和学习的。

销售运营与公司运营的异同

细心的读者朋友可能会发现，我在前文中交替使用"销售运营"和"公司运营"两个概念，这其实是两个有差异的概念。战略运营系统的构建要从业务管理即"销售运营"入手，这是因为所有的运营活动都是为了达成企业的业务目标，且销售市场功能是衔接企业外部市场和内部各种人事、财务、生产、研发的关键枢纽，企业的运营要通过销售运营集中统一地服务于市场的竞争、客户的服务、业务目标的实现。

销售运营先于公司运营，是公司运营的前提和先决条件。这是由于业务先行，其他部门的运营都要以业务运营为先决条件。比如，当年企业决定销售要增长50%，那么这可能需要额外30%的财务费用、30%的办公场所、30%的公司职员以及额外50%的产能，而这些就是其他职能部门当年的关键运营任务和运营目标。所以，我们说销售运营是公司运营的先决条件，要先于公司运营。

销售运营范畴小于公司运营，是公司运营的重要组成部分。公司战略目标的实现除了业务运营以外，还有赖于研发、生产等方面的经营协调，这些需要研发运营、生产运营等专业职能。销售运营计划对其他领域的运营工作提供信息，帮助他们确定关键任务，如销售运营计划确定某产品的销售为当年的战略重点，那么，该产品的研发、生产、供应就应该成为相应部门当年的重点项目。例如，有一年某企业通过销售分析，发现某个新产品的销售进展远远低于预期，通过调研，了解到原因为该产品的开发进度落后了两个月，从那以后，新产品开发进度就成了公司运营KPI仪表盘上的一项关注指标。因此，销售运营的范畴小于公司运营，是公司运营体系的重要组成部分。

销售运营管理

也正因为如此，构建公司战略运营体系要从销售运营入手。如图2-7所示，阶段1和阶段2属于"销售运营管理"的范畴。阶段3则属于"公司运营管理"的范畴。负责一、二阶段的人通常称为销售运营总监，做到第三阶段，就是公司全价值链的整体运营了，通常是首席运营管理，即COO。

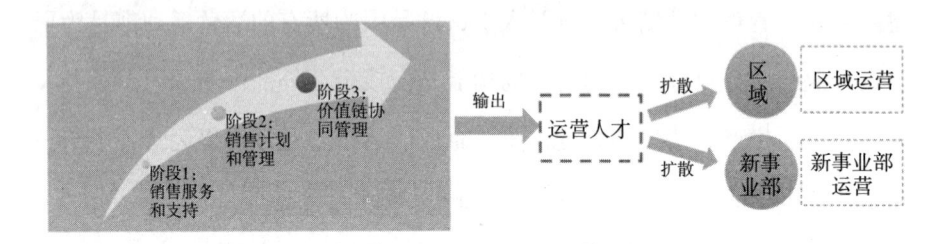

- 运营管理应从市场管理入手、从销售管理入手。销售团队是公司最接地气的部门，是公司直接面向市场和客户的一线部门。运营部门的功能首先是在服务和支持销售业务中推动集团各项营销策略的落地和执行。和营销中心及各区域建立良好关系和流畅沟通是工作顺利开展的前提。
- 在服务和支持的基础上，依据市场和客户的特征，围绕"争夺市场、赢得竞争"的战略目标，逐步建立关键资源的计划、分配、追踪和协调机制，包括销售计划管理、销售预算分配、销售策略管理、销售绩效KPI管理和销售薪酬管理。确保财、人、物、薪酬回报等各项资源都有效服务于公司战略目标的实现。
- 再以销售为火车头，将销售的需求向后台职能部门传递，实现"市场、客户→销售→后台职能"的压力传导机制，即"销人财产发"，形成围绕市场的价值链。

图2-7　运营功能发展的三个阶段

参考阅读：陆军为王：销售不强，何以争天下？

从科特勒的营销学开始，那句著名的论断"营销的目的是使销售成为多余"好比盘古开天之斧，一下把"营销"捧到了天上去，而把"销售"压到了地上去。学术界和企业界的人们都耻于谈论"销售"而乐衷于讨论"营销"，仿佛一谈营销就是时尚，就是高大上，技术含量高，一谈销售就是落伍，就是低端，就没技术含量。而事实上，几十年来，销售职能仍是大多数企业的核心职能，对企业生死存亡仍起决定性作用。销售，正日益成为企业的一项战略职能，许多著名企业的崛起，都依赖于一支无坚不摧的销售队伍。

第2章 销售运营管理职能的兴起

华为的崛起，靠的是一支强大的地面部队：华为创业之初，一直保持对销售队伍建设的高额投入，其销售人员数量占比超过公司总人数的50%。

阿里的崛起，靠的是一支强大的地面部队：阿里铁军，其兵力超20 000人；

百度的崛起，靠的是一支强大的地面部队：百度铁军，其兵力超10000人；

辉瑞等跨国企业在中国市场攻城略地，靠的更是一支强大的地面部队，其在华销售队伍人数超过5 000人，是辉瑞在华的最大部门。

营销，还是销售与市场？这是一个问题。

营销概念还没有产生之前，企业主要依靠销售职能来和客户发生互动。营销概念诞生后，企业实践发生了变化，主要有两种方式，一种是增加了调研、广告等职能，并设置"营销总监"，统管调研、广告、销售；另一种是增加了调研、广告等职能，设置"市场总监"，并行于"销售总监"。在第一种情况下，销售被作为营销的组成部分。在第二种情况下，"销售"则相对独立于"营销"，此时的营销更多被理解为市场调研、广告、消费者研究等职能，更经常被解读为"市场"。根据作者的经历，绝大多数企业采取的是第2种，可能是因为CEO和董事们更偏好从"市场"和"销售"两个相互独立的渠道获取客户的声音，而不是仅仅通过一个渠道。换句话说"销售+市场"比"营销"更具有普遍性、实践性。讨论"营销""市场""销售"三个概念的差别，不是本文的目的，笔者想说的是无论哪种实践，销售职能的重要性有增无减，其战略地位呈上升趋势。下面我将从逻辑和现实的企业实践两个角度来分析这种趋势（见图2-8）。

销售运营管理

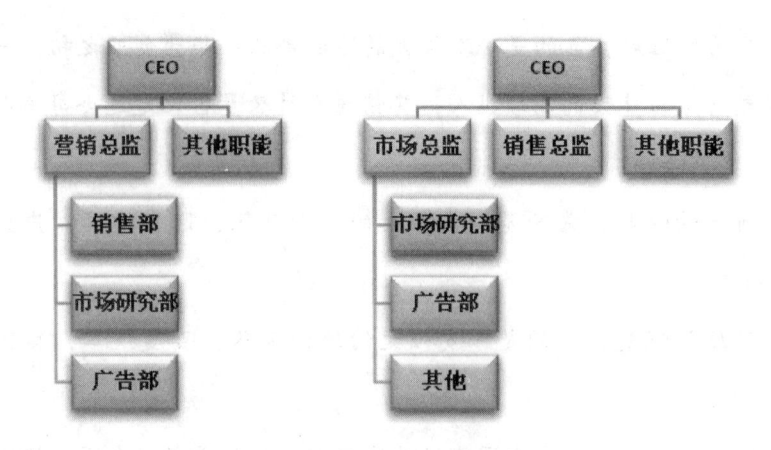

图2-8 销售职能战略地位发展趋势

逻辑角度：销售承载着十分重要的功能，是"营销"的重要组成部分

1. 产品和需求的脱节不可避免

"营销的目的是使销售成为多余"的前提是产品完全符合客户需求，无须销售。但现实中的商业链条往往是创意产生产品、产品吸引客户、客户需求再反过来引导产品升级和创新。产品往往早于客户的需求，甚至客户并不清楚自己的需求，这就使得告知、劝说、解释、沟通等销售推广工作不可或缺。在亚马逊之前，我并未想过会在网上买书。别克英朗有一则广告叫"懂你说的，也懂你没说的"，作者就认为设计得很好，很有共鸣，侧面反映出"产品和需求的脱节不可避免"这一问题——你开发了超越客户需求的产品，如何让他们认识到？如何让他们体验到？如何消除他们的疑虑？这就是销售要解决的问题。在"产品和需求脱节"无法完全避免的情况下，销售不会成为多余。

2. 销售满足客户的个性化偏好、关系需求

客户偏好人性化、个性化、定制化，尤其是在21世纪，在移动互联网崛起的今天，一对一的、高度定制化的倾向更为突出。试想一个女孩子，

她是愿意要一个天天见面、朝夕相处的男朋友，还是要一个一年只见两次面，每一次见面都让她填一份两百道题问卷的男朋友？是那个天天见面、朝夕相处的男朋友懂她，还是那个一年只见两次面，每一次见面都让她填一份两百道题问卷的男朋友懂她？客户也是如此。他们更愿意要的是"懂我"的感觉，而关系和感情只存在于人的互动和联系中（销售人员与客户沟通交流较多，市场人员在后台提供支撑，与客户的沟通少得多）。有一次，笔者要在×××网订购一张儿童机票，需要咨询一些细节，但×××网估计是出于降低人工成本的考虑，没有设置人工客服，全是冷冰冰的机器应答，根本解答不了客户想问的问题，客户体验极度不好，我从此不在×××网订票。因为遇到紧急情况，它无法响应你，而这些紧急情况恰恰是对客户来说很重要的时刻（营销学叫Key Moment）。华为技术早期打国际市场时，就是因为销售人员的随叫随到、及时的响应和服务战胜了欧美的电信大佬们。

3. 完成临门一脚，陆军为王，销售为王

尽管广告也有告知和促进销售的作用，但我们知道和消费者互动的那些更重要的工作——"劝说""释疑""促理异议""沟通"，主要是依靠销售人员来完成的。事实上外资企业通常把销售比作陆军，把市场比作空军，而把海外资源比作海军。我们知道任何以占领为目的的战争中，决定性的占领工作是由陆军完成的，空军和海军主要是起到支持和掩护的作用，因此军事中有"陆军为王"的说法。相同的，以"客户占领"为终极目标的商业战争中，作为陆军的销售也是签单和实现持续销售的决定性力量，即"销售为王"。这一点，在复杂产品的销售中显得尤为突出，如医疗器械，因为顾客不会仅仅根据广告就进行购买，他们需要了解更多的性能、质量、商务等各种条件和条款，而这些，就需要销售人员发挥作用。

4. 营销的多项功能是由销售完成的，销售是营销的重要的执行功能

销售的重要性，还体现在营销的多项功能是由销售人员完成的。比如，客户研究、市场研究、广告投放、新品上市策划，这些活动都离不开销售人员的参与或者信息反馈。事实上，很多营销调研项目、市场活动既有赖于销售执行，又有赖于销售手中的一手市场、客户信息。

现实企业实践角度：销售队伍仍在现实企业中扮演着重要的角色

1. 销售仍是企业的生命线

因为销售完成的是企业价值实现和存在的最重要一步：产品向货币的转化。如果产品无法有效转化为货币，卖不出去，就变成了库存，变成了资金积压，最终拖垮企业现金流。因此，高效率地实现产品销售是企业的生命线，而销售是这个环节上的重要角色。

2. 销售通常是企业中唯一产生收入的部门

在大多数公司中，只有销售部门是产生收入的部门，是收入中心，唯一的利润来源。其他部门，甚至市场部，都是花钱的部门，是成本中心。没有销售收入，企业就无法维持运转，销售仍是大多数公司生死存亡的部门，其他部门都是支持部门。

3. 在相当一部分公司中，销售队伍仍占相当高的员工比重

作为唯一的生产性力量，销售队伍通常会占到研产销企业的40%，或商务型企业（即没有研发和生产人员）的70%。事实上，如果一个企业销售力量的比重达不到这个数字，我们认为这个企业的后台是臃肿的，运作效率是不高的。宝洁（著名的B2C公司），以营销能力强著称，有非常发达的市场研究、品牌管理、广告等营销功能，但其客户生意发展部，相当于销售部，仍是人数最多的队伍，如果算上聘用的促销员，这个队伍则更

为庞大。华为（著名的B2B高科技公司）以研发为重心，其销售人员数以万计，销售力量曾占33%。有趣的是，高科技互联网公司"百度"，销售人数也超过一半比例。

4. 销售总监的地位往往最为重要，话语权往往最大

在很多企业的高管中，销售总监往往是地位最高、薪酬最高、能力也最强的。事实上，在很多企业里，销售线的各级人员的薪酬都是远远高于其他系统的人员的，如大区经理的薪酬可能高于人力资源总监。我们知道500强企业中，升任企业CEO最多的就是销售总监，这和销售对于企业的重要性相关。也和销售总监能力最强相关。我们知道企业高管最重要的几种能力，人际能力（包括领导力）和数字能力，销售总监都是很有优势的。这也从侧面说明销售职能在现实商业世界中的重要性。

综合以上种种，销售仍是企业非常重要的功能和职能。事实上，由于市场竞争的加剧，全球企业的财务指标有短期化的趋势，这种趋势也进一步提高了对销售将产品迅速转化为收入和利润的要求，从而也进一步加强了销售职能的战略性地位。建立一支训练有素、管理有序的销售队伍，仍是许多企业亟须解决的重要问题。

我在完成这篇文章的时候，听说原来工作过的公司的销售副总裁，被擢升为唯一的CVP（Corporate Vice President），地位高于市场、财务、人力等其他VP，从一个侧面佐证了本文的论点。

第4节　销售运营管理：企业增长之路

多项权威研究显示销售运营管理是企业增长的必由之路。

2018年10月，麦肯锡发布了一份关于卓越销售运营管理的白皮书

销售运营管理

《Commercial excellence: Your path to growth》。麦肯锡通过对200多家企业的业务运营能力的评估，发现拥有卓越业务运营管理能力的企业，与同行相比，销售收入增长持续领先1.9%，而利润增长始终领先4.7%。白皮书指出："坚持构建和维持一流销售运营能力，会持续获得丰厚回报。竞争在不断加剧。现在，许多市场进攻者通过超级执行力（卓越运营），而不是仅仅通过好的产品来超越竞争，驱动增长。为了对抗这种压力，市场领导者和市场进攻者毫无例外都应该构建并维持一流的业务运营能力，以获得显著的竞争优势。在许多情况下，这需要借鉴和采用其他行业的最佳实践。"

销售运营管理是如何撬动企业的业绩增长呢？我们可以通过另一项权威的绩效改进研究"行为工程模型（BEM）"来进行剖析。

"绩效改进之父"托马斯·吉尔伯特提出的著名的行为工程模型归纳了影响组织绩效的六类因素及其影响权重（如图2-9所示）。

刺激	反应	结果
模块一：环境信息 35.3% · 描述绩效的期望 · 关于怎样做工作的清楚和相关的指导 · 对于绩效是否足够的相关连续的反馈	**模块二：环境资源 29%** · 为满足绩效需求计划的工具，资源，时间 · 接触领导者的渠道 · 充分的人力资源 · 有组织的工作过程	**模块三：环境刺激 11.3%** · 依照绩效而定的足够的金钱刺激 · 非金钱刺激 · 职业发展机遇 · 绩效过差产生的明确的后果
模块四：个人知识 10.5% · 系统化设计的培训来培养杰出的工作人员 · 培训的机会	**模块五：个人能力 7.5%** · 人与职位的匹配 · 好的选择过程 · 灵活的计划来符合员工的最大能力 · 虚拟的或可见的帮助来增强能力	**模块六：个人动机 6.3%** · 认识到员工为可获得的利益刺激而工作的意愿 · 对员工动机的评价 · 招收新成员来满足工作条件的现实情况

图2-9 行为工程模型（BEM）

我们接下来分析销售运营管理8个模块的具体工作是如何作用于BEM的六类因素，从而撬动销售绩效的。

1. 第1类因素：环境信息

此类因素对绩效的影响权重为35.3%。

（1）"描述绩效的期望"

销售运营管理八大模块对"描述绩效的期望"的改善主要体现在市场目标管理、销售策略管理两个模块的工作上：

◇ 市场目标管理：销售运营通过充分翔实的内外部情报搜集和数据分析，为销售人员设定客观公正、科学合理的销售目标，并自上而下和自下而上地充分沟通，让销售人员充分理解销售目标制定的逻辑依据，即对销售人员的"绩效的期望"。

◇ 销售策略管理：销售策略是对实现市场目标的关键路径、关键任务的设计，是对销售目标之外的绩效期望的补充，销售运营通过销售策略的梳理、宣贯和追踪，帮助销售人员明确需要完成的关键任务，也即对销售人员的"绩效期望"。

（2）"关于怎样做工作的清楚和相关的指导"

销售运营管理八大模块对"关于怎样做工作的清楚和相关的指导"的改善主要体现在销售策略管理、销售流程管理、人员配置管理三个模块上。

◇ 销售策略管理：销售策略管理通常会告诉销售人员该项策略的具体要求，以及如何去执行该策略，销售策略本身就是重要的工作方向指导。

◇ 销售流程管理：销售运营通过梳理销售流程如LTC（Lead To Cash），形成SOP（Standard Operation Process，标准操作流程），将销售工作各个关键节点和动作形成标准化的、指导性的行动指南。

◇ 人员配置管理：主要表现在人员配置的组织架构优化和各类相关角色的工作职责梳理上。典型如"铁三角"机制梳理，就是明确与业务息息相关的销售人员、解决方案人员和交付人员应履行哪些职责及如何进行协作等。

（3）"对于绩效是否足够的相关连续的反馈"

销售运营管理八大模块对"对于绩效是否足够的相关连续的反馈"的改善主要体现在销售绩效管理、人员配置两个模块上。

◇ 销售绩效管理：销售运营通过设定完善的营销绩效KPI，并设计数据仪表盘、看板等业务分析手段，对各级销售人员提供持续的绩效反馈。

◇ 人员配置管理：人员配置的一项重要工作内容是人员质量的管理，其中一项重要的能力提升举措是销售经理人员对下级进行的持续性辅导，"辅导"被认为是经理人员的首要职责。销售运营通过设计辅导项目及督促日常辅导的开展，确保销售人员能从上级处获取持续的、即时的绩效反馈。

2. 第2类因素：环境资源

此类因素对绩效的影响权重为29%。

（1）"为满足绩效需求计划的工具、资源、时间"

销售运营管理八大模块对"为满足绩效需求计划的工具、资源、时间"的改善主要体现在费用预算管理和销售IT管理上。

◇ 费用预算管理：俗话说"三军未动、粮草先行"，销售开展销售工作势必涉及费用，维系客户、拜访客户、开展市场活动无不牵涉费用。销售运营通过科学合理地将营销费用分配到那些重要的活动、重要的客户、重要的产品、重要的区域等手段，确保销售工作的顺利进行，从而改善销售绩效。

◇ 销售IT管理：销售运营通过CRM（客户关系管理系统）、CPQ（销售报价系统）、BI（智能业务分析系统）等工具的引入，帮助销售人员更便捷地管理客户、订单及自己的业绩进展，从而改善销售绩效。

（2）"接触领导者的渠道"

销售运营管理八大模块对"接触领导者的渠道"的改善主要体现在营

销绩效管理、人员配置管理、薪酬激励管理、销售流程管理上。

◇ 营销绩效管理：销售运营通过营销绩效的分析，让各个层次销售人员的绩效充分呈现在高级领导者的面前，从而使高级领导者更关注各层次的绩优人员，并促成对话。这一点在和薪酬激励管理的"销售认可项目"配合时尤其明显，比如一些基层销售人员可以通过"Elite Club"（精英俱乐部，也有的叫"CEO俱乐部"）获得与CEO直接对话的机会。

◇ 人员配置管理：前文所述的辅导就是典型的促进销售人员与直线领导者接触的一种方式。此外，有些公司设计"导师制"促进销售与领导者的接触。

◇ 销售流程管理：销售运营通过周会、月会、季度会的管理促进销售人员与领导者的接触。精心组织的月会、季度会，往往给销售人员提供在跨级领导和跨部门领导面前展现自己和表达自己的机会。接触领导渠道最突出的会议堪称"BP质询会（年度计划评审会）"。在这类会议上，销售人员（包括经理和一线人员）汇报自己的业务计划，并接受直线领导、跨级领导及跨部门领导的质询，有思路、有才略的优秀人员往往会在这个会议上引人注目、崭露头角。

（3）"充分的人力资源"

销售运营管理八大模块对"充分的人力资源"的改善主要体现在人员配置管理上。

◇ 人员配置管理：主要是人员数量的管理，即人员编制的管理。这一点与费用预算管理相类似，销售人员通过优化人员编制的管理，确保各区域、各产品、各团队活动充分的销售人员数量，从而改善销售绩效。

（4）"有组织的工作过程"

销售运营管理八大模块对"有组织的工作过程"的改善主要体现在销售流程管理上。

销售运营管理

◇ 销售流程管理：销售运营通过LTC梳理、Cycle management（季度会等会议管理）、年度运营计划体系的管理使得整个销售组织的工作更为系统化和组织化。以"年度运营计划体系管理"为例（图2-10），它清晰规范年度BP（Business Plan年度运营计划）中4+1管理模式各个要素完成的时间节点，例如，"每年12月20日前需确定下一年度的市场目标、关键策略、人员编制、费用预算及奖酬方案计划"，显然使得整个销售团队的工作过程更有组织性（我们在咨询中时常发现一些公司甚至到4、5月份还未制订当年的销售奖金计划），从而改善销售绩效。

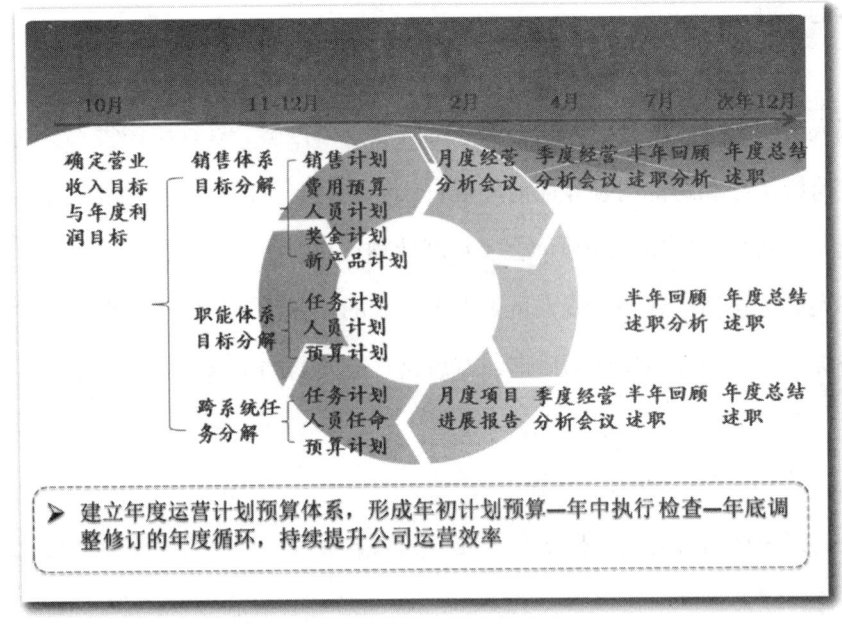

图2-10 年度运营计划体系

3. 第3类因素：环境刺激

此类因素对绩效影响的权重为11.3%。

（1）"依照绩效而定的足够的金钱刺激"

销售运营管理八大模块对"依照绩效而定的足够的金钱刺激"的改善主要体现在薪酬激励管理上。

◇ 薪酬激励管理：主要是薪酬激励管理中的"销售奖金"。销售运营通过设计符合贡献原则、绩效原则、策略原则、竞争原则的、富有激励性的销售奖金政策，激励销售人员，从而改善销售绩效。

（2）"非金钱刺激"

销售运营管理八大模块对"非金钱刺激"的改善主要体现在薪酬激励管理上。

◇ 薪酬激励管理：主要是薪酬激励管理中的"销售竞赛"。销售运营通过设计形式多样的销售竞赛方案、销售认可方案，引导销售团队进行良性竞争，形成你追我赶、争先恐后的激励性氛围，从而改善销售绩效。

（3）"职业发展机遇"

销售运营管理八大模块对"职业发展机遇"的改善主要体现在人员配置管理上。

◇ 人员配置管理：主要是人员配置管理的"职业生涯发展通道设计"及"销售职衔系统管理"。职业生涯发展通道设计通常是指职位系统的管理，销售系统中各个层级的职位要求、任职资格、选拔任命程序等；销售职衔系统类似军衔，如初、中、高级销售人员的评定和升级管理。职位和职衔两者既密切相关又有所区别。销售运营通过对两个系统的设计和管理，激励销售力争上游、有序提拔优秀销售人员，从而改善销售组织的绩效。

（4）"绩效过差产生的明确的后果"

销售运营管理八大模块对"绩效过差产生的明确的后果"的改善主要体现在人员配置管理上。

◇ 人员配置管理："绩效过差产生的明确的后果"属于人员质量管理的范畴，销售运营通过对绩效欠佳人员的PIP（Performance Improvement Program，绩效改进项目）或淘汰机制来改善销售绩效。

4. 第4类因素：个人知识

此类因素对绩效影响的权重为10.3%。

BEM模型在个人知识方面提及两点："系统化设计的培训来培养杰出的工作人员"和"培训的机会"，都和培训密切相关，我们合在一起探讨。

销售运营管理八大模块对"系统化设计的培训来培养杰出的工作人员"和"培训的机会"的改善主要体现在人员配置管理上。

◇ 人员配置管理：主要是人员配置管理中的销售培训体系建设和优秀经验萃取。销售培训体系建设主要指一些脱产的课堂学习、演练；优秀经验萃取我也称之为"传帮带"，主要指萃取绩优人员的案例，在销售团队内部传播，以期复制。两者往往有交集，销售培训课程的开发会吸收一些明星经验，而明星经验的提炼撰写又往往遵从销售培训课程的指导。销售运营通过销售培训体系的建设和优秀经验萃取的工作，提升销售人员的能力，从而改善销售绩效。

5. 第5类因素：个人能力

此类因素对绩效影响的权重为7.5%。

（1）"人与职位的匹配"

销售运营管理八大模块对"人与职位的匹配"的改善主要体现在人员配置管理上。

◇ 人员配置管理：主要是人员配置管理中能力素质模型的开发，现在流行的说法叫"人才画像"，即梳理"具备什么特征或条件的人最适合做销售或销售管理等岗位"（一个经典例子是哈佛的研究《是什么造就了优秀销售员》）。销售运营管理通过开发销售能力素质模型，按图索骥进行招聘，提高聘用人员与职位的匹配度，从而改善销售绩效。

（2）"好的选择过程"

销售运营管理八大模块对"好的选择过程"的改善主要体现在人员配

置管理上。

◇ 人员配置管理：主要是人员配置管理中能力素质模型和招聘流程。能力素质模型在5.1中已说过，我们说说招聘流程。招聘流程主要包括招聘标准化和招聘参与人，招聘标准化即基于能力素质模型的结构化面试，不同的面试官对候选人的提问和评估维度应是相对标准化的，而不是依据个人喜好随心所欲，才能确保按照最佳能力模型评价和筛选出合适的候选人；招聘参与人是指对特定岗位的招聘需要经过几轮，以及需要哪些面试官进行面试的规定，确保必要的干系人都充分参与了意见。销售运营通过对上述几方面的管理，确保"好的选择过程"，以此改善销售绩效。

（3）"灵活的计划来符合员工的最大能力"

销售运营管理八大模块对"灵活的计划来符合员工的最大能力"的改善主要体现在人员配置管理上。

◇ 人员配置管理：主要是人员配置管理中职业生涯发展体系的设计。在讨论3.3的时候我们探讨了职业生涯发展设计，主要侧重纵向系列上的职业发展，即职位的直线晋升。而"灵活的计划来符合员工的最大能力"更多指横向上的发展机会，如销售转市场、销售转销售运营等。与此相关的是"轮岗"的安排。

（4）"虚拟的或可见的帮助来增强能力"

销售运营管理八大模块对"虚拟的或可见的帮助来增强能力"的改善主要体现在人员配置管理和销售IT上。

◇ 人员配置管理：前述的人员配置管理中的销售培训体系建设、传帮带、辅导等都可作为帮助销售增强能力和改善绩效的有效手段，不再赘述。

◇ 销售IT管理：常言道"工具是人类能力的延伸"，建设好CRM系统无疑是对销售人员管理业务能力的有力帮助。

6. 第6类因素：个人动机

此类因素对绩效影响的权重为6.3%，具体的：

BEM模型在个人动机方面提及3点。

（1）"认识到员工为可获得的利益刺激而工作的意愿"

（2）"对员工动机的评价"

销售运营管理八大模块对"认识到员工为可获得的利益刺激而工作的意愿"和"对员工动机的评价"的改善主要体现在人员配置管理上。

◇ 人员配置管理：主要是前述的能力素质模型开发及选聘流程。应加强在能力模型开发和选聘程序中对候选人员"动机"因素的识别。这方面的销售运营管理实践似乎较为少见，我个人分析或许是因为能力素质模型开发的精准性较难确定。期待将来这方面有好的实证研究或者实践案例。

（3）"招收新成员来满足工作条件的现实情况"

销售运营管理八大模块对"招收新成员来满足工作条件的现实情况"的改善主要体现在人员配置管理上。

◇ 人员配置管理：主要是人员配置管理中的销售人才储备，是销售人员编制管理的一个延伸。销售运营管理通过对未来所需销售人员数量的预测，确定销售人才储备数量，并设计销售人才储备项目，从而为业务持续发展提供充足的人员供给，改善销售绩效。

销售运营管理工作对BEM模型六类绩效因素的影响总结如图2-11、表2-2所示。

第 2 章
销售运营管理职能的兴起

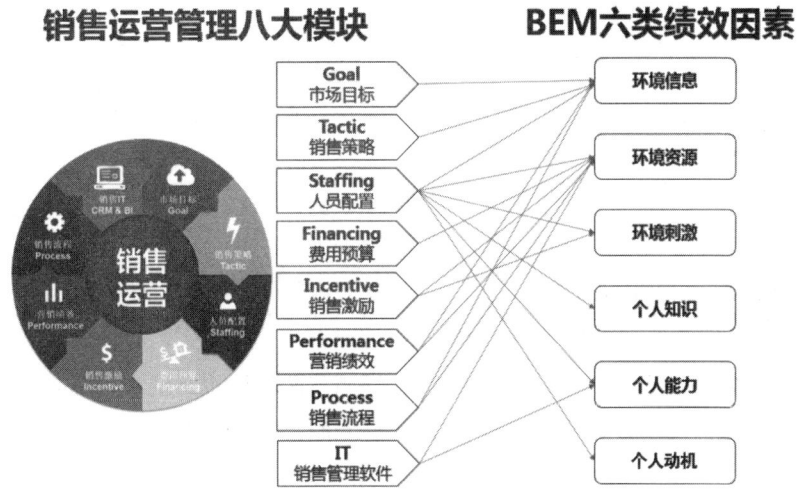

图2-11 销售运营管理8大模块对BEM六类绩效因素的影响汇总

表2-2 BEM六类绩效影响因素与销售运营管理八大模块工作对照表

（左列为吉尔伯特归纳的绩效影响因素，右列为对应的销售运营管理工作）	
BEM第1类绩效影响因素：环境信息（35.3%）	
*描述绩效的期望	市场目标管理 销售策略管理
*关于怎样做工作的清楚和相关的指导	销售策略管理 销售流程管理 人员配置管理（组织结构设计如铁三角、人员质量管理-JD）
*对于绩效是否足够的相关连续的反馈	营销绩效管理 人员配置管理（销售经理辅导）
BEM第2类绩效影响因素：环境资源（29%）	
*为满足绩效需求计划的工具、资源、时间	费用预算管理 销售IT管理
*接触领导者的渠道	营销绩效管理 薪酬激励管理（销售认可项目） 人员配置管理（经理辅导） 销售流程管理（Cycle Management）
*充分的人力资源	人员配置管理（人员编制-HC管理）
*有组织的工作过程	销售流程管理（LTC、周会等）

销售运营管理

续表

BEM第3类绩效影响因素：环境刺激（11.3%）	
*依照绩效而定的足够的金钱刺激	薪酬激励管理（销售奖金设计）
*非金钱刺激	薪酬激励管理（销售竞赛）
*职业发展机遇	人员配置管理（职业生涯发展、销售职衔系统）
*绩效过差产生的明确的后果	人员配置管理（PIP、末位淘汰）
BEM第4类绩效影响因素：个人知识（10.5%）	
*系统化设计的培训来培养杰出的工作人员	人员配置管理（优秀经验萃取和分享）
*培训的机会	人员配置管理（销售培训）
BEM第5类绩效影响因素：个人能力（7.5%）	
*人与职位的匹配	人员配置管理（能力素质模型）
*好的选择过程	人员配置管理（招聘流程）
*灵活的计划来符合员工的最大能力	人员配置管理（职业生涯发展）
*虚拟的或可见的帮助来增强能力	人员配置管理（传帮带） 销售IT管理（CRM）
BEM第6类绩效影响因素：个人动机（6.3%）	
*认识到员工为可获得的利益刺激而工作的意愿	人员配置管理（能力模型、招聘流程）
*对员工动机的评价	人员配置管理（能力模型、招聘流程）
*招收新成员来满足工作条件的现实情况	人员配置管理（末位淘汰、人员储备）

麦肯锡的研究和吉尔伯特BEM模型的研究，都证实了销售运营管理在撬动销售绩效方面的巨大作用，是名副其实的"企业增长之路——You Path to Growth"。

Part 2

实践篇

销售运营管理之道

第3章
销售运营管理之道：一个实战的模型

销售运营管理所要解决的命题是，如何以有限的资源，去获得最大限度的客户覆盖和销售收入，以达成市场目标。因此，它需要解决的核心问题是"如何围绕市场目标制定策略，并进行各项资源的调度和配置（人员、费用预算、奖酬、组织形式等各种资源），以达到投入产出比（ROI）最大化和效率最优"。在实践篇里，笔者将根据"目标→策略→行为（任务与资源）→绩效→激励"的运营管理逻辑，结合自身十几年跨国企业运营管理的经验，向读者介绍销售运营管理的实践。首先介绍一个最经典和精练的销售运营管理模型：4+1管理模式，然后逐一剖析4+1管理模式各模块的主要理念、方法、工具和案例。

第1节 一个实战的模型：业务管理的核心逻辑——4+1管理模式

如前所述，实践中销售运营管理涉及的工作内容是比较广泛的，不同公司销售运营部的工作内容会有相当大的差异，从事销售运营管理咨询的一些咨询公司，如麦肯锡、美世、翰威特、ZS、IMS都有各自不同的模型。

通过对诸多实践和各咨询公司模型的揣摩，融合自己多年的实践经验，笔者认为GE围绕着业务运营管理5个核心问题精心构建的4+1管理模式的经营模式是最为成功和完善的，它用最精练的业务管理逻辑将业务运营管理发挥到了极致。这套经营模式涵盖了战略落地的组织管控、年度运营规划的方法论及业务领导人培养的体系，堪称GE百年来成功进行多元化经营的成功之道。

这套4+1管理模式主要包括以下4个方面，4个方面的努力融合到一起，支撑GE成功地管理全球的多元化业务。

1. 抓住业务管理的核心逻辑——4+1管理模式

不论经营何种业务，进入哪个领域，所有的业务管理逻辑中有5个问题都是业务管理最为核心的，世界500强企业全球总部高管每次来到中国，都必然问到这5个问题。而这些世界500强公司的中国区负责人每年向总部汇报下一年度的运营计划时，也必然需要回答清楚这5个问题。只要回答清楚这5个问题，总部就会认为中国区管理团队是胜任的，就能获得总部的认同和信任，也会根据中国管理团队相应要求加大费用、人员等的支持。反之，回答不清楚这5个问题，总部就会质疑管理团队的经营能力而疑惑重重，自然也就难以得到总部的支持，甚至可能会招致管理团队换血。同理，世界500强公司中国区总部在管理下属的大区、大区在管理下辖的省区等层层管理中，关注的核心点都是这5个问题。这5个问题就是：

（1）你能做到多少？为什么？（市场目标）

（2）你打算怎么干？你的策略是什么？（销售策略）

（3）你需要多少人员？为什么？（人员配置）

（4）你需要多少费用？为什么？（费用预算）

（5）如果达到了预期的市场目标，你和你的团队期望获得怎样的回报水平？（薪酬激励）

为了简便好记，4+1管理模式也可称为GIFTS模型（见图3-1）。

G代表Goal，即市场目标。

I代表Incentive，表示绩效薪酬。

F代表Financing，表示费用预算，注意这里是动词，表示筹措和分配资源两层意思。

T代表Tactic，表示策略。

S代表Staffing，表示人员的配置，包括组织结构设计、销售人员类型设置、销售人员人数规划、销售人员能力发展等。

图3-1　4+1管理模式

Gifts这个英文单词有两层含义：第一层意思是天赋，希望4+1管理模式成为更多企业的业务管理者的天赋；第二层意思是礼物，希望这能成为广大从事销售管理、业务管理的朋友们的礼物。

其中，目标、策略、人员、费用预算是4个基本管理维度，4个维度互为因果，成功的业务管理需要围绕4个维度制定周详的运营规划。薪酬激励则是驱动因素，是驱动上述4个维度的管理举措执行到位的催化剂和黏合剂。

看似简单的5个问题，其实却并不简单，包含了深入的思考和学问。

市场目标包括市场环境分析、竞争分析、目标顾客群体分析、目标设定和分解技术及流程等诸多方法论。

策略制定包括对市场策略（产品、价格、渠道、促销等）和市场驱动因素的洞见、竞争态势分析、产业结构分析、产品生命周期分析、组织能力分析、敏感性分析、相关性分析等各种专业技术。

人员配置包括销售组织的组织结构设计、管理的层级和最佳管理幅度设计、销售人员类型按"客户/区域/产品"的组合设计、合理的销售团队规模的确定、任职资格（素质模型）的考量、销售队伍的培训等。

费用预算包括费用科目的设计，各科目费用合理预算值的确定，各科目费用预算在不同经营维度（费用类型、区域、产品）上的配置等。

薪酬激励则包括绩效KPI的设置、合理报酬水平的确定、奖酬类型的决定、支付曲线的设定、奖金如何支持业务策略的设计、绩效分析等。

上述5个因素是一个整体，互为因果，互相创造条件，又互相牵制。举几个例子：

你的市场目标很高的时候，那就需要其他几个因素也相应提高；

你刚刚融到比较可观的资金，那么人员配置、市场目标就都有条件加码到更高的水平上；

你找到了最佳策略，那么你的市场目标可能就可以设置得更高远；

你的人员配备难以到位，那你就可能需要调整你的目标和策略；

你的薪酬设计足够激励，那么可以激励业务走得更快更远。

总之，5个因素互相渗透、互为因果，共同构成业务管理的核心逻辑。可以说，如果一个管理团队能够非常清晰地回答清楚这5个问题，那么这项业务的成功是指日可待的。对这5个核心问题的深思熟虑和反复推敲，是最能反映一个管理团队的经营管理水平的。

销售运营管理

笔者在外资企业工作十几年，经历过上百次各个业务层级的业务汇报，包括中国区总部对全球总部的业务汇报，以及中国区内部各个层级的业务汇报（一线销售→销售经理→省经理→大区经理→国家经理），越往上的层次，就越聚焦于这5个核心问题。跨国企业CEO通常一年最多来中国两次，他通过什么来判断中国区管理团队的管理水平呢？通过什么来决定在中国应采取加大投资还是紧缩政策呢？主要就是通过问这5个问题，然后观察中国区管理团队对这5个问题的见解和思考是否足够靠谱。

通常许多跨国公司总部年初会听取中国区经营团队的业务汇报，然后定下中国区的一些关键数字——目标、预算、人员数，同时听取策略报告和奖酬方案。足见许多跨国公司都在应用类似的业务管理的逻辑，每年通过这5个核心管理维度进行业务的管控。

4+1管理模式的第一方面就是公司管理维度上对上述4+1管理模式方法论体系的构建：公司自顶层至基层、自上而下，通过4个维度和1个驱动因素进行管理。企业从目标、策略、人员、费用4个维度进行管理和制定年度运营计划，而薪酬激励则是驱动因素，需围绕上述四个维度进行设计。

跨国公司在这套核心管理逻辑上不断积累经验，建立最佳的经验和知识库，并让这些方法论成为全球最佳管理实践，不同国家的企业和业务都需要遵循这套方法论进行业务的经营管理。

2. 组织结构的配置确保4+1管理模式方法论体系的施行：4+1管理团队

我们知道事情都是通过人去完成的，再好的方法论体系，如果不能落地，就不可能在业务管理实践中发挥实际作用。所以最佳实践落地的第二个条件是：有一个掌握最佳方法论的经营团队。GE在每个国家的跨国公司、每个事业部、每个区域都设计了这样的一套管理班子（见图3-2）。

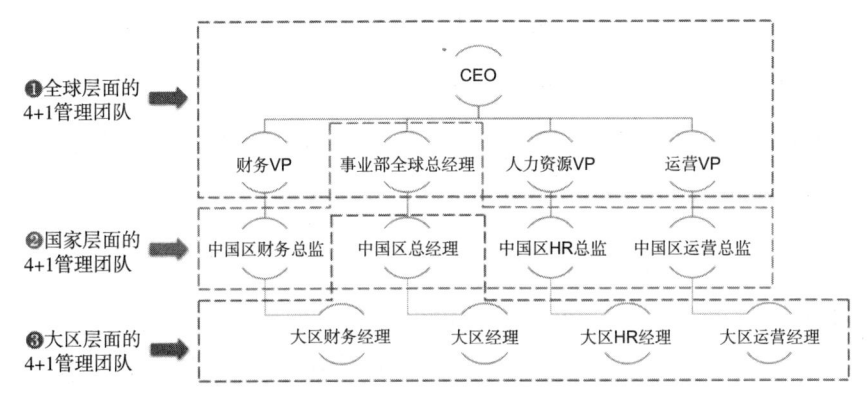

图3-2　4+1管理模式的组织结构示例

如图3-2所示，GE层层组建经营团队，以国家层面为例，假设全球总部决定进入中国开展业务，那么它将派出一个团队（请注意，不是派出一个个人），这个团队包括中国区总经理、中国区财务总监、中国区HR总监、中国区运营总监。这个团队的分工大体是这样的：

中国区总经理全面负责业务。

财务总监主要负责4+1管理模式中的财务预算模块（Financing）。

HR总监主要负责4+1管理模式中的人员配置模块（Staffing）。

运营总监主要负责4+1管理模式中的目标和策略模块（Goal和Tactic）。

由于薪酬激励和其他几个维度都密切相关，因此由整个经营团队共同负责。在薪酬激励这个维度内部又有更细致具体的分工，通常，运营总监会负责确保奖金去支撑业务目标和策略，财务总监会负责总体预算符合预期，HR总监会负责整体薪酬的外部竞争性。

相应的，这个团队的不同角色，需要精通我们前述的4+1管理模式中各个模块的专业技术、技能和经验。

这样的配置方式，好处是非常明显的：

销售运营管理

好处一：最大化专业优势，提升业务管理效率。比之于只派出一个总经理去开拓业务，4+1团队的方式可确保新业务的关键业务管理领域都能以最专业、最具效率的方式快速开展。如HR善做人事选育用留，运营善做市场客户分析、目标管理和策略制定，这样业务开拓就能够避免走弯路，且不同功能上的人能够和总部相应职能部门进行富有效率的沟通，能迅速获得总部相应职能在专业力量和资源配置上的支持，效率倍增。

好处二：确保业务运作符合总部的各项政策、规避业务经营风险。企业发展到一定规模，合规的重要性就会超过业务快速发展的重要性，因为某个子市场的合规风险，可能会导致全球其他业务遭受负面影响，得不偿失。比如说，业务为了便利，忽略了财务合规，而这个4+1团队中财务总监的存在，最大限度规避了这种风险。我之前认识的一位企业老板，他派了一名元老开拓浙江市场，并完全放权，然而绝对的权力导致了绝对的腐败，这位元老营私舞弊，与竞争公司私下合作套取公司利益，公司虽最终发现却为时晚矣，因为其行为已给公司带来了巨大损失和负面影响。另一种风险是业务经营风险。如关键业务人员流失的风险，4+1团队式配置也能有效避免业务人员离职给企业造成区域业务全军覆没的风险，一旦团队中的某个角色离职，其他几个角色能够确保业务的正常运转，不会出现业务的大起大落。

好处三：可复制的团队能力，持续创造业务领导人。这种团队作战的模式，为GE培养了大量的业务领导人和职能领导人。我发现不少中国企业是极度缺乏经营人才的，导致在新业务机会出现的时候，没有合格的人选可以去抓住机会。很多国内企业业务线上的高级管理人员，如销售总监，都严重缺失经营能力，事实上只扮演了一个大业务员的角色，并不具备预算成本意识、用人成本意识等经营意识，往往只是负责销售收入和回款，极容易走向多要费用、多用人员、低价促销等简单粗暴的管理方式。这种情况下，很难培养出具备业务、预算、人工成本等综合经营意识和技能的、能够独立经营新业务的业务领导人，造成老板想开拓新业务，却无人可用的局面。而GE的4+1管理模式，每个业务经营团队都有能力承担一项独立业务的经营，尤其事业部总经理的角色，他常年在这种团队作战方式中耳濡目染，一旦出现新的业务机会，他完全能够在其他财务、人力、运营三个关键职能角色的协助下，快速上手开展业务。也正是这个原因，GE才能源源不断地为各个事业部输送领导者。据报道，世界500强公司有三分之一的CEO出自GE，GE因此赢得了"CEO摇篮"的美誉，这大概和GE这种4+1管理模式使业务领导人在职业生涯早期就受到经营管理的锻炼，获得了人财物全面经营的意识、经验和能力有很大关系。

GE对全球各种业务的管理均采取这种团队作战模式，如收购某项业务后，必然是派出这样的一个团队进驻开展经营，GE对多元化业务的管理能力就体现在公司中无数的这样的经营团队上。

3. 让4+1管理模式的方法论和组织能力融入业务运营流程

有了方法论和组织能力，还要让它们融入业务运营流程，才能有效转化为生产力。其方式见图3-3。

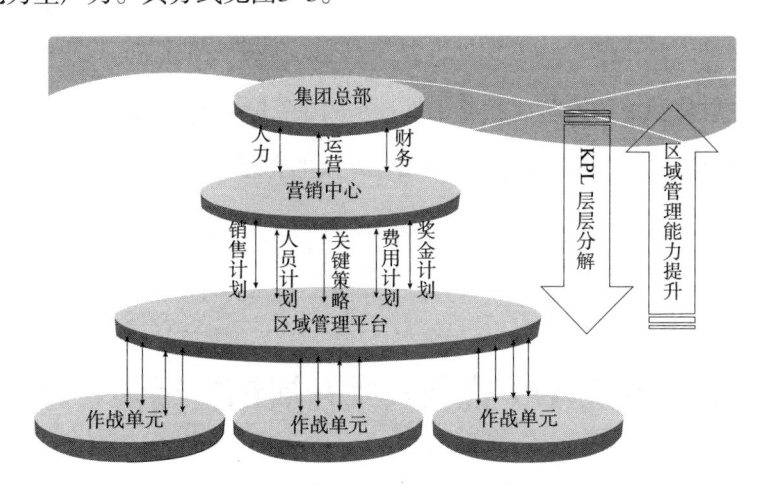

图3-3 4+1管理模式融入业务运营流程方式

各层级的4+1团队会围绕前述的5个业务管理核心逻辑，将高层的目标、策略、人力资源、财务预算、薪酬激励等各方面的政策层层下达，并在日常工作中通过周期性业务回顾、业务问题定位等方式，确保企业战略落实到各层级的年度经营计划和日常运营活动中。在GE，这被称为节奏韵律（Rhythm）。

4. 让管理能力不断扩展和延伸：不断训练和培养关键岗位的领导人

上述治理模式得以持续运转的重要前提是要有大量的关键岗位领导人，GE有几个著名的培训生计划，如业务管理领导力项目（CMLP，Commercial Management Leadership Programme）、财务管理领导力项目（FMP，Finance Management Programme）、人力资源管理项目（HRMP，Human Resource Management Program）和运营管理领导力项目（OMLP，Operation Management Leadership Program）。GE每年从顶尖大学吸收高潜质应届生进入这些项目，他们将在2年时间里接触不同国家、不同业务、不同职能工作模块的工作内容。以人力资源领导力项目为例，他可能在中国医疗业务做半年招聘工作，再到澳大利亚能源业务做半年薪酬工作，再到法国金融业务做半年培训工作，再到韩国做半年员工关系工作，之后再根据他的职业兴趣和强项安排进某个经营团队。整个项目过程中，他们将接受不同工作模块的专业化训练，同时又具备了处理不同业务情境，以及同不同人员、不同文化打交道的能力。这些人都是GE领导人的种子选手，完全以公司立场开展工作，在公司内部接受调配，随时配置到需要的业务团队中去。

第2节 围绕4+1管理模式开展销售运营管理

前面我们介绍了业务管理的核心逻辑，那么销售运营管理如何围绕这个核心逻辑开展管理工作呢？我把它归结为一个核心和六个工作模块，它们共同形成一个年度的运营循环（参考图3-4）。

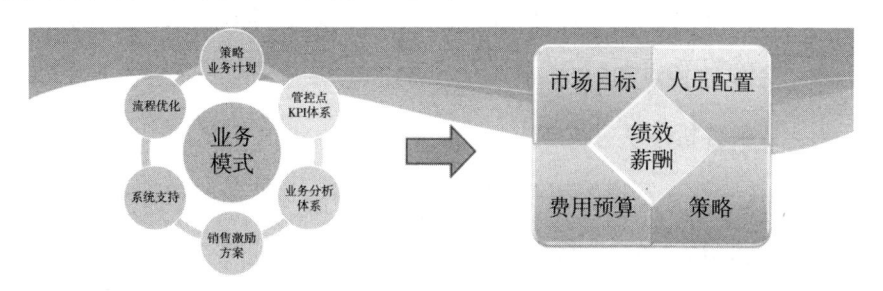

图3-4 围绕4+1管理模式开展销售运营管理的方式

核心和出发点：业务模式

运营管理的起点和落脚点是业务模式。业务模式是销售收入产生的来源和过程。不同的业务模式，管理的重心也截然不同。比如，快速消费品公司和医疗设备公司的业务模式就截然不同，业务模式的不同决定了它们有截然不同的关键成功要素。销售运营管理应密切围绕业务模式特点，梳理核心业务流程，找出决定业务目标实现的关键影响因素，通过一系列管理动作，持续强化业务模式，创造优异的运营效率。销售运营管理各个模块工作必须以业务模式分析为出发点和落脚点。

本节末的《根据不同业务模式调整销售运营管理要素》一文简单地介绍了几种不同业务模式的关键成功要素。

六大工作模块

1. 策略和业务计划

根据业务模式特点，有针对性地制定确保战略落地和竞争胜出的策略，并形成年度业务计划。业务计划要包括完整的4+1管理模式中4个管理维度的内容。

2. 管控点和KPI体系

根据策略和年度业务计划,识别关键绩效领域(KPA,Key Performance Area),制定管控点和KPI体系。

3. 业务分析体系

通过持续的、常规的和专题性的业务分析,追踪策略执行和绩效,及时纠偏,确保关键举措执行到位。

4. 销售激励和奖金设计

科学合理设置利益分配机制,设计有效的奖金政策,激励销售人员执行销售策略,达成年度业务目标。

5. 系统支持

应用最新的销售管理IT系统技术,如客户关系管理(CRM)、智能业务分析系统(BI),提高销售团队作战能力及销售运营效率。

6. 流程优化

通过持续的销售流程分析和优化,提高运营效率。

在后面的内容里,我们将逐步展开,介绍销售运营管理各个工作模块的方法、原则、工具及案例。

案例　根据不同业务模式调整销售运营管理要素

央视的大型纪录片《大国崛起》在回顾和剖析了近几百年来先后崛起的葡萄牙、西班牙、英国、美国等8个国家的强盛之道后,得出了一个结论:每个国家的崛起都有各自的背景和驱动因素,但单一要素肯定是不够的。

同样,企业要崛起,单一的营销因素肯定是不行的,营销的成功必是对多因素的小心翼翼的筹划和管理,我们通过三个例子来论证这个观点。

小餐馆

我办公的地方，附近新开了一家小面馆，主营山西刀削面、盖饭和小炒等快餐，以满足附近的上班族的午餐需求。大家对新开的餐馆总是怀有特别的热忱，开业前两周门庭若市，我也去凑了热闹。第一印象餐厅门面中等规模，15张桌子，60个左右座位。第一次吃饭，要了一份刀削面，味道挺正宗。第二次和朋友去，朋友要了盖饭，其他人都吃完饭了，他的盖饭还没上，不满地表示不再上这儿吃饭了。这引起我对这家餐厅经营得与失的思考，细思极恐，经营一家小餐馆还真不简单！我们看看都需要考虑哪些要素：

口味（产品）。口味当然是很关键的，毕竟在餐饮业，口味是顾客消费的核心利益。口味的"独特"或"正宗"是保证餐厅经营的重要因素。

经营品种（产品组合）。只经营面食，还是经营多种食物？只经营单一食品，由于食客口味的多变性，需要比较大的人流量才能撑起持续的经营，这就是为什么面馆一般都不会开得很大，因为天天吃面的人毕竟少，所以麦当劳、肯德基也纷纷扩大经营品种来提高单店营业能力。新开的这家餐厅大约也考虑到了这点，所以以面为主，同时经营盖饭和小炒。但经营品种多带来新的问题——上菜速度慢，引起食客不满；需要储备的食材多，带来采购、销售预测量、食材积压等风险。

选址。餐厅的地理位置可谓关键，如果不是在人气旺的地方开店，销售量就难以保证。而选址里需要考虑的子因素也很多，地理位置、交通、人流量和运动方向、门店朝向等，都要考量，再大一点的，恐怕还要考虑停车位是否足够的问题。

装修。简单装修还是精装修？简单桌椅还是舒适的座椅？装修成什么风格？这是一系列的复杂决策。口味再好，装修不行的话，消费者恐怕也

销售运营管理

不愿光顾。

规模。餐厅开多大？桌椅布局是紧凑一些好，还是宽松一些好？规模大了，显得冷冷清清；规模小了，又容易显得拥挤嘈杂和引起食客流失。

卫生。餐饮业卫生是必不可免的，它和装修的风格、餐厅管理维护都息息相关。联想一下，为什么我们每次进入麦当劳、必胜客这些洋餐厅都觉得总是那么干净明亮？为什么有学生愿意在肯德基自习一整天？有没有人愿意在你的餐厅里自习一整天？

定价和促销。需要考虑下述一系列问题：菜品的价格和分量如何设定？如何在恰当的用餐时机通过派发优惠券、团购等活动吸引更多顾客？要不要进行折扣优惠？

服务。自助服务多一点，还是更好的服务？提个简单的问题：筷子和汤匙是摆在桌面上，还是集中放置供大家自取（比如庆丰包子铺）？前者需要一定的人工；后者省人工却容易引起顾客不满，因为顾客穿梭会带来混乱感，也有碰撞摩擦的风险。类似的问题，如是顾客自行取餐，还是全由服务员送餐？要不要经营外卖？

管理。包括人工在高峰时期和非高峰时期的平衡、厨师工作和服务员工作的协调、人员的考勤、排班、工资给付等内容。同时，还需考量下列问题：下单顺序和上菜顺序如何有序管理？需不需要等号或排号管理？如何保证上菜时间？支付方式是否要多样化？

采购。如何采购新鲜实惠的食材？如何储存？如何避免过多储存或断货？如何处理过期食材？这些也是应仔细研究的问题。

一家看似简单的餐厅，却需要对以上十几个要素进行细致考量和筹划，足见做好营销管理，真不是简单地把某个因素做到极致就可以了。下面，我们再来剖析航空公司。

航空公司

来想象一下你怎样选择出行的航空公司：

时间是否合适？航线的设计和航班的安排是航空公司需要做的功课之一。我一度经常飞北京-成都的航线，这条航线C航空的航班是比较多的，但有一次我对这家航空公司极为不满。那次我提前3个小时到达机场，我原来的机票是19:35的，到达机场的时候是16点多一点，我希望能够改签早一点走，但被告知16:00—19:35没有航班了，我不知道这家航空公司为什么这么设计，但从那以后，如果我的计划时间在这个区间，我一般就不选择C航了。

航班是否足够多？这决定了在出现特殊情况的时候是否能有备选的方案。有一次，我选择了廉价的L航空，这家公司飞往成都的航班有两趟，早上7点和下午6点，我订的是下午6点，中午时分航空公司通知我航班取消，没有说明理由，只能退票或者改乘第二天的航班。很糟糕，因为我第二天一早要开会，我被迫改订了其他航空公司的航班，由于临时订，价格是原来的两倍。

价格是否合适？票价当然也是很重要的了，这点毋庸赘述。但不止价格高低那么简单，还需要考量价格和时间的组合关系，就是提前2个月、1个月、3周、1周订票和临时订票的价格组合，以及直销和分销的价格对比等，都是需要科学设计的。

飞机的大小、型号应统一还是多样化？飞机的大小往往代表着舒适度。飞机越大，飞行越平稳，座位通常也更为宽敞些。但也不是绝对，有一回我从欧洲搭乘号称当时世界最大的空客A380回国，飞机实在是大，上下两层，但体验却并不好，因为航空公司没有因为飞机变大而增配空服人员，配餐的时候，从我看到最远端已经开始分发配餐开始，到空服人员走

销售运营管理

到我身边，足足1小时，空乘人员用英文礼貌地问我要中餐还是西餐，我说想要西餐，空乘人员说抱歉，由于人数太多，分到我这只剩中餐了。

是否需要乘坐摆渡车？是否有廊桥？如在北京的冬天，坐摆渡车特别冷，再加上机场开阔，风大，体验极不好。如果购买机票的时候能够告诉我需不需要搭乘摆渡车，我可能会毫不犹豫选择那些不需要搭乘摆渡车的航空公司。

停机位距离安检口的距离是否适中？现在机场越来越大，安检口到登机口，或者到达口到机场出口需要步行20~30分钟的并不少见，当你带着较多行李、当你赶时间、当你空着肚子、当你着急回家的时候，这个时间就长得难以忍受。

机上娱乐系统是否丰富？密闭的空间，狭小的座椅，有没有娱乐系统帮助人们打发飞机上的时间是我颇为看重的选择点。有的航空公司的飞机，采用那种隔几排座椅放一台电视屏幕的方式，这种情况有时很崩溃，一是人们其实看不清楚上面演什么，二是有时内容和播音自己不感兴趣却不得不接受，极少刚好有合适的内容是自己喜欢的，这也可以理解，毕竟众口难调。现在一些小型航空公司采用的是每个座椅有个独立的点播系统，里面有些影片可以观看，一般国内飞行的话，一部电影就打发了，这是特别好的体验。

飞机上的服务和配餐是否到位？国内航空公司在服务上是让乘客自助服务的，但国际航线一般娱乐系统从上飞机到降落都可以使用，不会在降落前半小时要求乘客调直座椅靠背、收起小桌板、关闭娱乐系统等，不知道是不是航空公司为了减少人力，所以让乘客自助服务？配餐方面，有些航空公司的配餐是精致而又好吃的，而有些航空公司的配餐就不尽如人意了。

是否准时？飞机再大、服务再好、机上餐饮再美味，严重晚点，也是难以接受的。有的时候飞机晚点了，乘务员却仍会照例在飞机上播音，说希望大家会有一段愉快的旅程。航空公司晚点而没有明确的说法也是一种对商业精神和契约精神的背离。

是否有会员计划？是不是会员计划的航空公司也是顾客选择航空公司的重要标准，通常乘客会优选自己会员计划的航空公司。

要不要超卖？平衡空驶和超卖顾客坐不上飞机的风险也是航空公司需要做的一项决策之一，这会影响公司的经营利润。

地面运营效率？我发现有的航空公司从飞机降落、下客、重新装载行李、上客、再起飞可以在40分钟内完成，而有的航空公司需要一个半小时，这里流程规划起了重要作用。在飞机递延晚点（多数航空公司的航班一天要来回飞好几趟，一趟晚点就会导致相连的航程都晚点）的时候，这个因素就特别突出。这方面做得差的公司，顾客就需要忍受更长的延误等待时间。

奔驰和宝马

奔驰和宝马的产品各有核心价值点，也各有粉丝。就北京而言，我认为奔驰渠道和价格做得略好一些，因为在我家旁边就有好几家4S店，看车很便利。价格上，上汽车网站，可看到奔驰会有一定幅度的价格优惠，而宝马基本上没有价格优惠（不知道是不是要到店里才谈价格优惠）。据说宝马的门店人员服务会专业一些，会引导顾客关注产品价值，但我从来没去过宝马4S店，因为很难找到他们的4S店，在布点上可能还需要考虑更多一些。

小小的例子，我们可以看到两家在产品力、渠道布点、价格设定、人员服务等多个因素上的差别，也可以体会出两家公司营销管理层背后的智慧和呕心沥血！

第3节 销售运营管理工作框架：挖掘机会、调配资源、促进增长

销售运营管理是如何通过实际操作并达成其在组织中的使命的呢？这里我画了一个销售运营管理工作框架示意图（见图3-5）。

围绕生意机会和增长点配置资源——机会导向和效率导向

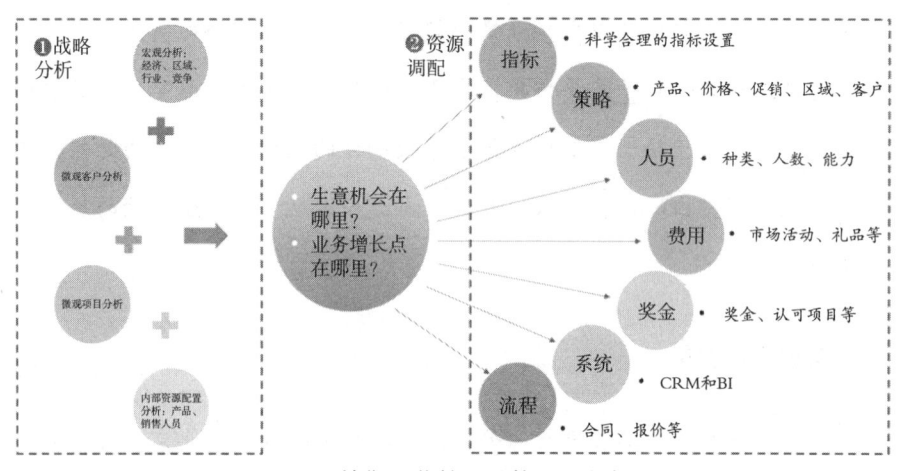

图3-5 销售运营管理的核心工作框架

一个核心使命：围绕生意机会和增长点配置资源

销售运营管理的核心使命是围绕生意机会和增长点配置资源，这包含两层含义。

一是说销售运营管理要不断地探索"生意机会在哪里""业务增长点在哪里"，这是机会导向的，是外部导向的，是不断叩求企业外部的市场机会。

二是说销售运营管理要围绕着生意机会和增长点不断地优化企业内部资源配置，这是效率导向的，是内部导向的，是不断关注企业内部资源分配的优化机会，提升资源使用效率，使其利于外部生意机会的争夺。

为了实现上述使命，销售运营管理的工作框架可分为对外和对内两个部分，分别是图3-5中左右两侧的内容。

1. 对外：战略分析——发掘生意机会和增长点

战略分析：旨在回答"生意机会在哪里"及"业务增长点在哪里"两个问题。一般包括以下几个方面的分析。

宏观分析：整体经济形势、区域布局、行业动态（如果一个企业是多行业经营的，则是指不同行业的生意机会）、竞争格局等。

微观客户分析：分析不同细分市场的客户动态，他们的潜力、需求、增长情况等。

微观项目分析：如果是项目式的销售，如医疗器械，其生意机会来自一个一个的销售项目，这时就需要分析每个项目的客户情况、竞争情况、项目把握度，以及项目群的销售漏斗分析、赢单率、转化率、转化周期的分析等。

内部资源配置分析：企业自有产品的销售情况、销售队伍的销售效率分析等。

2. 对内：资源调配——提升资源配置效率和运营效率

资源分配：旨在调动企业内部一切可以调用的资源，匹配市场机会，形成整体竞争力。资源分配的要素包括以下几方面。

（1）5种核心要素

指标：科学合理的指标设置。指标是资源分配的指挥棒，是市场机会和内部资源匹配的衔接点。指标分配得高，意味着该领域（可能是某区域、某产品或者某客户）的市场机会比较大，同时也意味着分配给该领域的资源应该较高,因此,指标是销售运营管理需要着重管理的要素之一。

策略。对外战略分析的指向性应该牵引企业的销售策略,策略包括多个方面,如产品策略、价格策略、促销策略、区域策略、客户策略、时机策略等。这些策略要匹配市场机会,更要对销售指标形成支撑。

人员。指销售人员对市场机会的匹配,包括种类、人数、质量、架构等。种类是指需要的业务人员的种类,比如售前顾问、产品经理、医学顾问、普通销售人员、大客户销售人员等。人数是指各种种类人数的数量的确定。质量是对各种类人员的素质模型的考量。架构则是层级、管理幅度、汇报线的设计和规划。这在每个部分都有很专业的学问,进行科学合理的设计,才能有效地捕捉外部市场机会。

费用。这是对销售费用的合理规划和分配。费用包括市场活动费用、促销费用、礼品费用、客情招待费用等。费用在不同费用科目、不同客户群体等的分配,会影响外部机会的捕捉。最理想的状态是高潜力市场获得高额费用分配。

奖金。奖金包括销售奖金及认可项目等。笔者一直主张用运营的视角来看待奖金,即把奖金看成是运营资源的一种,讲究其和指标及策略的相互匹配,讲究其投入产出效率,务必把奖金给到那些最优秀、最符合公司策略方向的销售人员。

(2) 2种辅助要素

系统。上述的战略分析和资源分配及分配效率追踪都有赖于系统化工具的支持,因此,如果企业有预算投入IT化系统的建设,那么对运营系统的建设将是很好的辅助。这类系统最主要的CRM、BI、订单、报价系统等。

流程。流程主要包括两类:一类是管理流程,即对企业整体运营周期的时间动作的规定性,最著名的流程就是GE运营系统(GE Operating System),顶级的业务管理流程;二类是具体的业务流程,即对报价、合同审批的流程规范。对于制药企业，流程主要是管理流程。而在医疗器械企业，业务流程也是重要的管理要素，主要是产品复杂、产品线长、定制化内容多的企业，这类企业产品种类繁多、报价审批流程烦琐，对流程的梳理和优化，也是运营效率提升的重要管理命题。

以上，就是销售运营管理的核心工作框架。

值得一提的是，销售运营管理是建立在数据基础之上的，所有的战略分析和资源调配动作都要基于一个强有力的企业数据中心（见图3-6）。所以，销售运营管理部门往往有一个比较强大的数据团队（也有整合在IT系统团队内的）。国内企业在建立销售运营功能的时候特别需要注意的是时间问题。因为企业经营数据的积累和完善是一个持续的过程，通常需要2~3年的数据积累，不能急于求成。

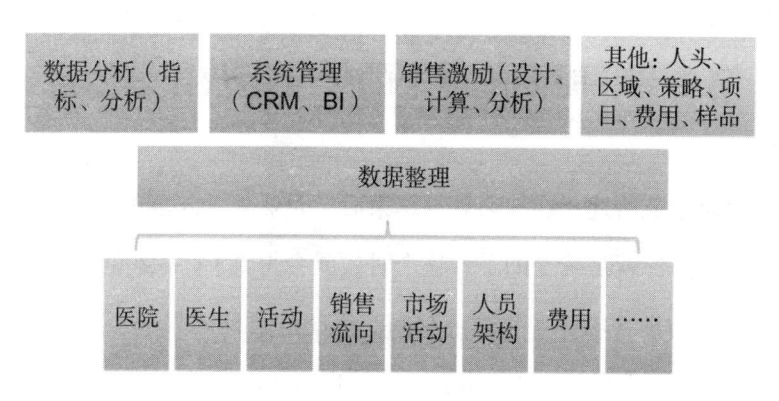

图3-6 医药行业基于数据的SFE工作框架

第4章
年度运营计划体系

在第2章,我们介绍了企业运营框架的三个大环节"战略"→"运营"→"执行",销售运营管理是该运营框架的组成部分,它的工作起点是承接战略,制订年度运营计划。本章将详细介绍年度运营计划制订的整体流程。

第1节 时间维度上的年度运营计划体系

如前面章节所述,在战略规划结束后,企业下一年度的营业收入目标和年度利润目标就是确定的了,这个时候就会得到3个关键变量,通常这3个变量表示为销售增长、预算、利润。年度运营计划就基于此3个基本变量。大多数公司在9~10月启动下一年度的年度运营计划。年度运营计划分为3大块进行:销售体系目标分解、职能体系目标分解和跨系统任务分解。

1. 销售体系目标分解

销售体系目标分解,也叫业务体系的目标分解,此为整个企业运营的火车头,是重中之重,也是最复杂的,需要率先启动,排在职能体系目标分解之前,因为职能体系的关键任务需要对业务体系目标形成支撑。举例来说,业务体系通过任务分解,识别出"多招募10%的销售人员以支持新市场开拓"为下一年度的关键策略,那么,"招募10%的销售人员"的数量、质量、到位时间等,就会转化为人力资源部门下一年度的一项重要工作目标。而这10%销售人员的受教育水平、工作经验水平的要求则进一步演变为招聘要求,进而又成为人工成本要求。因为招一个销售经理的成本,肯定是要高过招一个销售代表的成本,招一个5年经验的销售人员的成本,肯定会高过招一个应届生的成本。因而,又会影响到财务部门的人工成本预算。所以,销售体系的目标是其他系统目标的前提和先决条件,业务目标的分解工作要先行。

销售体系目标分解先行,并不意味着销售体系的人员埋头自行制定即可。如上面的例子,虽然销售部门识别出"多招募10%的销售人员以支持新市场开拓"的策略,但在过程中却需要运营人员给出竞争对手人员动态的建议,给出人员增加与销售额增加之间动态线性关系的建议。也需要人力资源部门给出诸如市场上什么水平的人员能够满足需要,市场上的人员供给是否充足,其平均市场价格如何等相关建议。同时还需要财务部门提供预算方面的建议。所以这是一个反复斟酌,甚至讨价还价的过程。在反复讨论的过程中,形成了业务、运营、人力、财务协同作战、共同对经营成果负责的工作方法。这就是GE闻名于世的"群策群力"工作方式的表现之一。

销售体系目标分解又分为几个重要的方面:①销售计划,即销售指标的分解。假如公司整体销售目标是100个亿,那么这100个亿要如何在不同产品线、不同区域市场之间进行分解?这是一个庞杂的工程,最终需要将销售目标细分到每个产品线、每个区域、每个层级、每个业务员甚至每个客户的身上。②费用预算计划,即各项费用在不同产品线和区域间的分解。这也是一项艰巨的任务,需要运营部门综合考虑区域差异、产品线的市场地位、过往历史情况、未来潜力等综合因素。③人员计划。人员是维

销售运营管理

持不动,还是要增加或裁减?增加哪个层级、哪个产品线、哪种类型的人员?增加在什么区域以及组织结构要不要调整等一系列的问题,都需要形成全盘计划。④奖金计划。这又是一项重量级的计划,依据什么原则来分配奖金?鼓励什么行为?是开拓新市场,还是维持核心市场份额?如何能够支持公司策略?如何能做到公司和员工双赢?这些问题将在后面的激励环节进行详细介绍。⑤新产品计划。如果当年有新产品上市,通常的建议是单独制订新产品的独立计划。为新产品单独设定上述4个方面的计划,即目标、策略、人员配置、费用预算以及奖励计划。

销售体系目标分解过程背后的灵魂是对策略的思考,即达成业务目标的关键路径、关键举措是什么。策略是销售体系目标分解的指挥棒和灵魂。

2. 职能体系目标分解

销售体系目标分解后,职能体系目标分解启动。但这不是绝对的,销售体系目标分解和职能体系目标分解往往有交互、磨合、反复的现象,是一个动态的统一过程。

职能体系的目标从内容上主要有三大类:一类是当年关键任务,一类是人员计划,一类是预算计划。当年关键任务来源于业务系统,或是对该领域内最佳管理实践的借鉴。如销售部门要求财务部门缩短报销周期,又如销售部门要求人力资源部门提供培训以提高拜访技能,那么培训就是下一年度人力资源的关键任务之一。作为企业内部的支持部门和服务部门,职能部门除提供业务系统所需的服务以外,其重要职责是控制服务成本。人员计划和预算计划就是职能部门成本维度的两项重要的运营计划。人员计划主要是组织结构的调整、人数的变更、薪酬水平的调整。预算计划指的是职能部门赖以运转的一些运营费用,如差旅、培训、外聘咨询机构做项目等方面的预算。

职能体系的目标从性质上可以分为两大类：一类是维护性的目标，一类是策略性的目标。维护性的目标是指人力资源的离职率、总人工成本比例、财务的财务成本等目标。策略性的目标则是由销售系统衍生的、支持当年关键策略的任务，如上文提到的增加招募10%就是当年HR的策略性任务。又如财务上马财务报销系统，简化流程，提高效率，以更好地支持业务系统等。维护性目标往往多年不变，重在持续改善。策略性目标往往一年一变，视业务需要而调整。

3. 跨系统任务的分解

年度运营计划的第3个模块是跨系统任务的分解。这通常是公司级的重大项目，如ERP项目，需要从不同的系统中抽调人员来形成专门的项目小组，并为之设定专门的项目预算。在年度运营计划中需要界定出这些重大任务，并设置专门的项目经理来负责。这点非常重要，根据笔者的经验，凡是兼职做跨系统项目的，项目往往不了了之，成功率不高。

年度运营计划通常在新财年开始前后完成，在财年开始的时候，所有人员就各就各位开展工作了。之后的任务就是进行适时的跟踪和控制，按时间节点或项目里程碑进行管控。对于业务系统，大多数时候，月度、季度、半年、年度的持续的运营分析和跟踪是必要的，但是否要细致到每周都进行分析的程度，则取决于业务的特性。如果频率过高，会带来过高的管理成本，且久而久之容易流于形式。总体原则是依据以下两个问题来做决定：①多长时间的一个周期足以展现业务好坏的情况？②多长的时间能够获得业务进展信息的准确数据？有的业务，销售周期比较长，如造船业务，可能一周的时间是不足以说明业务是好还是坏的。又如财务数据，有的企业报销周期较长，过短的时间可能由于业务人员没有及时报销而无法得到准确的费用数据。但是周期太长也不合适，因为那会造成发现问题滞后，失去及时调整的时机。对于职能系统，则简单得多，一

销售运营管理

般半年时间分析跟踪一次便已足够。对于跨系统任务，则取决于任务的里程碑，根据里程碑进行回顾和跟踪。年度运营计划预算体系流程参考图4-1。

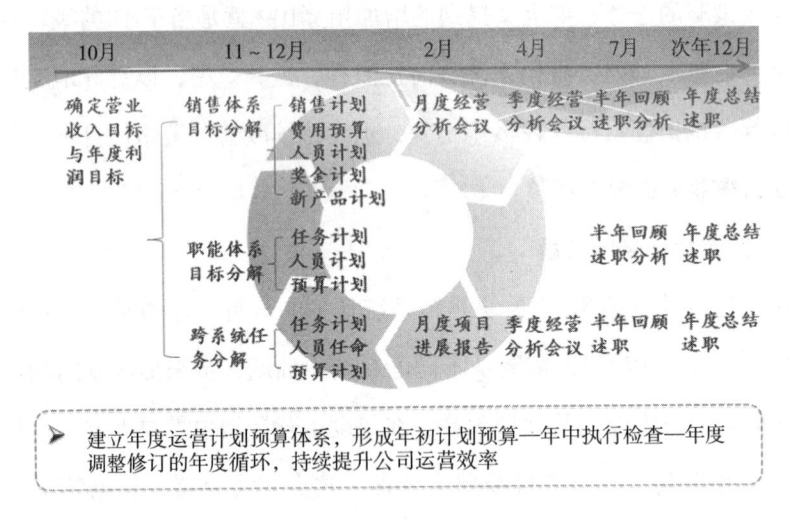

图4-1 年度运营计划预算体系

第2节 组织层级维度上的年度运营计划体系

在时间上逐渐制定和推演年度运营计划的同时，也是在组织内各个层级上KPI层层分解的过程（参考图4-2）。对于成熟上规模的企业，会将目标、策略、人员配置、费用预算层层落实到基层业务单元（最基层的销售团队）。因此从全国销售总监到一线销售经理的各层销售团队必须全盘负责他所辖区域的目标、策略、人员及预算，同时也需要负责向下一层人员去宣讲和解释在达成公司要求的销售目标和预算控制目标后，他们都能得到什么样的薪酬，即每一个基层销售经理都是一个个独立的"4+1"管理模式的承载体。这种方式将区域经营的责任授予经理人员，同时也对经理人员的管理能力提出了很高的要求。当然，这种模式仅在管理成熟的企业中施行。事实上大多数销售组织都经历从只管收入的"销售收入中心"，到管收入和回款的"销售收入回款中心"，到管收入、回款及费用的"销售收入回款费用中心"，直至最后收入、费用、人员全盘负责的"利润中心"。这也成为衡量销售组织成熟程度的重要标志。在这种模式下，企业的经营人才得到了较好的解决，因为每个销售经理都在较低层次上得到了充分的历练，若提升到更高位置，对于他们来说，不过是地盘的扩大和人员的增多，企业经营中的用人风险也能得到良好的控制。

与此同时，这种模式的层层落实是交互的，在上一层向下一层传递KPI的过程中，其实也是从不同维度全面了解和衡量下一层经营单位状况的过程。各层级在充分互动的过程中，就把在下一年度公司经营可能面临的问题和风险充分地提前暴露和释放了。这就是跨国企业管理中特别重视的一项理念：拒绝意外（No Surprise）。提前预见业务计划中可能遇到的各种风险，留出充裕的时间防患于未然，中国人叫"未战先谋""神机妙算""运筹帷幄，决胜千里"。

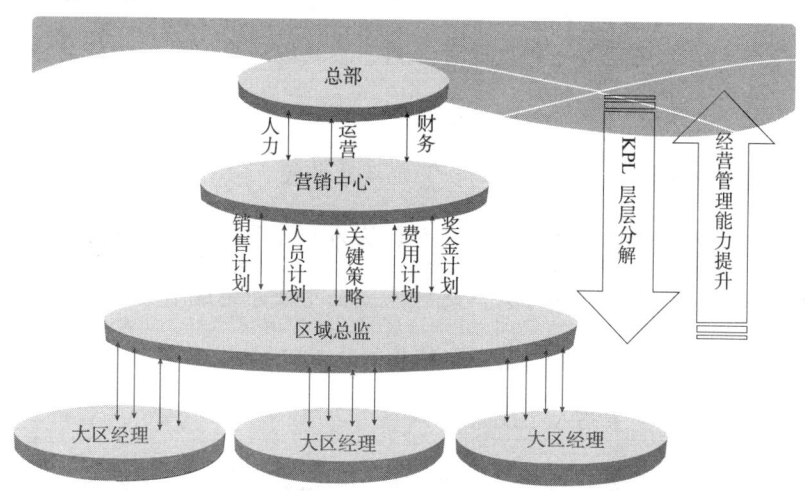

图4-2 4+1管理模式：层层落实，全面提升经理能力

销售运营管理

年度运营计划一旦制订完成，如果全年经营环境没有发生重大变化，往往全年的态势就基本上确定了。有军事家发表观点说，世界上大多数伟大的战役，都是经过细致规划，并在事先都已经知道结果的。《孙子兵法》主张的"未战先谋""庙算""胜兵先胜而后求战"在运营管理职能中得到充分的印证。

案例　某世界500强企业年度运营计划——决胜2012

2012年1月初的一个夜晚，某跨国公司驻中国总部，销售副总裁的办公室仍灯火通明。销售副总裁连夜召集市场总监、运营总监、人力总监、财务总监开会，商议2012年的年度运营计划。过去几个月紧锣密鼓的、高强度地制定APS2012（APS，Annual Plan Session，年度运营计划环节），经过无数次研讨和论证，大家都有点精疲力竭。而真正大考的日子正在到来——美籍CEO度完圣诞节，第一天回来上班。大家有点期盼、又有点紧张。

销售副总裁："不好意思，这么晚把大家召集过来开会，总裁回来了，我今天去汇报了下一年度运营计划，总裁不同意，我们可能要从头来过了。"

"是什么原因呢？他说了吗？"市场总监问。

"主要是我们的半年奖方案，总裁认为太过于冒险。他还是想把奖金放在年底，延续年终奖的方式。这样万一全年任务完成不理想，他仍有足够的余地可以对总部上缴利润。"销售副总裁回答道。

一片沉寂，大家陷入了沉思……

当天，总裁度完圣诞长假回来，销售副总裁不失时机地递交了"2012作战计划书"，原想总裁刚度完假，心情比较好，通过概率大，没想到

第4章
年度运营计划体系

一天里试了3次,被驳回了3次,被劈头盖脸骂出来3次,销售副总裁很是郁闷。短短数年里,把一个300名销售人员的中小规模公司在数年间发展到2 000名销售人员的行业巨擘,销售副总裁居功至伟,也因此被提拔为公司唯一的副总裁,而其他职能的负责人仍只是总监头衔。而在那天,一向意气风发的他略显疲态。

2011年的销售形势,由于中国医疗市场的波谲云诡,突发的政府施压和招标变革,中国数个省份落标,导致中国区仅完成了全年目标的92%,本是一份不算太差的成绩单,但对于多年来的高歌猛进,对一向远超总部目标的他来说,却显得有点沉重。就在两个月前,CEO还刚刚因为过去近十年中国区持续的辉煌,刚到美国公司总部接受"终生荣誉奖"的颁奖,没有完成目标,在他出任中国区CEO十年来,是头一遭,更重要的是,将在两年内退休的他,如意算盘是保持不败的纪录光荣退休。92%,无疑是对他的当头一棒。销售副总裁自然没有好日子过。

更糟的是,总部已经下达了2012年的严峻的目标,总部要求中国区下一年度业绩增长18%,但费用只能增长6%,所有的销售总监都愁眉不展,因为外资企业比较严酷,一般一年没做好,给一次机会,再没做好,往往就意味着换人。所以,如果不能快速扭转战局,意味着销售副总裁和下面一半的销售总监可能要丢饭碗,其他部门的人员也必将受波及。因此整个销售团队,乃至整个公司都士气低落,离职潮若隐若现。

而且,如果2012年不能打一个漂亮的开门红,依据跨国企业的游戏规则,公司在第3季度初将进一步削减费用,以确保利润,如此一来,销售形势将进一步恶化,更为险峻。

正是考虑了当时的严峻形势,中国区的运营团队一致认定2012年必须开门红、必须快速扭转战局、必须快赢!

销售运营管理

而且，根据公司业务的特点，公司是做慢药的，病人一旦选择公司品牌，就会产生持续的用量，因此如果上半年完成好，意味着争取到了更多的病人，而这些病人在下半年仍会持续使用产品，这将使下半年任务更为轻松；反过来，如果上半年业绩不理想，意味着下半年需要争取更多的病人，压力倍增。过往的销售数据分析也揭示上半年如果好，全年基本无虞；上半年如果不好，下半年则会非常凶险。

同时，刚冲击完上一年度目标，大多数竞争对手的业务代表正处于刚压完一批货喘息休整的状态，此时突然发起攻击，正是攻敌不备、容易奏效的好时机。

正是基于上述种种认识，中国区运营团队达成共识，确立"确保上半年达成"为一项重要的销售策略。与此相配套，运营团队制定了将往年的年终奖匀出一半，前移作为半年奖，而且不允许回补的方案，以配合"上半年达成"的销售策略（回补是奖金设计的术语，即如果前面季度没有完成任务，可以通过后面的季度超额完成任务来把之前季度的奖金赚回来。如果允许回补，部分销售人员可能会存在这个季度先放一放，下季度再冲量的松懈心理。而如果不允许回补，销售人员则每个季度都必须保持高昂的斗志）。

恰是这项关键举措，却被CEO否决了。他的如意算盘也不无道理：形势严峻，万一业绩不好，扣些奖金在年底，仍可粉饰利润，向总部交差。

一阵长时间的沉寂和思考后，销售副总裁打破了沉默，低声说道："要不，还改回年终奖方式吧。"

又是一片沉默，经过多达数个月的努力研究，从大区经理、总监、到副总裁，及众多跨部门进行了多轮分析论证，辛辛苦苦制定的关键举措，早在整个公司内部达成了共识，大家都翘首以盼，就等待CEO签署了，可谓"百万雄兵，枕戈待旦，万事俱备，只欠东风"。而且，大量的论证和测算，无数个加班的夜晚，大家实在不想再重来一遍了。

运营总监开口了，说："David（销售副总裁的英文名，香港人），您曾经说过一般销售人员很难四个季度都完成任务，那您看销售最有可能放弃哪个季度？"

销售副总裁没有说话，仍在思索。

市场总监思考着说："一季度有春节，他们又刚刚压完货。"

财务总监说："而且，他们刚刚拿完去年的年终奖，正想歇一歇。"

销售副总裁听明白了，沉思了一会儿，下了决心，"好，你们这样吓我，那我也这样去吓CEO"。

窗外夜色深深，销售副总裁抬眼看了看窗外，意味深长地说道："今年成与不成，全在今天晚上了。"

时间到了7月份，又是半年回顾，许多销售总监和大区经理都说"半年奖太及时了！"

这次销售副总裁找到运营总监，说："Steven，你怎么搞的，财务总监投诉你奖金预算超了50万元？"

运营总监笑了："老大，您的完成率是100.6%，您知道吗？您完成100%就好了嘛，非要多做0.6个点，害得我这奖金预算也超了。"

销售副总裁会心地笑了，他知道50万元偏差对于好几个亿的奖金总预算，实在不算什么。

外资企业在中国市场攻城略地，背后就是有这样的一群人在运筹帷幄。

第3节　年度运营计划体系如何创造市场竞争优势

在外企工作十余年时间里，我从未觉得年度运营计划体系的存在有多么神奇和重要，我们只是约定俗成、按部就班地，每年到了10月前后该制定BP的时候就自觉地启动这套程序。直到给民营企业做咨询辅导的时候，我才体会到年度运营计划体系对销售人员工作状态的深刻影响，才体会到拥有完善年度运营计划体系的企业所获取的市场先机和竞争优势。

以医疗器械行业的竞争为例，在辅导一家医疗器械公司A企业的时候，我们将其运营水平和内资医疗设备领头企业迈瑞公司进行对标（迈瑞早在2010年就学习IBM、GE构建运营体系），我们发现A公司每年12月都忙于冲销量，次年的规划都在一二月份才进行，总是要到每年的2月份，有时甚至是4、5月份才能确定下来销售人员的任务和奖酬方案。在第一个季度里，如果你问销售、销售经理他们今年的任务是多少时，他们会告诉你还不知道呢；甚至当你问销售今年准备怎么做时，他们会告诉你"还不知道怎么拿钱呢（他们是指销售激励方案还没有明确），等知道怎么拿钱才知道该怎么干哪"。而相比之下，作为行业龙头以及该企业最大竞争对手的迈瑞公司，其所有一线销售人员在每年的12月20日就很清楚他们次年的任务、薪酬方案——更重要的是次年任务背后的市场机会：他们是在完成市场机会分析的前提下制定的任务。换句话说，销售人员在每年1月1日就非常清楚他们当年应该主攻哪些市场、哪些客户、哪些机会，以及该如何组织进攻。我们可以想象到，两家公司销售队伍在"准备度"、工作投入状态以及市场进攻的组织有序上的显著差别，以及由此带来的市场绩效的差别。一支目标明确、准备充分、武装到牙齿的队伍对决一支还没想好怎么打、还没有做好准备、组织松散的队伍，两家公司在每年一开打的时候就已经分出了高下。十几年积累下来的结果，是起步晚于A公司的迈瑞后来居上，市场份额超过A企业5倍之多。

不仅医疗设备行业，基于对国内领先企业华为、三一、迈瑞、美团等公司的观察和研究，我们发现导入卓越销售运营管理体系（Commercial Excellence）、能建立并严格遵循年度运营规划程序的企业，在10年左右时间后往往能甩开竞争对手，崛起为行业佼佼者。这个发现和第2章介绍的麦肯锡白皮书《Commercial Excellence: You Path to Growth》的研究发现相吻合。

以三一重工为例，三一重工很早就建立了年度运营计划体系，从图4-3中可以看出三一重工的年度业务计划，基本也是按照4+1管理模式的各个要素有序组织的，主要内容包括市场目标（含客户和竞争分析）、策略（价格策略、市场开发策略）、人员配置（人力资源需求计划）、费用预算（资金需求计划）。薪酬激励一般较为机密和敏感，通常单独制定。据了解，该程序已在三一内部执行十几年，年年按照此程序开展。

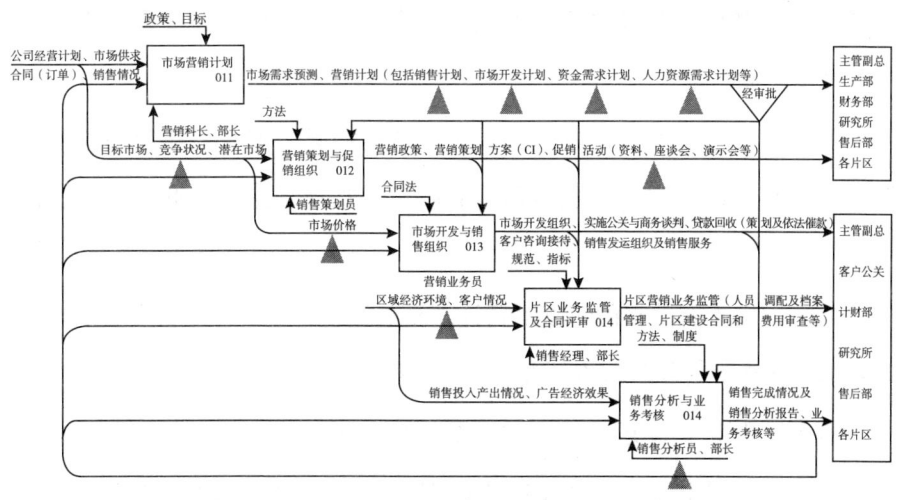

图4-3 三一重工的年度经营计划示意图

销售运营管理

尤其令我感到震撼的是，三一重工不仅在公司内部严格执行该程序，同时将此程序向其经销商延伸。三一重工要求其经销商每年11月底、12月初，由经销商总经理、人力资源负责人、财务负责人、销售管理部负责人（即销售运营负责人）组成团队，携带制定好的年度运营计划到三一总部接受质询，每家经销商至少半天，三一会对经销商的年度运营计划进行严格的质询、提出挑战和修改意见，直至计划通过。此外，三一重工组织人员每月和经销商回顾计划执行情况，纠偏和动态调整。换句话说，三一重工要求它的经销商同样建立并执行这套严格的年度运营计划体系。三一重工此举收获的果实：三一重工的经销商是工程机械行业里最强的。

我们可以借用兵法的智慧，来总结一下："为什么严格执行BP机制的企业会处处先机？"

兵法有云：先发制人者胜。以虞待不虞者胜。以逸待劳者胜。兵贵神速者胜。

其一，严格执行年度运营计划体系的领先企业每年四季度筹划下一年，全军在新年伊始就进入战斗状态，全力以赴，此为"先发制人"和"以虞待不虞"。

其二，由于先发制人的优势，全年节奏前紧后宽，每年第四季度冲刺压力又轻于竞争对手，从容收官并腾出手来计划来年，此为"以逸待劳"。

其三，由于有严格的年度运营计划复盘机制，促进计划快速有效执行和纠偏，大大促进执行效率，此为"兵贵神速"。

其四，制定年度运营计划时需要"自上而下"和"自下而上"相结合。在这个过程中还能洞察有离职倾向的人员，因为一般有离职倾向的人在制定年度运营计划环节会表现出无心恋战，企业可以未雨绸缪，此为

"以虞待不虞"。

以上四者，助力企业年年PK年年胜，累积而成处处先机。

年度运营计划体系有此"四胜"，胸怀"王者"梦想的企业不可不察。

第5章
市场目标

市场目标制定非常重要，甚至有人认为整个管理学诞生于德鲁克的"目标管理"。目标管理对于业务管理来说尤为重要，它是整个业务系统、所有销售人员的指挥棒，更是营销资源配置的指挥棒，科学合理地制定市场目标对于整个业务系统的资源优化配置和持续稳健发展起着决定性作用。

第1节 中国企业业务管理系统失效的头号杀手：目标管理系统缺位

在中国，科学制定市场目标的理念还远远没有被重视，最常见的问题有这样几个：①喜欢制定极高的、不可能完成的目标；②公司上下对目标的确定缺乏严肃性；③凭感觉制定市场目标，没有科学系统的方法论和严谨的制定流程；④没有在整个公司统一管理全体业务人员的目标，甚至没有将目标分解到业务系统的各个层级。

先说第一、二个问题，很多老板也清楚要有一个市场目标，但他们往往倾向于给业务团队制定一个高不可及的目标，他们认为这才能够刺激业务团队努力工作。但是他们忽视了这将对整个公司运营系统造成毁灭性的打击。为什么这样说呢？大凡在中国能够做出一番事业的企业家，底子里都带有中国传统文化中"仁"的基因，他们自己也清楚目标"高不可及",年底大家交上来90分或80分,就是可接受的结果了,加上感情因素,他们仍然会在年底大方地给兄弟们"分肉"。这就糟糕了,因为这样几个轮回下来,业务团队就再也不会把老板定的目标当一回事了,紧随目标之后的绩效评价系统、薪酬系统也就失效了,企业运营系统的严肃性和契约精神就崩塌了。

再说第三、四个问题。这两个问题的严重性没有前两个大,一般是企业老板也意识到了依"法"治企及"没有规矩,不成方圆"的重要性,意识到需要树立市场目标的严肃性、建立企业信赏必罚的"刚性",但市场信息基础不完善,设定市场目标缺乏方法和流程等基本功,这个时候如果不加强这些基本功的培育,就容易再回到第一、二个问题中去。

相比之下,世界500强企业在市场目标的设定上则严肃和严谨得多,有四个明显的差异。

一个最明显的差别是世界500强企业往往花费数个月的时间认真调研、分析大量市场数据及反复研讨和分解市场目标,以确保目标的科学合理性,非常严肃;而一般企业则往往只花数天甚至数小时做这件事情。我见过一家规模不算小的公司,数百人的销售队伍,基本上几分钟就确定了第二年的市场目标:整体增长30%,平均分配,所有区域、所有经理全部背负增长30%的指标。我当时真是不解,后来仔细了解,原来大家都是面上接了这个任务,那些市场机会多、能够超出30%增长要求的区域和经理偷着乐(其实企业在这里丢失了市场机会,本可以增长得更好),而那些确实困难的区域和经理就过后私下软磨硬泡,把指标磨低下来。如前面所说的第一、二个问题,指标的严肃性在这家公司极差,大家都不当回事,所幸这家公司所在行业利润非常丰厚,经得起这种"玩"法。

第二个差别是世界500强企业非常重视指标的契约精神。经过认真研讨而设定的指标一旦确认,是很严肃的,原则上不允许做调整,除非人事变动，或者市场发生了很大的变化。自然而然，围绕着市场目标的绩效评价、能力评价、薪酬体系也都是严谨配套、信赏必罚的，这背后是"信"的问题。企业建立了严肃的信用体系，才能做到令行禁止，才能确保管理体制在一家规模庞大的企业内自上而下地贯彻。《资治通鉴》有段精彩的评论：夫信者，人君之大宝也。国保于民，民保于信；非信无以使民，非民无以守国。是故古之王者不欺四海，霸者不欺四邻，善为国者不欺其民，善为家者不欺其亲。不善者反之。中西方的管理智慧在这个问题上高度契合。

第三个是世界500强企业很重视市场目标结果反映出来的管理问题。之前有几次我们远远超过了全球总部的指标，达到120%以上的完成情况，我们很高兴，但迎来的却是全球总部的质疑：管理团队是怎么管理你的市场的？管理团队为什么对市场形势的判断这么差？他们质疑管理团队是否有充分的能力预见和管理市场。他们不光看整个中国市场的整体完成情况，还会看到下一层，乃至基层的指标完成的分布情况，以此判断整个业务团队的管理水平。这是西方科学管理对市场目标管理的一个非常重要的理念：没有意外（No Surprise）。他们认为，最好的管理是所有的人都刚刚好完成他的指标，不偏不倚，即所谓的"料事如神"，这才是最高超的管理能力。

第四个是世界500强企业很重视领导人设定指标的能力，不会分指标，就不能担任管理职位。事实上，这在中国管理理念里也是有的，就是中国人所强调的"公平"思想。如果做个对于领导人的期望的调研，我想绝大多数人都会把"公平"作为领导者的非常重要的品质，而这个"公平"很多时候就体现在"任务分配"上。如果一个带队伍的经理人，不能很好地分配团队成员的任务，偏向个别人，大家感到不公，这个团队内部必然纷争严重，久而久之团队就如一盘散沙。而如果经理人队伍里大量存在这样不称职的经理人员，久而久之整个公司必然乱套。因而一方面世界

500强企业的销售经理被任命后，必须接受指标分解能力的培训，如《区域计划》等；另一方面，会定期地去评价团队指标分配水平，如果反复出现这个问题的经理人员，我们会找他沟通。

第2节 市场目标制定的六个步骤

制定市场目标方法是老生常谈了，并不存在所谓的"绝招"，就看在企业营销情报系统和分析技术上下功夫的程度了。一般包括市场环境分析、竞争分析、目标顾客群体分析、目标设定和分解技术及流程等诸多方法论，基本上市场营销学的市场调研、SWOT分析、客户分析、市场细分、目标市场选择等各种技术和工具都可以在这里发挥作用。我们主要介绍一下实操流程。

第一步：市场环境分析主要是对整个行业的增长情况、变化趋势等的定性分析和定量调研，分析结果则作为制定市场目标的参考依据。

第二步：竞争分析，则是锁定主要竞争对手，了解竞争对手的增长情况和新年度的目标策略。这需要企业在平时注意积累可靠的信息渠道。

第三步：目标客户群体分析。目标顾客群体分析则依据销售模式不同而不同。流量式销售主要是对潜在客户数量、客户覆盖情况和客户钱包份额的估算，而项目式销售则是对合作客户及潜力合作客户合作可能性的估算。比如，在GE的药品事业部，我们的客户关系管理系统会系统地、周期性地采集每家客户的总使用量、主要竞品的使用量，并描绘出我们的客户份额变化曲线，作为设定目标的重要参考依据。

第四步：销售预测。请销售领导人、区域负责人或产品线负责人，对来年的销售整体形势以及分区域、产品、客户等不同维度的销售做出预测。

销售运营管理

第五步：建立市场目标设定的模型。前面搜集的信息作为市场目标设定的重要参考因素，建立到市场目标设定的模型中（参考表5-1）。这个模型通常由两大部分组成，第一部分是数量分析，即企业各区域、各产品线、各客户群体过往3~5年的历史数据，也包括上述第四步提到的销售预测。第二部分是定性的经验判断，主要是对市场变化因素的洞察，如在医药行业，往往某个省份举行招标，就会带来价格的下降，提前判断出明年哪些省份会进行药品招标及招标方式，就能够预判出价格下降幅度，从而对指标做出适当的经验调整。这里的竞争对手增长情况和客户情况既可以作为数据分析部分，也可以作为定性经验判断部分，取决于企业这两类数据积累到什么程度，如果积累比较好，可信度比较高，建议作为数量分析部分，利于制定科学合理的指标，而如果积累的基础比较差，则可以作为辅助性的经验判断部分。值得强调的是，定性判断往往包含一些对4+1管理模式中策略和资源因素的思考，所以我们说4+1管理模式是一个动态的整体，目标、策略、人员、费用相互咬合。如果你找到了一个高潜力的细分市场（策略），那么你就可以提高你市场目标的预期。如果你人员整体经验不足，那么你就需要降低你的市场预期。

表5-1 市场目标设定模型

省份	历史销售数据				业务团队预测	竞争对手增长情况			客户情况				定性判断
	2015年	2016年	2017年	2018年	2019年预测	2019年预测	竞争A	竞争B	竞争C	客户总数	客户覆盖数	客户总潜力	客户钱包份额	经验判断
北京市														
天津市														
上海市														
重庆市														
河北省														
山西省														
辽宁省														
吉林省														
黑龙江省														

续表

省份	历史销售数据			业务团队预测	竞争对手增长情况			客户情况				定性判断
	2015年	2016年	2017年	2018年 2019年预测	2019年预测	竞争A	竞争B	竞争C	客户总数	客户覆盖数	客户总潜力	客户钱包份额	经验判断
江苏省													
浙江省													
安徽省													
福建省													
江西省													
……													

第六步：将指标进行公示，并进行自上而下和自下而上的沟通和微调。世界500强企业通常会在年底选择2~3天，找一个山清水秀的好地方，封闭式地举行年度策略分解会，将指标进行公示和沟通。会议结束，各大军区就领回军令状开始干活了。这个流程是很重要的一个环节，其实是《孙子兵法》说的战前运筹（庙算），如果执行有风险，通常在这个程序中就会暴露出来，这就是所谓的"运筹帷幄，决胜千里"。

表5-2是我们为一家制造企业制定2017年市场目标时用的框架，图中右侧的百分比是指每个要素的参考权重。定出框架后，就是艰苦的市场信息搜集和内部数据分析的工作。

表5-2　2017年营销计划制订框架

外部依据	内部数据分析
1. 市场大势 （1）GDP （2）分行业：x工业、r行业 2. 竞争 （1）国际企业：A、B在华增长率 （2）国内企业：C、D、E总销售额、增长率 3. 客户 （1）客户成长性：主要客户上一年的销售增长 （2）销售项目： 　①在跟项目的预测→增量 　②（新、老产品销售比例）→保底量 （3）潜在客户挖掘	1. 总体数据趋势分析：15% 2. 分类数据趋势数据分析： （1）行业趋势数据分析：10% （2）按人员的趋势数据分析：20% （3）客户销售趋势数据分析：30% （4）省份销售趋势分析：5% （5）产品销售趋势分析：20%

第3节 市场目标制定的五大原则

市场目标制定，并不是在公司内部简单地设定出一个数字，更不是上级和下级之间博弈、讨价还价得出一个数字，它应该是外部导向、着眼于外部市场机会的、全员共同挖掘、最大化市场机会的过程。有5个原则要始终贯穿于市场目标制定的全过程。

1. 首要原则：最大化市场机会原则

请看这个场景：老板提出增长30%，销售总监矫情矫情20%，最后讨价还价25%……这大概是许多企业在市场目标设定最常见的一个场景。也因此，当我告诉一些民企老板，外企要用3~4个月去制定下一年的市场目标时，他们感到难以理解，难道不是半天甚至几分钟可以搞定的事情吗？

尽管市场目标制定的最终目的是要回答"明年究竟能做多少？"是要得到一个量化的数字，但市场目标制定的起点却不是从假想一个数字开始，而是从这个问题开始："明年的市场机会在哪里？"与其说市场目标制定的过程是一个确定任务的过程，不如说市场目标制定过程是一个公司全体业务人员共同探索、发掘下一年市场机会的过程。增长30%也好，20%也好，25%也好，最重要的是这个数字背后的市场机会在哪里？这个数字背后是否有市场机会的支撑？领先的外资公司制定市场目标的过程之所以复杂、周期长，就在于这是一个发动全员去充分发掘市场机会的过程。成功的市场目标制定过程，应该是一次穷尽市场机会的过程，一次最大化市场潜力的过程，一次把市场上所有可能的市场机会都发掘出来的过程。这才是市场目标制定的首要原则、市场目标管理的精髓。

让我们用GE药业的ROSE模型来诠释这个原则。

第5章 市场目标

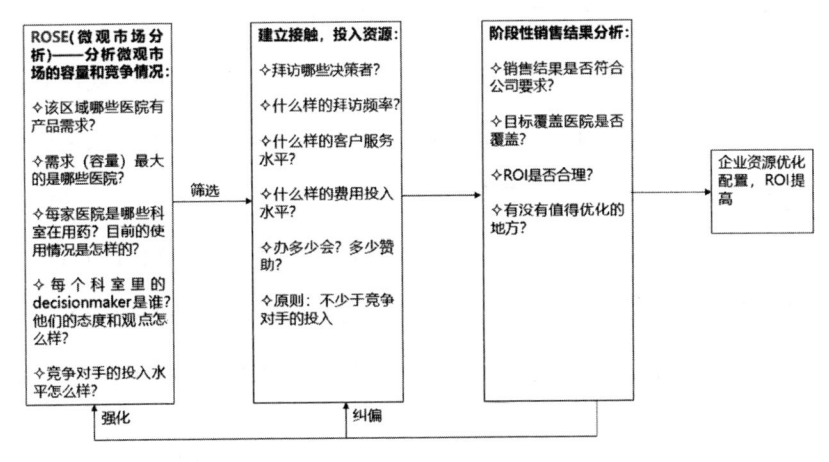

图5-1 ROSE（区域机会扫描和挖掘）

ROSE模型，是英文Regional Opportunity Scan & Explore的缩写，意思是区域市场机会扫描和挖掘。领先的医药企业，每年在设定市场目标的时候，都会运用ROSE模型回答以下关于市场机会在哪里的相关问题：

◇ 该区域哪些医院有产品需求？（潜在客户的探索和挖掘）

◇ 需求（市场容量）最大的是哪些医院？（目标客户群体的探索和挖掘）

◇ 每家医院是哪些科室在用药？目前的使用情况是怎样的？（进一步精细化探寻市场机会）

◇ 每个科室的decision maker（关键决策人）是谁？他们的态度和观点怎么样？（验证市场机会的可能性——客户角度）

◇ 竞争对手的投入水平怎么样？（验证市场机会的可能性——竞争角度）

显然，GE在制定市场目标时，既不是拍脑袋地给业务压个数字，也不是简单基于历史数据叠加一定的增长幅度，而是基于对市场机会的详细分析和洞察，充分挖掘每个可能的客户、可能的市场机会。当然为了回答ROSE模型里那些问题，这里伴随着大量艰苦而细致的基础数据搜集、情报管理工作。这种细致的工作回报是可观的，因为在市场目标制定完成时，每个销售、每个区域管理者都对其应该开发哪些客户、哪些机会都胸有成竹了，其全年成功的概率自然是大幅度上升的。在第4章我们介绍医疗器械行业A企业和迈瑞之间的竞争时，迈瑞也是以这样的精细度赢得竞争的。相信在这里，读者朋友对"一支目标明确、准备充分、武装到牙齿的队伍对决一支还没想好怎么打、还没有做好准备、组织松散的队伍，两家公司在每年一开打的时候就已经分出了高下"会有更实感的体会。

概而言之，市场目标管理最核心的问题是"市场机会在哪里？"成功的市场目标管理，是市场目标制定结束时，所有销售人员对其市场已然胸有成竹了。在GE，曾有一位大区经理，常年是大区经理第1名，我问他的诀窍。他告诉我其实很简单，他每年用微观市场分析（即ROSE）帮助他的下属分析清楚各自市场的机会，就已经有百分之八九十的把握"赢"，只需再管理好百分之十的意外、不确定性。他的下属也都十分乐意追随这样一位能帮他们"赢"的领导者。现如今，这位大区经理已离开了GE，他团队里一名得过GE全球总裁奖的Top Sales成长为了另一名成功的大区经理。

2. 赢的原则：跑赢市场

市场目标制定的第二个原则，是"赢"的原则。

销售的人生，生而为赢。销售队伍的使命，是"赢"得市场、赢得竞争。因而，"赢"的信念必须贯穿到市场目标制定过程中。

赢的原则在市场目标制定中可以概括为"三赢"：赢自己、赢市场、赢竞争。

◇ 赢自己：就是实现增长，制定的市场目标应该不断超越历史最高水平。

◇ 赢市场：跑赢市场，企业才有资格活下去，市场的平均增长率是多少？制定的市场目标应该高于市场平均增长。

◇ 赢竞争：准确地说，是跑赢那些表现好的竞争对手。整个市场平

第 5 章　市场目标

均增长10%，但其中优秀的竞争者增长了20%，那么制定市场目标时就应该以20%而不是10%作为参考准线。跑赢表现好的竞争对手，力争上游，做到"数一数二"，才能活得好、活得滋润。市场上好的竞争对手是哪些？他们的市场目标是增长多少？制定的市场目标要超越他们。

如果企业在市场目标制定的首要原则"最大化市场机会"上做得比竞争对手更好，跑赢竞争对手是应有之义，因为你找到了更多的市场机会、看到了更多的市场机会，那你肯定也更有机会赢得比竞争对手更多的机会。因此，原则一和原则二是一脉相承的。

企业应积极塑造企业上下赢的文化，如果企业自上而下所有成员都有一股"求赢""必赢"的雄心，制定的市场目标必定是雄心勃勃、鼓舞人心的，必能引领企业走向更高的境界。事实上，绝大多数世界500强公司极力塑造一种敢拼敢赢的销售文化，简称"赢"的文化。我所知的GE、诺华、诺和诺德、可口可乐、戴尔，以及多家保险公司均以"赢"作为销售队伍的核心文化——并将以"赢"为核心的销售文化精神制作成海报、PPT模板、标语等各种方式显性化地向销售队伍宣贯，耳濡目染地引导和鼓舞销售人员。我们看几个例子。

GE：我们知道韦尔奇写了一本书就叫《赢》；GE内部一线销售人员的专业技能培训教材就称为"Winning@GE（赢在GE）"；现在，如果你打开GE的销售赋能公众号，可以清晰地看到"赢"是一贯的主题（图5-2）。

图5-2　GE销售培训公众号上"赢"的各类主题

·103·

可口可乐：可口可乐的年度计划PPT模板中，封面以"赢"为显著的标示（图5-3）。

图5-3 可口可乐公司销售工作汇报PPT封面

总之，世界领先的500强企业多以"赢"的文化作为销售团队的核心文化，通过各种正式的、明确可见的、公开宣贯的内部文件、宣传海报、宣传标语等持续在销售队伍中宣贯、强化，并将"赢"贯彻在市场目标制定、绩效评价、人员晋升、薪酬激励等各项政策中。

案例 塑造销售队伍"赢"的文化

1.背景

X公司拥有一支300多销售人员构成的销售队伍，X公司所在市场竞争极为惨烈，过往几年在市场竞争中处于劣势，生存空间被竞争对手挤压得比较厉害，造成的负面影响使整个销售队伍的士气受到严重打击，"我们是打不过Y公司（X公司最强势的竞争对手）的"的情绪在整个销售团队中蔓延，士气低落。表现在销售团队常把以下抱怨挂在嘴边：

◇ "Y公司基础比我们好太多了……"

◇ "我们的产品、研发……都比不上Y公司……"

◇ "这个项目有Y公司参与，我们别参与了，参与了也白参与……"

◇ "Y公司比我们强太多了……"

◇ "打败Y公司？……这不可能！"

我们在与X公司高层交流的过程中，敏锐地发现了这种悲观氛围。我们认为这是对X公司非常危险的一种信号：心理学告诉我们，人的行为极大地受自我心理暗示的影响，当人自我暗示某件事情是不可能的时候，人的内心会不断地躲避、抗拒、排斥，会完全放弃努力。如果这种氛围不加以扭转，X公司在市场上的节节败退是可以预见的。

我们把我们的观察反馈给X公司的老板，老板表示这正是他担心的，希望我们能协助他们扭转这一氛围，塑造积极正能量的"赢"的文化。

2.塑造销售队伍"赢"文化的思路

塑造销售队伍赢文化的思路，首先要找出士气低下、信心不足的原因，打破"竞争对手太强大了""我们太多方面不如竞争对手""我们的产品/服务/研发太弱啦……""我们是打不赢竞争对手的"的弱势心理。如何能够做到这点呢？思路就隐藏在一部经典的苏联电影——《兵临城下 Enemy At the Gates》中。

《兵临城下》讲述的是二战时期斯大林格勒保卫战中苏德两国顶级狙击手对决的故事。斯大林格勒战役之初，德军精锐云集、装备精良，乘横扫欧洲之势兵临城下，而苏军准备不足，兵力、装备都远远弱于德军，战役初期处于极度被动状态，士气极为低迷，形势岌岌可危。聪明的苏军在这样的背景下，为了打破德军不可战胜的神话，鼓舞军民士气，坚定胜利的信念，发起了广泛的"文化战争"。苏军塑造了一个英雄狙击手瓦里西，发动广播、报纸等各种媒体，大量宣传瓦里西的英雄形象，每日通报瓦西里狙杀德军军官的战绩。这场文化战争有效地打破了德军不可战胜的神话，苏联军民的信心倍受鼓舞，许多人以瓦西里为榜样，鼓舞自己，瓦西里成为苏联军民的精神支柱。德军也很聪明，他们明白，如果能够狙杀瓦西里，摧毁苏联军民的这个精神支柱，就能击垮苏军、取得胜利。因此他们发动瓦西里已被狙杀的虚假宣传。苏军很快反制，在媒体上刊登瓦西里的近日生活照，戳穿德军的谎言。德军随后派出德国最优秀的狙击手，与瓦西里一决高下。最后瓦西里技高一筹，取得胜利，极大鼓舞了苏联军民战胜德国的信心。苏联就这样以一个瓦西里为榜样，召唤起了无数个瓦西里，以点带面、逐步扩大胜利成果，最终取得了斯大林格勒战役的胜利。

苏联这场"文化战争"，给我们塑造销售队伍"赢"文化提供了很好的启迪。我们前面描述的销售队伍士气低下的表现，恰像斯大林格勒战役初期的苏联军民，面对强大的对手，信心不足，自认为不可能打赢——如何扭转这种消极心理呢？我们需要像苏军那样树立赢的榜样、赢的标杆，让大家看到战胜对手并非不可能，看到信心、看到希望，鼓舞士气。

3. 解决方案："赢"文化塑造三部曲

借鉴《兵临城下》树立榜样、标杆，以点带面，扩大胜利面的思路，我们为客户设计了"赢"文化塑造的解决方案。包括三个方面（见图5-4）：

图5-4 销售团队"赢"的文化塑造方案

第一："赢"文化界定

"赢"文化打造，首先要界定"赢"文化的含义，以及什么是"赢"文化所应有的行为，又包括4个步骤。

（1）萃取赢的特质

在任何公司，即使整体业绩欠佳，也必然存在一些优秀的、能打赢竞争对手的个人和区域，这就是我们要寻找和研究的"榜样""标杆"，就像《兵临城下》中的瓦西里，尽管苏联整体处于劣势，却存在瓦西里这样英雄无敌的个体。我们就要找到这些个体，研究他们是如何打败竞争对手的，萃取赢的特质。我们通过调研和历史数据分析，确定了销售队伍中最优秀的10%的群体，包括一线销售人员和销售经理。这里需要注意的是，一定要在公司内部来寻找这些标杆，而不能以一些销售畅销书中传说的"销售大师"为榜样，因为"销售大师"离得太遥远，不容易激发起其他人的信心和斗志，而以公司内部优秀群体为榜样，容易激发其他人"你的战友行，你也一定行"的斗志。

识别出这个群体，对他们进行深度访谈，请他们回忆和分享自己最成功的经验、请他们谈打败竞争对手的关键因素、关键行为，并对共性的要素加以萃取。例如，我们在访谈过程中发现Top Sales最突出的共性是"不服输的精神"，他们常常这样表述"我不信我干不过他们（竞争对手）"，"我觉得我做什么都行"；又比如，我们发现另一个Top Sales最多提及的要素是"勤"，他们经常这样表述"我需要比竞争对手跑得更勤""竞争对手的销售1天跑3家客户，我要求自己跑5家"，诸如这些行为特征。

（2）管理层的访谈

萃取Top Sales共同的赢的特质的一手资料后，下一步是就这些一手材料和业务领导者们进行访谈，请他们思考"团队中最优秀的销售是什么样子的？""那些表现突出，击败了竞争对手的销售人员具备什么特质"，并对萃取的一手资料进行印证、补充，进一步聚焦到最突出的一些特质和行为特征上。例如，"勇气""勤奋""好学"以及相应的典型行为。

（3）"赢"文化可视化：设计海报和张贴，以及PPT模板

将萃取和最终确定下来的"赢"文化的主张，通过振奋人心的军事图案、竞技图案加以包装，设计成富有鼓舞性的海报，并在销售办公室等各处张贴，显性化销售文化主张。

同时将海报制作成PPT模板，在与销售相关的各类汇报PPT上作为封面、封二或封底，潜移默化地影响销售人员的行为。

图5-5 销售团队"赢"文化海报示例

（4）各层级的宣贯和组织学习

要求从销售总监到销售经理各级，逐级进行宣讲，即销售总监宣贯一遍、大区经理再宣贯一遍，然后要求各区域组织团队学习。这个环节至关重要，只有让各级销售人员"代入式"地宣讲一遍，才能强化效果。有几个关键技巧要把握：

①销售总监和大区经理的宣讲要录制视频，两个目的，一是可以反复使用，强化效果；二是录制视频会让宣讲者更加认真和仔细。

②各层宣讲要反复举出实例，比如销售总监可以现身说法讲"我刚干销售的时候就是特别勤奋"的故事，也可以讲"你们看某某大区经理加入公司没几年做到大区经理，就是因为他特别好学"的故事，要强调都是真真切切发生在团队中的真人真事，目的是在大家潜意识里植入"没错，就是发生在身边的活生生的例子！没错，我也可以做到，我也是可以打败竞争对手的！"。

③小组学习的时候要让他们就每个特质都举出正面的例子和反面的例子，让大家知道什么行为是倡导的，而什么行为是应该避免的，起到切实引导行为的作用。

第二："赢"故事评选和组织分享

在"赢"文化可视化和逐层宣贯之后，要围绕"赢"文化组织优秀销售案例评选，形成"赢"的故事在销售组织内持续传播。打造立体式、全方位、持续性的"赢"的故事库要点如下：

1. 评选不同层面的销售成功故事

我们设计了三种层面的销售成功故事：

◇ 赢的个人——讲述单名销售如何赢取一个项目，或者如何打赢一个区域的成功故事；

◇ 赢的团队——讲述销售经理、大区经理如何带领团队赢得竞争的成功故事；

◇ 赢的公司——讲述售前、市场、销售、技术等不同部门之间如何协同赢得客户、赢得竞争的成功故事。

2. 评选不同主题的销售成功故事

每个销售成功故事都应紧扣"赢"文化中的某个要素，例如有的故事主要体现"勤跑市场"，有的故事主要体现"永不言败"，所有故事紧密围绕"赢"文化的各项主张。

3. 保持时间上的连贯性、持续性

每个季度评选出若干案例，以保持延续性和连贯性，让"赢"文化持续发挥作用和影响。

第三：逆商修炼：《不抱怨的世界》

"赢"的文化塑造的第三方面是逆商修炼。"赢"的文化旨在时刻提醒销售人员不怕竞争、不怕困难、保持斗志、迎难而上，这就涉及逆商修炼。

逆商，逆境情商的简称，是指人在处理逆境的时候表现出来的心态和应对行为。销售是天生会遇到许多挫折的一个职业，客户的拒绝、销售项目的丢单充满了销售人员的职业生涯，有的人在遇到挫折后会颓废、退缩、怨天尤人，止步不前，这些显然都是不利于销售成功和销售人员自身成长的。《不抱怨的世界》就是一项被GE、IBM等世界领先公司广泛应用于销

售人员逆境情商修炼的一项方法，它帮助销售人员正确认识逆境、不抱怨、不沮丧、聚焦于问题本身及其解决方案，保持积极、进取、乐观的心态。

修炼的方法，是以一线销售团队为单位每周组织学习，并在团队中互相监督敦促，直至实现"连续21天不抱怨"的要求（21天规律源于美国行为学家的一项研究，该研究认为一项习惯如果能坚持连续21天，就会形成习惯而终生保留下来）。

通过以上的组合拳，我们在销售组织中树立正能量的榜样，以Top Sales作为突破口，以点带面，鼓舞和带动其他销售人员进步，放大销售组织中"赢"的DNA，从而塑造销售组织"赢"的正能量文化。

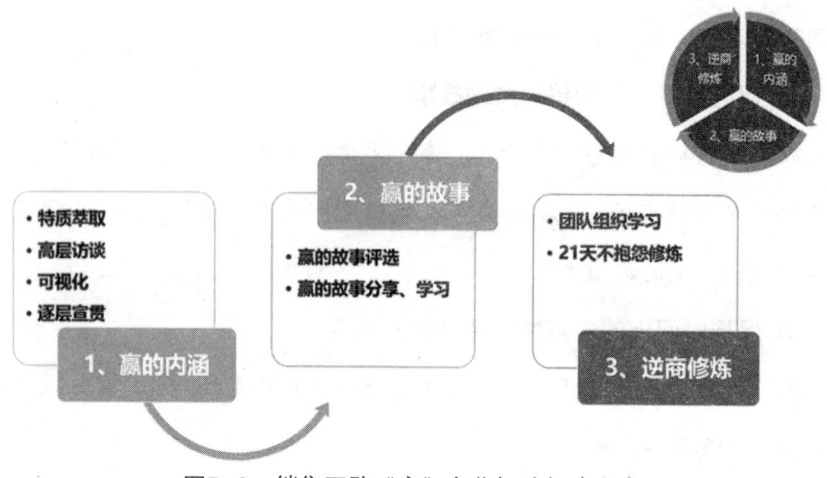

图5-6 销售团队"赢"文化打造解决方案

3. 合理性原则：合理的是最好的

市场目标制定的第3个原则，是合理性原则。前面我们强调了制定市场目标要跑赢市场、跑赢竞争的原则，那制定越高的目标岂不是越好？制定漫无边际的、高不可及、高到离谱的目标岂不是更显雄心？正如本章开头分析的那样，答案是否定的，制定没有依据的、不合理的目标，远期后果往往是灾难性的。如果我们把目光放长远一点，好比培养孩子一样，你觉得是不断地给予"你怎么这么差劲，又没完成任务？""为什么总不能完成任务？"之类的负反馈有利于孩子成长？还是不断地给予"你通过努力完成了任务，真棒！""你总能想到办法克服困难、完成任务"之类的正反馈有利于孩子成长？我曾陪跑一家企业的销售团队，我会在每周反馈他们的销售完成情况，几个月之后，一名很优秀的销售私下找我商量，能不能不在周会上通报他的完成率？这名销售其实挺优秀的，但当年一些市场因素导致目标完成率较低，他压力很大。我说，目前你们的完成率并不和奖金挂钩，你为啥么介意呢？这名销售说，老是被说没完成任务，很没面子，很伤自尊，心气都没了，都不想干了。谁也不想被贴上"没完成"的标签。这个小故事就挺能说明问题。

因此，设定目标时遵循"合理的""蹦一蹦够得着"的原则，对销售组织的长期、健康发展是很重要的。更重要的，"制定科学合理的市场目标"这一原则，还包含着深刻的经济学、博弈论原理。请看下面这张分析图。

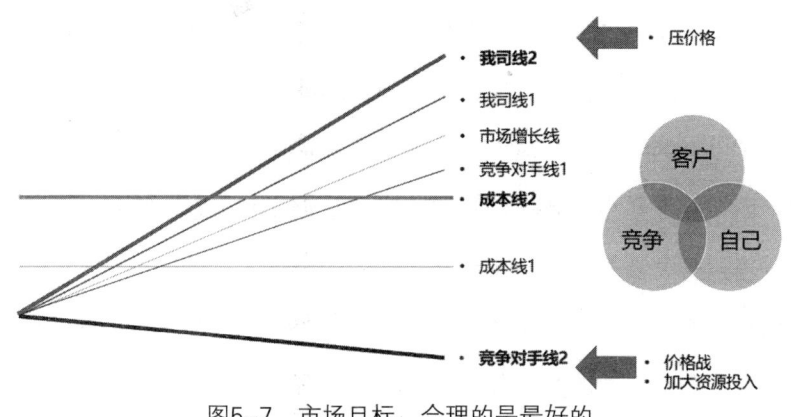

图5-7 市场目标：合理的是最好的

我们知道，市场竞争的结果，其实是企业、竞争对手、客户三方博弈的结果。为简化分析，我们假设只有一家竞争对手。我们先看图中第一组均衡线，市场增长线、我司线1、竞争对手线1，假设市场平均增长是10%，我们希望增长11%（高于市场增长线），那么竞争对手增长必然只能低于10%（低于市场增长线）。现在，我们希望把市场目标定到更高的水平上，比如20%，即我司线2，那么竞争对手无疑会被打压到很低的增长水平上，即竞争对手线2。此时竞争对手会坐以待毙吗？它会做什么呢？大多数情况下，为了保住它的市场份额，它会反制，它会悍然发起价格战，或者加大市场活动、广告及各种资源投入以捍卫它的市场份额。与此同时，客户会做什么呢？当我们向客户要求更多份额时，客户必然会要求对等的利益交换，或者要求我们更低的价格，或者要求我们给予更多的实惠。于是在竞争对手、客户两方的夹击中，我们不得不增加我们的资源投入或降价，我们的成本线被迫从成本线1的位置抬高到成本线2的位置，我们的利润空间受到了极大的挤压。

通过这个模型的推演，我们容易发现，超过一定合理范围的增长目标，可能是不赚钱的，其边际利润收益是负的。正因为如此，如果我们细心观察GE、辉瑞、宝洁、可口可乐、华为这些顶级公司，会发现他们很少制定"增长50%""翻一番""翻几番"之类的市场目标，他们采取一种"积小胜为大胜"、稳扎稳打、步步为赢的策略。然而，当我们把目光拉长到10年以上的时候，会惊讶地发现，反而是这些企业实现了翻一番、翻几番。而多数那些当年高喊翻番的"猴性"企业要么原地踏步、要么已然销声匿迹。孰优孰劣，耐人玩味。

值得说明的是，这个模型的分析比较适合于寡头竞争市场的分析，或者某个行业头部企业的竞争分析，它并不绝对否定"翻番"那样的目标，与企业所处阶段有关，有时一年增长数倍的目标也可能是合理的，比如你是初创企业，排名行业100名开外，那么快速蚕食市场确实是有可能的，应具体情况具体分析。

案例　高市场目标损害销售组织

近年来，提高人效成为许多销售组织追求的目标。下辖多个BU的X企业也不例外，年初老板提出了人效要提高50%的目标，但并没有给出更细致的要求，交给各BU领导自行想办法。我们来分析一下实现人效提升50%的几种途径：

人效=总销售额/销售人数

因此，改变总销售额或者改变销售人数都可以实现人效提升50%：

A方案：销售额增长65%，人员增长10%（正确的选择——良性、可持续发展方案）

B方案：销售额增长50%，人员不变（次优的选择，良性，但可能造成后续组织张力不足）

C方案：销售额增长27.5%，人员减少15%（错误的选择——恶性、杀鸡取卵）

D方案：销售额增长20%，人员减少20%（错误的选择——恶性、杀鸡取卵）

E方案：销售额增长10%，人员减少25%（错误的选择——恶性、杀鸡取卵）

F方案：销售额不变，人员减少35%（错误的选择——恶性、杀鸡取卵）

以上6种方案都是可以实现人效提升50%的。但由于这个市场的平均增长率只有15%左右，因此，如同我们原则3"合理性原则"里博弈模型所分析的那样，A、B方案需要实现65%或50%的增长，几乎是mission impossible（不可能的任务），甚至C、D都是相当大的挑战，最后这些BU领导们不约而同地选择了E方案，默默地砍掉了相当一部分人员。

这里涉及世界500强企业经营管理的一项原则：裁人一般是经营实在欠佳、实在没有更好对策的情况下的下下策之选。首先，裁人意味着巨大的成本损失，我们知道招聘和培养人的成本都是相当高昂的；其次，如我们在后面人员配置"销售人员的训练"一节里将介绍的，企业长期发展的三种资源人、财、技术三者中，人才资源的储备是最困难、也是周期是最长的，缩减人员通常意味着接续数年的发展缺乏充足的人才储备，显然不利于后续发展；第三，裁员对员工的心理创伤和企业文化的伤害是巨大的，被裁的自不必说，留下来的也会人人自危，丧失对企业的信任和归属感。因此，多数领先的企业不到万不得已，不会进行裁员的操作。

在这个案例中，老板的本意其实是A、B方案，可惜目标太高，最终反而损害了组织的长期健康发展。

4. SMART原则和"三欢喜"原则

市场目标制定的第4个原则和第5个原则分别是SMART原则和"三欢喜原则"（企业、股东、员工三欢喜原则），由于这两个原则在其他书籍中介绍较多，在此不再赘述。

以上就是销售运营管理市场目标制定的5个核心原则。透过5个核心原则，我们可以看到，成功的市场目标管理，应该是一个努力穷尽所有市场机会、最大化企业销售增长潜力的过程。所以说，销售运营管理也是一门"识别和最大化销售增长潜力"的科学。

最后，市场目标没有绝对的对错，重要的是要做到：客观、科学、合理、公平、公正、公开、公允。

第4节 支持市场目标制定的市场情报系统

科学、合理、精细化的市场目标管理，离不开完善高效的市场情报系统的支持，因此构建市场情报系统是市场目标管理不可或缺的组成部分。这一节我们介绍市场情报系统构建的方法及案例。

情报决定胜负：不列颠空战以少胜多

1940年7月，德国发动不列颠之战的"海狮计划"。战争之初，德国拥有2600架战斗机和轰炸机，而英国方面则只有不到700架飞机，看起来这是一场实力悬殊、毫无悬念的战争。但最后结果出人预料，英国皇家空军在双方力量对比悬殊的情况下，以少胜多，击败了号称当时世界上最强悍的德国空军。

英国皇家空军是如何做到的呢？其中一个部门发挥了极其关键的作用。这个部门就是位于伦敦郊外的英国皇家空军战斗指挥中心。这是一个由许多专业人员组成的情报收集分析中心，他们运用专业技术和工具，为英国皇家空军提供精准的敌军情报，为英国皇家空军指挥官指挥战斗提供决策支持。他们基于雷达技术的情报收集分析系统，能够精确地分析来犯德国空军的方位、距离、高度、数量、到达时间等关键数据，帮助英国皇家空军精准克敌。在这套完善的情报收集分析系统建立之前，通常都是派出战斗机在空中巡逻，由战斗机发现来袭敌机，而建立情报分析部门后，英军战斗机的每次起飞，都是有目的的迎战，极大减少了飞机、燃料和人员体力的消耗，很大程度上弥补了飞机数量不足的劣势。因此，英国皇家空军战斗指挥中心无疑是不列颠战役英军以少胜多的关键。连德国空军都不由得感慨："英国空军似乎对我们了如指掌，每回都仿佛在那里等着我们自投罗网。"

商场如战场，构建完善的市场情报系统也是决定成败的重要一环。

市场情报系统构建的方法

市场情报系统的构建分为三个步骤，分别是市场情报搜集、市场情报分析和市场情报应用，如图5-8所示。

销售运营管理

```
┌─────────────┐    ┌─────────────┐    ┌─────────────┐
│ 市场情报搜集 │ ➡ │ 市场情报汇总 │ ➡ │ 市场情报应用 │
└─────────────┘    └─────────────┘    └─────────────┘
1. 确定需要搜集        1. 确定市场信息        1. 设计市场情报
   的情报类型             汇总部门、责           查阅的权限范
2. 确定各类市场           任人                   围
   情报搜集责任        2. 确定信息验证        2. 设计市场情报
   部门、责任人           程序、责任人           分发范围、时
3. 确定市场情报         3. 设计市场分析           间节点
   来源                   报告的种类、        3. （必要时）组
4. 确定市场情报           报告周期、报           织重要市场情
   搜集模板               告制定人               报研讨机制
5. 确定市场信息         4. 设计报告模板        4.应用发布工具，
   搜集频率            5.采用分析工具             eg.BI
```

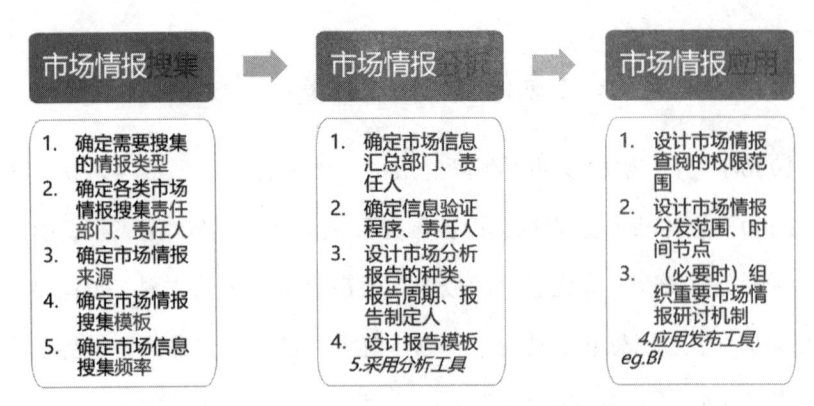

图5-8 支撑市场目标制定的市场情报管理

首先是市场情报的搜集。这个步骤包括：

（1）确定需要搜集的情报类型：广泛地调研企业开展业务活动所需要的各类情报，比如关于客户的、关于竞争的、关于行业的等。

（2）确定各类市场情报搜集责任部门、责任人：明确指定各类情报搜集的负责部门和负责人，比如关于客户的情报，可以指定销售部、市场部、产品部、售后服务部等部门里与客户有直接接触的人员负责收集。

（3）确定市场情报的来源：尽可能地帮助指定部门和指定人员寻找市场情报来源，比如可以请财务人员每季度解读竞争对手的财报。

（4）设计市场情报搜集模板：如果没有给情报搜集人员提供模板，情报搜集人员可能会根据自己的理解搜集情报，随机性比较大，错漏重要信息的可能性也会提高。所以应尽可能给负责搜集情报的人员设计好情报搜集模板，以提高搜集情报的结构性、可分析性。

（5）确定市场信息搜集频率：如果或有或无、时有时无，就难以保证情报的延续性、准确性，也不利于形成情报搜集人员良好的习惯，因此最好形成按周、按月、按季度、按年或按次（如高管每拜访一次重要客户）的频率，定期地、系统地搜集市场情报。

其次是市场情报的分析。这个步骤包括：

（1）确定市场信息汇总的部门、责任人：来自不同部门的零散的市场情报，应该有专门的部门、专门的人员加以有序的汇总和组织。多数领先企业里这个角色通常是销售运营部门。

（2）确定信息验证程序、责任人：这个环节常常容易被忽视。由于来自四面八方的信息可能存在一些失真、误传，就需要有一定的验证程序，确保能辨识大部分情报的真伪、可靠性，确保获取的情报是真实可信的。

（3）设计市场分析报告的种类、报告周期、报告制定人：汇总情报和去伪存真后，还应该确定基于情报需要输出哪些种类的情报分析报告、各类报告多长时间出一次，以及谁负责制作这份报告。比如《市场份额监测和竞争对手动态报告》，可能需要每个月或每个季度制作一次。

（4）设计报告模板：明确了需要制作哪些市场分析报告以及报告周期，还需要把报告的模板制作出来，并与关键用户（即报告将提交给谁阅读）商讨并确定每份报告需要包含哪些内容及其格式。比如《市场份额监测和竞争对手动态报告》应包含哪些内容。

（5）采用分析工具：如果有条件，还可以把市场分析报告整合到特定的工具里，比如有的公司会把市场分析报告放到CRM里，提高效率，又便于分权限查阅。

最后是市场情报的应用。这个步骤包括：

（1）设计市场情报查阅的权限范围：应规定哪些人分别能够查阅哪些市场情报。

（2）设计市场情报分发范围、时间节点：比如《市场份额监测和竞争对手动态报告》应分发给哪些人员阅读，多长时间、什么时间分发等。

（3）（必要时）组织重要市场情报研讨机制：情报只有在被需要情报的人员知悉并理解时，才能真正发挥作用。因此，对于较为重要、需要引起重视的市场情报，不要发放结束了事，应该组织相关的部门、领导进

销售运营管理

行研讨，确保这些重要信息被接收并理解。

（4）应用发布工具。如果有条件可以借用BI之类的工具，追踪市场情报被接收的情况。

案例1　华为的市场情报管理

图5-9所展示的是我在华为时的"杰作"。那时技术手段落后，我们使用莲花公司（Lotus）的Approach软件来构建市场情报数据库（Approach是Lotus办公软件套件中的数据库软件，相当于微软office套件中的Access数据库软件）。如图5-9所示，我负责的是海外市场，我们根据公司要求，系统地搜集各个国家的人口、电信运营商、主要竞争对手，及我司在当地的渗透情况等。值得注意的是，当时是2005年，在那个时候就投入完善的市场情报系统建设，足见华为的远见卓识，相信这样的远见为其后来在海外市场上的成功提供了有益的帮助。

图5-9　强大的市场情报管理是市场目标管理的基石

案例2　某中国500强企业的市场情报管理

图5-10是我们为某家中国500强企业梳理的市场情报管理机制的示意图。通过研讨，梳理了需要搜集的各类情报（图5-10最左列），以及负责搜集各类情报的责任部门（图5-10第2列）。搜集的市场情报统一汇总到营

销绩效部（即销售运营部，图5-10中间）。右侧，则是汇总后需要输出报告类型及其频率，如客户类和竞争类报告需每月汇总制作，而行业政策类的报告则按季度汇总制作，并分门别类发送给不同的对象（图5-10最右侧）。

该公司坚持进行系统的情报搜集一个季度后，基本上能比较准确地每月采集到他们所服务主要客户的竞品采购量，算出客户钱包份额，为销售策略制定、生产排期提供有益的决策支持。

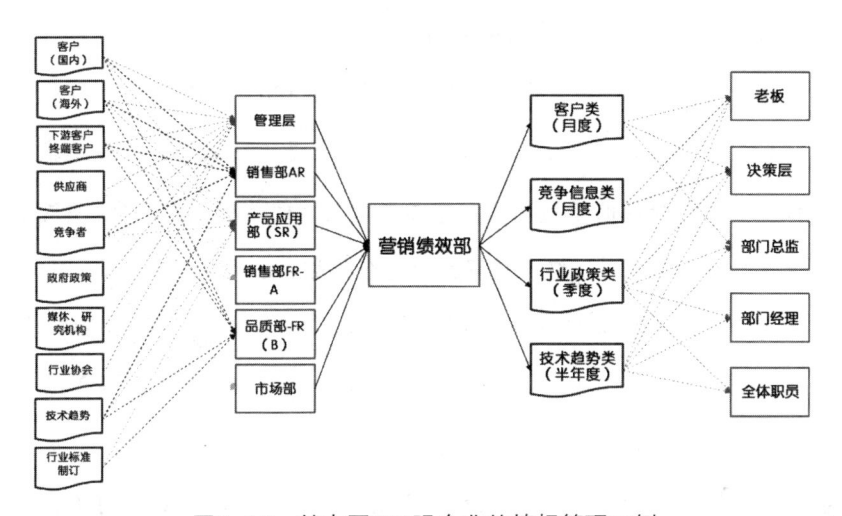

图5-10　某中国500强企业的情报管理示例

案例　这个市场目标管理的故事可信吗？

亲爱的读者朋友，请根据本章的知识点，判断下面这个故事是否可信？

在和一家公司的销售总监和HR经理交流时，他们告诉我，说他们曾听两名华为讲师讲过一个故事：据说某年华为分配销售任务时，某区域经理上报任务目标是增长20%，上级不满意，要求重新上报，并和这位区域经理对赌："你重新上报一个数，我也给一个数，如果你上报的数低于我给的数，你就辞职走人；如果你报的数高于我的数，我就吃点亏，按我低的数来。"后来这名区域经理重新报了一个120%增长的指标。他们特地强调听两名华为老师讲过这个故事，以此强调其真实性。

案例解析：

我个人倾向于判断这仅仅是一个段子。我当即告诉他们：你们很可能被忽悠了。如果我碰到这样的区域经理，即使他再把指标上报到200%、300%，我都会让他下课。为什么呢？我分析的逻辑如下：

1. 从区域经理的胜任能力来分析

先报一版20%的数字，上级一质疑就更改成120%。那只有3种可能：

（1）第1种可能：20%是对的，即20%增长是该区域经理经过缜密分析推理设定的科学合理的市场目标，即客观的增长就是20%。那么说明这名区域经理完全没有主见，上级一质疑，就完全推翻自己的分析。况且，往深一层讲，指标变成120%后，下面的兄弟们怎么活？你对下属的责任心在哪里？

（2）第2种可能：120%是对的，20%是故意瞒报，且是性质严重的瞒报，那么这种人在组织中也不应该担任区域经理，往严重一点说，他们在诈骗、在套取他们不该获取的利益。事实上，在管理稍好的公司中，是不会容许这样的区域经理存在的。

（3）第3种可能：20%和120%都不对，这位区域经理对市场真实情况缺乏客观的分析和把握，随意拍脑袋确定市场目标，毫无逻辑和理性。《孙子兵法》对这种对"战场"毫无把握的将军严厉斥责，指出："凡兴师……不知敌之情者，不仁之至也，非民之将也，非主之佐也，非胜之主也。"《吴子兵法》也认为，担任将军的第一个条件是"理"，即条理、逻辑。

2. 从公司管理体系成熟度的角度来分析

在管理体系成熟的公司中，各项资源，包括人员、费用、薪酬都是随着销售任务的指挥棒而运转的。按照"天下没有免费的午餐"的逻辑，一分投入，一分市场，20%增长和120%增长所需的资源一定是不一样的。

分配任务指标如此随意，配套的资源调配岂非非常混乱？华为的管理全国闻名，管理怎么可能如此儿戏？如果在人头（销售人员数量）不变的情况下，销售额可以一下翻一番多，那么只能说明这个团队的"潜能"太大，即上一年的销售时间只用到45%左右，没有被充分利用（销售人员的工作负荷不饱满）。在华为这样强管理的公司中，这种一整个区域的销售人员工作量不饱和的情况恐怕不太可能发生。

3. 从人性的角度来分析

常识告诉我们人都有行为一致性的要求，即潜意识会维护自己曾经说过的话，哪怕是谎话。比如一个人因睡过头而迟到，但向上级谎称是堵车而迟到，那么过后要让他自己承认"堵车迟到"是撒谎，几乎是不可能的。如果一个人能够轻易否决掉自己说过的话，只能说明此人缺乏原则性、不靠谱，或者逆反人性。这样的人在诚信上存在缺陷，而"信"是治理军队、治理国家的根基，别忘了商鞅变法的第一步就是立信于人。缺"信"的人，又岂能令其担任将军？

综合上述3点分析，我推断这个故事演绎的成分大于真实的成分。当然，世事无绝对，如果这个故事是真的，那么也只可能存在于许多年前华为刚刚进军海外市场，公司对市场情况全无了解的情况下。

在管理完善的领先企业中，都会基于周全的市场分析、科学合理地设定市场目标，不要说一倍多的巨大差异，即使小到5%的差异，也会进行认真的分析和验证。因为市场目标管理是对区域经理人员的基本要求，不会科学合理设定和分配市场目标，不适合担任经理人员。

第6章
策略制定

运营要解决的核心问题,就是"如何做",因此策略是运营的灵魂和核心,各项资源的配置都要围绕着策略来进行,对策略形成支持、配套。那么究竟什么是策略?制定策略需要注意什么问题?怎样才能制定出有效的销售策略?本章就围绕上述问题展开讨论。

第1节 好策略的四大特点

根据一般的解释,策略是指计策、谋略。一般是指:①可以实现目标的方案集合;②根据形势发展而制定的行动方针和斗争方法;③有斗争艺术,能注意方式方法。

笔者认为,策略可以简单概括为实现目标的路径、举措。策略的制定是一项高度预见性、高度创造性、高智商的、艺术性的活动,需要当事者具备对全盘局势的洞悉和深入思考,没有简单、统一的路径或模式可以遵循。

策略具备以下几个特点。

1. 指向目标

策略必须服务于目标的实现,必须和最终的目标有强相关关系和因果关系。它应该是达成目标的必要甚至是充分条件。也就是说,好的策略应该符合这样的描述："必须做这件事，才能达成目标"；"只有这样做，才能达成目标"；"如果这样做，就能达成目标"。

2. 预见性

策略要能够预见市场的发展趋势，并因势利导。现在网络流行一句话，叫作"事后诸葛亮，事前猪一样"。诸葛亮在当时能够推演出"天下三分"的局势，那是非常有预见性、非常高明的，但到今天，我们都知道当时刘备应该那样干，就不叫策略了，而是叫评书了。所以，等到事情发生后，才恍然大悟，"哦，原来应该那样干！"那就不叫策略了。策略一定是面向未来的、具有预见性质的。

3. 统领性

策略一经制定，就会牵引资源的流向。比如，一家企业一旦制定加强广告宣传的营销策略，那么随之而来的，必是招募广告宣传领域的人才、加大对广告宣传的投入、提升企业广告宣传的组织能力，资源就会依据策略来进行倾斜。没有资源倾斜的策略是苍白甚至失效的。如在影片《墨攻》中，梁国确立了建立瓮城，利用瓮城来与敌军决一死战的策略，之后所有的资源都向这一策略倾斜。他们抽调了最精锐的部队"精骥营"赶建瓮城，甚至拆毁皇宫，将皇宫的石材用于建设瓮城，资源的分配服从于策略的统领。另一个反面的例子，大家知道1894年中日甲午战争爆发，清政府制定了对日作战的策略，在初期也建设了北洋舰队，并投入资源从德国购置了先进的战舰。然而，这一策略对资源配置的统领性未能持续到战争结束，慈禧太后为了祝寿，抽调了大量军费建设颐和园，导致军备、炮弹的严重不足，资源的调度没有服从策略的统领，最终导致了失败。

4. 延续性

策略通常有一年至数年的延续性，取决于市场环境和竞争格局的变化。在市场环境相对比较稳定，竞争格局变动不快的情境下，策略可能是长期有效的。如某企业产品线很长，那么推广高利润产品可能就是一个可以延续多年的策略。

第2节 策略制定的六大原则

策略的制定，虽然没有简单、统一的路径或模式可以遵循，也无法像数学公式那样，在某个位置输入某几项参数，然后自然而然可以得到策略，但仍有一些一般的原则值得在制定策略过程中借鉴和参考。

1. 聚焦原则

策略必须直指目标、最重要的影响因素、关键绩效领域和关键要素（数量演绎、逻辑推理，敏感性分析）。它最好是可以进行数量演绎和印证的。例如，如果我们通过提价5%，可以令销售额增加3%。它最好可以进行逻辑推理，即和目标有明确的相关和因果关系。例如，如果我们在3个未开发城市举办8场宣传活动，必然能够影响到500名新的潜在客户，而500名潜在客户可能会有50名采购我们的产品，能为我们的目标贡献8%的销量，类似这样的因果关系。敏感性分析是指量化分析单项策略对市场目标的影响程度，是对逻辑因果关系的验证。例如，当你有3项可选的策略：①在新城市开发活动；②对老客户提高服务水平以期他们提高采购额；③削减成本以提高利润。那么可以通过敏感性分析，来验证哪项策略是最有效的。总之，最终要把你的策略限定在那种最有效、最高效、对目标影响最大的举措上。

2. 精练原则

条条大路通罗马，达到目标的措施往往有多种，但建议最多不要超过6条。一是因为企业的资源是有限的，如果把精力和资源投放在过多的活动中，必会造成资源的分散，每项策略都不足以达到预期效果。好的做法，应该是"集中优势兵力，各个击破敌人"，集中精力办好大事。二是因为策略一旦形成，需要在组织内的不同部门、不同层级间传播，确保大家形成共识，并朝着统一的方向去努力。过多的努力方向，会造成大家认知上的困惑。

3. 突破原则

策略的制定是一项创造性的活动，也意味着策略制定常常需要跳出思维定式和惯性。这一原则要求策略的制定者具备比较宽阔的视野、比较强的关联思维能力。好的策略往往是企业内部不曾存在过的创新。获得突破性思维通常有几种途径：①捕获日常生活中的特殊信息。如2014年，中国出台了公务员使用公车的规范办法，许多公务员不再能够随意使用公车，转而考虑自购车辆。大众汽车公司捕捉到这一信息，适时推出了公务员购车补贴策略：凡是公务员凭工作证购车，可以额外享受1万～2万元购车款优惠。这就是有效地捕捉住了商机。又比如，2004年美国"9·11"事件一发生，沃尔玛超市就敏锐地觉察到美国国旗及各项日常用品将在接下去的一段时期内销量大涨，因为美国人素有在家门口悬挂国旗来表达对国家支持的传统，国旗一定会大卖；而恐怖袭击过后，人心惶惶，大多数家庭会储备日常用品。因此，沃尔玛快速地采购了大量物资。果然第二天，美国国旗在市场上脱销，而其他日常用品销量也大涨50%以上。②来自对竞争对手动态的研究。例如，某公司产品上市前夕，通过大量市场调研，锁定了目标竞争对手所盘踞的主要市场，于是以此为依据，制定了第一年的市场覆盖策略，果然达到了事半功倍的效果。因为竞争产品已经经营多年，其重兵把守的市场和客户，必然也是此类产品比较容易打开市场的突破点。肯德基尾随麦当劳选址进行开店的策略，遵循的也是相类似的道理。③突破有时来自跨行业的学习和研究。往往参加一些培训，了解其他行业公司的打法，也能带来一些好的创意。

4. 可操作性

制定策略的另一个重要原则是可操作性。制定出来的策略，总是需要特定人去执行的，因此，一定在策略制定阶段，找到执行策略的人，尝试向他们阐述策略，判断他们的理解程度，并向他们请教策略是否可行，只有可执行的策略才是有效的策略。

5. 集思广益

策略的制定，不能闭门造车，应该走出去，和相关的人员，尤其要和业务人员进行广泛的交流和探讨。笔者每年至少花1/3的时间参加业务人员的各种业务回顾会议或举行专门的业务研讨会，深入业务，周咨博询，笔者坚信策略一定要"到业务中去，从业务中来"。

6. 简单原则

制定的策略要朗朗上口，易理解、易记忆。公司越大，涉及人群越广，这一原则就越重要。因为策略需要被理解，才能很好地被执行，而众所周知，沟通存在损耗，我的导师包政教授对此有个精彩比喻，叫"鸟和猪"之说，意思是指企业老板常常像鸟在高空中一样，视野开阔，常常飞出好远，但回头一看，公司部署却没有跟上，仍像猪一样慢慢往前拱。往往总裁的一个主意，到了副总裁，就只剩下80%了，再到总监，又是80%，于是剩下64%，到了经理，就仅剩50%了。因此，策略务求简单、易理解，确保公司自上而下各个层级都能够理解和执行。

第3节 策略制定的总体思路

前文我们提到，策略的本质是实现目标的手段、方法、途径。而企业最核心的目标往往是收入和利润（在跨国企业中，通常被称为top line和bottom line），因此，这也给了我们一个最基本的策略思考框架，凡是能够提高收入或利润的举措，都可以发展成策略。如图6-1所示，基本方法一就是想方设法提高销售收入，基本方法二就是压缩收入和利润之间的费用，因为费用越是节约，在收入不变的情况下，利润就会越多。这是策略制定的最普遍框架。因此，企业经营者，包括各层经理人员需要不断地问自己两个方面的问题：①如何提高销售收入？业务增长点在哪里？②如何压缩费用支出？节约费用的机会点在哪里？做些什么事情可以提高利润？

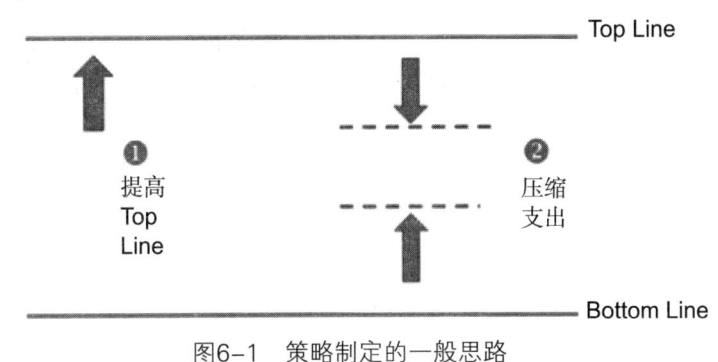

图6-1 策略制定的一般思路

下节我们将遵照上述两条思路，介绍5种制定策略的常用工具。

第4节 策略制定的5个常用工具

1. 追求增长的模型——市场演进模型

追求增长（Growth）是GE的核心文化之一。因此"市场演进模型"这一"不断基于增长目标审视增长机会来源、洞察增长驱动因素，并对这些增长驱动因素加以有效地管理"的工具，是最常用于制定销售策略的工具之一。这个模型致力于研究这个市场将会怎样增长，未来几年会遵循什么样的规律演进。应用这个工具制定策略包括3个步骤。

销售运营管理

第一步：需要绘制出"市场演进模型"（见图6-2），这个模型包括3个部分。

第一部分是市场增长的目标（图6-2最右侧），也是市场演进的方向和结果。比如，在2005年制定销售策略时，我们推断医药行业企业的演进方向为：①单个客户价值提升，即老客户不断增加对我们的采购；②总体客户基数增加，即我们又不断开拓出新的客户；③客户结构优化，即所有客户中，优质客户的占比不断增加；④整个行业的成长。不仅医药行业，大多数行业的演进，其实都会遵循这几个要点。

市场演进模型的第二部分，就是次右侧的几个方块，表示的是实现演进方向的增长来源。2005年我们识别了这样的几个增长来源，①侵吞竞争对手份额，即抢夺竞争对手每家客户的"客户份额"；②容量增长，即我们这个领域用药量的整体增长；③高值产品替代，即通过推出更优质、也更高利润的产品获得增长；④开拓新客户。这几个增长来源概括性极强，堪称医药行业的经典。

第三部分是图6-2第二列，是洞察这些增长来源背后的驱动因素。

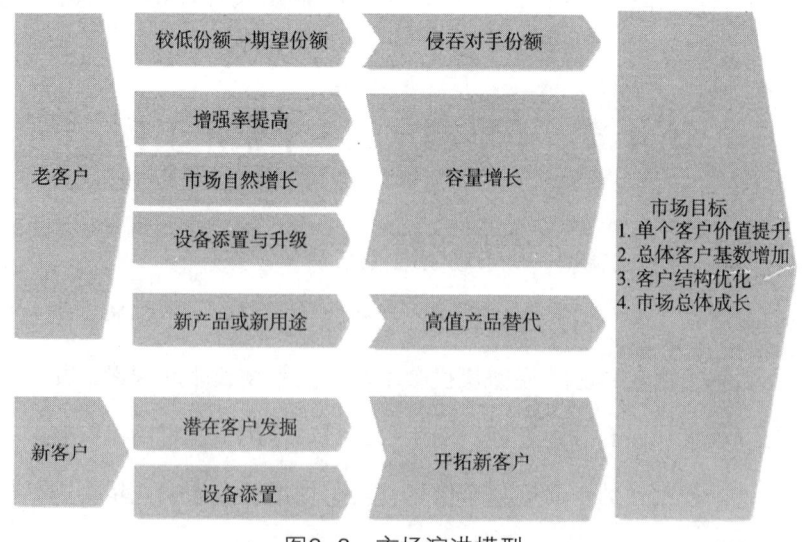

图6-2 市场演进模型

①对于侵吞对手份额，我们必然分析每家客户当前的份额，力争从较低份额达到期望份额。②对于容量的增长，则有三种驱动因素：一是增强率提高，增强率是造影剂产品关注的一个特有比率，即做CT、MR扫描的病人中采用造影剂增强造影效果的百分比；二是市场的自然增长，就是到医院里来看病的病人数的增加；三是设备添置与升级，即某医院采购了新的更先进的CT或MR设备后，往往会吸引更多的病人到医院来做检查。③高值产品替代，主要是新产品的上市，或者将产品用于新的用途。④开拓新客户则有2种驱动因素：一种是潜在客户的开发，即进入新的医院；另一种则是该医院本来没有放射科，或者没有检查设备，新进了检查设备，这往往是造影剂产品进入的较好时机。

为了理顺逻辑，便于阅读和理解，我当时在最左侧增加了老客户和新客户的归类，但这个分类不是唯一的，可以根据企业自身实际情况进行替换。比如大客户、小客户；或者直销客户、分销客户；或者X行业客户、Y行业客户；也可以是企业自己的组织结构，如硬件产品部、软件产品部等。

这个模型需要从两个方向进行思考和分析：一是从右往左推演，即以终为始：从想要的结果反演动因，即"市场目标是什么"→"增长来源有哪些"→"增长驱动因素是哪些"。二是从左往右推演，这是以始求终，即我目前的各类资源，客户或不同产品部分别有什么样的增长机会。

我们建议先从右向左，再从左向右，这样能确保不缺不漏。这个模型应用质量的最终判断标准，是最左侧的分类是否不重不漏。即麦肯锡的MECE原则（MECE, Mutually Exclusive Collectively Exhaustive，中文意思是"相互独立，完全穷尽"）。比如说，如果你的分类是"大客户"和"小客户"，然后你发现漏掉了"微客户"，那么说明微客户的成长机会没有被扫描和识别到。同样的道理，"增长来源"和"增长驱动因素"也需要

销售运营管理

符合MECE原则。

如果你有充分的时间，可以把最左侧的分类用不同的维度都替进去，然后整合，这样能够确保你充分识别了所有的业务增长机会。

把这个"市场演进模型"绘制出来的一个好处是给你提供一个清晰的逻辑思考，深入地洞察整个市场的发展态势；另一个好处是当你把这个"市场演进模型"公布给业务团队的时候，所有人都能很方便地去自我检验各自的区域及客户的增长机会在哪里，能起到非常好的启发作用。

第二步：制定策略活动。

绘制市场演进模型不是我们的终极目的，我们是要通过对市场演进的洞察来针对性地制定竞争策略，因此，第二步就是设计策略活动以更高效地管理业绩增长要素。

如图6-3所示，承接前面的"市场演进模型"（图6-3第三列），我们设计了5项策略活动：①重点客户管理，用于管理"较低份额→期望份额"这一增长要素；②客户升级计划，用于捕捉"增强率提高""市场自然增长"的机会；③新品开拓计划，用于捕捉"新产品或新用途"的机会；④新客户开拓计划，用于管理"潜在客户挖掘"；⑤设备合作计划，即和GE的设备部门共享信息，一旦GE设备卖进某家医院，造影剂事业部就迅速跟进，这用于管理"设备升级"和"设备添置"两项驱动因素。

最左侧的两个框，则用于思考公司的资源管理如何能够有效地支持这些策略活动的开展，包括：①微观市场分析。主要是ROSE（Regional Opportunity Scan & Explore），即区域市场机会扫描和挖掘。公司要有一个信息搜集系统，这样才能知道潜在客户有哪些，有多大潜力，设备情况怎么样等各方面信息。②资源分配。即拜访时间、会议、礼品、赞助费用、人头、奖金激励等资源如何配套你的策略活动。

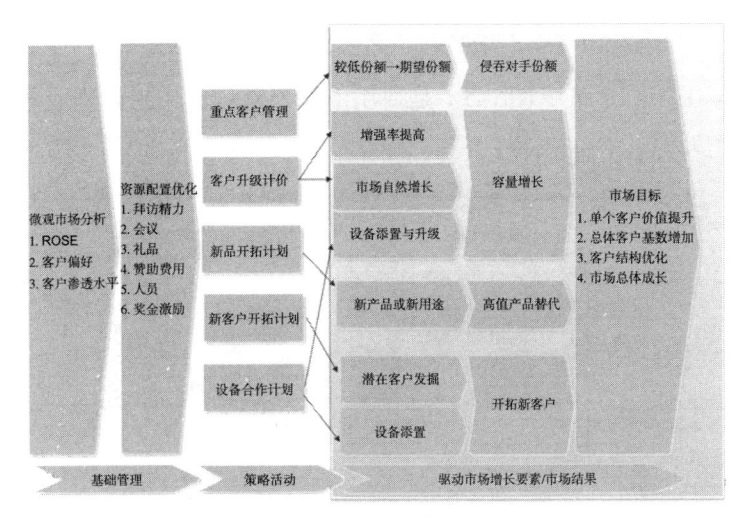

图6-3 策略活动设计

第三步：落成具体目标并持续追踪策略活动的效果。

经过前面两步的分析，应该明确以下问题：①哪些市场和客户需要防守和维持？②哪些市场和客户需要巩固和升级？③哪些市场和客户需要进攻和拓展？除此之外还要定期地进行"执行/评估/改进"，通过月度经营分析、季度回顾等方式，反复叩问各项策略活动的效果（图6-4右侧部分），形成闭环。整个过程中微观市场分析和资源动态配置要始终保驾护航。

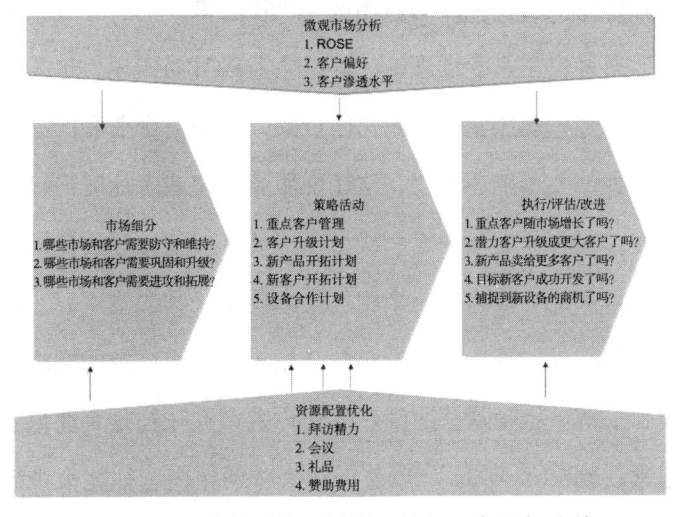

图6-4 分析形势—计划—执行—衡量与改善

· 131 ·

2. 制定提升销售收入策略的利器——安索夫矩阵

安索夫矩阵（详见图6-5）是通用电气最常用的用来识别业务增长机会的另一个有力工具。

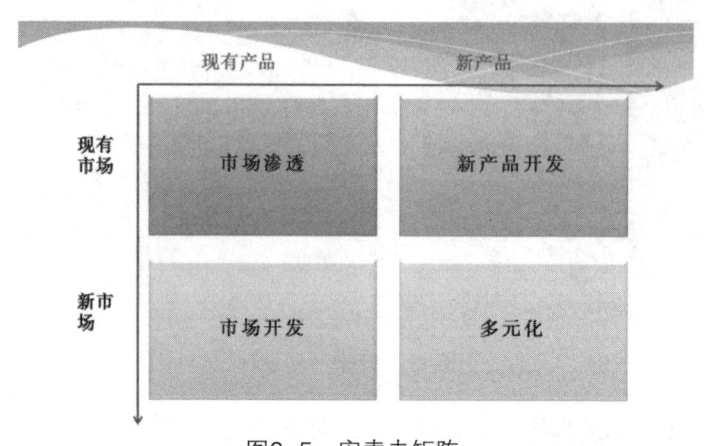

图6-5 安索夫矩阵

这个矩阵由两个维度组成：市场维度（现有市场、新市场）和产品维度（现有产品和新产品维度）。这样，立足现状，企业就有几种可供选择的策略：

（1）提高现有市场上现有产品的占有率，即进一步加强市场渗透，这适用于现有市场上已有产品的市场份额仍比较低、仍有比较大的开发空间的情况。根据客户关系管理理论，这是企业最容易实现，也是成本最低的策略，因为老客户既然使用着公司的产品，说明对企业和产品都有一定的认可度，且客情关系也还可以，这比说服新客户或者让客户接受新产品都要容易得多，因为开发新的客户或市场，从客户认知、到认同、到小规模使用、到大量采购，往往有一个相当长的周期，其成本不菲。销售新产品也存在类似的问题，甚至老客户对新产品也会存在一定的顾虑，而不会很快地接受和采纳。也是这些原因，老客户老产品往往是企业最主要的业务来源，通常占到80%～95%。新业务在头一两年内，往往很难超过企业业务的5%。遗憾的是，很多企业高层往往不注重对现有客户的服务、对现

第6章
策略制定

有市场的巩固，而把超过50%的精力投入到思考新业务和新市场上，殊不知，大量销售市场需要的策略恰恰是稳扎稳打，步步为营。

（2）安索夫矩阵的第二个重要象限是新市场开发。这一策略的目标在于开发尽可能多的新市场，增加市场覆盖和客户基数，适用于现有市场已经比较饱和、市场份额较高或者竞争异常激烈的情况。此时就需要寻求新市场的突破。

某跨国企业在2006年的时候，其产品已经覆盖了中国主要的核心城市，在可调查的数据样本中，市场份额均名列前茅，现有市场的增长空间已然有限，当年的策略重点就调整为向二、三线城市拓展。当时公司内部发生了激烈的争论：究竟是向二、三线市场派驻更多的销售力量，还是在核心市场配置更多的销售力量，让核心市场的每一个业务员兼顾周边市场？这牵涉到哪种方式效率更高，以及业务员与市场适应性的问题，因核心市场客户的需求与二、三线市场客户的需求存在较大差异，从而对业务员的素质、能力要求也要有所差异。经过多次研讨，管理层认为，如果直接往二、三线城市派驻业务员，一是这些业务员面临全新市场，压力很大，且前两年因处于市场耕耘期，不可能取得太多销量；二是二、三线城市多似卫星状拱卫核心城市，这些业务员仅在二、三线城市跑动，交通成本比较高；三是和核心城市业务员相比，这些二、三线城市的业务员的成就感和积极性会严重受挫；四是公司也需要将两支队伍分别管理，造成成本增加。最后管理层决定在核心城市加派代表，并让每个代表同时兼顾所驻城市相邻的、具有较大潜力的一两家客户的开发。如此一来，一则所有的业务员均兼有老区域和新客户开发任务，大家彼此平等，不会导致因负责城市等级差别而造成的"阶层"；二则业务员精力有限，每个业务员只能选择最具潜力的限定的客户进行开发；三则这些最具潜力的客户往往是二、三线城市中较接近一线城市客户需求的那个群体，在一线城市的打

· 133 ·

法对他们仍是奏效的。就这样，该公司将新城市市场开拓设定为当年的策略，并寻求出最有效率的方式，将这一策略落实到位。

举这个案例，是因为它体现了前文所提及的一些知识点：①运营管理在于围绕市场目标，寻求最有效的配置资源的方式。此例中，人员究竟如何配置最有效率是一个很关键的决策。②我们可以看到，策略需要支持目标，当年的增长将依据新市场开拓，只有开拓了新市场，才能支撑起业务的增长，策略很好地符合了"指向策略""聚焦""集思广益""可操作"等原则。③这一案例很好地展示了策略形成的过程。

（3）安索夫矩阵的第三个象限是向老市场引入新产品，这也是一种非常常见和奏效的策略。一个典型的例子是近二十年的彩电大战，从最早的黑白电视机，到彩色电视机、彩壳电视机、等离子电视机、液晶电视机，再到大屏幕电视机，从32英寸到50英寸再到65英寸，从高清到全高清到超高清，从二维到三维，不断地推出新的产品。苹果手机也是采取这一策略，一大群忠实的果粉，从苹果1到苹果15，紧追不舍。实施这一策略的关键点是新产品溢价较高，即其利润较高。这一策略常常配合以旧换新活动进行开展。

（4）向全新的客户推广全新的产品。这在安索夫矩阵中是成本最高、周期最长、难度最大、风险也最大的策略。

安索夫矩阵还非常适用于制定产品组合策略。当企业有多条产品线时，通过绘制不同产品线的安索夫矩阵，非常方便评估不同产品线的成熟程度和覆盖程度，从而能够便利地识别出哪条产品线是企业当年业务增长的重点。同时又能制定出每一条产品线当年的市场拓展策略。

在实际的应用中，安索夫矩阵的"市场维度"，可以交替使用地理纬度和客户维度。地理纬度又可以使用"城市等级"或"城市名"。通过灵活地应用，可以方便地制定全国、区域、甚至某个团队的市场扩展策略，是一个非常实用的用于摸索如何扩大销售收入的策略分析工具。

第6章 策略制定

案例 安索夫矩阵的应用

这是一家个人电脑及周边产品经销商,他们提供了上一年的销售清单,并在讨论明年的业务扩张策略。销售记录单样式如表6-1:

表6-1 某个公司销售清单

地区	客户名称	产品	销售日期	销售员	销售数量
北京	A	15显示器	×××.×.×	甲	111
广州	B	整机	×××.×.×	乙	111
济南	X	键盘	×××.×.×	甲	985
南京	Y	服务器	×××.×.×	丙	1 573
大连	Z	鼠标	×××.×.×	丁	1 066
……	……	……	……	……	……

笔者应用安索夫矩阵,协助他们画出了增长路径图(见图6-6),当时是在白板上给对方指出了分析思路,在具体操作时,可以在EXCEL中进行操作:

第一步:对销售记录清单进行交叉分析

在EXCEL中使用数据透视表,将"客户名称"字段拉到行标签区域,将"产品字段"拉到列标签,数值区域放销售数量,然后将得到数据透视表拷贝到一个新的sheet中,再用勾号取代数值,那么就得到图6-6左上角所示交叉表"客户—产品矩阵"。

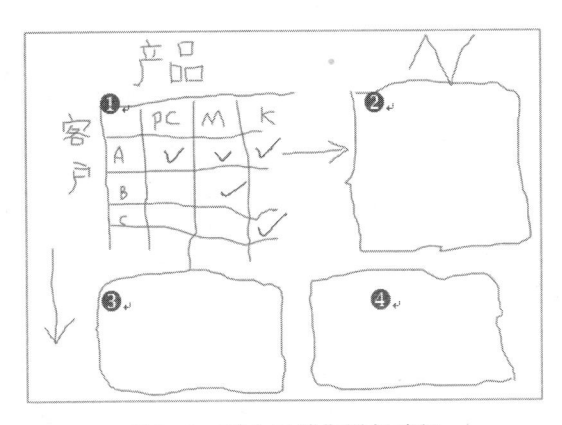

图6-6 某公司销售增长路径

第二步：制定市场扩展策略

①市场渗透。图6-6中所示的1区域，其实就是安索夫矩阵的"市场渗透"象限，它清晰地揭示目前产品对客户的渗透情况。例如，A客户已经采购了该企业的全线产品，而B客户仅采购了鼠标，C客户仅采购了键盘，那么是否能让B客户也采购一些电脑和键盘，而让C客户购买一些整机和鼠标？这其实就是潜在的销售机会。

②新产品开发。得到的这个数据透视表是可以扩展的，向右扩展，就是你是否能向你的客户销售新的产品。比如，现在平板电脑、充电宝、录音笔非常多，很多企业也会采购这类产品，是否有可能向现在的这些客户推广更多的产品？笔者所在的公司常常在节日或者公司内部活动的时候，采购一些特型的U盘、鼠标，类似"龙年纪念鼠标""中秋佳节U盘"等产品，如果企业适时抓住这些机会，可能就是很好的销售增长点。这就是安索夫矩阵的"新产品扩展"象限。

③新客户开发。这个数据透视表向下扩展，就是你能否向更多的客户销售你现有的产品。一个实用的方法，就是通过市场活动去获得更多的潜在客户的名单，并向最有可能的潜在客户推广产品；另一个可行的办法，就是让每一个销售人员列出1~3家潜在客户名单，并为每家潜在客户制定一个开发计划。这就是"新客户开发象限"。

④多元化象限。向新的客户销售新的产品，其实就是"新产品开发"和"新市场开发"两者的组合，如向新的客户销售平板电脑。

第三步：延伸和扩展

笔者引导企业用"客户区域"维度替代"客户名称"维度，从而制定地理区域扩张策略。

第四步：将安索夫矩阵层层向下落实

在总部做完分析后，公司将所有区域的区域经理集中在一起，教会他们这一方法，让区域经理回去后再要求每一个业务员依样画葫芦，制定出个人的业务扩展策略。

第五步：自上而下→自下而上

每个业务员都完成自己所辖地区的细致分析后，再层层向上汇总，从而形成了整个公司详细的业务扩展策略。

3. 制定提升费用效率策略的利器——费用结构分析

前面我们已经提到，制定策略的一般思考框架，有两个基本方向，一个是如何提高销售收入，另一个是如何降低费用。前面我们介绍了提高销售收入的重要方法"安索夫矩阵"。这里，我们介绍降低费用的方法——费用结构分析。

案例　费用结构分析的应用

第一步：分析产品成本结构

应用费用结构分析，首先要对企业各项产品的成本率有一个细致的了解，如图6-7中的左侧表格，给出了企业各项产品的成本率（也可用毛利率）及其销售结构（各产品的销售额比重）。在此例中，A、B、C产品

▷分析各产品成本率，用低成本率产品替代高成本率产品，提高利润率

产品	销售数量	成本率	产品结构	毛利润
A产品	400	40%	40%	240
B产品	400	35%	40%	260
C产品	200	30%	20%	140
合计	1000	—	100%	640

产品	销售数量	成本率	产品结构	毛利润	毛利增长率
A产品	480	40%	40%	288	
B产品	480	35%	40%	312	20%
C产品	240	30%	20%	168	
合计	1200	—	100%	768	

▷不优化产品结构，销售额增长20%，毛利润增长20%

产品	销售数量	成本率	产品结构	毛利润	毛利增长率
A产品	360	40%	30%	216	
B产品	480	35%	40%	312	22%
C产品	360	30%	30%	252	
合计	1200	—	100%	780	

▷优化产品结构，销售额增长20%，毛利润增长22%
▷个人收入预计多增1个百分点

图6-7　费用结构分析

的成本率分别为40%、35%、30%，销售额比重分别为40%、40%、20%，即A销量最大，但却利润最低，而C产品毛利润最高，但销量却最低。这就存在一个优化的空间，如果C产品能够多卖一些，企业的利润率必然会增加。

第二步：进行敏感性分析

在此例中，笔者做了一个试算，分别测算了在A、B、C产品销售比重不变和提高C产品销售比重两种不同情况下，公司利润增长的变化，以测算利润增长对产品结构变化的敏感度（敏感性分析）。从分析可以看出，假设今年公司的总销售额目标是增长20%，那么，如果A、B、C产品的销售比重仍然为4：4：2，则利润增长率为20%，但如果加大C产品的销售比重，使ABC销售比重变为3：4：3，则利润增长率就会变为22%。

第三步：将敏感性分析结果转化为策略和举措

这一步非常关键，笔者在做这个案例的时候，一个重要的举措就是将产品结构优化带来的利润收益转化为销售人员的实际利益，并通过测算，告诉销售人员，如果他们按照公司倡导的优化产品结构的方式开展销售，他们的个人收入也将随之增加。在此例中，笔者设计的机制是，如果利润增长率变为22%，则他们每个人的收入将增加1%，利润增长越多，他们个人收入也将增长越多，呈高度正相关。笔者将此机理向全体销售人员反复说明，确保大家都理解。事后证明，实施效果非常理想。

当然，使用这一方法时，有几个注意事项：其一，企业必须对各项产品的成本率有清晰的掌握；其二，必须存在像本例中，可相互替代的产品；其三，引起利润变化的产品的销售比重应该相对较大，如果一项高利润产品的销售比重占公司整体销售额的比重不到5%，那么这种举措的效果可能就不会那么明显（但如果持续几年，随着高利润产品销售比重增加，效果会不断放大）；其四，必须把这种机制转化成相关部门，主要是销售人员的利益；其五，一定要广泛沟通，让销售人员充分理解这一做法对企业及对其本人的好处，如此才能充分发挥这一作用。

通过这一案例的学习，我们还要再回顾一下策略制定的重要原则——聚焦原则：直指目标、最重要的影响因素、关键绩效领域、关键要素（数量演绎、逻辑推理、敏感性分析）。在此例中，产品结构直接影响公司的利润目标，是利润的重要影响因素。而且，我们并非对所有产品、所有费用都进行识别，而是选取对结果影响最大的费用科目、对结果影响最大的产品品种，也充分体现聚焦于最主要因素的原则。同时在发展策略的过程中，我们始终使用数量演绎和逻辑推理及敏感性分析，去充分揭示这种相关性，以确保策略确实有效。策略不是凭空而来，而是需要大量艰苦卓绝的分析和判断。

当然策略制定是一个非常具有艺术性的领域，大量的方法、模型可以应用，需要运营管理人员在日常工作、实践、学习、生活中不断积累经验，这样才能在策略制定时浮现更多的创意和想法。

4. 分析行业环境和竞争态势的利器——行业参与者模型

行业参与者模型，是麦肯锡公司用于分析行业环境和竞争态势的重要工具，我们也经常用它来进行"群策群力"，制定销售策略。

如图6-8所示的就是"行业参与者模型"。

应用行业参与者模型主要包括3个步骤：

第一步，描绘出这个行业的"行业参与者模型"。

（1）描绘出主业务链上的主要参与者，主业务链即"供应商→公司→分销商→顾客"这条链条。当然，你可能会有很多供应商、分销商及客户，那么一般列出最主要的几种类别或者几家。

（2）在主业务链的边上绘制出主要的竞争对手，完成"竞争环境"

销售运营管理

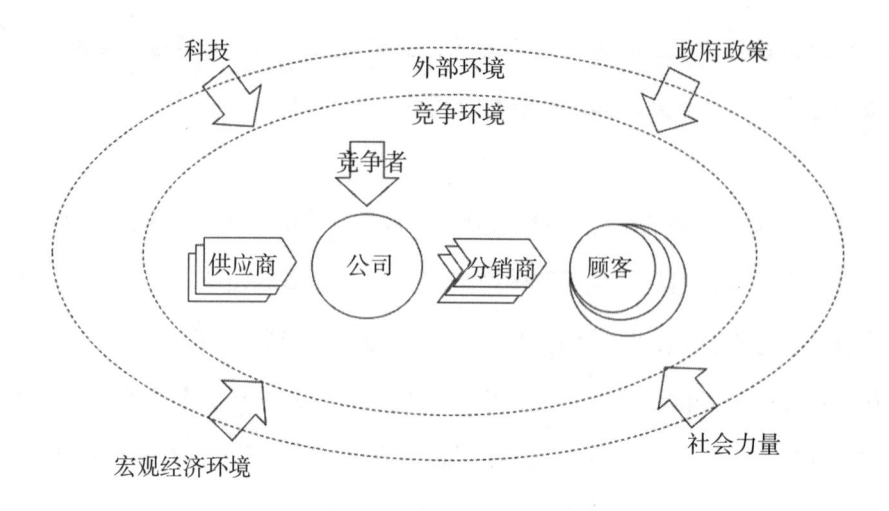

图6-8 行业参与者模型

的绘制。

（3）在"竞争环境"的外圈，绘制出影响这个行业（既影响你公司，也影响竞争对手）的一些外部力量，常见的如政府、技术部门、社会媒体等，完成"外部环境"的描绘。

做完这一步，你对整个行业的"参与者"（也有人将其称为"利益相关者"）就了然于心了。

第二步，针对每个参与者，问自己以下问题，并输出表格，这一步的目的，是要把对公司经营有重大影响的"行业参与者"都识别出来（见表6-2）。

表6-2 针对每个参与者的自我提问

序号	问题	描述
1	他们是谁	
2	他们有什么特征（数量、分布、集中度）	
3	他们的期望是什么（需求）	
4	他们能给我们提供什么价值	
5	我们为他们创造什么价值	
6	他们有什么动态趋势，对我们有什么影响？我们应该如何应对	

第三步，将第二步识别出来的重要参与者按对公司业务影响程度的大小排序，并评估其对公司业务的影响方向，然后制定应对策略（见表6-3）。

表6-3 评估重要参与者对公司业务的影响并制定应对策略

群体	描述	影响及趋势	应对策略
1 经销商			
2 客户—终端			
3 供应商			
4 竞争者			
5 政府			
6 媒体			
7 行业协会			
8 技术趋势			

麦肯锡的"行业参与者模型"是一个很少被使用却非常有用的模型，它在三个方面可以发挥重要作用：一是洞察行业格局和变化趋势；二是规划企业经营情报系统；三是制定行业竞争策略（营销策略）和关键任务，尤其是进行企业"边界管理"。德鲁克指出，企业的成功（成果）只会产生于企业的边界，而行业参与者模型就是识别和分析企业边界首屈一指的模型，企业的所有经营成果必然只能产生于对边界的有效管理。下面是GE应用这一模型进行竞争策略制定的实际案例。

案例 业务三策之谋战策：造影剂行业分析

2005年年底，GE造影剂事业部应用麦肯锡的行业参与者分析模型（见图6-9）分析了各个参与者的动态变化，并以此为依据制定了销售策略。

一个趋势

我们的客户群体正在发生着微妙的变化：

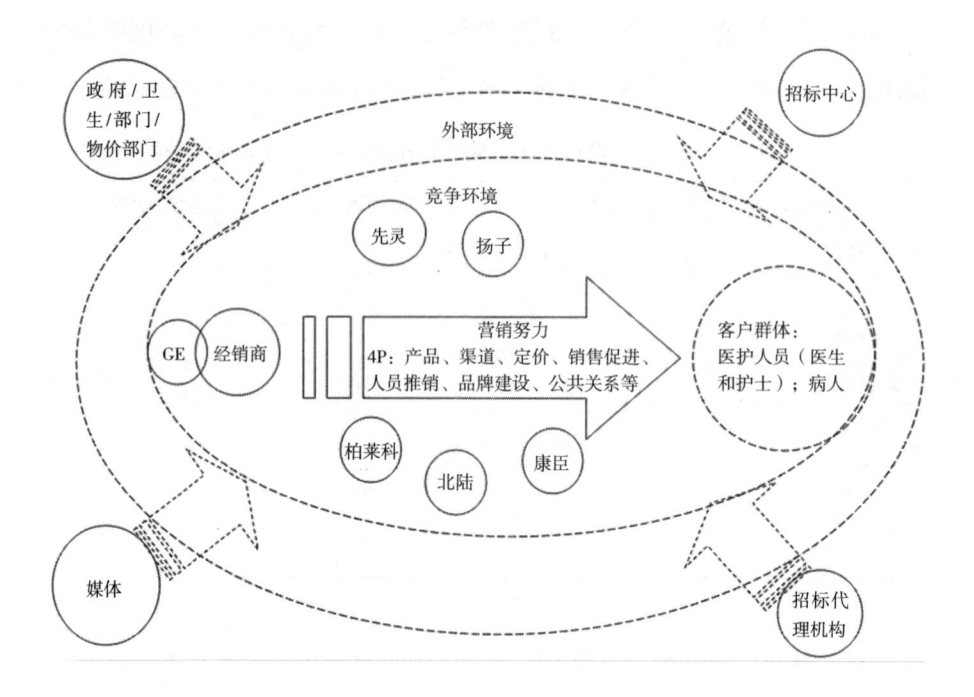

图6-9 运用行业参与者模型分析造影剂行业

第一，消费者主权（病人的力量）正逐步凸显

消费理性的觉醒、反商业贿赂风暴行动的开展使得病人在决定使用哪种造影剂的问题上日渐显现出发言权，虽然目前这种发言权也许还不是那么明显，但增强的趋势却在日益明显。

第二，客户的决策模型正在发生改变

由原来的医生决定用药，逐步发展为医生、护士、药房、病人共同影响用药。

第三，客户的类别、分布发生着变化

客户从喜好、规模等方面呈现不同特征，这些特征反过来影响客户对产品的选择。如大客户倾向于选择声誉好、质量优异的产品，小客户可能倾向于选择带金的、实惠的产品。另外，医疗卫生事业的发展，CT等医疗设备的日渐普及，使得客户在地理上也呈现出新的分布特征。

两大挑战

第一，缺乏应对本土仿制品战略集群之低价竞争的有效策略

乍看之下，我们有非常多的竞争对手，但如果对这些竞争对手进行细分（参考表6-4），我们会发现我们面临着两类不同的竞争：

一类是以先灵为代表的竞争对手，他们的销售策略、目标客户群体与我们高度类似，这类竞争对手拼的是实力、品牌、客户关系；

另一类竞争对手是本土仿制厂家，他们的销售策略、产品定位、目标客户群体都和我们有比较大的差异，但正逐步地向我们的客户群体渗透，侵蚀第一战略集群的份额。

表6-4 竞争对手的细分（不同的战略集群）

战略集群	竞争策略	客户群体	产品	价格
GE、先灵外企	学术推广	大城市、大医院	进口高端	高价位
本土仿制企业	带金销售	中小城市、中小客户	本土仿制	低价位

这几年造影剂行业的竞争态势，是国产仿制造影剂迅猛崛起，由农村包围城市，逐步向原来由第一战略集群牢牢把握的客户群渗透，逐渐挤压第一战略集群的生存空间，侵蚀其市场份额。

这种态势有其背后的必然性：

（1）进口厂家原来垄断（寡头垄断）造影剂市场的武器是专利保护，但是随着专利的过期，本土仿制厂家迅速进入这一行业，而第一阵营的企业又无法迅速建立有效的差异化来弥补价格上的劣势。

（2）国内降低药价的呼声一浪高过一浪，高价药品成为众矢之的。

（3）仿制阵营的销售模式在中国有其生存土壤——人海战术、带金销售。

通过对竞争态势及其背后原因的透析，我们不难看出，目前的这种竞争态势短期内不会改变，本土仿制企业的低价竞争将是最近5年内困扰第一战略集群的一大挑战，这是因为：

（1）第一战略集群的其他拳头产品正面临着专利到期的问题，如GE公司的欧乃影、威视派克都即将到期。

（2）中国政府降低药品价格的决心正在加强。

（3）虽然新出台的一些策略会对仿制阵营的销售模式带来一些冲击，但目前还不能确定这种冲击的大小。

第二，对政府管制政策影响估计不足

造影剂行业是一个非常特殊的行业，它是一个"非自由竞争"的行业，也就是说，并不是你搞定了客户，你就能赢得竞争。这个行业受到诸多政府机构（发改委、物价、医保、招标中心、招标代理机构等）的制约。

如果发改委再次决定将碘海醇的价格下调，那么造影剂企业的利润将面临严峻的挑战。如果招标机构始终将欧乃派克和其他国产仿制药品归为同一个质量层次，那么在多选一的投标中，我们将毫无机会。在这两个例子里，不管一家企业的市场基础多么雄厚，不管一家企业管理客户的能力多么强大，都将被淘汰出局。

每个行业都有一些决定竞争结构的关键因素或资源，如电信牌照之于运营商、显像管之于彩电行业。每个想在行业里引领风骚的企业都必须对这些资源形成独特的占有优势或者对这些关键成功因素具有独特的影响能力。政府公关，就是造影剂行业的这种关键成功因素。

三条对策

第一，应对客户群体的变化：区别对待你的客户，考虑对不同客户的覆盖方式

（1）病人自主选择产品的权利加强了，有多强？在使用哪种造影剂的决定中，医护人员和病人各占多少比例的决定权？我们要如何配置营销力量来影响这种决定？给病人一个选择你的理由！

（2）客户的决策模型发生了改变，我们还需要影响哪些个人或者机构？

（3）客户的类型和分布发生了改变，我们如何提供符合不同类型、不同级别的客户利益需求的营销组合？客户的分布发生了变化，那么我们如何采用新的营销手段来覆盖新的分布？

对不同类别和级别的客户实施差异化的管理，在服务水平、资源投入上拉开档次，而且让每一档次都适度高于竞争对手，让每一个客户的服务产出都略高于竞争对手，展开全方位的竞争。

对不同地理分布的客户，考虑引入新的销售促进组合，如对于二、三级城市，公司无力投入人员拜访的地区，采用鼓励经销商覆盖、灵活运用电话营销和数据库营销等新的手段。或者建立起会员制，让客户影响客户，大客户带动小客户，核心城市带动二、三级城市。

第二，应对第二战略集群的挤压：寻找有效的差异化，建立战略壁垒

我们需要采取以下几方面措施以阻止第二战略集群的竞争对手向我们客户群体渗透：①加速推出新产品；②加强产品差异化（可按下文中的方式对"原研"差异化进行探讨）；③延长专利期；④适度加强和媒体的联系，在举办学术推广会议时，引入媒体加以报道，提升品牌影响力。

"原研"是有效的差异化吗？

A. 有效差异化的标准：

差异化必须和客户的利益相联系，并且足够抵消高价位的劣势；差异化必须容易被消费者理解和认可；差异化最好是竞争对手所难以模仿的。

用下面两个标准来衡量"原研"：①"原研"能带给客户什么利益？这种利益能够大过它的高价劣势吗？②"原研"容易被医生、护士、病人理解和认可吗？

B. 如果原研是有效的差异化，我们该如何强化这种差异，并赋以其丰富的内涵？我们能否将"原研"丰富化为一系列的"价值"，并且这些价值为消费者所看重？我们能否通过一些实验手段、学术手段、宣传手段（宣传册、媒体报道）让消费者（医生、病人）认识到原研对于他们的"价值"？

C. 如果原研不是一个很好的差异化，那么，请给消费者一个选择你的理由！

第三，应对政府管制：开始寻求有效的影响

（1）研究政府机构关于药品管制政策（发改委、招投标、医保等）的决策机制。

（2）募集相关领域的人才，对相关的决策施加相应的影响。

（3）充分利用中国外资药品研制和开发委员会（RDPAC）、通用电气医疗集团器械部门（GE Technology），甚至同一战略集群的竞争对手（先灵），共同营造对高端造影剂有利的政策环境。

小结

1. 先有战略，后有营销，结构性因素永远大于非结构性因素。
2. 领导层的首要职责是研究行业的发展态势，为业务发展创造有利

的竞争架构，占领行业的制高点。

3. 管理层则是在既定的竞争架构中，在客户和竞争对手这两条主线上展开有效的战术竞争。

5. 通俗易懂的营销策略制定模型——八爪鱼模型

这个模型并不新颖，也不高深，只是对经典营销知识的重构和模型化，但我们把这个模型记在脑海里，会有助于拓宽思路，大大提高销售策略思考的全面性。

（1）一个转换：思维转换

这个模型源于近年新兴的销售理论，即创造客户价值（Create Client Value）。这一理论与德鲁克的"企业的唯一目的就是创造顾客"的理念一脉相承，认为销售要想尽各种办法为客户创造价值，实现增加价值（Add Value）。这一理念要求销售人员完成思维转换，从自身角度向客户角度转换，实现换位思考，寻找为客户创造价值的各种途径和机会。

（2）八个思考点：

①第一组思考点，即营销的4P：

Product（产品），即企业提供给顾客的实物或服务。在这个思考点上，销售人员可以通过思考如何改进产品来为顾客创造价值。如笔者曾关注过街角两家卖煤气的小店：街北的店是个胖胖的男老板，躺在晃椅上闭目养神，等待顾客上门；街南的店是个农妇模样的妇女，一刻也不闲着，不停地擦拭店里的煤气罐，每个煤气罐都被擦得锃亮锃亮的，和街北小店那些沾满了灰尘、看上去很旧的煤气罐形成了鲜明的对比。两家店的销售情况自然不用多说。

Price（价格），如有的人买东西有个习惯是无折不欢，对于这样的顾客，在报价的时候要通过创造对照物，或者先报高价再折下来的方式，来让他们获得心理满足感。又如笔者在通用电气工作的时候，有一个产品线的报价是逐年上升10%，当时觉得难以置信，后来细细揣摩，不由得感叹策略制定者的高明。

　　Place（渠道），客户接触点。通过尽可能多地创造和客户的接触点，提高竞争胜出的概率。如快消品行业，可口可乐把它的触点布满城市的大街小巷，从沃尔玛，到街边的小店，随处可见它的产品。又如B2B的咨询公司，经常把行业最新的资讯动态、研究成果推送给客户，创造和客户互动的机会。做销售要不断创造和客户"偶遇"的机会。

　　Promotion（销售促进），即广告、公关、促销让利等。在这方面，B2B的销售人员总是随身携带诸多产品资料、公司介绍，即使客户没有时间交谈，留下这些资料，也起到广告的作用，所以聪明公司的市场部总是印发大量的产品资料，充实销售代表的弹药包。

　　②第二组思考点，即营销的4C：

　　Customer（顾客），即从顾客的角度思考销售。顾客的需求是什么？举两个例子，一个是医疗器械销售，在医疗领域，医生很看重手术安全和顺利，器械代表就不仅仅把产品卖给医院了事，还深入手术室协助医生进行手术操作，从而为医生创造价值，提高了客户黏度。另一个例子，通用电气在向医院卖设备的过程中，发现医院院长非常需要医院管理方面的支持和指导，对通用电气的企业管理经验很感兴趣，于是开设管理培训班，向医院院长教授六西格玛等先进管理理念，这项实践后来甚至发展成了一项新业务，即由通用电气组织专业人员进入医院进行医院管理领域的改进工作。这种洞察客户需求，为客户创造附加价值的做法，为GE赢得了更多的客户认可。

　　Cost（成本），即着眼于顾客为产品支付的价格之外的其他隐形成本。笔者的理解就是引导客户关注"效用"而非"成本"、关注"价值"而不是"价格"。如一些家电厂商，通过提供增值的售后服务而获得溢价。

Convenience（便利），电子商务就是典型的例子。近几年崛起的亚马逊等网店，通过网上下单、送货上门，让顾客可以足不出户就可获得所需的产品，给顾客创造了"便利"的价值，也给自己创造了大量的顾客。

Communication（沟通），如通用电气的NPS（Net Promoter Score，客户净推荐值）实践，通过了解客户在使用产品后，有多大的意愿向其他人推荐产品和服务，即使客户感觉受到尊重，也为自身业务改进提供了良好的反馈渠道。

八爪鱼模型详见图6-10。

图6-10　八爪鱼模型

案例　王永庆卖大米

这里用一个古老的故事来解析"八爪鱼模型"的应用，这个故事就是"王永庆卖大米"。

我们知道王永庆早年开了一家米店，起初生意并不好，但是他通过一系列措施，最后赢得了顾客，获得了人生的第一桶金（见表6-5）。

表6-5 以"王永庆卖大米"为例解析"八爪鱼模型"

思维转换：
为顾客创造价值

产品：当时其他米店销售的大米多掺有杂物，王永庆不厌其烦，对自己所销售的大米进行精挑细选，提高产品的品质，为打开销售市场奠定了基础	客户：王永庆为顾客着想，帮助顾客洗米缸，每次上门还帮助顾客进行"先进先出"处理，即把陈米放到新买的大米上面，帮助顾客避免陈米沉在缸底变质的风险
价格：无	成本：送货上门降低了顾客成本
渠道：沿街叫卖。王永庆以"行"商弥补"坐"商的不足，通过沿街叫卖，增加和客户的接触点和米店的宣传力度	便利：王永庆首创了送货上门的服务（有点像现在"互联网+"电商的先行者）
推广：同上	沟通：王永庆首创"数据库营销"，通过和顾客日积月累的沟通，把顾客的人数、耗米量、采购周期逐一记录在案，再利用这些信息实现JIT（Just in time，恰到好处）式的供应

值得我们注意的是，在这里面，王永庆并没有像很多销售人员那样一遇到困难就使用"大招"——价格（杀价）。

八爪鱼模型并不是什么新东西，但是通过对经典知识的重新建构和模型化，可以帮我们更系统、更全面地思考在公关客户的时候可采纳的销售策略。如我们用这一模型分析王永庆的案例时，会觉得王永庆的经商之道变得更有逻辑可循，也更易于学习。

这一模型的应用有几个注意事项：①转换思维。我们要从销售产品的思维转换为为客户创造价值的思维，从多个角度、多个途径尝试为客户增加价值。②这个模型只是提供了一个思考的框架、线索、要点，要制定出有效的策略需要在每一个思考点上下大功夫。③在应用这个模型时，不必强求在每个思考点上都有内容。④八爪鱼模型还有一个主张，就是在制定销售策略的时候，尽量少使用"价格"手段，应该把价格放在最后考虑的位置，而尽量多采用其他方式谋求为客户创造价值。

策略制定是一门深奥的学问，八爪鱼模型只是诸多思考模型中的一种，当你掌握的思考模型越多，你就越容易在开展业务时，灵活调动各种

第6章
策略制定

思考模型，成为好主意源源不断的策略高手。笔者在为企业制定策略时，经常使用3～5个分析模型，分别列出不同模型下推导出的策略，再综合筛选出最优的3～6条加以执行，往往能够收到不错的效果。

兵法云，用兵之道，以正合，以奇胜。在面对客户时，如果能够巧妙应用销售策略，那么就常能起到出奇制胜、事半功倍之效。但提起销售策略，很多人找不到感觉，摸不着北，不知道从哪里入手，甚至有人将其描述为"只可意会，不可言传""只能用心思考"，这就更让人摸不着头脑了。策略制定无疑是一件非常需要创造性的艰苦的工作，没有简单的模式可以复制，但仍有一些思考模型可以帮助销售人员进行系统化的梳理，使得策略制定工作有一定的路径可以遵循。

除上述5种常用的策略制定工具以外，这里再给大家介绍一个制定销售策略时百试不爽的小工具：销售策略三步曲（见图6-11）。通常任何企业、任何业务或产品，都可以用这个小工具来帮助制定一年的业务策略。

（1）覆盖率策略。如果你的业务处于一个萌芽状态，那么一般提高覆盖率应该成为你当年的业务策略之一。这个时候你的产品还处在生命周期早期，客户数比较少。你的策略应该是触及尽可能多的客户，具体的打法可能是在更多的城市设点，部署更多的客户接触点，招募更多的销售人员，让销售人员跑得更勤，做出更多的拜访，并辅以一定量的广告等。这一策略常在"进军二、三线城市""进军国际市场"的时候运用。

（2）渗透率策略。如果你的业务已经在许多地方铺开，产品的知名度已经打开，也具备了一定的客户规模，那么你这个时候的策略应该是引导客户尽可能多地消费产品，即引导他们提高产品使用量，具体的打法是追求每个客户接触点的转化率，提升销售人员的拜访技巧，提高每次拜访的质量，让每个客户触点都产生更好的效果。这一策略的著名的例子就牙膏增大了牙膏管的口子，还有口香糖的"两粒一起吃"。

（3）升级策略。如果你的产品覆盖面已然非常广，那么你的可选策略就是推出新产品。如可口可乐公司和宝洁公司，它们的渠道在中国早已是无孔不入，农村市场也早已深耕了多年，他们采取的策略就是推陈出新，不断在老渠道上加载新产品，引导消费升级。另一个非常典型的例子是彩电，从普通彩电到液晶，从小尺寸到大尺寸，从网络液晶到高清液晶，把升级策略用到极致。

当然，这三种策略并不需要严格按照时间顺序来施行。事实上，在业务足够复杂的大企业，往往三种策略并行，如X产品线打渗透率，新产品线Y则打覆盖，或者A区域已深耕多年，主打升级策略，B区域刚刚进入，主打覆盖率策略等。

销售策略三步曲详见图6-11。

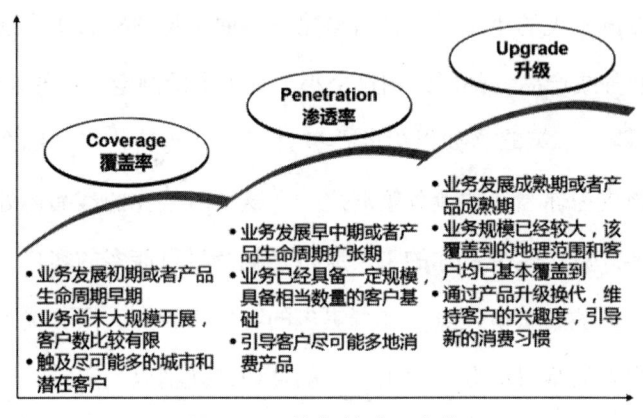

图6-11 销售策略三步曲

第5节 策略落地：销售策略项目管理

近几年，在致力于帮助企业建立销售运营管理体系的实践中，我发现许多企业在策略管理上的落后不仅仅表现在"策略制定"的系统性、组织性、科学性不足，还表现在策略落地、执行上，即使找到了好的策略，也常常难以被有效执行、落实并确保产生结果。我们从三个方面来探讨策略落地执行这个话题。

一、民营企业策略执行存在的主要问题

举几个例子。X企业在年初组织业务高层进行了充分的讨论，并对当年应"大力提升渠道管理水平""高端产品推广上量"达成了充分的共识，但半年过去了、一年过去了，整个公司自上而下并未见采取任何实质性措施，经销商无论数量、质量均无实质性改善，仍远远弱于竞争对手，高端产品依然销量不振。Y企业老板年初提出"抓大客户""开拓海外市场""提升产品品质"三项策略，并将三者称为"三驾马车"，当我们问营销总监"三驾马车"是哪三架时，营销总监的回答与老板的提法大相径庭，而当我们问财务总监相同问题时，财务总监表示似乎听过这个说法，但具体内容不清楚——大家可以想象这些策略被执行、实现的可能性有多大？Z公司老板在年初会议上列出了数项当年要主抓的重点工作，有趣的是到了4月份开季度会复盘的时候，没有人再提起这些工作，更有趣的是老板季度总结幻灯片上所列的重点工作也全换成了全然不同的一些内容，这家公司的策略似乎就是说说而已。

以上几个例子，很具有代表性，许多中国企业在策略的沟通、跟进、督导、形成PDCA闭环的执行问题上十分薄弱，也因此，许多方面的管理年复一年停滞不前，管理水平经年累月得不到实质性的提升，而老板往往束手无策，简单将其归因于执行力不足，而没有意识到是公司缺乏策略管理能力。

二、策略落地管理的关键：组织保障——销售运营部门

领先的外资企业在确保策略被执行上有什么诀窍呢？我们先通过复盘民企是如何分解、落实策略的，来剖析中国企业策略落地不了、执行不力的成因。假设现在有一家企业拥有300名销售人员，分成三个大区，大区又分别下辖若干战区，如图6-12所示。全国总监召集三个大区开会，跟他们强调"伙伴式渠道"是明年核心策略，一定要抓好渠道管理工作，发掘、培育优质渠道合作伙伴。北区经理不以为然，认为渠道并不像全国总监所说的那么重要，他更乐于抓直销大客户，更容易把控、利润也更高，他决定回销区后不跟下面人宣贯这项策略，也只字不提伙伴式渠道的要求。中区经理觉得全国总监说得很有道理，但他也不知道该如何进行提升、有什么更好的管理实践，自认为自己过往渠道管理得还不错，所以他回销区后只是简单地鼓励兄弟们"再接再厉，继续努力"，便再无下文。只有南区经理是全国总监一手栽培的，深以为然，回销区后准确无误地向下面传达、提出要求，并组织大家探索、学习更好的渠道管理方法。此时这项策略在公司内部被理解和贯彻的比例大约是北区（33%×0%）+中区（33%×0%）+南区（33%×100%）=33%。也就是说这项策略在刚制定出来时就注定打三折了。但情况并没有那么乐观，如果我们继续推演该策略在下一层级的执行情况，假设下一层级接收到这一策略指令的人员的反应大致与三名大区经理的反应类似，分别是三分之一不以为然、三分之一不知所措和三分之一鼎力支持。我们可以推算这项策略在下一层级会再次衰减，因而被理解和贯彻的百分比是：北区（33%×0%×0%）+中区（33%×0%×0%）+南区（33%×100%×33%）=11%。多数公司的组织层级数要多于这个模拟测算，因此在这种管理方式下，大多数策略在被制定出来时就已经注定执行率很低很低了。

第6章 策略制定

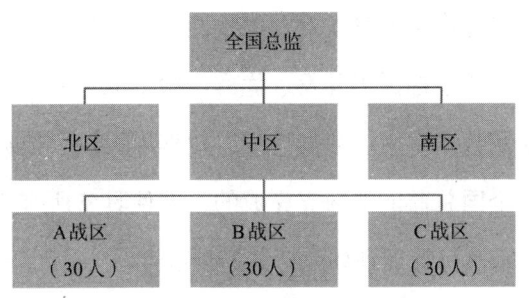

图6-12 销售组织结构示意图

如何改变这种情况、让策略可以被不折不扣地被执行下去呢？要确保策略被很好地贯彻执行下去，需要做好以下工作：

◇ 制订策略执行计划：设定策略执行的里程碑、时间节点、具体的任务等。

◇ 宣贯沟通：自上而下、全范围覆盖各个层级地宣贯策略要点。

◇ 培训和指导：提供实现策略具体方法的培训、指导。

◇ 实时监督：实时监督各个区域、各个节点的策略执行情况。

◇ 定期回顾：通过数据分析、书面报告、会议等各种形式定期回顾策略执行进展。

◇ 及时发现执行中问题：指出执行中发现的问题，研究对策、进行纠偏。

◇ 发现并推广好的实践、方法：发现策略执行比较好的销售人员，请他们分享心得、技巧，在全公司范围内加以宣传、推广。

◇ 激励：鼓励策略执行得好的人员，树立标杆，激励更多人员学习、效仿。

◇ 销售流程优化：推动策略相关销售流程的优化，比如伙伴式渠道管理变革可能涉及渠道签约流程优化、订单审批流程优化等。

◇ 销售IT系统优化：如果CRM系统中有涉及该项策略的相关功能，也需要进行系统更新，比如在CRM系统中设计和开发策略相关的数据分析报告。

显然，以上大多数任务需要专业而细致的工作，不仅需要耗费大量

· 155 ·

的精力，还有许多工作需要具备专业的技能，比如培训，并不是你实践过就能讲出来的，需要掌握课程开发、优秀经验萃取等专业培训技能；又比如数据分析，涉及数据定义、数据搜集、数据库设计、数据处理等专业技术。这些都不是全国总监能够独立完成的，即使具备所有这些技能，他的精力也不足将策略执行管理到如此精细的颗粒度。

因此，需要受过专业训练的、专职的人员来进行专门的策略管理，这项工作就是"销售策略项目管理"。领先公司承担这项职能的就是销售运营部门。销售运营部门里有一类角色叫"销售策略经理"或者"销售效能项目经理"，主要就是负责重点策略项目的管理。在第12章介绍的GE、罗氏销售运营部组织架构图里，我们可以看到都设有销售项目管理小组。国内的一些领先公司也借鉴类似的岗位设置，例如美团的销售运营部里设有"策略运营"岗位，主要的工作职责即这里所说的销售策略项目管理。这些销售策略项目经理，其实承担着推动公司业务变革的角色，对公司落实销售策略、实现业务目标发挥着重要的作用，其年薪视负责项目多少及重要程度从30万到100万不等。

三、销售策略项目管理方法：六西格玛DMAIC法

销售策略项目管理所需的能力是：项目管理能力+相应的专业能力，这里"相应的专业能力"是指特定策略项目的专门知识和技能，比如"大客户管理提升"的策略项目，就要求掌握大客户管理的专门知识和技能，又比如"销售能力提升项目"，就要求掌握销售培训的专门知识和技能。这里我们介绍一个项目管理的优秀工具六西格玛的DMAIC，并以"伙伴式渠道管理提升策略"为例，介绍策略项目管理的方法。

1. 六西格玛DMAIC项目管理法简介

DMAIC是六西格玛项目管理的方法，5个字母分别是项目管理5个阶

段的缩写：D-Define定义，M-Measure衡量，A-Analyze分析，I-Improve改善，C-Control控制。

◇ Define定义：定义业务问题、项目价值、项目范围、项目目标。就是这个策略项目究竟要解决什么问题？解决这个问题对业务的帮助有多大（Business Impact）？值得做吗？做这个项目要达到什么目标？定义问题是销售策略项目管理的起点，对问题的定义不同，解决方案就不同，产生的效果也大相径庭。举例来说，一次一名训练营的同学发来一个求助："我们公司新开展了一条业务线，但是业务还是老业务线的销售在做，结果不是很好，我是不认同这种方式的。因为：①新的业务线模式与原来的业务线合作模式完全不一样；②客户群体有交集，但是明显是有差异的。不认同新业务线交给老业务线的销售混着做。但是我也不知道怎么说服我的老板。"在这段描述中，这名同学将问题界定为"如何说服老板改变新业务由老业务团队混着做的做法"。我反问她："当你提这个问题的时候，你已经潜意识把新业务线卖不好归因于'混着做'了，那么这是真正的原因吗？设专门团队做就一定会好吗？万一分开做还是卖不好呢？"这个例子里，新业务做不好并不见得一定是混着做的原因，把问题界定为"改变混着做的做法"和界定为"如何改善新业务线的业绩"，显然解决方案和结果会大相径庭。

◇ Measure衡量：如何衡量策略项目是成功的？量化目标是什么？目前的基准值是多少？如何证明策略项目是成功的？比如新产品上市项目，衡量标准可能是第一年销售额达到特定期望值。又比如大客户提升策略项目，衡量标准可能是"大客户钱包份额平均提升3%"。值得注意的是，销售策略项目的目标值通常是多维的，如大客户提升策略项目，可以同时在平均钱包份额、大客户数量、大客户平均销售额等几个维度设定目标值。

◇ Analyze分析：分析哪些措施能够帮助你实现策略项目的目标，并通过数据分析，进行逻辑验证，验证这些措施的有效性。比如大客户提升策略项目，可能采取的举措有进行大客户管理的培训、建立衡量大客户业绩的营销绩效看板、为大客户制定特殊政策等。在这个阶段，应集思广益，尽可能穷尽所有可能的方法。

◇ Improve改善：选择分析阶段设计的一种或数种或全部方法加以实施改善，包括设定相应的负责人（R&R，Role & Responsibility，角色&职责）、制定工作分解（WBS，Work Breakdown Structure，工作分解结构）、绘制项目计划甘特图等。

◇ Control控制：包括两部分，一个是项目追踪管理；二是驾驭未来流程，将有效的改善措施常态化，建立长效机制、持续优化。包括里程碑管理、项目回顾机制、成果验收、固化流程等事项。

DMAIC项目管理法是一个科学演进的闭环，如果企业在执行销售策略项目上，能坚持使用DMAIC方法，能极大地改善策略落地执行，达到持续改进、逐年提升的效果。

案例　用DMAIC方法改善渠道管理——伙伴式渠道管理提升

伙伴式渠道管理简介

通常依据品牌商和渠道之间的相互关系和合作程度，可以把渠道管理水平区分为4种层次：松散式渠道管理（或称交易式渠道管理）、服务式渠道管理、伙伴式渠道管理和顾问式渠道管理。

◇ 松散式渠道管理（交易式渠道管理）：品牌商把产品售卖给经销商之后不闻不问，任由经销商自行销售，任其自生自灭，两者的相互关系和合作深度仅限于买卖、交货、结款，处于极浅的合作水平。

◇ 服务式渠道管理：品牌商在把产品售卖给经销商之后，根据经销商要求提供有限的支持和服务，如广告资料、促销品、产品培训、售后支持等，被动地响应经销商的服务诉求，两者关系和合作经销商占主导。

◇ 伙伴式渠道管理：品牌商在精心挑选渠道合作伙伴的前提下，与渠道商结成平等互利的合作伙伴，在提供产品的同时，积极地和经销商共谋如何发展生意，双方共同进行区域规划和开发，共同制定和执行营销计划。双方的合作类似兄弟俩共同发展一项事业，双方的地位和角色是平等的。

◇ 顾问式渠道管理：比伙伴式渠道管理更进一步，品牌商能够全方位指导经销商开展市场运作及公司经营，俨然成为经销商的"教练""导师""顾问"，品牌商完全占主导地位，几乎达到"经销商出钱投资，其他都可以交给品牌商来打理"的水平。这种方式属于理想状态，只有极少数像GE、宝洁、IBM那样品牌十分强大，且拥有丰富的公司运营及营销管理知识和经验，并成为渠道商信服的"教练"才能达到。

多数企业渠道管理较为现实的目标，是致力于与渠道商发展平等互利、真切关怀的兄弟之情、伙伴之谊，从交易式渠道管理、服务式渠道管理升华到伙伴式渠道管理。

伙伴式渠道管理可以概括为"五字诀"，要求品牌商在"瞄""选""育""用""留"五个方面进行精心细致的工作。

◇ 瞄：分析目标区域特征，制定覆盖目标，根据目标制定渠道发展策略。

◇ 选：依据市场覆盖目标，制定合适的合作伙伴的筛选标准，吸引潜在合作伙伴，从中筛选并签约。

◇ 育：扶上马，送一程，签约后为合作伙伴提供登陆计划，以及必要的培训和支持。

◇ 用：提供持续的业务支持，协助渠道伙伴开展推广宣传、市场活动、商机获取、商务谈判等工作，制定绩效计分卡并定期回顾。

销售运营管理

◇ 留：设计渠道激励政策，适时激励渠道合作伙伴，必要时优化渠道。

伙伴式渠道管理工作框架如图"伙伴式渠道管理框架"所示。

瞄	选	育	用	留
定义市场覆盖	寻找、招募渠道	培训及支持	管理及发展	优化渠道
分析目标市场的特征 分析目标客户的分布、集中度 分析竞品的渠道 设定覆盖目标，找出差距，设计渠道模式	定位渠道合作伙伴（描述理想的渠道伙伴） 确定渠道合作伙伴的筛选原则 根据筛选原则设定筛选标准 招募渠道伙伴	伙伴登陆（Onboard）计划 设计并执行30/60/90计划 提供必要的培训和支持 渠道成长性评估	争夺"心理份额" 运用"渠道权力" 销售项目和漏斗管理 协访和助攻 绩效计分卡和周期性绩效回顾	渠道分级管理 "可期望前景-成本"激励矩阵 常用激励策略 激励政策设计 优化渠道/重新设计渠道结构

图6-13 "伙伴式渠道管理"策略项目框架

用DMAIC项目管理法改善伙伴式渠道管理

我们可以应用DMAIC项目管理方法和伙伴式渠道管理工作来设计一个"渠道管理提升"的销售策略项目，识别企业目前渠道管理在"瞄""选""育""用""留"各项工作上存在的问题，并制定改善措施（如表6-6所示）。

表6-6 用DMAIC方法管理伙伴式渠道管理策略项目

DMAIC项目管理框架	瞄	选	育	用	留
Define定义					
Measure衡量					
Analyze分析					
Improve改善					
Control控制					

请读者朋友试试用这个方法，为公司设计一个伙伴式渠道管理提升的销售策略项目方案。

第7章
销售组织设计与人员部署

再好的企业战略和运营计划都需要依靠人去完成,因此人员配置是销售运营管理4+1管理模式中需要管理的重要因素。这方面的学问主要包括销售组织设计、管理层级和管理幅度的设计、合理的人员编制、最佳人员素质模型、销售培训与技能提升等方面的考量。

第1节 销售组织设计总体思路、六大原则及金三角模型

销售组织设计的总体思路

1. 六种常见的销售组织结构方式

(1)区域:将全国划成若干个区域,这是最简单的方式,多数企业在发展早期都会采取这种组织方式,如设置北京、上海、广州、深圳办事处,负责一市或者一省的业务拓展。

(2)产品线:如果一个公司的产品线比较长,产品的相互独立性比较强,那么在销售组织的顶层设计上就会按照产品线来设置。如GE就按产品线分成医疗、能源等若干事业部;华为就按固网、移动、数据通信、手机等产品线划分组织;诺华制药按普药和肿瘤药划分;惠普按电脑、企业

解决方案等产品划分。

（3）渠道（顾客）：如果一个公司的客户类型比较复杂，企业可能采取按渠道来进行划分，如戴尔公司就分为零售和企业用户；辉瑞按医院和OTC零售划分；GE医疗某些产品按直销和分销进行划分等。

（4）销售方式：也有一些企业会根据销售方式来设计销售团队，如电话销售团队和面对面销售团队，但这种分工方式的基础是客户的异质性，因此，也可以把这种方式看作是按顾客划分的一种变形。

（5）功能：如果销售周期比较长，产品比较复杂，企业也可能按功能来划分销售组织，如SAP、Oracle公司会分售前、销售、产品等不同功能团队，共同来完成销售等（功能划分中有一种特殊案例是双人制，如2~5名医药代表共同负责维护一名医生）。

（6）混合：如果销售组织设计如前面几种类型那么简单，那就不值得太多探讨了，遗憾的是，实际的销售组织设计往往比上述几种方式要复杂得多得多，它们往往是混合的。如GE，就综合了按产品线、按区域、按渠道、按功能的4种销售组织方式，让几种方式在企业的不同层面，不同业务领域灵活搭配使用。

下面我们就介绍销售组织设计需要考虑的一些维度。

2. 考虑要素

（1）销售战略。"战略决定组织"是一句著名的管理论断。销售组织的设计必然要支持销售战略的实现。假设销售战略是覆盖更多的城市或省份，那么按区域设置销售队伍，即找出目标省份，然后相应部署销售力量，显然是最佳选择。假设销售战略是推广某种新产品，那么设置新产品推广团队就应当是首选（当然，实际问题要复杂得多，要综合考量新产品的市场容量、销售预测、专职销售团队的人工成本等）。假设你需要解决特定问题，如市场准入，那么可能你就需要按功能来强化销售组织。2005

年，我在GE工作，经过调研，敏锐地发现政府对医疗市场的管控在不断地增强，就建议公司配置政府事务经理，去解决政府关系、招标、医保等市场准入问题，就属于这种情形。另外，销售组织能力与销售战略要匹配。销售战略就是企业想要达成的销售业绩方面的战略意图，是对未来的憧憬，通常描述为3～5年的目标，如"3年之内销售翻一番""引入新产品线，完善产品线布局""进入行业前三""数一数二"等。我在《"天将雄师"对销售组织建设的9点启示》一文中写道："成长中的企业，那些想要基业长青的企业，不仅仅要关注营销模式的创新，还要同时着手培育营销组织，好的战略机遇、好的营销模式需要相匹配的组织能力去落地和实现。"这种说法和经典的战略理论是一脉相承的。战略理论认为战略就是组织能力和外部环境相匹配和协调的过程。这个道理其实很容易理解，好比我们不能要求一个10岁的儿童去举起200斤的重担，在现实中，很多企业因为忽视了这一问题导致其战略最终成为泡影。关于销售组织和销售战略匹配问题，请参阅本节后附的麦当劳、肯德基及某医疗器械公司的案例。

（2）客户数量、分布和种类。销售组织设计的中心目标之一是满足客户覆盖战略，所以客户数量、分布和种类也是销售组织设计的重要参考变量。如果客户数量庞大，集中分布在中心城市，那么将销售力量部署在少数集中城市就是一个明智的选择；反之，如果客户地理分布很散，那么按区域部署销售力量可能就不是一个好的选择。再说客户种类，如果客户种类差异很大，比如大客户、小客户的需求差别很大，那么按客户类型来划分销售组织可能就是一个最佳的选择。

（3）市场反应速度。通常客户总是会希望最快地获得响应，因此，距离最终用户越近，市场反应速度就越快。许多企业的销售组织架构变革的起因经常是客户反馈企业决策链太长、反应太慢，如医药行业的拜耳、诺华就先后在中国进行区域分公司化,将中国公司划分成若干个独立的公司,这些公司就可以更快地对当地的客户需求做出反应。

(4)市场规模。市场规模越大,就越值得进行专业化分工;反之就不值得。我在诺和诺德工作的时候,发现浙江省的口服药产品销售总达不到公司的目标要求,经过细致的分析,我们发现原来浙江省的销售代表都是卖全产品的,并没有设置口服药产品的专职销售,这些销售人员忙着卖更加好卖的产品,无暇顾及口服药产品,而浙江省的口服药产品市场其实又有相当大的规模,于是我们让浙江省经理做出了调整。反之,甘肃省的市场规模是很小的,却设置了专职人员,后果是这些专职销售人员赚的收入非常有限,根本留不住人,形成了个人和公司双输的局面。于是,我们就撤掉了专职队伍,让所有人都可以卖全产品,这样既保证了销售人员的收入水平,又避免了公司的人力资源浪费。再举一个更好理解的例子,假设某高校的新疆学生特别多,那么你开设一家专门的新疆风味的餐厅可能就能盈利,反之,如果新疆学生很少,那么你成功的可能性就低很多。所以说,潜在市场规模是进行销售组织结构设计需要考量的重要因素之一。

(5)产品(复杂度、战略性、成长速度)。大多数公司都会售卖不止一种产品,产品的复杂程度、战略性和成长速度也会影响企业如何设计销售组织。如果产品很简单,那大可不必按产品来进行专业化。但如果产品很复杂,又很多,那么你让一名销售人员去记住所有的产品,即使不是不可能,至少他也很难在客户那里把每种产品都介绍得很清楚。我有一个很主观的判断,如果你的销售人员负责售卖30种产品,我想他在见客户的时候,最多只能想起5种产品,当然你可以通过要求销售人员随身携带产品资料、产品清单等方式来减轻这个问题,但总归还是会影响他们向客户推广产品的效果和效率。举个例子,假设医药代表要推广30种药品,这些药品的适应证各不相同，那么我想他很难把每种药品都介绍得很清楚，更严重的，有可能有20种甚至更多产品的信息，根本就从未触及客户。有一家医疗器械公司，最初销售人员只负责售卖一条产品线，后来老板引入了一条新的产品线，发现售卖得很不错，于是老板很高兴，因为一样多的人，卖的东西更多了，产值更高了，于是再次引入新的产品线，结果是一败涂地。这里的根本问题，是销售队伍的负载问题，销售队伍对产品的负载是有限的，就像高速公路，负载的车量（产品）较少的时候，畅通无阻，但通过车辆超过负载的时候，就会造成拥堵了。

（6）产品的战略性。越具有战略性的产品，就越值得为它成立专门的队伍。这其中需要平衡的是产品的成长速度，如果产品成长速度比较快，你可以一次性设置较大规模的队伍，反之，你就需要慢一点，否则就容易出现前面提到过的销售人员赚不到足够收入的问题。

（7）销售人员接受度和专业度要求。接受度，是指一个销售人员能够掌握的最大限度的产品知识，比如，你很难让一个人同时掌握100种复杂产品的卖点。如果这支销售队伍能力较强、经验较丰富，它就能负载更多更复杂的产品，反之则反是。如有些公司的KA大客户经理就是售卖所有产品的，因为这些人是销售队伍中的特种兵，通常都是精挑细选的能力最强、经验最丰富的销售，当然，企业给的头衔和配套薪酬往往也高于其他普通销售。

（8）在哪个层面上进行管理。这是指专业化队伍放在组织里的哪个层面管理最佳？如KA队伍，是全国统一一支KA队伍最佳，还是放在大区总监下面进行管理最佳？同样的，某个产品的专职销售队伍，是全国统一由一名副总裁管理，还是分别设置在渠道部总监和直销部总监下面？不同层面管理各有利弊，放在越高层面上进行管理，往往效果更好，然而企业为此支付的成本也更高，因此需要斟酌出最佳平衡点。

其他因素：

（1）产业特点（资本集中型，人员集中型）。资本集中型可能无须太大的队伍，人员集中型则需要一支庞大的队伍。

（2）企业阶段和产品阶段或组合。企业发展初期，产品可能上市不久，还有很多的漏洞需要修复，如果很快大面推开，可能形成客户投诉的雪崩，所以销售组织结构的设置也需要和企业发展阶段及产品发展阶段相匹配。

3. 销售组织设计六大原则

（1）以少御多原则。以少御多原则，包括两层意思，第一层意思是说越往顶层，管理幅度应该越窄，举例说，销售总监监管4~6名二线经理，二线经理监管6~8名一线经理，一线经理监管8~10名一线销售。一方面由于顶层处理的事情更多更复杂，较窄的管理幅度可确保工作效率和对市场的反应；另一方面，越顶层的人员越稀缺，也越珍贵，在人才可供给性上，即可用人才数量上需要考量。

以少御多的另一层意思是不同维度的变量数量，如有一个公司经营3类产品线，在全国20个省份开展经营，那么在销售组织设计的时候可以选择方案一：设省经理之后再在省经理下设三条产品线的销售队伍；也可以选择方案二：设三条产品线事业部，再在每个事业部里分别设销售队伍。这里，产品线维度的参数是3，省份的维度是20，那么就建议优先选择方案二。又如，某企业有10条产品线，3种客户类型（大客户、渠道客户、直销），那么就建议优先设置按客户设计销售组织。这和我们之前讨论到的市场规模是有关的。市场规模越大，纵横捭阖的空间就越大，浪费就会减少，如前面的例子你按10条产品线做顶层设计，可能其中1条产品线的市场容量很小，你专门设置一支队伍就不经济了。另外，这也和我们说的可用人才数量及管理幅度相关，如果顶层维度的变量越多，就意味着你需要有越多的人才储备。

（2）专业化原则。我们知道企业效率主要来源于两个方面，一是专业化分工，二是协同。销售组织的设计也是如此。如企业面临的市场情况是中国的大片区域尚未开拓，此时区域化可以快速打开局面；又假设企业面临的情况是不同产品线之间的发展不均衡，那么按照产品线划分事业部或者为短腿产品线专设销售队伍，可以快速促进落后产品线的发展。如果我们仔细地去分析大型企业的组织发展路径，可以发现他们的变革主要就是遵循这个思路，刚刚进入中国时，主要按照区域开拓业务，当业务开展到一定规模时，则按产品线或者客户类型划分组织结构。简单归纳起来，就是哪个维度薄弱，就对哪个维度进行专业化。

（3）规模化原则。规模化可让专业化的队伍之间能够方便地共享和交流知识及技能。比如，假设你有一个新产品要推向全国，拟成立一支20人的销售队伍，那么我们来比较两种组织结构方式：

方式一：在省或者区经理下面设置专职产品销售人员。

方式二：在全国设置一名新产品总监，由他负责该产品销售人员在全国的部署，并直接管理这些专职人员。

在第一种方式下，预计每个省下面会有1～2名销售人员，我们来考虑他们的工作状态，他们的上级省经理由于要负责许多产品线，且由于新产品往往推广困难，销售贡献有限，省经理往往会忽略对新产品销售人员的辅导。再来看这两名新产品销售人员的工作状态，第一，他们的个人收入可能极为有限，因为新产品打开市场需要时间；第二，他们在当省的整个销售团队中是属于"小众"和"另类"，估计开销售会议的时候，他们的内容及自己本身都属于"边缘化"；第三，他们极难从上级那里获得辅导和资源；第四，他们的职业生涯发展是没有空间的，老产品销售人员的销售贡献数倍于他们，新产品销售人员获得晋升机会肯定困难。

第二种方式，则会好很多，新产品总监必须把全国队伍带起来，他自己的身家性命就在这个产品的命运上，而销售人员也感觉良好，受到的关注更多、获得资源支持更迅捷、更多平行的同伴可以交流经验、上升的空间可以看到。另外，这种方式比方式一还便于跨省份调配市场，如甘肃市场对新产品需求很小，不足以养活一名专职销售人员，那么若按方式一，这个省就不会设销售人员，于是企业就丧失了这个省份的销售机会，而方式二，可以把甘肃、青海、宁夏几个类似的小省组合在一起，交给一个人去打理，解决收入和人员成本的平衡问题。

其实规模化原则和专业化原则用得最好最早的人当属中国春秋时期的齐国宰相管仲先生。管仲执掌齐国国政之后，采取的一项重要举措是士农工商分类而居，就是把城市划分成若干片区，让士人、农民、手工业者、商人聚集居住，相同专业的人聚在一起不断切磋交流，大大提高了社会生产力，齐国的国力也因此突飞猛进。

（4）组织设计要有修正因素。不同的组织结构设计方式，既有其优点，也有其缺点，如按区域设计组织结构，多年以后可能会发生这样的现象：由于不同区域对不同产品的偏好，或者对不同渠道的偏好，或者是省经理个人技能的倾向，导致有的区域X产品卖得很好，Y产品卖得很差，或者A渠道发育得很好，B渠道发育得很差。所以不同的销售组织结构设计方式，要有修正因素去修正偏差。就像这个例子，可以在总部设置横向协调的产品经理或者渠道经理，以避免区域对某项产品或某个渠道的重视不足。这个原则就是极少存在单一维度组织结构，而往往是混合组织结构的原因所在。

（5）越具有战略意义的活动越应该中央化和专业化。通常而言，管理层级越高，获得的关注和资源支持就越多，因此，越是对企业具有战略意义的活动就越应该中央化和专业化。在讨论第三个原则的时候，我们比较过新产品上市的两种组织结构方式,两种方式在组织中的管理层级是不同的,方式一是在省一级进行管理,而方式二是在总部一级进行管理。再举个例子,有一些医疗器械公司,他们的销售人员有一项工作内容叫"跟台",就是进入手术室协助医生进行手术。这是一项艰苦的工作,它需要的能力也和一般销售技能不同,有些很好的销售人员不愿意跟台,而有些跟台技术很好的人却干不好销售。而跟台这项工作本身,又对取得医生信任具有重要意义。当要求销售人员既干销售又负责跟台的时候,就出现了一些问题:有些区域或销售就不愿意跟台;不同人员的跟台技术都是跟上级或者老销售学习的,水平参差不齐,引起客户不满;另外由于跟台大量集中在中心城市中心医院,跟台技术好的人也多产生于这些地方,囿于区域化销售组织设计,这些人的技术服务不到外周围客户;跟台技术好而销售不好的人员呢,又没有上升的空间,因为他的角色是销售,晋升当然主要还是看销售业绩,于是他们要么跟台跟到老,要么离开公司。上述这些问题的出现,造成的后果就是跟台技术被当作"核心竞争力",却得不到很好的传承和强化。解决的办法,就是将这项职能中央化和专业化,形成中央的技术团队,服务全国的客户,在团队内部进行技术等级认证,打通职业晋升通道。

(6)人员整合应以平稳过渡为原则。为什么要提这一原则呢,因为很不幸,几乎100%的销售组织结构设计都不是发生在企业的新设阶段,因为新设企业人员少,不需要太复杂和专业化的组织结构。因此,销售组织结构设计工作往往发生在运行中的组织,一般在组织已经发展到数百人或者上千人的时候,这样一来,你就是在一个已经存在的组织结构基础上进行设计和变革,那么这个时候,就必须谨慎地考虑人员的整合。事实上,绝大多数组织结构变革的最大阻力就是人员整合。不要小看这个事情,大到整个公司的变革,小到一个部门的变革,人员的考虑和磨合都至关重要。有一家企业，有一年变革营销组织，把原来大客户直销和代理商销售渠道两个团队进行合并，转变成区域化的组织结构，就是设省区经理，再在省区经理下分设直销经理和渠道经理。这一调整引起了巨大的震荡，原各省内部的直销和分销负责人都为争得省经理一把手位置暗中较劲，一边上了，可能意味着另一边整个团队的丧失，或至少是士气低落，因为竞争失败，就意味着整条线上的人在未来的晋升等政策方面要靠边儿站了。小到部门的调整也是如此，一个部门领导人的任命，可能导致原来实力相当的骨干员工的流失。

不要小看这个问题，也不要高估自己处理这个问题的能力。一代明君唐太宗就在这个问题上一败涂地，死不瞑目。据史书记载，唐太宗晚年纠结于立太子的问题，候选人李治和李泰各有支持者，李治背后是长孙无忌、褚遂良、李世绩，李泰背后是房玄龄、刘洎和岑文本。李治党胜出后，唐太宗的最大心愿是这两派的大臣能够为江山社稷齐心协力团结合作。但事实上后来李治党还是把支持李泰的大臣都收拾了。典型的是刘洎，据记载唐太宗一次病重，刘洎前往探望，出来后碰到褚遂良和马周，两人就问刘洎皇上病情怎么样？刘洎回答说："皇帝的病情还是很严重的，病情堪忧啊！"后来褚遂良就添油加醋诬告刘洎，把他的话扭曲成："皇帝看来不行了，不过也没有什么了不起的，只要我们保护好太子，谁要不同意我们就杀掉谁，我们就像当年西汉的霍光一样，保护好皇帝，处理掉不同政见者就成了。"后来唐太宗虽明知是诬告，还是杀掉了刘洎。房玄龄最后也没得幸免。唐太宗最终的愿望还是落空了。以唐太宗的英明决断，都难以处理组织架构整合的问题，可见这个问题确实不是小麻烦。

4. 一个销售组织结构变革的指导模型：金三角模型

前面介绍了很多销售组织结构设计的思考要点和原则，为了便于记忆和操作,我们总结了一个指导模型:金三角模型(见图7-1)。

如图7-1所示,销售组织结构变革时需要考虑3个大的维度:职位、人员和配套的薪酬。三个维度上又分别有三个需要考虑的重要因素。

维度之一:职

指职位,就是组织结构本身的设计。又需要考量区域、产品(产品的专业化和规模化)、渠道(客户)、具体的市场情况、成本及均衡等因素。

维度之二:人

指把合适的人员放到"职"维度上。这时候主要需要考虑沿革(和原有人员角色的传承)、人员的能力、人员的意愿这几个要素,除此之外还要考虑在人员和职位匹配度不佳的时候是通过外聘还是培训来改变。

维度之三:薪(配套的薪酬)

指和职位及人员相匹配的薪酬。最理想的状态就是让每个人都变得更好。当然,要考虑职位和人员对企业的贡献、这个人过往的薪酬情况、成就感等。

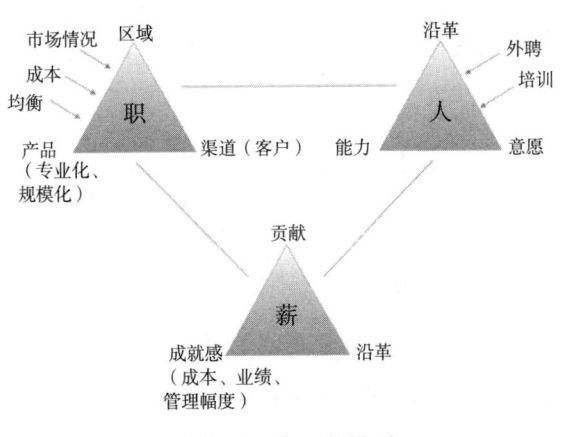

图7-1 金三角模型

建议在操作组织结构变革时,把上述的因素列成一个清单(参考表7-1),并把具体的考虑逐一罗列出来,如果能有量化的数据支持则更佳,考虑周全后形成变革方案。

表7-1 组织结构变革因素清单

维度	要素	考量(主要写下来思考依据、利弊分析等)
职	区域	
	产品(专业化/规模化)	
	渠道	
	市场情况、成本、均衡的考量	
人	沿革	
	意愿	
	能力	
	外聘或培训	
薪	贡献	
	成就感(成本、业绩、管理幅度)	
	沿革	

案例一 销售战略与销售组织:肯德基和麦当劳

前些天,我去吃肯德基。进店时,排队的人并不多,但很快我就发觉等待的时间远比我想象的长。原来排在前面的人在点餐的时候都非常慢,不能快速决定自己想吃什么,挑来挑去选半天。另外,则是服务员手忙脚乱,需要取的食品种类太多,顾客给的优惠券非常多样,下单都需要花费不少时间。轮到我点餐的时候,又出现了新的问题,我要的好几样产品都没有了,只好另外点选其他餐食,这引起了我的不快,我相信其他顾客也有相同的感受。最后我等了近20分钟才等到我点的汉堡,因为它们要临时加工。这就是肯德基扩充产品线的销售战略和其组织能力不相匹配的一个例子。当你的销售前台增加了销售品种,那么点菜的时间会加长,如果还要保证服务质量,就必须增加点餐窗口,提高售卖人员的工作效率。此外,对后台生产能力的柔性要求变得更高,后台需要能够提供更多种类的产品。对销售预测能力的要求也提高了，因为产品线扩充后，每种产品都需要精确预测合适的销量，否则极容易出现断供或者卖不出去的情况。如果卖不出去，还要处理超时食物的损失问题。

早在20世纪90年代末，麦当劳也犯过类似的错误。当时，麦当劳效仿竞争对手汉堡王（Burger King）和温蒂汉堡（Wendy's），走客户个性化定制路线，开展所谓的"为你定做"活动，如让客户自己决定是否需要在汉堡里加入泡菜等。为此，麦当劳投入巨资重新改装了所有店面的厨房，总花费估计近5亿美元，除此之外，还需要投入一些其他费用。制作客户定制的食品需要花费较多的时间，而且客户的个性化元素越多，客户服务的速度和质量就受到越大的损害，客户等待时间的延长带来抱怨及翻台率的下降。此外，在顾客定制食品的时候才开始加工，导致麦当劳无法提前储存大量制作好的食物，结果要么无法及时供应食物而丢失顾客，要么承受过多储备带来的过期扔掉的损失。麦当劳最终为此付出了惨重的代价。（注：麦当劳的案例取材自网络）

案例二　销售战略与销售组织：一家医疗器械公司的销售组织

有一家经营两三条产品线的医疗器械公司，由于原有产品线增速变缓，于是决定引进十几个新产品线以进入全新的业务领域，但并未做出销售组织方面的相应调整，而只是简单地要求现有的销售团队去销售更多的产品和开展新的业务。这种做法引起了诸多问题：

1. 销售人员和产品之间的配对失衡。我们知道，在组织理论中，有一个规律，管理幅度每增加1，管理的复杂度会以几何级数增长。销售人员和产品之间的配对也符合这种规律，每增加一项产品，销售人员需要掌握的产品知识、在面对客户时进行推广的复杂程度都会大幅度上升。医疗器械产品本来就复杂，每个产品线下的品类及规格往往数十种、上百种，

销售运营管理

一个销售人员极难同时销售诸多产品线的产品，更何况不同产品线的目标客户还各不相同。再增加进组织层级的因素，如一个销售经理带5个人，5个人销售产品各不相同，则销售经理就需要掌握5×n种产品。

2. 销售汇报变得异常复杂。太多的产品、太多的维度，要展示清楚销售情况，往往要花费大量的篇幅和时间，还难以把准重点。

3. 销售管理层的会议变得冗长。因为每项业务需要做的决策累加在一起实在是太多。

后台的运作也变得大为复杂：

1. 产品知识培训的组织需要成倍地增加。

2. 又比如销售回顾会议的组织，如果按不同产品组织会议，则需要很多会场；而如果不区分销售人员所卖产品的差别而放在一起讨论，则很多销售人员会被迫听取和自己无关的产品策略的讨论，无形中浪费了大量的时间。

3. 再到销售激励政策方面也面临很多烦琐的问题。运营人员一下子需要制定多种销售激励政策，加上n种不同的组合，几乎没有人能够很快说清楚究竟整个奖金制度是怎样的。

4. 销售流程、数据计算和支持、原有IT系统更新等都成倍地增加复杂度。这种变化使得从销售团队到后台支持人员的全部人员的工作复杂度都大幅增加。

最后证明，所有人都在浑浑噩噩中迷茫了大半年，管理人员千头万绪，毫无重点；销售人员则顾此失彼，最后只好无视新产品线，而老产品线的销售也大幅下滑。这种不考虑组织能力的销售战略最终一败涂地。

李小龙有一个观点：如果你的身体不够强壮，你就不能进行激烈的搏击。这条定律同样适用于企业的经营，在你投身激烈的市场搏击前，切记留意你的"组织"是否足够强壮。

参考阅读一：销售组织要不要扁平化？

销售组织设计切忌盲目追求热点，生搬硬套。2016年初去上海，一个老板说他一直受热点管理理念"组织扁平化"的影响，片面追求扁平化，销售团队只设全国经理和业务员两个层级，结果虽然给了很高的销售提成和薪酬，大家仍然感到没有"奔头"和归属感，离职率很高。后来看了我的朋友圈对"扁平化"的解读，重新思考和梳理组织，重新设计了销售人员的职业晋升通道，反而激活了企业。我翻看自己的朋友圈，原来是下面的内容启示了他：

"扁平化这个概念的提出，至少有20年，但是现实中仍有很多企业组织层级高耸，去年给一家企业做内训，300名销售，有5个层级，1个经理只管2~3人很普遍，这在很多企业很常见。

为什么会这样呢？这是因为企业终归是人的组合，管理终归要因应人性。追逐上进、隔2~3年有所进步是人心所欲，而扁平化一定程度上是逆这种人性的。

我大胆提出2个规律：①企业越成熟，管理体系越完善，对人才吸引手段越多，企业才越有条件扁平化；②如果企业品牌还不是那么强大，组织层级越高耸，人员反而越稳定，越有利于企业蓄势储才。

互联网技术的出现，只是改进了沟通技术，而不会改变人的本性，因此以互联网技术出现推断组织会扁平化的推论是难以成立的。

同样，另一种观点，认为互联网的出现会让企业组织去中间层、去中心化的说法也是不准确的，这种说法的前提假设是每个人都是同质化的，即总监、经理、员工的经验和能力都没有差别。然而，人天然是异质化的。

——我能够想到的工作思路，下级员工可能根本想不到；

——我的下属一个星期才能完成的工作，我只需2小时；

——而我能制定的营销战略，有的初级员工可能永远做不出来。

组织中每个层级都是有对应的职责要求和能力经验要求的，如果一个企业的中层只会简单转达上级的指令，要么是这些中层不合格，要么是这个企业的管理一塌糊涂。我认为互联网精神不是"去中心化"，而是"多中心化"，企业将由以往的以CEO为首的单一的"行政中心"型组织，转变为多个以少数精英为首的"专业中心"型组织。

有一家公司片面追求扁平化，人力资源经理在同一岗位上做了七八年，一直没有提升，而此经理手下的人事专员由于长期没有晋升空间，做不多长时间就辞职了。多年下来，人事专员换了一批又一批，可想而知的两个后果是：企业人力资源管理水平没有多少积淀和提升；企业扩张后没有人力资源管理人才可用。

所以，企业家忌盲目追求热点管理理论，做决策一定要从企业实际情况出发。

参考阅读二：《天将雄师》对销售组织建设的九点启示

《天将雄师》中罗马军队与三十六族联军对决的场面告诉我们：训练有素、管理有序的军队的战斗力是那些未经系统训练、管理松散的军队的数倍。同理，企业销售队伍的管理水平和战斗力也是企业兴衰成败的关键所在。成长中的企业，那些想要基业长青的企业，不仅仅要关注营销模式的创新，还要同时着手培育营销组织，好的战略机遇，好的营销模式需要相匹配的组织能力去落地和实现。

怎样才算是一个好的销售组织呢？我认为有以下一些要点。

1. 有清晰的、共同的目标和策略

好的销售组织有一个清晰的目标和策略。目标通常就是合理的数个指标，如销售业绩达到多少、销售费用比例控制在多少、销售利润目标是

多少等。策略，就是实现目标的方法，解决的是how的问题，如主打什么产品、主要向谁推广、如何推广等。这些目标和策略需要清晰，且被每一个人员都理解和牢记在心。就好比影片中的罗马军队，他们共同的目标就是取胜和生存，打败对手，降低伤亡；而策略就是布什么阵法、如何迎敌等。就像影片中的对决，罗马军队被围困战场中央，但不慌不乱，组成的不同方块迅速迎向不同方向的敌军。目标和策略越是清晰和被理解，整支队伍就越有凝聚力和战斗力。

2. 销售人员的数量

好的销售组织，一定数量人员是必需的。影片中，如果罗马军队不具备相当的兵力，那也是不足以抗衡三十六族军队潮水般的轮番攻击的。所以，销售组织应该合理考虑销售队伍的规模。曾经看到过一家B2B企业将下一年度的销售增长目标设定为45%，而销售队伍人员保持不变，这种部署，除非说现有人员的工作量严重不饱满，或者是前一年度已经提前储备了充足的销售人员，否则就是极度欠缺考虑的。后来，这家公司的实际增长率果然仅有12%。

3. 销售人员的质量

影片中，我们可以看到罗马军队的士兵在体形上面具备相当的"质量"上的优势，体形庞大的罗马士兵架上盾牌排成一排，甚至可以抵御骑兵的冲击。所以，销售人员的质量要和业务模式相契合。一是要有适合企业所处行业的人员素质模型，以明确哪种"质量"的销售人员在行业销售模式中能够胜出。二是要有相配套的招聘和选拔流程，确保招募到的"士兵"都是符合销售模式需要的。

4. 责权利清晰，角色分明

好的销售组织，责权利清晰、角色分明，谁是一等兵，谁是小队长，谁是方阵指挥，谁是统帅，不同的角色要承担什么样的责任，完成什么样的任务，拥有怎样的指挥权，都要有清晰的规定。这一点说起来很容易，做起来却并不容易，现实中有一些企业，由于对销售组织层级的责权利缺乏清晰的界定，从而引发许多的矛盾。一是人人想当"将军"，将军需要具备一些特殊的能力，如冷静、勇武、运筹、担当和面对压力的能力，当这些能力界定不够清晰的时候，销售人员会自认为自己什么都能干，在经验和能力还不具备的情况下却要求高的头衔，这就造成头衔泛滥。二是管理幅度过窄，由于责权利界定不清晰，人人想当将军，而企业又不想流失人员，于是出现大量经理只带一两个销售人员的局面。三是层级之间的矛盾，由于对上级能力缺乏统一的认知，或者上下级能力差异不清晰，容易造成下级看上级不顺眼，上级看下级也不顺眼，相互争斗内耗。四是造成工作投机，由于缺乏清晰的责权利规定，又天高皇帝远，有些地方上的业务人员，甚至经理就会出现不作为，甚至在公司外干私活的现象。

5. 管理链条和信息通畅

战争中，鼓声、旗帜、发号施令、高处通观全局、调度作战，这些战场要素都必须是流畅的。作战的士兵需要听到指令，采取行动，得到反馈。这反映在销售组织中，即意味着要保持整个信息的上传下达是畅通的，如果统帅不知道哪支分队遇到了麻烦、不知道到底出现了什么样的情况，他就无法及时做出策略调整和资源调度。作者经常听到销售人员这类抱怨："早知道再多做一点就能多拿那么多钱，说什么也要做下来。""要是早知道和优秀团队就差那么一点儿，就拼了。"这都是信息不畅的迹象。这一点在许多民营企业中尤为突出，很多企业甚至连业务员在跟踪哪些订单、在和哪些客户打交道都不掌握，更别提竞争对手的动态了。

6. 回报机制

回报机制越强，销售组织目标和个人利益联系越密切，销售人员成就的动机就越强烈。在影片中，战争的胜利和士兵的生死休戚相关，这种强相关关系下，士兵自然奋死拼杀。据相关研究，在影响销售组织的各种因素中，销售激励和奖金是影响力最大、最直接的，也是最快发挥效果的因素。因此，建设有战斗力的销售组织必须高度重视销售激励和奖金机制设计。

7. 造血和恢复功能

战争难免会有伤亡，需要及时地补充兵员。这就意味销售组织要有一套培养人员的机制。这套机制主要有两部分组成：一是上下级之间的辅导系统，每个上级都要教导和约束他的新兵；二是系统的培训机制要源源不断地为销售组织培养和输送新生力量。企业规模越庞大，就越需要成规模的培训体系，而培训体系对销售组织的贡献也会越突出。

8. 标准化程度高，不过分依赖个人

好的销售组织，标准化程度高。好比罗马军队，一个人倒下了，另一个人可以快速补充上来，而且这个位置需要完成什么动作都是高度标准化和流程化的。好的销售组织里的一个区域经理，他每年、每季度、每个月，甚至每周需要完成哪些规定工作，都是有相关规定的，而不成熟的销售组织，十个区域经理所干的工作内容可能各个不同。

9. 配套的装备充足

影片中，我们看到罗马军队的装备远胜过三十六族联军，铁甲、盾牌、利剑、战马都使战斗力得以增强。好的销售队伍也是如此，他们的装备包括企业和产品宣传册、行业动态信息分享、手机、IPAD、信息系统等。有一年一家企业在讨论给销售人员配备IPAD3还是IPAD air，作者就主张配备IPAD air，因为虽然每台设备成本上升了1 000元，但是当其他厂家业务员配备的是air而你还配置IPAD3，会给客户留下落后死板的印象，这样一来，可能生意损失得更多。

参考阅读三：也谈"经理人管人事"：销售组织缺少层级（或销售经理不带队伍）的六大弊端

"经理人管人事"是包政教授反复强调的企业建立"组织"的核心要点，包老师甚至认为"经理人管人事"是自己给华为的最大贡献。在给企业做销售组织管理顾问的过程中，我对此深有体会。我发现有的企业销售规模上来了，却没有及时设置销售经理岗位，或者设置了销售经理（总监），却没有让销售经理带队伍。这种情况出现的一个原因，是不清楚销售经理和销售代表的差别，总觉得多一个层级分钱，浪费；还有一个原因，是缺乏和销售组织层级相配套的职责、能力模型、薪酬等系统的设计——设了销售经理，销售经理的工作和业务员有什么不同？销售经理的薪酬怎么设计？在笔者接触的销售组织中，由于缺乏科学的薪酬设计导致销售经理和业务员争利的情况并不少见。

然而，销售组织的建立却是企业做大市场和规模扩张的必由之路，俗话说："千军易得，一将难求"，只有一群"大兵"而缺乏真正的将才，断难做大做强。缺少真正意义上的销售经理，对企业来说存在六大弊端：

一是企业销售将缺乏"张力"。我们知道企业的发展需要一种内在的"张力"，就是销售人员攻城略地的进取心。销售人员开拓市场是一件颇为艰难的工作，天然面对非常多的客户拒绝，遭遇诸多挫折，他们非常容易陷入怠惰状态，尤其是优秀的销售人员，在获得"满意"的经济收入后，非常容易陷入不思进取的停滞状态，而此时将他们提升为销售经理，让他们带队伍，是一种重要的保持"张力"的方法。新人身上的两种特点会对陷入怠惰的经理人员起到很好的促进作用。其一，新人往往收入比较低，有比较高的收入需求；其二，新人往往干劲儿比较足。为了满足新人的成长需要，销售经理就必须保持"张力"。我们知道很多企业家的生活其实非常简朴，花销并不大，赚的钱几辈子都花不完，然而却长期坚持兢兢业业、努力奋斗，生活质量甚至不如普通人，推动他们奋斗的"张力"其实是身系整个企业所有员工生存大计的沉甸甸的责任感，为了员工的生存，不得不殚精竭虑推动企业持续增长。这种原理同样适用于销售经理，通过带队伍，赋予他们责任感，保持他们扩张业务的动力，也是组织的"张力"。

二是企业无法实现"组织化"。企业成长的过程其实是一个"组织化"的过程。什么是"组织化"呢？组织化其实就是不断地把个人的经验、能力转化为组织的经验、能力的过程。个人的经验、能力转化为组织的经验、能力后，才能够变成可复制、可传承的"组织能力"。比如，一个商人成功地把某项产品卖给了10名客户，他发现这项生意有利可图，于是招募10个人，教会他们如何找到合适的客户、如何把产品卖出去，10个人学会了，这时商人的客户变成了100名，生意扩大了10倍，他自己就成了小企业主。这个过程中，这名商人把他自己的经验和能力转化成了一群人的经验和能力，即所谓的"组织能力"。具备了"组织能力"，企业就具备了复制和扩张的基石。比如，联想集团的"入模子"，其实就是把联想前人经验和能力"组织化"后复制到新人身上，这个"模子"就是组织化能力的体现。组织化是企业得以延续和持续发展的灵魂，假设联想的销售人员流失了一半，有了"入模子"这种组织化能力，它能在很短的时间内补充人员，延续经营。华为也很重视这种组织化能力的提炼、传承系统，他们的新员工培训长达1~2年之久。组织化能力的建立不是一蹴而就的事情，它是诸多优秀个人、优秀实践凝聚而成。很多民营企业的遗憾是招来一个优秀人员，干成了很多事，却没能成功地把这个人的思路、做法、经验、能力留在企业里，人来事成、人去事空。而优秀销售人员必然拥有比较高明的经验和能力，让他们带队伍，其实是把他们的优点留在企业内，变成"组织化"能力的重要方法。

三是企业缺失一项重要的激励工具，优秀人员易流失。孔子早在两千年前就精辟地指出"唯器与名，不可以假人"。这里说的"器"相当于薪酬待遇，"名"相当于头衔。意思是说薪酬待遇和职业晋升是企业主最最核心的激励手段，一定要牢牢掌握，善加利用。不设销售层级、不设销售经理，相当于企业失去了这项重要的激励手段。不想当将军的士兵不是好士兵，走上领导岗位毫无疑问是大多数销售人员内心深处的一个渴求，用好职业发展阶梯，是调动销售人员进取心的重要手段。缺乏激励带来的另一个后果是那些想当将军的优秀士兵会另寻明主。在十多年和各级销售人员打交道的过程中，笔者遇到很多优秀的销售人员离开原公司的一条重要原因就是其他公司提供了更高的职位。缺乏职业发展阶梯和晋升空间，容易让销售人员感到没有"奔头"，士气低下，流失概率加大。

四是企业资源的浪费。我们知道销售人员的工作其实可以进一步细分，其中有的价值高，有的价值低，如开拓新客户的价值就高一些，而维护老客户的价值就低一些；给客户讲解产品优势、做演示的价值高一些，而给客户送发票、对账等工作的价值就低一些。不设置销售经理，而只有"大业务员"，就意味着上述的所有工作，不分价值高低，"大业务员"一并承担，这其实就是企业的资源浪费。因为送发票、对账、填写订单这些基础工作，一名初级销售代表就能够完成了。把优秀销售人员的时间节省出来，用于更难、更复杂、更具价值的开拓客户等活动上，更有助于提高企业的销售效率。

五是销售人员带走客户的风险。如果不设销售经理，仅有"大业务员"负责和客户的所有触点，很容易造成只有一名销售熟悉客户的全部情况，极易导致客户只认销售人员，带来销售跳槽后带走客户的风险。聪明的做法是增加和客户的触点，设置销售经理后，相当于有两个层级的人员了解客户情况，一定程度上降低了这种风险。笔者观察到，在房产中介行业，链家最早利用增加触点来降低客户流失风险的原理，链家最早实施双人带看制，即同时有两名中介人员带客户看房，这种做法大大降低了销售人员投机跳单的风险，因为两个人同时和客户达成跳单协议的概率远远低于一个人和客户跳单的风险。链家的这种做法是增加与客户触点以加强企业和客户之间关系的典型例子。

六是老板的精力有限，新人难以成长。根据管理幅度原理，一个人能够带的人数是有限的，如果不设计合理的销售组织层级，由老板亲自指挥一线销售人员，势必造成对每个销售人员的辅导、带教不足，不利于销售工作的精耕细作和销售人员的成长。

因此，销售组织在发展过程中，一定要不停地发现、发掘优秀的销售人才，适时把他们提升为销售经理，赋予他们带教新人的责任，这样销售队伍才能够实现"组织化"，企业才能奠定做大市场的基础。

第2节　销售人员的部署：种类和数量

1. 销售组织关于销售人员种类的考量

针对不同的客户，企业需要布置不同类型的销售人员。在销售领域，销售人员类型随着行业和企业不同，变化很大，不一而足，常见的分类如下。

（1）按渠道分：

渠道销售人员：主要和代理商打交道，开发代理商、帮助代理商打点生意。

直销人员：直接面对终端客户的销售人员。

（2）按客户分：

一般销售人员：负责向一般客户销售产品的销售人员。

大客户销售人员：负责向大客户销售产品的销售人员。大客户的销售流程和需求比较复杂，一部分企业会设置专门的大客户销售人员。

零售销售人员：面向普通消费者的销售人员，如惠普的消费者产品销售人员。

行业客户销售人员：面向特定行业企业推广产品的销售人员，如微软的企业解决方案事业部和戴尔的企业客户事业部。

（3）按销售方式分：

电话销售人员：通过电话方式和潜在客户联系，促进成交。

网络销售人员：通过网络方式和潜在客户联系，达成交易。

面对面销售人员：通过面对面的拜访和潜在客户联系，促成交易。

（4）按售卖产品分：

单产品售卖人员：只负责售卖企业产品线中的特定产品，如Oracle里专门售卖CRM产品的销售人员。

多产品销售人员：负责售卖企业产品线中的一部分产品。

全产品销售人员：负责售卖企业所有产品线中的产品。

（5）按职能分工分：

客情销售：主要负责客户关系的维护，如华为的客户经理。

产品销售：主要负责某产品线的规划和推广，如华为的产品经理。

售前人员：主要负责销售前期技术或产品方案的提供，如软件公司的业务分析师。

技术支持人员：主要负责从专业技术角度给客户提供咨询和服务，如医疗行业里的医学顾问，以及咨询公司里的顾问。

不同种类的销售人员各有其长处和适用情境及销售效率，要求的经验能力不同，企业配置的成本也不同，企业应根据自身实际情况选择和配置相应种类的销售人员。这里分享两个由于销售人员配置不当而导致业务徘徊不前的案例。

某大型医疗企业新并购一个起步期的新兴企业，该企业在原来的经营领域非常成功，具有相当规模，且经营模式较为成熟，形成了稳定的客户群体、销售队伍和内部人员培养机制，因此在人员招募上一直采用招聘应届医学生自行培养的策略。然而新并购的企业处于起步期，面临的情况有两点很大的差异：一是该业务销售人员面对的客户群体大为不同，与原有业务销售人员主要和医生打交道的情况不同，并购进来的业务主要走的是代理商销售，而代理商群体的关注点、兴趣点、性格特点都和医生迥然不同。如医生比较看重销售人员在医学上的专业度及在个性上的踏实可靠；而代理商则看重销售人员的商业敏锐、经济头脑、社会关系网络等，希望销售人员能够对他们的业务开展给予实际的帮助。二是由于培训机制尚未健全，在新并购业务里缺乏经验是很难快速开展工作的。然而该公司并未在并购业务后调整配置销售人员的策略，结果可想而知，代理商们并不认可销售人员的经验能力，业务的发展举步维艰。

另一个案例是某医疗企业成立大客户业务部门，旨在开发和大客户在药品采购上的全局合作，因此它的主要客户群体是各大医院的高级管理人员。业务部门的负责人请我去探讨销售人员的奖金方案。我了解了业务当年的目标和战略，了解了这个部门销售人员的任务、职责，并调研了销售人员的情况后，我就告诉他们，不必讨论奖金方案了。按当时的情况他们肯定干不起来，因为他们招募的销售经理水平为3年左右工作经验，之前多是与医生打交道，连和科室主任打交道都少，遑论更高级别。而销售代表则基本上没有太多经验，这支销售队伍的收入水平在5000元~8000元。

销售运营管理

所以怎么能指望这样的一个销售队伍去和医院院长对话和谈合作呢？后来这个业务部门在苦苦支撑1年之后，无果而终，草草收场。

2. 销售人员数量的规划

销售人员的数量是销售队伍管理需要确定的重要变量之一。人数太少，可能不足以覆盖足够的客户，客户的服务水平就会下降，不利于市场竞争；反之，人数太多，则公司成本太高，每个人员的工作量不饱和，收入可能也难以有所保障。《孙子兵法》对人数的多少就有非常精辟的论述："故用兵之法，十则围之，五则攻之，倍则分之，敌则能战之，少则能逃之，不若则能避之。故小敌之坚，大敌之擒也。"如果人数太少，远远不及竞争对手，那么即使作战再勇猛，也难有作为。同理，确定合理的销售人员规模，对销售业绩有直接的影响。目前企业在销售队伍配置上，主要可以从销售量/潜力、工作量、收入、竞争、管理幅度5个方面进行考虑（见图7-2）。

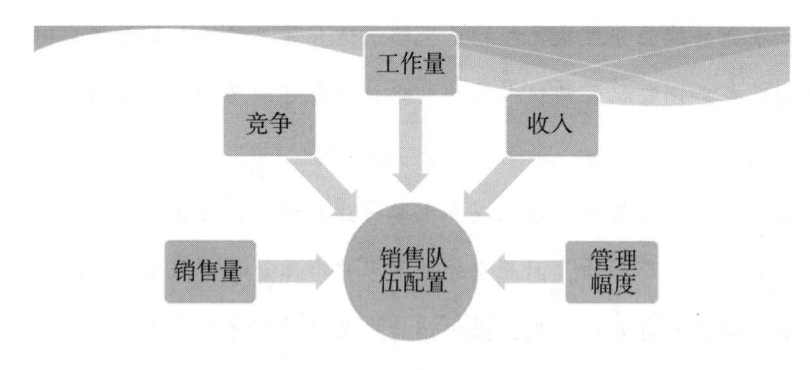

图7-2 人员配置考虑因素

（1）销售量法/市场潜力法。销售量法是最常见的人员规划办法，简单地说，就是多少销售量增加一个人员，如100万元销量可以配置1名销售人员，那么如果一个区域有1 000万元销售量，那么就可以配置10名销售人员。这种方法饱受诟病的地方就是急功近利。开发较早而趋于饱和的市场，可能得到了过多的人员配置，而那些开发较晚，急需人员投入的市场则难以得到人员支持。这种弊端尤其容易出现在新业务或新产品出现的时候，新业务和新产品由于还没有形成规模，特别容易被公司决策层"鄙视"而得不到人员支持，造成的后果是丧失市场机遇。

修正的办法是市场潜力法。市场潜力法可以说是最佳的方法，它对外可以确保对潜在客户的覆盖和服务水平，对内则可以确保每个销售人员的销售机会均等，而且可以非常好地平衡长短期的利益，优先投入那些潜力大而现有销量小的、有市场空间的区域，避免单纯销售量法的急功近利。然而，遗憾的是绝大多数市场的潜力是很难估算的，即使收集到了数据，往往也很难具备公信力。

所以通常把销量法和市场潜力法捆绑在一起使用，分别赋予不同的权重，共同确定合适的人员规模。

（2）竞争标杆法。这种方法特别适用于寡头垄断市场（寡头垄断市场是经济学术语，是指一个市场中由主要的几家大企业占据大部分份额，众多小企业瓜分剩余的市场的一种市场形态）。因为几个寡头之间的竞争是激烈的，对彼此的情况也很了解，所以就有条件搜集到主要竞争对手在目标市场的销售人员数量，以此作为自己确定合理人员规模的参考。但这个方法的弊端也很明显，它极容易使企业陷入恶性竞争，然后出现人员单产下滑、企业利润率降低的恶性循环，因此一般不会单独使用，而是结合其他方法共同使用。

（3）工作量法。工作量法就是确定销售人员合理的工作当量，然后用企业的总工作当量除以人均工作当量就得到合理的销售队伍规模。一般算法是搜集所有潜在客户的名单，如可口可乐搜集北京市东城区所有超市、便利店等渠道点数，假设共有100个点，公司希望每个网点每周都能被走访一次，那么每个月就需要400次走访。如果销售人员每天可以走访

10个点，那么根据可口可乐公司的要求，在北京市东城区所需要的销售人员就需要400÷30÷10=1.3人。如果可口可乐公司希望把拜访频率提高到隔天一次走访，那么工作量就是每个月1 500次拜访，需要的销售人员就是1 500÷30÷10=5个人。可以说，工作量法是一个比较科学的方法，但它也有一些弊端，如距离的远近，在北京这样的城市，网点很密集，销售人员可以减少在路上的时间，而在外地，可能每天能够走访的网点就没有那么多了。此外，在一些行业，客户可能并不容易或者不愿意被规律地拜访。因此工作量法虽然科学，但在适用性上是有局限性的。

（4）销售人员收入法。这种方法，是估算销售人员的平均收入水平，从而反推合理的销售人员规模。比如说，如果销售人员平均每个月需要赚到6 000元才愿意留在这个岗位上，那么我们就需要根据现在销售收入和提成政策，测算需要把销售人员控制在多少范围内，才能够达到销售人员的期望收入。这种方法以终为始，有利于销售人员的保留。

（5）管理幅度。上述方法多用于一线销售人员数量的确定，销售管理人员的确定，则主要取决于管理幅度。关于管理幅度的确定，许多管理学教材上有较多的论述，在此就不再赘述。

除了上述比较通用的销售人员规模的确定方法，销售队伍规模的确定可能还有一些与企业自身情况相关联的因素，需要销售运营管理人员结合本企业的实际情况进行考虑。这类因素比较常见的有企业招聘人员的难易和速度、招聘人员的特殊性（如只招应届生）。我在刚刚离开外资企业加入一家民营企业帮助他们建立4+1管理模式的时候，和人力资源配合，做了一版销售人员规划，我们当时估算根据当年销售目标，销售队伍需要增加9个人，总裁大笔一挥，增加了80个人。我当时很不理解，甚至觉得这个总裁有点糊涂。后来我走访区域，发现人员都非常忙碌，人手根本不够用，我于是反思自己错在哪里，原来这家民营企业的知名度远不及我原来所处的外资企业,他们招聘人员的难度远高于知名外企,且他们的销售人员全部招募没有工作经验的应届生,只能在毕业季招人,且应届生培养周期长、流失率高,综合以上实际情况,确实需要提前做出人员储备的安排。这个小案例告诉我们,作为管理人员,在制定决策的时候一定要理论联系实际,深入地做实地调研,摸清楚实际情况。

销售队伍规模确定的两大原则:

一是保持足够的客户服务水平。组织服务于战略,销售队伍的使命就是足够的客户覆盖和服务水平,因此,后者就应该是销售队伍规模确定的出发点和落脚点。

二是宁可富余的0.5法则。由于人员是一种极为特殊的资源,往往新人到岗后有一个熟悉和上手的过程,再加之招聘周期,以及人员难免有流失、生病、怀孕等情况,试想前面可口可乐的案例,假设一下离职两个人,那么就意味着相当一部分网点可能得不到及时的走访、补货及其他客户支持。本着最大化客户满意度的原则,我一般建议企业采用富余0.5的策略,即如果你实际需要10个人,那么配置11个人是比较明智的选择。

一家多事业部经营的企业,有一年并购了一个新兴业务。该企业原事业部经营多年,销售人员的年人均产值高达200万元,也一直遵循每200万元销量配置一名销售人员的指导原则。然而新并购的新兴业务,由于市场尚未打开,现有销售人员的年人均产值仅为三五十万元,集团没有调整这类新兴业务的人员数量规划模型,依然坚持老事业部的人员数量审批原则,结果这项新业务多年止步不前。

参考阅读:"减员增效"的背后是"战略人力资源规划"的缺失

中国经济进入新常态,许多行业越来越难以赚钱,不少企业考虑进行"减员增效"。

减员增效只是一个表象，其背后的原因是人力资源的供应和需求的失调，其本质是人力资源供应超过了公司战略发展对人力资源的需求。出现减员增效的根本原因是公司无法合理预测、规划和控制职能人力资源的"合理"规模。因此，公司真正的目的不在于"减员增效"，而在于"确定与企业战略发展相匹配的、合理的职能人力资源规模"，即所谓的"战略人力资源规划"技术。

如果不能真正建立起战略人力资源规划的逻辑（理性、流程、原则），简单粗暴的"减员增效"可能会给企业带来长期的损害。

第一，可能会损害公司未来2~3年的战略竞争力。

第二，公司在未来仍然摆脱不了在"人不够用，抓紧招聘"和"人浮于事，减员增效"两者之间的徘徊摇摆，而不能真正解决问题。

第三，可能严重打击员工的士气、对企业的信心和信赖，对企业"人文"文化造成长期的损害。

第四，可能沦为公司内部斗争的武器，成为相互倾轧、排除异己的借口。

那么究竟什么是"战略人力资源规划"？怎样确定出各个职能部门的合理的人数规模？许多企业苦于找不到合理的解决方案，这里简单介绍几种常用的人力资源规划技术（参考图7-3）：

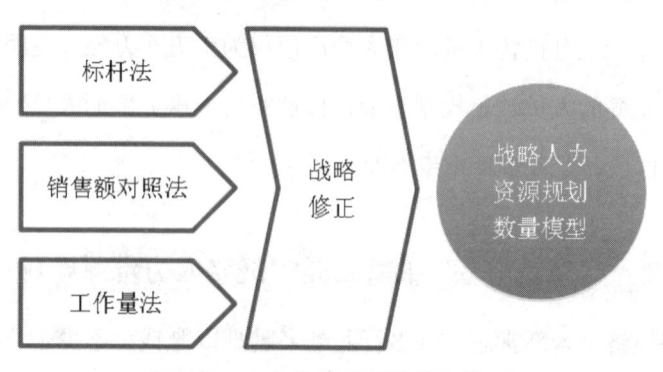

图7-3 人力资源规划的数量模型

1. 标杆法

即以同类企业相同部门的人员占比作为参考来确定本企业某部门的人数。如标杆企业的财务部门占总人数的3%，那么以这个数字为参考，来确定本企业财务部门的合理规模。

◇优势：①客观和直接；②为企业运营效率提供外部的参照依据。

◇劣势：①同类企业的数字可能难以获得；②同类企业相同部门的工作内容可能会有差异，造成参照标准的偏差。

◇实施注意事项：①要锚定尽可能多的企业，而不是单家企业，建议有3～5家企业为宜；②这个外部参照标准不能由用人部门自行提出，而必须由第三方，或者至少是人力资源部门来提供。

2. 销售额对照法

即将职能部门的人数和企业的销售额挂钩。具体又有三种方法：①绝对销售额法，如1 000万元销售额对应一名财务人员；②增长比率法，如销售额每增长20%，财务部门允许增加10%的人员；③销售人员法，如100名销售人员允许配置一名财务人员。

◇优势：①数据很准确；②数据非常容易获得；③可操作性最强。

◇劣势：①有些部门的工作可能不和销售额成正比；②对企业历史数据要求比较高；③这种方法是在假设目前各部门的人员是相对合理的基础上进行控制和优化的，而事实上，目前的人员可能并不合理。

◇实施注意事项：①执行时，一定要一碗水端平，严格执行，一旦有部门破坏了规则，其他部门会纷纷效仿；②零头的处理要有明确的处理意见，如前例1 000万元对应1名财务人员，那么1 300万元是1人还是2人，应该有指导意见；③必要时，要对该部门与销售额的相关程度进行评估，避免与销售额相关度不高的部门水涨船高。

3. 工作量法

即分解和计算各个部门的具体工作内容和工作量，根据工作量推算出来各个部门所需的人员数量。这是大型咨询公司Hay等公司喜欢采用的方法。

◇优势：其假设看上去很合理，即以事定岗，以岗定人。

◇劣势：①非常复杂，可操作性很低；②工作量的估算本身非常难以准确和服众，如客服人员的一次电话沟通，细心的人、碰到的客户类型都会极大影响一次通话时间；又如对一件事情的决策，有的人可能拍拍脑袋分分钟决策，有的人可能会细致地做大量的数据分析，因此，其实不太适合于知识工作和高级工作。

◇实施注意事项：①建议由专业的咨询公司操作，以确保客观性和公信力；②通常要和素质能力等项目共同实施，以解决工作量和工作效率之间的关系。

通常而言，不建议只用上述方法中的一种来制定人力资源规划，建议数种方法共同锚定合理规模，如标杆法20%权重、销售额对照法70%、工作量法10%，这应根据公司现状的评估、数据来源的可靠性等条件灵活调整和使用，每家企业应该建立适合自己的"人力资源规划的数量模型"，并持续优化。

除了上述方法外，还建议进行最后一步，即"战略修正"。

所谓的战略修正，即对大势向好或者向坏的研判。我们知道，经营企业好比投资，都需要投入，且需要提前布局。比如，你知道一只股票将会大幅度上升，但你没有钱，那没有用，你赚不了这笔财富；又比如一只股票已经大幅上升后，你才懊悔和追加资金，那你也会错过最佳投资时机，用形象的话说，鱼头、鱼身被吃光了，你捡了个鱼尾。所以，这里说了两个事情，一是经营企业需要投入，二是需要提前投入。一个是数量问题，一个是时机问题。

第7章 销售组织设计与人员部署

来看同一个行业A、B两家企业的资源投入策略不同，对企业经营的影响（见图7-4、图7-5）。

资源投入先于产出，产出是投入的函数，投入越大，通常收益线也越靠上；投入越早，则收益线启动也越早。

A、B企业起步差不多，不同的是他们资源退出时机不同。

A企业过早进行了资源紧缩策略，在刚刚赚到一点利润（收益线高过投入策略线的部分），就看衰行业，逐步缩小资源投入。收益相应的在稍后一点的时间见顶下滑。A企业错过了行业扩张期后期和成熟期的收益，损失了利润；且错失了企业战略发展的机遇。

B企业过晚进行了资源紧缩策略，在行业进入成熟期后期的时候，企业仍然继续资源投入，但收益不可避免地下滑，B企业也损失了利润。

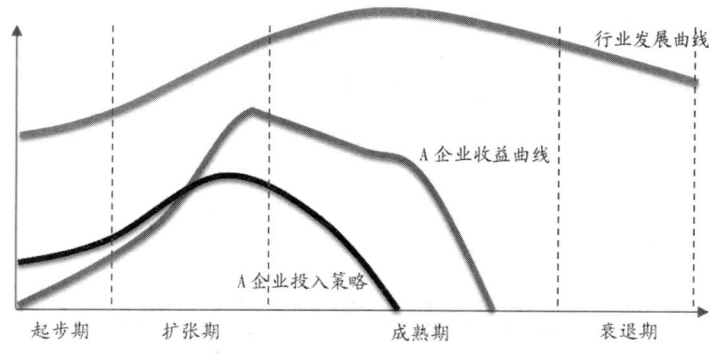

图7-4 过早采取资源紧缩策略将导致战略机遇的丧失

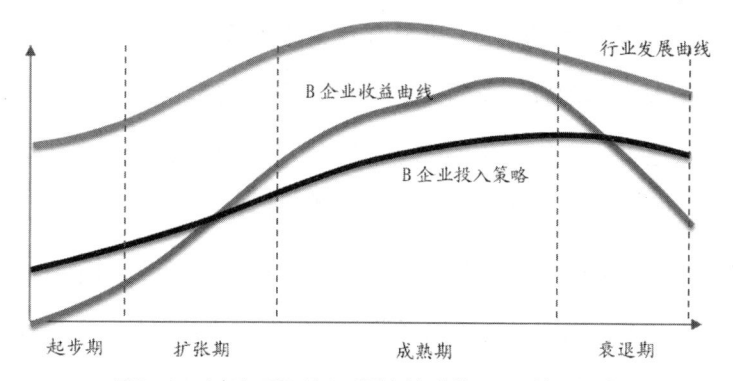

图7-5 过晚采取资源紧缩策略将导致利润损失

通过这两个例子，告诉我们企业的资源投入策略要和行业的生命周期大势和企业的生命周期大势相吻合。时机不恰当，要么会损失利润，要么会丧失战略发展上的机遇。

这和人力资源规划有什么关系呢？看明白了上面的模型，我们来说"资源"。资源无非三种，一是办公场所，二是资金，三是人员。办公场所，北京待租的办公场所比比皆是。资金，市场上寻找投资机会的银行、私募、个人也很多。这两种资源，基本上到位时间不会超过3个月，且一旦到位立即可用。再来看人员，通常而言，一个员工从进入公司到创造价值至少需要6个月的时间，中间企业还要承担诸多费用，如招募、培训、出错、工资等，还要承担诸多风险，如不适应而离职，因此，人员资源准备期很长、到位了还不是立等可用。

所以，我们说，在考虑战略人力资源规划时，需要对行业的大势、企业所处的生命周期和趋势做出研判，然后修正预测模型，再决定将采取人力资源"扩张""维持"还是"紧缩"的战略。

第3节 销售人员质量之销售培训体系构建

1. 销售培训功能和定位：支持年度目标的运营计划的一部分

谈到销售人员配置，不得不涉及的一个话题是销售培训。我见过很多企业要么把培训挂在嘴边，但就是不见行动；也见过很多企业培训轰轰烈烈搞了一阵，又销声匿迹；也见过很多企业成立了企业大学，却空无内容，可见多数企业的培训并没有做好。造成这种情况的原因是多方面的，主要有以下几种：①许多公司把培训看作成本中心，而且是收益极难评估的成本中心；②还有许多公司认为给员工做培训是浪费财力，尤其许多员工技能提升了之后就会跳槽，造成公司的投资打水漂；③不少员工认为培训脱离实际，不实用；④最重要的是没有认识到培训是推动年度战略执行的重要组成部分，融合了年度业务策略的培训可以有效推动策略落地。这些企业都没有正确认识培训的功能和定位。

从运营的视角看，培训应被视为是战略落地的、年度运营计划的一部分。它应该密切配合年度运营计划，紧密契合年度销售策略中对销售人员技能的要求点。比如说，当年市场竞争激烈，但销售人员缺乏竞争意识，那么"竞争销售"就应该成为当年的重要培训主题；又比如，当年新产品成功上市是企业新的业务增长点，那么，"新产品推广"就应该是当年的重要培训课题。韦尔奇就深谙培训的这一特定功能，他长期在克劳顿维尔讲课，他坚持认为培训有几个重要功能：①推进既定的业务策略。通过培训，让全员深刻理解企业当年业务策略；②获取一线业务反馈。通过业务策略培训中的互动，掌握一线对策略理解的程度和执行情况；③解决业务问题。在培训过程中发现的业务问题，可即时解决。

为了让培训更好地向业务靠拢，更好地支持年度运营目标和策略的实现，相当一部分企业逐步把培训划分为两部分，一部分沟通技巧、思维能力及领导力的基本素质训练留在人力资源部门，而和业务策略密切相关的销售能力培训，则放在销售运营部下面，医药巨头罗氏、诺华就都是这样的。

2. 从运营的视角谈培训的重要性

从运营的视角来看待企业，那么企业经营是一个不断地把各种资源，如资金、场所、技术、人员，组织起来，进行有序的配置、重组，经过一定的程序，输出市场所需的产品或服务，换取企业维系及扩张所需的更多资源的过程。而企业的扩张，则是继续加大资金、场所、技术、人员的投入，从而组织更大规模的经营，输出更大规模的产品或服务，获取更多收益的过程。

销售运营管理

所以，企业实现规模扩张、实现二次创业、实现经营上一台阶的重要前提是要有足够的、更大规模的资源投入，包括更大量的资金、更先进的技术、更多专业化标准化的人才资源等（见图7-6）。

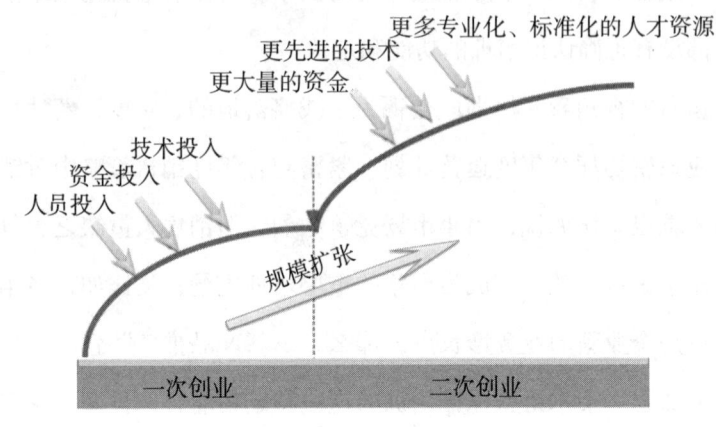

图7-6 企业扩张过程

举例来说，A企业本来服务10 000名顾客，拥有20名业务人员，3名销售经理和1名人力，1名财务；如果企业决定扩大经营3倍，服务30 000名顾客，那么就需要更多的营运资金，更多的办公场所，更多的人力资源（60名业务人员，9名销售经理和2~3名人力和财务）。

在这些资源要素中，我们知道资金、场所是高度标准化的，几乎随时可以供应，只要你有足够的实力，你可以很快融到资金、租赁到办公场所，而且一旦到位，几乎可以立刻投入使用。但人才资源则复杂得多，即使你花上了足够的资金，也很难立刻见效，原因有以下几个方面。

一是时间。我们知道再有经验的新员工，到一家新企业，要真正发挥作用，往往需要半年以上。在销售领域，有一个经验数字，新销售人员第一年的产出通常只有工作2~3年的销售人员的50%。如果是应届毕业生，产生价值的时间可能更长，需要一年到一年半的时间。

二是质量。尽管好的招聘流程会解决部分质量问题，但是新销售人员到新企业对新业务、新产品、新销售流程的胜任往往会产生偏差，在这个过程中，流失或淘汰不可避免，这意味着在前面A企业的例子中，你招募了40个人，最终能顺利变成企业的生产性销售人员的可能只有30~35个人。

三是企业文化匹配程度。在能力之外，还有企业文化的匹配程度。例如，表现好的销售人员可能不满晋升缓慢而离开，这也会造成企业实际用于投入"生产"的销售人才资源不足。

更糟糕的是，人才资源又往往是其他几项资源发挥作用的前提条件。在前面的例子中，即使你已筹备了扩张所需的经营资金，也租赁好了办公场所，但销售人员、销售经理不到位，其他资源只能闲置、等待和浪费。因此，人才资源的缺口往往是企业扩张最大的资源缺口。

很多企业不乏新的业务机会，然而却缺乏发展新业务机会的人才，这就是战略机会和组织能力失衡的表现。

而规模化、标准化的培训是缩短这种鸿沟的重要途径。从运营的视角看，培训将招募到的人员快速地转化为扩大经营所需的生产性人员，是人才资源的"再加工"过程。好的培训系统，可以源源不断地批量输送企业扩张所需的标准化人才，缩小企业扩张需求和人才供应之间的差距（参考图7-7）。企业规模越大，对大规模输送合适人才的需求越强，通过建立培训体系形成"人才造血和组织再生"功能的重要性和价值就越突出。

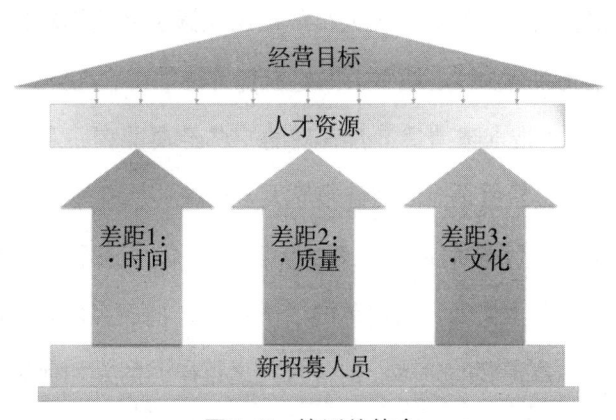

图7-7 培训的使命

销售运营管理

在通用电气这类大型企业中，就系统创建了各类职能的完善的培训体系，使得企业在扩张或人员流失出现缺口时，能够快速地、源源不断地补充人才资源，确保业务扩张和持续经营的需要。

所以，企业的扩张，其背后（或本质、推力、张力）是人员的扩张和成长。许多创业公司发展遇到瓶颈的原因就是疲乏怠惰的元老无心进取，而接继不上的新人无力进取，守有余而攻不足，迎面而来的自是发展停滞和萎缩，这中间缺乏的就是将元老的经验能力固化和传承的培训系统。企业成长需要"养""蓄"人才资源。

3. 销售培训体系建设的思路及销售运营管理的经典课程

销售培训体系建设的思路为：

（1）基层培训：重点培养业务技能（Business Skill），即如何赢得客户、获得订单的技能。

（2）中层培训：重点培养管理/辅导技能（Management Skill / Mentor Skill），即如何管理、带团队、辅导下属的技能。

（3）高层培训：重点培养业务战略和经营技能（Business Strategy & Operations Skill），即如何制定业务战略和全盘经营的技能。

企业应该围绕不同年限、不同层级沉淀开发相应的销售技能训练课程，使优秀销售人员、销售管理人员的杰出实践和经验不断在企业内积淀和传承，使之成为企业核心竞争力的组成部分。

图7-8显示的是卓越销售运营管理的一些经典课程，左边是面向一线销售人员的课程，右边是面向销售领导人（经理、总监等）的培训课程。

销售运营管理系列培训分为两大系列，销售之道和销售管理之道。销售之道研究的是如何做一名出色的"士兵"，把握客户，临机决断，克敌制胜，追求单点突破的效率。销售管理之道研究的是如何做一名出色的"统帅"，指挥千军万马，运筹帷幄，攻城略地，追求的是面的效率。

第7章 销售组织设计与人员部署

> **卓越销售运营管理之道：营销系统绩效整体解决方案**
> ·围绕销售业务目标，找出影响目标的关键影响因素，制定策略，并充分调动人、财、技术、组织方式等各种资源，全力支持业务目标实现，以追求最优效率和最佳ROI的经营管理过程。

销售之道：点的效率	销售管理之道：面的效率
销售战术：针对一线销售，制定销售方案，提升单个客户销售效果的学问 ·赢@专业销售技能 ·销售人员要懂一点营销管理 ·大客户销售技巧 ·全球最新销售理念：CCV（创造客户价值） ·B2B营销管理实践：华为、GE的案例	销售战略：针对销售领导人，市场洞察、销售策略、资源调度、绩效管理、销售奖金设计等销售运筹的学问 ·卓越销售运营管理：跨国企业营销绩效提升的系统解决方案 ·策略制定和业务计划：4+1管理模式 ·销售绩效管理和业务分析体系 ·销售激励和奖金设计 ·客户管理与CRM系统建设 ·持续提升：销售运营评估和诊断 ·新产品上市管理

图7-8 卓越销售运营管理的一些经典课程

"销售之道系列培训"聚焦销售战术：围绕客户需求，制订销售方案，提升单个客户销售效果的学问。包括以下课程：

赢@专业销售技能：此课程是销售人员的入门级培训。旨在教授新踏入销售职业的销售人员认识销售的角色、职责、能力要求，以及开展销售工作的基本功，包括访前准备、建立客户关系、把握客户需求、推荐价值主张、获得承诺等各个环节的知识和技能。这一培训旨在帮助销售人员掌握成长为销售精英所需要的知识、技巧、能力等。经过课程训练的销售人员，能够更从容地应对各种类型的客户、更自如地应对销售过程中面临的各种客户质疑和突发情况，提升销售成交的概率。更重要的是，能够帮助销售人员树立从事销售工作最需要的积极心态和抗压能力。

销售人员要懂一点营销管理：此课程可以帮助销售人员拓宽营销知识面。竞争环境的复杂化要求销售人员能够更准确地理解公司的营销战略、目标市场客户、产品价值主张等营销知识，只有这样才能在向客户推广产品的时候更有效率地传递企业期望传递的信息和市场形象。该课程教授经典的营销框架MR（Marketing Research，市场调研）、STP（Segmentation，Targeting，Positioning即市场细分、市场目标选择、定位)、MM (Marketing Mix,营销策略组合)、I (Implementation,营销执行)、C (Control,营销控制)。受过该培训的销售人员将能够更清晰地理解公司的营销战略,并在日常销售工作中更好地贯彻和执行公司的营销战略。

大客户规划与管理:此培训面向中高级销售人员。随着销售人员的日渐成熟,企业会把重要的大客户交给脱颖而出的销售人员。大客户的需求不同于一般客户,他们往往需求更复杂、决策流程更长、参与采购决策的人员更多、看重的价值也区别于普通客户,这就要求大客户销售人员具备更高一级的客户分析技术和能力。此培训课程就旨在提升中高级销售人员的大客户销售能力。

CCV:Create Client Value (创造客户价值):这是全球近年来最流行的销售理念,旨在帮助销售人员转换思维,跳出价格战,通过在销售流程的各个环节为客户提供增值服务来创造价值、赢得客户。

B2B营销管理实践:华为、GE的案例:该培训主要包括两个部分,上半部分围绕B2B的销售模式,教授B2B业务的一般营销手段及获取销售线索的技能和能力;后半部分则教授在获取销售线索后,销售人员如何有效地整合企业内部财务、技术、研发等资源进行销售项目管理,提高赢单率。

"销售管理之道系列培训"聚焦销售战略:针对如何做好销售领导人,获得市场洞察、制定销售策略、围绕市场机会调度资源、对销售队伍进行有效绩效管理、设计激励性销售奖金等销售运筹的学问。包括以下课程:

销售运营管理概述:围绕"策略—行为—绩效—激励"的主线,培训销售领导人运筹销售队伍的意识和能力。受过该培训的销售领导人可以系统理解营销销售绩效的主要要素,并能掌握如何应用这些要素去影响销售组织,驱动销售队伍达成业务目标。

策略制定和业务计划：4+1管理模式：此课程深入讨论销售领导人和一般销售人员角色的差异及需要具备的素质能力，并对业务管理的核心模型"4+1管理模式"，包括如何设定目标、如何制定销售策略、如何进行排兵布阵等一系列销售管理决策进行细致的解析。

销售绩效管理和业务分析体系：培训销售领导者如何衡量和管理销售队伍的绩效，讨论如何依据不同销售模式设计绩效KPI，以及如何通过建立业务分析体系快速发现业绩弱点。

销售激励和奖金设计：培训销售领导者销售奖金设计的一般理念、流程、方法和工具，包括销售奖金设计的3大理念、4大要素、10大原则等。

客户管理与CRM系统建设：客户管理是销售队伍管理的重要课题。本培训介绍客户管理的常用方法、工具和模型，并介绍时下常用的客户管理工具CRM系统的构成和实施要点。

销售运营评估和诊断：培训如何运用销售运营管理的工具，诊断销售组织管理的短板和潜在问题，如目标分配是否合理、策略是否清晰、执行是否到位、销售人员技能是否足够、奖金政策是否科学合理等。

新产品上市管理：培训如何应用销售运营管理的方法和工具，系统地运筹新产品上市，包括前期成立项目小组、开展客户调研、精挑细选目标客户、合理设计销售队伍和售卖组合、新产品预测和绩效跟踪、新产品销售队伍的激励和控制等。

下面介绍两个如何针对销售人员存在问题进行针对性培训以提升销售绩效的方法。第一个是关于销售理念和行为的引导和改变。第二个是关于销售技巧的提升。

化"被动式销售"为"主动式销售"

要成长为优秀的销售人员，或者想沿着销售人员的职业阶梯攀爬到

销售运营管理

销售经理、销售总监的位置，你需要实现的第一项转变就是从"被动式销售"转变为"主动式销售"。

A公司是一家技术服务公司，生产某种耗材，他们根据客户的研发需要提供定制的产品，作为客户产品的组成部分卖向终端市场，一旦研发成功，就能形成持续的销售。因此，销售人员的职责就是和客户公司的研发人员密切联系，争取他们的研发项目，然后协调A公司内部的研发力量，交付产品。客户公司的研发人员一般手上会同时管理数个研发项目，因此，A公司的销售人员争取到的项目的大小、市场前景对A公司产品能否形成持续销售至关重要。在对A公司销售人员的跟踪观察中，我们发现优秀销售人员和一般销售人员的一些显著差异，我们把它称为"被动式销售"和"主动式销售"。

1. 被动式销售

（1）被动等待客户召唤。"被动式销售"的销售人员的日常工作方式，更像是"应召式"的销售，他们的日常工作和时间安排都缺少规划性，他们出差或拜访客户的原因往往是客户公司出现了什么问题，需要他们到现场。也就是说，他们拜访谁，基本上是由客户"安排"的，他们只是"被动地"被要求拜访。

（2）客户让做什么项目/产品就做什么项目/产品。"被动式销售"的销售人员往往客户交给他们什么项目，他们就接什么项目。他们不会或极少对该项目的成功概率、未来形成稳定销量的潜力等因素做出评估。

（3）坐以待毙/飞。"被动式销售"的销售人员不会主动了解客户公司产品的销量情况，他们有时在客户公司的产品萎缩甚至消失后才被通知，这就是所谓的"坐以待毙"。当然，有时，他们也会"瞎猫抓到死耗子"，正好碰上客户公司里的好产品，从而让自己的产品搭上顺风车而大卖，这就是大家所说的"坐以待飞"。

总之,"被动式销售"的销售人员更像是"随命而安",他们的失败或成功都更像是外力的安排,更像是运气的好坏。

2. 主动式销售

主动式销售人员会从不同的角度表现出主动"管理"市场的努力或能力。包括:

(1)对销售结果的主动管理

①定期了解在售产品的销售情况,并据以制订拜访计划。主动式销售人员会定期阅读公司提供的销售报表,了解在售产品的订货情况,并按照报表显示的数据主动地安排自己的拜访活动。比如,某家客户的订货量突然出现下滑,那么,主动式销售人员会主动约见该客户,以了解情况并及时制定对策。请注意,客户并没有要求他前去拜访,是销售人员主动设计自己的拜访对象和优先级。

②定期自查销售线索或者项目的数量,保证其对销售任务的支撑。A公司销售人员的销量来源于两部分,一部分是在售产品的持续销售,另一部分是新开发的产品。由于产品生命周期,一些在售产品的销量难免会出现下滑,那么他就需要找到新的项目来弥补缺口,以求达成公司要求的增长。"主动式销售"的销售人员会盘点手上的潜在项目数量,评价他们的潜在销售金额和预计发生时间,主动搜寻销售线索。

③定期自查人脉和亲密度。销售订单形成的背后离不开人脉,圈子人脉数量越多,亲密度越高,带来销售的机会就会越多。主动式的销售人员会定期盘点自己的"圈子人脉",评估自己的人脉数量和亲密度,营造自己的人脉,即使对暂时未形成现实销售的那些人也会力争让其成为自己的潜在客户。

(2)对销售过程的主动管理

①对销售线索的把握。主动式销售的销售人员不会被动地、随意地接

销售运营管理

收所有的销售线索,他们会对销售线索进行评估和设定优先级,然后把时间投给那些最有价值的销售线索。他们不会被无价值的销售线索牵着鼻子走。

②致力于客户长期关系的建立和推动。在销售过程中,他们会分析客户内部的决策流程和关键决策角色,并且力争和这些人建立长期的关系,即使当次合作未能达成。

③筛选客户/项目/产品。和被动式销售不同,主动式销售对客户的需求并不是盲目地响应,而是会评估客户的业务,并根据客户业务情况有选择性地甄选服务的客户。

在项目的筛选上也是如此,他不是客户给什么项目就接什么项目,他会巧妙地分析哪些项目的成功概率比较高、市场前景比较广阔,如这个项目是不是客户的产品组合中的核心产品或重点扶持产品。他会重点争取这类项目。当然,他不会一直如愿,但好过毫无选择的被动接受。

主推的产品也类似,主动式销售对自身公司的产品了若指掌,他们会适时向客户推荐公司的优势产品、战略产品、高利润产品。

④顾虑的消除/客户决策流程的推动。被动式的销售人员,在被客户告知需要等待时,就会跟公司汇报"等客户回复"。主动式销售人员则不然,他们会了解"等待"背后的"顾虑",尝试去推动客户决策进入下一个节点。如客户公司的地方分公司总经理说这个项目需要再研究研究,主动式销售人员通过侧面了解,其真实原因是决策权在总公司的某个部门,他会转而去做总部的工作。

⑤品牌的建设。主动式销售人员在销售过程中会主动通过呈递公司/产品资料、邀请客户参观、技术交流等方式塑造企业的品牌形象,被动式销售人员则不然,他们在客户提出要求后才提供回应。

⑥对销售资源的调动。主动式销售的销售人员的一个重要特征还在

于他为销售创造条件，而不是被动等待销售条件。比如，被动式销售的人员会这样说："由于公司缺乏这个、缺乏那个，所以我们很难做成这个单子。"（因为我们的公司费用最多不能超过销售额的3%，所以我无法开发这家客户）而主动式销售人员会这样说："如果我们能够具备这个条件，我们就能拿下这个客户。"（如果公司能够特批我4%的销售费用，我想今年我能多为公司创造1.5倍的收入）总之，主动式销售人员围绕着销售目标会主动创造条件、争取资源。

显然，主动式销售行为对企业的意义重大，企业通过识别主动式销售行为，可以通过培训帮助那些初入销售职位的销售人员实现转变，提升业绩。也可以通过对一些关键行为设立运营监控点，如要求每个销售人员在拜访客户后提供客户联系人的特征分析、客户的决策流程等。通过这些管理举措，就能有效地提高销售队伍的效能和效率。

提升销售拜访质量：QRPE模型

1. 拜访数量×拜访质量=销售业绩！

销售人员的核心工作是说服客户采取我们期望他们做出的行动，或是做某件事情，或是做出某项决策。而达到这一目标的基本方法就是拜访，通过拜访获得客户的好感和认可。

拜访又分为拜访的数量和拜访的质量两个方面。

拜访数量容易理解，行话说"客户是泡出来的"，客户相处多了，了解多了，就自然熟络了。因此，许多公司都对销售人员见客户的频率有相当数量的要求，大体规律是越重要的客户就要多拜访。

拜访质量是指每次和客户相处过程是否让顾客感到愉悦、是否准确传达了公司想要传达的信息、是否有效地宣传了公司品牌形象、是否恰到好处推荐了公司产品（即是否有效传播了价值主张）。那么销售人员要如何

销售运营管理

做才能够有效地传播自己的价值主张呢？有两个要诀，一是一切以客户需求为中心，二是围绕客户需求巧妙推广自己的价值主张。实践中我们摸索出来一套QRPE模型（参考图7-9）。企业通过QRPE训练销售人员，就能有效提高销售人员的拜访质量。随之而来的，自然是销售业绩的提升！

Q → R ↔ P ← E

Question（客户疑问）　Requirement（需求）　Proposition（价值主张）　Evidence（佐证）

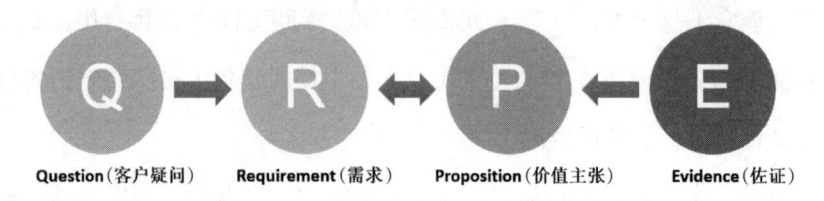

图7-9　拜访质量的QRPE模型

P：我们先从销售人员最熟悉的P说起。P即价值主张（Proposition）。价值主张简而言之就是公司或者产品的"卖点"，几乎每个销售人员都会被公司举行的产品培训灌输大量的产品卖点。常见的卖点有"我们公司历史最悠久""我们价格最低""我们的开发周期最短""我们的创新能力最强"。大量销售人员最常犯的拜访错误就是铺天盖地地宣传卖点，最典型的就是电视购物了，用极富煽动性的语言，反复强调产品的N大卖点，反正总有那么一两个点能够打动你。但我们知道，这种方式挺讨厌的，为什么呢？因为这种方式忽略了对顾客需求的准确把握，在时间就是金钱的今天，如果你不能很快地捕捉住顾客的需求，并让你的推销工作围绕着客户的需求来开展，顾客极可能认为你不够尊重他，是在浪费他的时间。比如说，客户急需一套IT方案，需要在2周内交付，此时你的价值主张如果是"我们开发IT系统的能力最强，产品性能最优秀"。那么抱歉，你极有可能输给另一家推销"我们的开发周期最短"的价值主张的公司。所以，我们提出的价值主张要紧密围绕顾客的需求（Requirement）来进行。

R：Requirement，即顾客的需求，是指顾客表达的想要享受的产品或服务的愿望。比如说，对于采购IT系统产品来说，顾客可能会说"我们想要一家历史悠久的、可靠的公司来为我们服务",或者"我们需要用最低的价格来采购这套系统",或者"我们希望这套系统能和我们的其他系统无缝对接"等。顾客表达的需求可能不止一种,销售人员需要对这些需求进行仔细排序,并小心翼翼地把这些需求和公司的价值主张进行匹配,从而决定采用哪项价值主张去打动顾客。然而,值得注意的是,探询顾客的需求并非总是那么简单。需求分为显性需求和隐性需求。显性需求是指顾客明确提出的需求,如顾客很清晰地告诉你,他们想要最棒的研发人员来为他们服务,又如我们前面列举的几个例子,也都是非常典型的显性需求。难以把握的是隐性需求,这些隐性需求可能散存在于顾客不经意的描述、提问或抱怨中。所以,我们还要学会从顾客疑问中去推究顾客的需求,即Q。

Q:Question,即顾客的一些提问。比如,顾客可能不会告诉你他们想和一家历史悠久的公司合作,但她可能会问:"贵公司是什么时候成立的?"或者"你们公司成立多久了?"顾客可能不会告诉你他们想要最好的研发人员,但她可能会问:"你们的研发人员行吗?"顾客可能不会告诉你丰富的实施经验是他们的招标评分标准之一,但她可能会问:"你们业务好吗?服务过哪些类似客户?"销售人员需要从客户的这些问题的蛛丝马迹中推敲出顾客的需求。

E:Evidence,即为你的价值主张提供足够的佐证。明确了需求,并且也清楚了你需要用什么样的价值主张去匹配客户的需求,那剩下的功课,就是如何证明你的价值主张确实所言不虚了。现在客户的挑剔程度极高,如果你没有站得住脚的充足的证据,建议你谨慎为上。按照麦肯锡金字塔原理,你最好为你的每种价值主张准备3~4项佐证。比如说,顾客的需求是历史悠久、可靠的公司,你准备跟客户证明你们公司的可靠性,那么你可以考虑准备几项支持的佐证:①公司成立时间(存续时间);②公司是最早从事某领域IT解决方案的公司；③公司在该领域积累的顾客群体最多，销售额最大。再一个例子，如顾客的需求是最强的研发实力，那么你的佐证可能是：①我们的研发人员都来自一流院校的计算机系；②我们的研发人员平均有5个以上的项目经验；③我们对研发人员的投入在行业内领先；④我们的研发人员平均有3年以上开发经验。

2. 企业四步曲帮助销售人员提高拜访质量

通过4个步骤，企业可以帮助销售人员全面提高拜访的质量。

第一步，对销售人员在客户那里经常被问到的问题进行汇总。

第二步，将第一步里的各种问题背后所隐藏的客户需求归纳出来，帮助销售人员判断各种问题背后对应的是什么需求，提高他们把握需求的精确度。

第三步，将与第二步中各种需求一一对应的价值主张提炼出来，并为每个价值主张准备好3~4项佐证的话术和材料（如证书、数据、实例等）。

第四步，将上述的内容反复地通过培训教给销售人员。

通过上述4个步骤的训练，销售人员就能够对客户的各种提问应付自如，并能准确把握顾客的需求，针对性地推广产品，从而提高拜访质量和成交概率。

第4节　销售人员质量之销售辅导、传帮带

尽管销售培训体系是提升销售人员质量的重要方式，但这种方式存在先天不足。即使是世界上最重视培训的GE、宝洁这类企业，为员工提供的培训一般一年不会超过2周时间，毕竟接受培训时员工需要停下手中工作，对公司而言是一种不菲的成本投入，不可能让员工参加太多的培训。

第7章 销售组织设计与人员部署

普通的企业给员工提供的培训时间则更少，可能仅为2-5天。想通过2-5天的培训提高销售人员的能力，恐怕上帝都会发愁。我们介绍另外两种提升销售能力的方法：销售辅导系统和传帮带。

1. 销售辅导系统

销售辅导，是销售经理对一线销售代表言传身教的过程。销售经理多数是企业Top sales，"销售优而仕"，在行业和企业里摸爬滚打多年，有丰富的优秀实践经验，销售辅导，就是将这些优秀实践经验输送给一线销售代表的过程。销售辅导——帮助一线销售代表成长，是销售经理的核心职责，多数世界500强企业都对销售经理有一项核心要求：50%的时间用于辅导一线销售代表。

构建销售辅导系统主要包括两方面的工作，一方面是对销售经理进行销售辅导意识和技能的训练，让其形成良好的销售辅导习惯和技能；另一方面是设计配套的销售辅导工具，保障落地执行。

首先，销售经理需要掌握专业销售技能，再在专业销售技能的基础上掌握销售辅导技术，这些技术包括辅导对象的选择、示范、观察、评估、促进改进等环节。以销售拜访的观察为例，专业销售技能对专业拜访的访前、访中、访后都有特定的要求，比如专业销售技能要求访前需要回顾与该客户上次见面的进展，销售经理就需要观察下属销售代表拜访客户前是否做了准备工作，是否达到要求，并对其进行指导。通过这种周而复始的辅导，帮助一线销售代表建立良好的专业拜访习惯。

其次，企业最好为销售经理准备配套的销售辅导工具。销售辅导工具将企业从不同优秀销售经理身上识别出来的优秀销售行为工具化，并在整个销售团队中进行复制，取长补短，促进销售能力的提升。如图7-10、图7-11所示，就是某世界500强企业为销售辅导而开发的管理工具，该公司将其整合在CRM系统中供销售经理对销售代表进行辅导时使用。

销售运营管理

图7-10 某世界500强的销售辅导工具

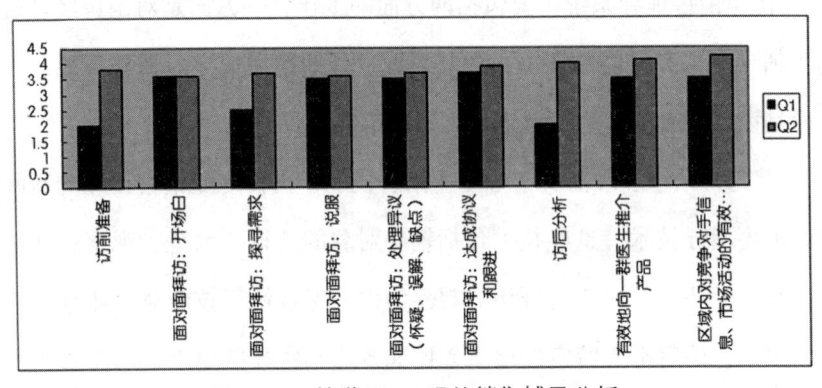

图7-11 某世界500强的销售辅导分析

销售辅导系统相比于培训系统，其频率大为提升，以一名销售经理管理6名销售代表为例，假设该销售经理每周能够一对一辅导3名销售代表，那么一个月就能够辅导12人次，意味着每名销售代表每个月能够受到2次辅导，一年就是24次，其频率远高于培训（当然，我们不建议销售经理平均分配他的销售辅导次数，应该因材施教，对新代表或业绩相对落后的销售代表更多倾斜）。另一个突出的好处是辅导的客制化程度比销售培训更高，利于对销售代表个人的能力进行针对性、定制化的提升。可以这么说，培训提供了一个标准范本，而销售辅导则在日常销售工作中，促进销售的行为向优秀的"标准范本"持续靠拢，因此，是培训系统的良好补充，是提升销售技能不可或缺的一部分。

销售辅导的不足，是辅导往往局限在销售经理为首的局部团队内，如广东省经理对广东省代表的辅导，那么怎么借鉴其他区域团队的优秀经验、实践来提升能力呢？我们再介绍跨团队的能力提升系统：传帮带。

2. 传帮带

提起传帮带，多数人会联想到"师傅带徒弟"，很多销售组织在快速发展的过程中，会希望有经验的老人培养新人，例如经验丰富的老销售员带新销售员，并把这种方式称为"新老传帮带"。这种所谓的"传帮带"实质是基于该老销售员的个人经验、技能，弊端较多，请看下面这个实际例子：

我们咨询的一家企业，在全国各地有数十个代表处，每个代表处十到二十人不等，在走访过程中，我们发现各代表处水平参差不齐，销售理念、销售行为、习惯和风格都差异很大，当然销售业绩也参差不齐。该公司既没有培训系统，也没有辅导系统，所有代表处入职的新人，都向代表处主任看齐，新销售代表能不能成长起来，完全看运气，所属代表处的主任能力强、理念好，就发展得好；反之则反是。这种形式就是大家通常所理解的传帮带，认为"传帮带"是一种"人到人"的系统，老人带新人的师带徒方式。但从这个例子我们可以看出来，这种被曲解的"传帮带"的弊病是很明显的，其一，每个代表处主任身上往往既有好的一面，又有不好的一面，而我们希望新人传承其好的一面，而不要学习其不良的一面；其二，每个代表处主任是否"愿意"带，是个问题，愿意带的，就传授传授真功夫，不愿意带的，就放任自流，尤其在中国，有"教会徒弟，饿死师傅"的说法，不真心带新人的大有人在；最后，每个代表处主任不同，

销售运营管理

带出来的人员就不同,可以想象整个公司的销售人员即使不是千人千样,也是千人百样,不利于企业的业绩稳健、规模化发展和客户界面的一致性。在这个例子中,我们就发现该企业有的销售人员能力很强,而更多的销售人员则由于代表处主任自身专业度欠缺、带教匮乏,技能长期停滞不前,得不到任何提升和发展。

(顺便提一下,还有一种和传帮带相似的机制:导师制。华为就有导师制,公司为每个入职新人都指定一个导师,这个导师不是新人的直接上级,可能是跨部门的、跨层级的,这种方式的好处是由于没有直接管理关系,新人可以比较放松地把工作中、公司里(比如人际关系、公司政治等)遇到的困惑跟导师探讨,利于开诚布公。导师制较多关注的是新人的文化融入,较少涉及技能提升和新人成长。)

"人带人"的传帮带其实是一种误解,真正的传帮带是一个"人—最佳实践—人"交互的体系,参见图7-12。它观察优秀销售人员的行为,萃取出最佳实践,积累成"最佳实践经验库",再反哺给新人或者其他人,这是一个动态积累的过程,不断更新最佳实践库,持续反哺,实现动态的螺旋式上升(图7-13)。

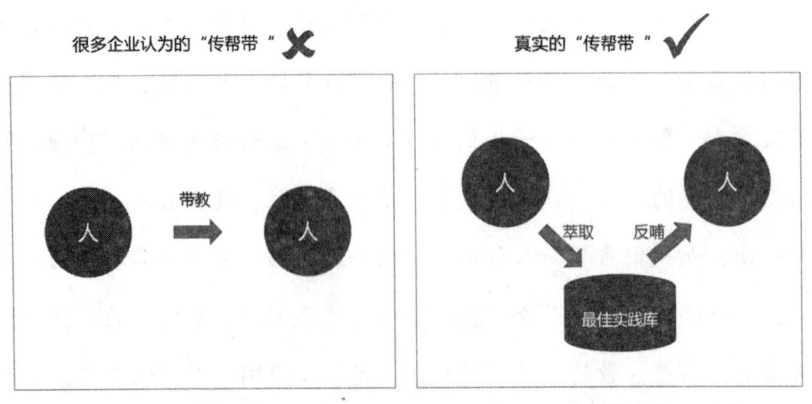

图7-12 "传帮带"不是"人—人"而是"人—最佳实践—人"

第7章
销售组织设计与人员部署

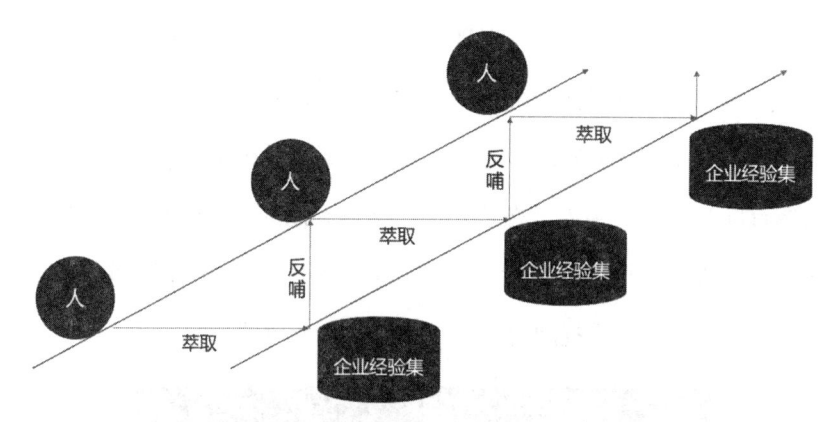

图7-13 "传帮带"是人和企业经验集交互的螺旋式上升

我们看看华为的"传帮带"。这个传帮带由两个部分组成：

（1）成功经验案例库：将成功的销售项目萃取成案例，存入公司成功案例档案库，销售人员可以根据需要在数据库中进行检索和查阅（需授权）

（2）救援网：销售人员可以查询到案例的操作者，并联系到操作者进行请教。例如，你正在操作一个销售项目，背景和经验库中的某个案例相类似，那么你就可以联系到这个案例的实操人，向他请教。

通过这种"萃取—反哺—救援网"的方式，有效促进了优秀销售经验的积累和传播，促进了全体销售人员的技能提升。

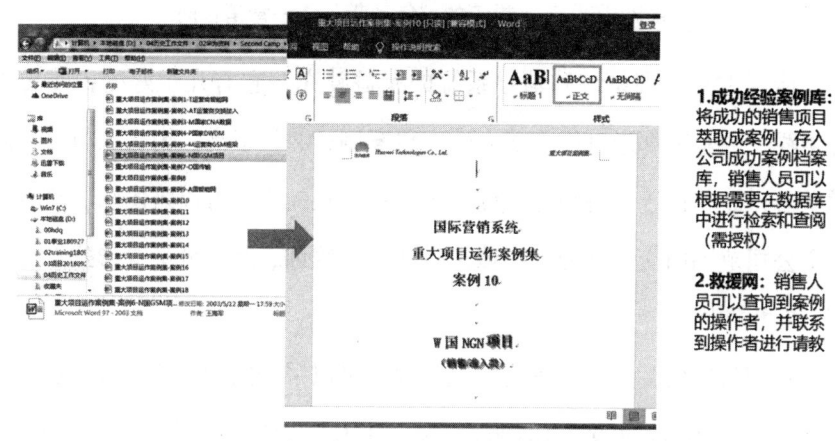

图7-14 华为的优秀销售经验萃取和内部救援网络

· 213 ·

销售运营管理

再来看看三一重工的"传帮带"。

三一重工是一家借助管理的力量快速崛起的民营企业,这家企业雄心勃勃,不惜重金向IBM公司学习西方管理体系。他们的"传帮带"体现为《营销百问》。将销售人员在客户那里会遇到的问题归纳整理出来,并组织优秀销售人员进行剖析、设计应对方法,通过这种方式的反复训练,提升销售人员在应对客户提问时应付自如(条件反射性)的技能。

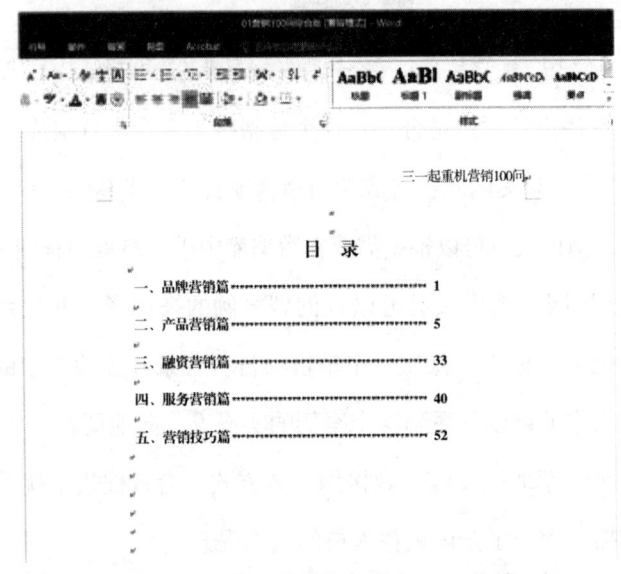

图7-15 三一重工的"传帮带"——营销百问

传帮带是培训系统和辅导系统的有益补充,它有几个好处:①更贴近实践,经验库都来自优秀前人的实践案例;②频率高:销售人员可以随时学习;③相比于销售辅导系统,传帮带的范围广,可以跨团队、跨区域在全公司范围内交流和分享。传帮带往往和培训、经验分享等形式结合使用,发挥作用。

在销售队伍的人员配置问题上,通常可以采用的竞争手段有三类:一是我的人比你的人更多,你100人,我就150人,压着你打;二是我的人比你的人更勤奋,你的人一天跑10家客户,我的人一天跑20家客户,更多触达、更多成交;三是我的人比你的人质量更高、更优秀。显然,前两种方式的数量差别是算术级别的,差别很难超过3倍;而第三种的提升潜力巨大,有多大呢?我们在给三一重工的一家经销商做辅导时,问他们最好的销售一年能卖多少台车,答案是1 000台,又问他们最差的销售一年能卖多少台车,答案是0,这个例子里,销售能力的挖潜空间高达1 000倍之多。我突出强调销售运营管理的一项重要使命是:"识别和最大化销售增长潜力",销售技能提升是最有机会挖掘销售增长潜力的富矿之一,企业综合利用"销售培训体系""销售辅导系统""传帮带"打造多层次、立体式的销售能力提升系统,必能收获丰厚的回报。

参考阅读:销售队伍巨大成功的秘钥——"写"的能力

在近几年辅导一些销售队伍的过程中,我发现"写"的能力对销售队伍成功发挥着不可忽视的作用。

对这一问题的发现,源于对两家遇到增长瓶颈公司的观察。

A公司经营工程设备产品。我给了A的优秀销售人员(包括一线销售代表和销售经理)一个优秀销售案例模板,请他们讲述他们的成功故事,并约定1个月后交给我。遗憾的是,1个月后我只收到寥寥数份,甚至收到的寥寥数份也质量堪虞。我和客户的高管探讨这个话题,高管说可能我高估了他们写总结的能力。进一步了解到这家公司的一线销售是没有配备电脑的,他们见客户时应该是没有演示和讲解公司产品的;在公司内部,也鲜做工作总结和汇报。有趣的是,A公司的招聘门槛是相当高的,211本科以上,不乏高学历研究生。看来不会写的原因应归结为参加工作后疏于锻炼。

另一家公司B,这是一家研发型公司,为一些重点客户提供研发服务支持。我们曾在这家公司的销售队伍实施大客户规划和管理,以及季度回

销售运营管理

顾两项管理举措,遇到了极大的阻力。销售人员以各种理由不愿认真规划客户的情况,理由如"细致的客户规划涉及客户的隐私,不方便写出来和在公司内部进行探讨"等,我们跟他们强调客户都是公司的客户,没有什么不能对老板汇报,而且客户信息公司也会绝对保密的,但收效甚微,老板也不愿意过于强迫。

此时,我联想和对比起研究过的多家领先的销售型公司,包括老牌的GE、西门子、IBM、辉瑞,也包括新锐华为、迈瑞、三一,发现一个有趣的现象,就是他们的销售人员的突出特征是善于"写"。他们勤于(也可能是被迫)写各种汇报,包括:

(1)写工作汇报:例如拜访客户记录表、协访辅导表(销售经理)、客户信息表等;

(2)写工作总结:被要求在各种场合运用业务计划书、SWOT分析等专业工具做各种总结汇报;典型如GE,人戏称员工都是"Review死"的。

(3)写给客户的演示PPT(专业叫法是Sales Presentation):例如三一,要求销售见到客户,打开电脑,演示三一公司实力、产品卖点、解决方案等(我们走访过三一重工的一些重点客户,他们表扬三一重工的销售很专业,每次带着电脑,每次必介绍企业的产品特征、卖点;而他们竞争对手的销售只带着一张嘴去拜访客户)。

这些例子中,最有名的当属华为了,华为的LTC堪称烦琐至极!

但这些公司的销售竟真的就这样获得了巨大的成功。尤其是华为、迈瑞、三一重工,均已挤入世界500强,成为中国企业的翘楚和骄傲。

我认为"'写'是销售队伍取得巨大成功的秘钥"这个规律有必然性。

首先,销售的核心职责是信息传递(亦作表达、沟通、口才),而"写下来"可以帮助销售更清晰、更准确地表达自己,同时,"写"本身也是最好的锻炼这些能力的方式。

其次,多数成功的人,都具备"计划性强"和"善于反省总结"的习惯,而这些优秀公司的做法,恰是通过制定BP(写业务计划)和及时Review(回顾总结)促进销售养成"计划性强"和"善于反省总结"的良好习惯。

再次,写也极大地锻炼思维能力。如果说运动是锻炼体魄的最好方式,那么"写"应该是锻炼大脑思维能力的最好方式了。动笔首先必须动脑,思路清晰,才能下笔成文,勤于"写"的人的思维必然比懒于"写"的人的思维更活跃、思路更开阔。而从群体和企业间竞争角度看,一群勤于动脑、善于动脑的人有什么理由打不过一群懒于动脑、不善动脑的人呢?

最后,写有助于查缺补漏、及时改进以及经验分享和传承。对个人而言,事先计划、事后复盘都有助于及时发现工作中的缺漏及时改进;而对整个销售组织而言,写有助于优秀经验的分享和传承,而这些,都是对销售队伍取得长期成功有很大帮助的一些因素。

相比之下,那些落后和止步不前的公司,多是销售人员和公司顽抗,拒绝做任何paper work,他们的借口是:"做销售,能把销量拿回来就ok啦"。对于个别的个体销售也许真的如此,然而如果想要取得像华为、迈瑞、三一公司那样群体性的、大面积的成功,也许,企业真的不得不要关注销售人员"写"的能力了。

许多销售公司在要求销售队伍勤于"写"的过程中,常遇到的尴尬是Top Sales带头唱反调,要命的是因这些Top Sales业绩好,销售们都会说:"看,都说了写没啥用吧?"于是Top Sales成了反例、绊脚石。

我们不否定一些天才的销售不需要"写"的能力就取得了巨大的成功,但我们观察,这些天才销售其实并非没有写,而是天然具备"写"

销售运营管理

在头脑中、"写"在心里的天然禀赋。事实上这些Top sales多数有随身携带记事本,及时将与客户沟通情况、待跟进事项记录下来的行为习惯。"写"的能力可能是他们成为Top sales的重要原因之一。

第8章
绩效管理与业务分析

第5章至第7章，我们分别介绍了销售运营管理4+1管理模式的市场目标制定（Goal）、策略制定（Tactic）及人员配置（Staffing）三个模块的流程、方法、工具等，由于预算（Financing）模块是按照市场机会导向，将费用分解到不同层级、区域及产品线上去，其方法与市场目标制定和分解较为相似，我们不再单独一章进行介绍。接下来笔者就主要介绍位于4+1管理模式中心位置的"绩效薪酬"模块。这一章我们先介绍绩效模块，下一章介绍薪酬激励模块。

绩效在整个销售运营体系中有两个重要的意义：一方面它承接市场目标、策略制定、人员配置及费用预算的4个管理维度的落地，将4个维度形成的一些关键决议分解成关键任务及可追踪的KPI（可量化的）或里程碑（不可量化的）。这是一个非常重要的过程，因为如果一些关键任务不能用KPI或者里程碑进行衡量，那么这项任务就极有可能会无法实现，正如德鲁克所说的"如果你不能衡量，你就不能进行管理（If you can not measure, You can not manage）"。因此，将各个维度的关键事宜落成绩效指标过程的本身，就是思考这些关键管理维度上的举措能否落地的过程。另一方面，这些细化的KPI或里程碑将成为销售运营部门在年度运营计划完成后，用于日常追踪4个维度关键任务执行情况的依据，销售运营部门需要依据这些绩效要求建立起完善的业务分析体系，并按周、月、季的周期性进行分析和追踪。所以，绩效模块主要有两个工作要完成：一是设计销售运营绩效KPI（或里程碑）体系，二是建立业务分析体系。

第1节　从策略到任务到KPI

500强企业流行一句话，叫"Plan is nothing, Planning is everything"。意思是说光有计划等于什么都没有，只有在执行中不断动态的调整，确保计划被完全达成才叫到位。所以，年度运营计划的完成并不意味着运营管理职能工作的结束，而恰恰只是开始。运营管理职能需要将制定的策略转化为具体的任务和KPI，确保各项实现目标所需的工作都能够被一一落实到位，最重要的仍然是要看结果。

如何将策略转化为KPI？这里介绍一个用于将策略分解为可追踪的KPI的3D模型。

3D模型

Develop tactic（制定策略）：为了实现业务目标，需要实施什么样的策略？这就是我们前面章节所介绍的策略制定的过程，如为了实现25%的增长，制定出"新产品开发策略""产品结构优化策略（加大高利润产品销售）"。

Define Key Control Point（识别关键控制点）：为确保策略被有效落实，需关注哪些方面的绩效额，需监控哪些点？比如说"新产品开发策略"最终落在全国10个重点省份，那么这10个重点省份的新产品开发进度，就是需要关注的关键控制点。

Design monitor system（设计管控体系）：为了有效监控关键控制点，需要什么样的管控体系？比如说，10个省份的新产品开发进度，我们需要多长时间回顾一次进度、回顾哪些内容、如何评价进展的好坏，这就要设计出一套管控的体系。

3D模型图参考图8-1。

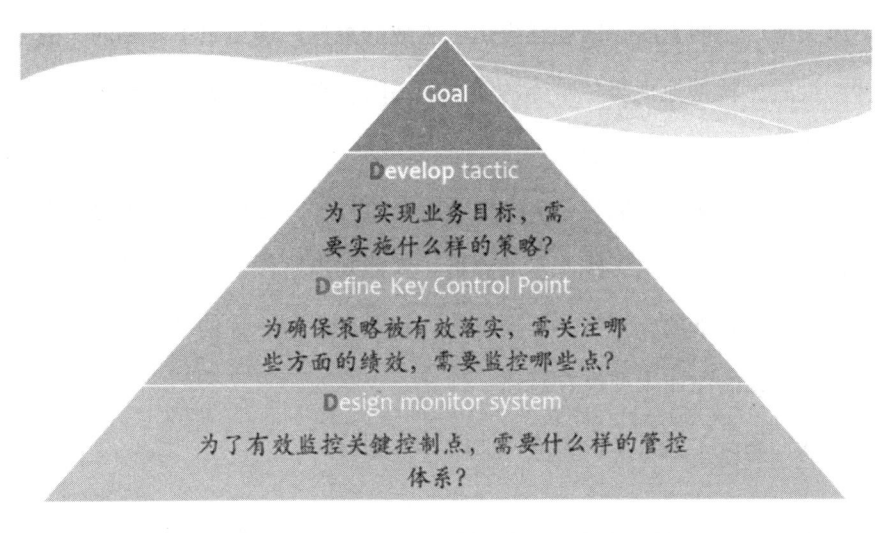

图8-1 3D模型：对业务目标的分解和支撑

很多企业都没有意识到需要这样的一个环节，结果，很多计划搁置起来，成为从不落地的空中楼阁。大家不要小看这个3D模型，仅仅通过这个3D模型就可以判断出一个经理人员的工作水平的高低，举两个例子：

不懂3D模型的做法：某家公司有一个高管，几年前就对老总说，我们要搞平衡计分卡，老总说很对，很支持，年年都说我们要落实平衡计分卡，一晃6年了，这个高管还是说我们要推行平衡计分卡，但从未形成具体策略和方案去落实。

懂3D模型的做法：我要招两名运营主管，我是这么跟我的上级汇报工作的：老板，我这个月的重点工作就是招两名运营主管，我打算找20份简历，从中筛选10个人面试，挑选出5个人，供您从中最终选择敲定2个人。我已经和人力资源和招聘小组都打好了招呼，已经在启动了。

你们看上面这两件事情，哪件会落地？哪件会实现？

再给大家举一个例子，在明末清初，有一个英雄，叫袁崇焕，当时努尔哈赤在东北关外崛起，兵锋直指京师。京城重臣在朝廷上为是战是和争论不休，而袁崇焕则自己一个人，骑匹马，跑到战争前线，细致考察了山海关地形。回来后，向朝廷提出了主战的意见，还给出了详细的作战方针。最后，就是他把努尔哈赤的清军铁蹄阻止在了山海关外，延缓了大明王朝的灭亡。

所以，如果你是老板，下次你听汇报的时候，就看看下属用没用3D模型，你就能知道下属工作水平的高低，就能知道这件事靠不靠谱，能不能成。如果你是下属，下次你汇报工作，你用3D模型，你的老板会觉得你很靠谱，对你的职业生涯也有好处。

我们用一个实例来说明如何使用3D模型。

案例一 从策略到任务到KPI

某家医药企业某一年度界定"提高单产"作为年度重要策略。管理层组织销售、市场、人力、财务、运营等部门讨论如何才能提高单产，大家经过几轮讨论，形成了共识，见图8-2。这些举措包括：

1. 高值产品进入更多医院：该企业产品有20mg和40mg两种规格，病

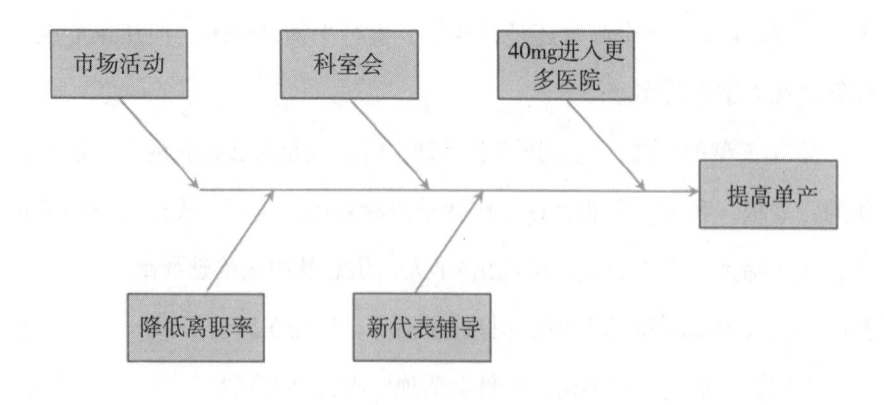

图8-2　从策略到关键控制点：鱼骨图

人可以使用2剂20mg和1剂40mg是等效的,但1剂40mg的售价比2剂2mg产品的售价高出1.25倍,因其是新包装,更易使用。因此,如果40mg卖得更多,企业就能够获得更高的收入。

2. 科室会:科室会是医药产品学术推广的重要手段,更频繁的科室会往往带来更多的销量。

3. 市场活动:恰当的市场活动对提高销售起到促进的作用。

4. 降低离职率:有经验的员工往往能比没有经验的员工销售更多的产品,离职率降低,意味着公司拥有更多有高技能的人员,单产必然会提升。

5. 新代表辅导:与上一条相类似,新业务人员成长得越快,销售能力越强,单产就会越高。

这样分解过后,企业的策略就分解成一个一个的管控点,同时也形成了任务。如科室会,那么就意味着销售经理、业务员都需要开展科室会活动,企业就需要管控销售团队是不是按照规划开展足够的科室会。又比如辅导,企业就需要管控销售经理是否及时地对新员工进行了适时到位的辅导,而辅导同时也就成了销售经理的一项任务。

管控点的本质含义,就是那些能够导向最终结果的过程量,即我做到了这些点,结果就会八九不离十(当然,商业世界瞬息万变,常有突发事件,没有百分百的事情)。

管控点到KPI

管控点就是关注点,就是需要关注什么。而KPI就是如何关注它,就是它究竟是好是坏。比如,降低离职率是一个管控点,那么离职率的KPI要解决的就是"离职率究竟应该降到多少或者应该下降多少"。

结果是一系列行为和动作的产物,找出产生结果所需的行为和动作,就是我们这一章节里所说的管控点和KPI的主旨。好比世界拳王争霸赛，为了取胜，拳击手需要做的是不断地挥拳，他们日常所做的一切训练，就是让自己在体力限制内能够挥出更多的拳，能够让每一拳都更加有力量。所以，据说世界拳王阿里每天的训练内容就是把直拳、勾拳、摆拳各种动作反复练习1 000次，左右拳各1 000次。

在足球赛中，比赛评论员往往用一系列技术指标来评论比赛，包括控球率、传球率、抢断次数、射门次数、角球个数、任意球数、失球个数等。世界杯比赛的输赢，很大程度上是这一系列行为的产物，因此，评论员用这些技术统计来预判比赛结果。只要一支球队，控球率持续领先、抢断次数持续领先、射门次数保持领先，大多数情况都能赢。所以场边的教练不停吼的是"传球！传球！""传中！传中！""射门！射门！"而不是吼"进球！进球！"这就是过程管控，好的过程必然会产生好的结果。识别出那些能够导致好结果的行为，然后确保这些行为被持续地坚持。

商业世界也是如此，管控点识别准确、KPI值表现好，那么你就有较大的胜算。

有一次我到一家医疗器械公司的销售区域里做培训，原定晚上7点开始，由于部分销售人员很忙，一直拖到8点才开始。我就问他们怎么这么忙，他们说医院里手术非常多，他们需要进入手术室协助医生开展手术，因此常常从早忙到晚。我听他们描述完，我立刻判断这个区域当年的"新客户开发"策略目标恐怕是难以达成了，因为所有销售人员都那么繁忙，根本没有时间去和新的潜在客户建立联系和推销产品，又怎么可能开发出新客户呢？到了年底，这个区域的新客户开发任务果然完成得非常不理想。所以，如果你没有把策略有效地转化为活动和行为，你就必然不可能拿到你想要的目标和结果。

案例二　GE某事业部业务人员KPI（部分）

销售代表	工作标准	KPI	数据质量要求
目标客户数量	1.60~80目标客户	1.目标客户数量达成率（实际/公司要求）≥100%	-所有要求的医生信息必须完整 -医生信息必须准确 -所有医生信息必须真实，不存在假医生
拜访活动绩效	2.应有90%的时间在区域里拜访客户或开展业务活动 3.拜访频率标准 -A级客户，6次/月 -B级客户，4次/月 -C级客户，2次/月 4.客户覆盖率 -A级客户：90% -B级客户：80% -C级客户：80% 5.科室会：2次/月 6.每天拜访次数：12次	2.区域拜访时间达成率（实际/公司要求）≥100% 3.拜访频率标准 -A级客户拜访频率达标率（实际/公司要求）≥100% -B级客户拜访频率达标率（实际/公司要求）≥100% -C级客户拜访频率达标率（实际/公司要求）≥100% 4.客户覆盖率 -A级客户覆盖率达标率（实际/公司要求）≥100% -B级客户覆盖率达标率（实际/公司要求）≥100% -C级客户覆盖率达标率（实际/公司要求）≥100% 5.科室会达成率（实际科室会次数/公司要求）≥100% 6.每天拜访次数达成率（实际每天拜访次数/公司要求）≥100%	-所有的拜访必须真实，不存在虚假数据 -不得存在冲突的数据，如开内部会议的同时有拜访 -不得存在违背逻辑的数据，例如1天内做100个拜访
市场活动绩效	按时完成计划的市场活动	—	-活动信息真实、完整

这是销售业务人员的一部分KPI指标，主要是过程运营的一些指标。从这些KPI可以看出，GE界定了一些与业务结果高度相关的"关键控制

点",包括目标客户数、拜访活动、市场活动,这基本上覆盖了销售人员的主要业务活动,即找客户、做拜访、组织市场活动。只要业务人员在市场上不断地找客户,不断地做拜访活动,不断地组织市场活动,业务的结果就十有八九不会差。就好比足球场上,只要球员们在不断地奔跑、传球、控球、射门,进球的概率就有保证。

这些控制点又细化出具体的KPI,以"拜访活动绩效"为例,从工作时间、客户覆盖、对不同客户的拜访频率、每天的工作量各方面,都做出了细致的规定。

不论是管控点,还是KPI,都指向结果和目标,目的都在于确保所有的业务人员把时间花在和客户打交道、影响客户的活动上,因为一个企业,唯有和客户接触的时间才能产生收入。客户对企业的感情和依赖,与企业投入的"和客户在一起的时间"是成正比的,这也是我的导师包政先生所说的"有组织、有系统地走进客户价值链"的真谛所在。

第2节 绩效跟踪与分析

笔者观察到,很多想要改善绩效管理的企业往往喜欢强调考核、强调与薪酬挂钩、强调绩效管理驱动行为,结果很多企业搞绩效工作搞不下去,因为这种做法没有参透绩效的真正价值、没有厘清绩效的真正目的。绩效管理的价值和目的不在于考核人,也不在于让人干活,绩效的本质目的是找出偏差和不足、持续改进和帮助人员成长。所以绩效的重点不在于"考核",而在于"分析",这也是为什么我们的绩效跟踪不是和考核、不是和KPI放在一起,而是和分析放在一起的原因。本文将用"气泡图"和"业务分析智能化"来说明如何利用业务分析进行绩效管理。

1. 气泡图

图8-3是一个非常经典的绩效管理图表，叫"气泡图"。它用于管理销售区域或销售人员的绩效，是一个非常好用的工具，因为它包含了销售人员最主要的3个绩效指标：销售额、完成率和增长率。

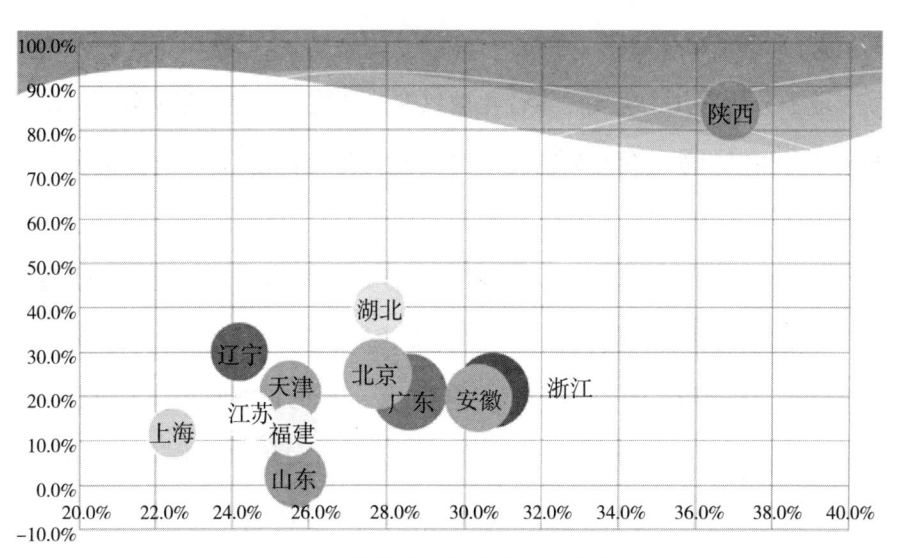

图8-3 业务分析经典图表：气泡图

销售额就是气泡的大小，气泡越大，说明该单位给公司带来的绝对销售额越大、越重要；

达成率是横轴（或纵轴也可以），气泡的位置越靠近轴的远端，就表示完成得越好，相对位置就展示不同销售区域或人员的相对比较情况。

增长率是纵轴（或横轴也可以），气泡的位置越靠近轴的远端，就表示增长越高，相对位置就展示不同销售区域或人员的相对增长高低。

因此，这个分析图表让各个区域的业绩表现无所遁形，每个人都很清楚自己的位置在哪里，所有人都会铆着劲儿去做到更好。笔者和销售队伍打交道多年，发现销售人员有时不是那么介意多赚一点儿、少赚一点儿，反而很介意相对比较，所以销售竞赛往往是一种很有力度的绩效和激励手段。

利用此气泡图，其实还可以诊断出很多销售管理的问题，如区域的划分是否合理、指标的分配是否均衡等。

这是绩效管理的真正要义所在，它不在于考核谁或扣谁钱，而在于发现问题、持续改进。

2. 业务分析智能化

业务分析有几个重要因素往往被忽视。如数据采集、建模分析，以及及时将分析结果快速传递给需要依据分析做出决策的人。很多业务分析人员只关注第二个环节，却往往忽视第一个和第三个环节。

第一个环节是数据采集，即依据业务目标和策略，决定监测哪些数据、采集哪些数据以及如何采集。其实就是来自我们之前的"目标—策略—管控点—KPI"的层层分解。这是业务分析的精髓所在，不懂业务，不懂策略，是不可能分析出门道来的，这是业务分析的"本"。很多业务分析人过度追逐分析报表的复杂度和美观度，可谓舍本逐末。

第三个环节是将分析结果转化为行动的关键，只有分析结果被决策者或者操作者吸收和理解，才能起到我们所说的转化为行动、持续改善的效果。而这个环节也往往为企业所忽略。很多业务分析人员只为老板服务，很多分析报告止于老板，而真正重要的是要把分析的发现向业务人员解释，并告诉他们他们需要采取什么行动。因此，我们需要建立"绩效仪表盘"来将各级业务人员需要获得的绩效反馈传递给他们，以促进他们改进。绩效仪表盘可以用Excel、PPT或者BI软件系统来实现。

在GE某事业部任职的时候，我建立了一套智能业务分析系统，叫"GEOMS"，意思是GE的运营管理系统（Operation Management System），以用来解决第三个环节"业务分析转化为行动"的问题。图8-4就是这套解决方案的一个截图。在这个系统中，笔者将关键管控点转化为及时的业务分析报告，这些管控点包括各产品线整体业绩达成、销售费用进展情况、重点客户动态、重要市场活动进展情况、最新的客户拜访活动等。

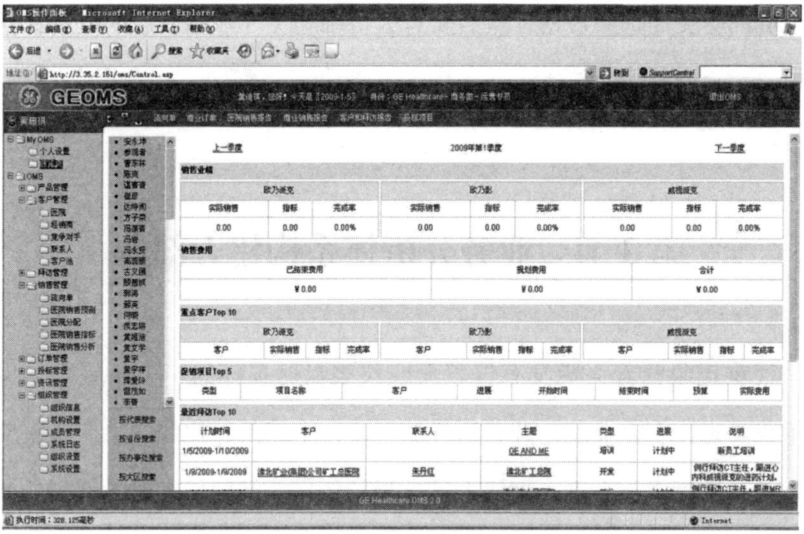

图8-4 业务分析智能化

这些业务分析结果放在系统中，权限按层级设置，自动发布给各个层级的人员，如你是北中国区的销售总监，那么系统就把你这个区域各个管控点的这些关键情报呈现给你。而如果你是广东省的省经理，那么呈现的就是你这个省份的情况。

然后，它允许向下延伸。也就是说如果你是中国区总经理，那么默认呈现的是整个中国区的情况，但你可以选择按大区、区域、省份、甚至特定销售代表去调取相应的数据。

同时，它是横向扩展的，产品人员、市场人员以及后台人员，都有相应的权限去了解这一系统中的信息。产品人员在配合销售代表走访客户时，可以提前获知特定客户的销售情况及各级人员最近在该客户所做的工作，甚至是竞争对手对该客户的动作。对跨职能协同行动起到了非常好的支持作用。

它还有一个"销售分析"的模块，提供一些延展的、专项的深度分析，如销售趋势、某家客户最近3个月销售情况等。

这个业务分析系统可产生持续的驱动力，因为一个月一旦结束，所有的人员都会关注这些数据，然后所有人员都会关注业绩背后的原因，并采取相应的改善业绩的行动。

第3节 业务分析体系构建五部曲

很难想象开着一辆没有仪表盘或仪表盘已损坏的车上路旅行。但近几年我发现许多企业就是开着这样的"车"上路的，比如一家广东省50强的企业，季度复盘会上，销售人员自报的销售业绩竟然和财务部门的数据大相径庭，这好比你车开着开着，仪表盘显示是满油的，结果却突然抛锚了，又或者你正在高速上狂飙，车子突然爆胎了，而仪表盘却没有报警。许多企业并没有建立完善的业务分析体系监测，诸如销售人员在跟进多少客户？有多少商机？这些商机有多大的把握可以成交？有多少可以转化为真金白银的回款？因此，我们介绍一下业务分析体系构建的方法和要诀（如图8-5所示）。

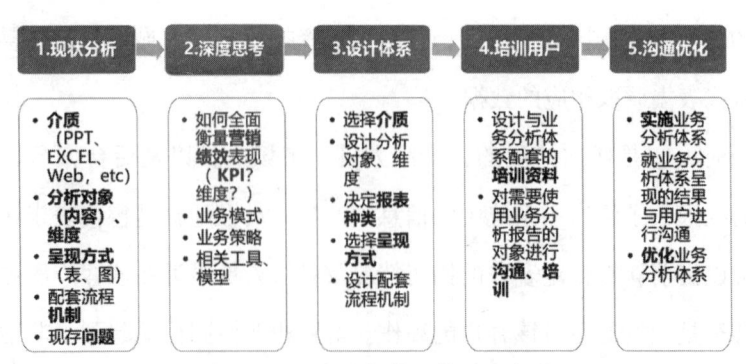

图8-5 业务分析体系构建五部曲

业务分析体系构建的第1步，如图8-5所示，是现状分析。首先要分析企业目前业务管理体系中常用哪些报表，即自上而下各级人员常看哪些报表，包括这些报表的介质是什么形式（PPT、Excel、Web）的报告？这些报告的分析对象（结果数据、过程数据、行为数据等）有哪些？都是从哪些维度进行分析的？是否有规范的业务报告制作、复核、汇报的机制流程？存在哪些问题？等等。许多企业在这个环节上存在的常见问题有：完全没有业务分析体系；时有时无；分析内容残缺不全；或者随机性很强——今天分析这个、明天分析那个，缺乏系统性和连贯性等。

业务分析体系构建的第2步，是深度思考"如何全面衡量营销绩效表现？"就好比驾驶，我们需要监测的指标包括时速、油量等，那么经营你的企业需要监测哪些关键绩效指标（KPI）呢？本章第1节介绍的3D法就是从策略分解出关键绩效指标的方法，此外还有业务模式分析法、"好勤快"法（见本章末参考阅读）、指标库法等多种方法。企业应综合应用多种方法，识别衡量本企业营销绩效的系列KPIs。这些KPIs是构建业务分析体系的基石，业务分析体系的构建应紧密围绕这些指标进行。企业在这方面的常见问题有：缺乏完整性，比如对流量式销售模式的企业而言，覆盖率、客户份额都是非常重要的衡量销售表现的关键指标，而对项目式销售模式的企业而言，赢单率、商机把握度也是十分重要的衡量销售表现的关键指标，但这些GE、华为等领先公司常用的指标在其他企业却极少作为重要指标加以衡量和追踪；另一个极端是精准性不够，有的企业监测四五十种关键指标，各种报表泛滥，流于形式，反而成为耗散管理者精力的累赘。

业务分析体系构建的第3步，是设计报表体系，即围绕第2步梳理出来的关键KPIs设计各类数据分析报表，包括分析维度、报表种类、呈现方式等。以销售增长率指标为例，我们可以从整个公司、分区域、分产品、分客户类别等不同维度加以分析，多个指标分别以不同维度加以分析，就形成了形形色色的各式供各级管理者查看的报表。

销售运营管理

业务分析体系构建的第4步，是培训用户，即需要阅读这些数据报表的各级人员。要撰写培训的PPT，并培训用户，告诉他们公司为什么关注这些KPI？做好这些KPI对业务有什么帮助？从哪里、何时可以获取这些业务数据报告？如何解读、理解这些数据报告？等等。这个环节常被企业忽略，但却是实现企业上下统一管理语言、达到上下同欲、利出一孔的重要一环。

业务分析体系构建的第5步，是沟通优化。数据分析的结果只有被需要知道这个结果的人知悉、理解并采取相应的行动，才能达到持续改进的目的。例如，某个区域某个产品卖得不好，除非这个区域负责该产品销售的经理意识到了这个问题，并着手去加以改善，否则业务分析体系就不能真正发挥作用。许多企业也会忽略这个环节，把数据分析报告制作出来，发放给各级管理人员就默认用户会去认真阅读、理解并加以改进，事实往往不如人愿。因此，最好和数据分析发现异常的区域、人员（异常包括异常得不好，也应包括异常得好）组织正式的沟通，探讨数据异常产生的原因，这样才能真切地促进绩效改进。

业务分析体系构建的关键是对业务的洞察

许多企业和销售运营人员在构建业务分析体系时容易陷入追求技术高大上的误区，耗费大量的精力钻研很复杂的数据分析工具，或者BI软件，事实上做好业务分析的关键是对业务的深度洞察，即上述五部曲中的第2步。我们以数据分析领域广为传播的某司令员的故事来探讨这个问题：

……司令员每天深夜都要进行例常的"每日军情汇报"：由值班参谋读出下属各个纵队、师、团用电台报告的当日战况和缴获情况。

那几乎是重复着千篇一律的枯燥无味的数据：每支部队歼敌多少、俘虏多少；缴获的火炮、车辆多少、枪支、物资多少……

司令员的要求很细，俘虏要分清军官和士兵，缴获的枪支要统计出机枪、长枪、短枪；击毁和缴获尚能使用的汽车也要分出大小和类别。

经过一天紧张的战斗指挥工作，人们都非常疲劳。整个作战室里面估计只有定下这个规矩的司令员本人，还有那个读电报的倒霉参谋在用心留意。

……

在大战紧急中，司令员无论有多忙，仍然坚持每晚必做的"功课"。一天深夜，值班参谋正在读着下面某师上报的其下属部队的战报。说他们下面的部队碰到了一个不大的遭遇战，歼敌部分、其余逃走。与其他之前所读的战报看上去并无明显异样，值班参谋就这样读着读着，司令员突然叫了一声"停！"他的眼里闪出了光芒，问："刚才念的在胡家窝棚那个战斗的缴获，你们听到了吗？"

大家带着睡意的脸上出现了茫然，因为如此的战斗每天都有几十起，不都是差不多一模一样的枯燥数字吗？司令员扫视一周，见无人回答，便接连问了三句：

"为什么那里缴获的短枪与长枪的比例比其他战斗略高"？

"为什么那里缴获和击毁的小车与大车的比例比其他战斗略高"？

"为什么在那里俘虏和击毙的军官与士兵的比例比其他战斗略高"？

人们还没有来得及思索，等不及的司令员大步走向挂满军用地图的墙壁，指着地图上的那个点说："我猜想，不，我断定！敌人的指挥所就在这里！"

……

故事的结局是司令员依据数据发现并围歼了敌军一个重要指挥所，取得了战役的关键性胜利。

从这个成功的数据分析的故事里，我们可以得出三点启示：

销售运营管理

1. 司令员是否使用了很复杂的数据分析工具进行数据分析？显然没有，那个时候连Excel都没有，该司令员使用的估计是最简单的铅笔+小本子。看来成功的业务分析和高大上的分析工具没半毛钱关系。

2. 故事里是司令员发现了数据的异常，但显然动手做数据分析的不是他自己，他只是"听"数据分析汇报，为什么擅长做数据分析的人（他的下级）无法捕获数据分析中的关键情报？显然这是因为司令员懂每项数据背后的意义，能够解读数据反映出来的军事问题，是业务敏感度（business sense）在发挥作用。

3. 司令员手下的数据分析人员分析的数据包括："每支部队歼敌多少、俘虏多少；缴获的火炮、车辆多少、枪支、物资多少…"真烦琐！为什么不能只统计"歼敌多少"？显然只统计歼敌数就难以达到故事中的效果。问题是，为什么司令员知道需要统计这么多种数据？显然，还是业务感（business sense）在发挥作用——司令员头脑中有个"理想模型"，知道应该用哪些指标去衡量（Measure）每场战争能获取有价值的情报信息。

从这个故事我们可以得到一个结论：要做好数据分析，关键在于你要"懂业务"——包括两个方面，一方面你需要知道要用哪些数据去衡量（Measure）业务状况，如司令员知道要采集歼敌、俘虏、火炮、车辆等数据；另一方面，你需要能看懂数据报表背后隐含的意义，如司令员从3个略高的数据判断出这是指挥所所在。这里的"懂业务"，其实就是前述五部曲的第2步，对营销绩效关键指标KPIs的深度洞察。

我们可以用数据分析的"微笑曲线"来探讨这个话题。

"微笑曲线"（Smiling Curve）理论是宏碁集团创办人施振荣先生在1992年为了"再造宏碁"提出的有名的理论，以作为宏碁的策略方向。这个微笑曲线也被誉为"施式产业微笑曲线"，可作为各种产业的中长期发展策略指引方向。微笑曲线将企业经营分为三个环节：研、产、销。如

第8章
绩效管理与业务分析

图8-6所示，微笑曲线两端朝上，代表在产业链中，附加值更多体现在两端——研发和销售，处于中间环节的制造附加值最低。微笑曲线认为：企业只有不断往附加价值高的区块努力才能获取高利润、持续发展与永续经营。

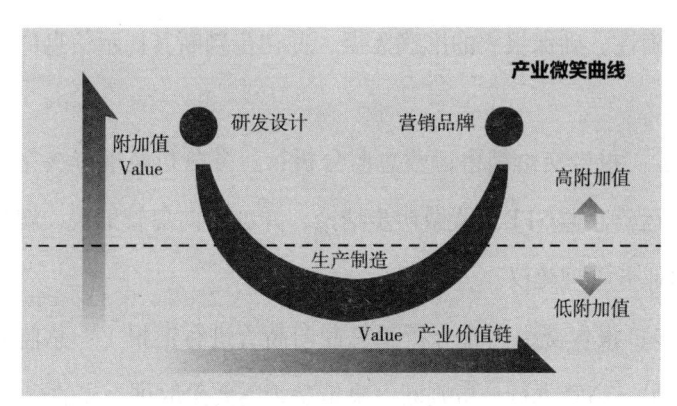

图8-6 产业微笑曲线

我们来为"数据分析"也画一条"微笑曲线"。请大家回忆企业里"制造"出"业务分析"的过程是不是这7个步骤：

第1步：公司高管发出业务分析需求指令：公司高管，通常是CEO、销售VP，意识到需要关注/强调企业经营绩效的某个方面，如"老客户维系及其份额提升"。

第2步：销售运营总监（SFE总监）理解、解读和传达指令：销售运营总监获知公司高管的这项意图，充分理解其重要性，意识到必须从数据分析角度衡量和驱动该方面改善的必要性，如"需要设计一个看板来推动所有销售人员改善老客户维系及其份额提升"，并将其传达给业务分析经理。

第3步：业务分析经理设计业务分析方案：业务分析经理接到销售运营总监的指令，开始思考如何设计看板、仪表盘，如"从哪些维度衡量老客户维系和客户份额提升？如何呈现报告？"

第4步：业务分析主管/专员操作具体数据处理：业务分析经理要求下

销售运营管理

属业务分析主管或专员动手整理数据,制作报告。业务分析主管/专员开始找数据,比如问销售人员要大客户的竞对信息、潜力数据,加以数据处理,完成报告制作。

第5步:报告交由业务分析经理审核:业务分析经理会检查数据的可靠性、准确性,确保报表的准确无误,并初步判断其揭示信息的可信性和可靠性。

第6步:报告交由销售运营总监分析:业务分析经理审核完毕后,提交给销售运营总监/SFE总监做初步结论,并准备向高管汇报、解释数据结果,提出业务管理建议。

第7步:报告交由高管分析(总监向高管进行汇报):总监向高管呈报数据结果,高管进行分析判断,决策是否需要采取进一步的行动。

我们把这7个步骤连成一条线,这里的"价值"用每个步骤的主负责人的年薪高低来衡量,我们会发现1、2、3、4步的价值渐次降低,到第4步是最低点,之后第4、5、6、7步的价值又渐次提升,就会发现它就是一条典型的"微笑曲线"。

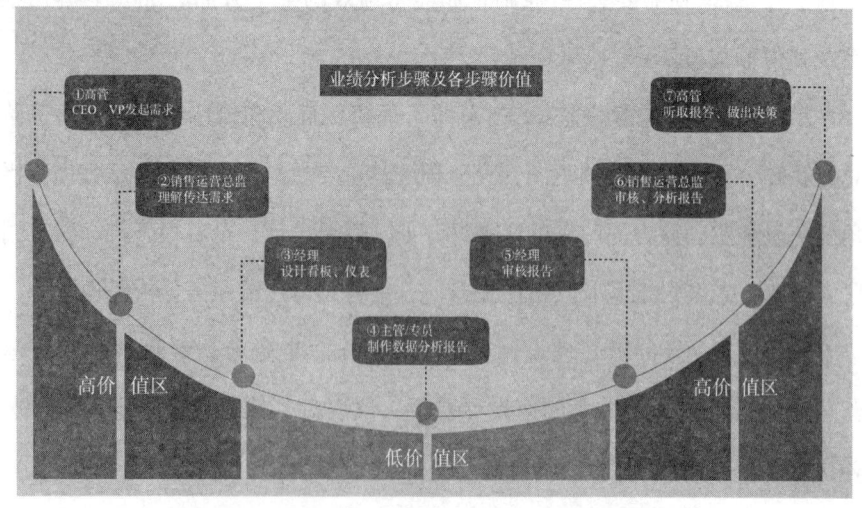

图8-7 业务分析(数据分析)的"微笑曲线"

根据数据分析"微笑曲线",我们发现业务分析更有价值的工作是1、2和6、7,即应该花更多时间去思考业务、思考管理,梳理、识别那些能衡量和驱动营销绩效的关键指标。如果做不好这一环,即使使用再先进的技术、再高大上的工具,也难以对业务产生真正的帮助。

参考阅读:销售绩效管理"好勤快"模型

"好勤快"模型是另一个用于识别、梳理销售绩效KPI的实用工具(见图8-8)。好勤快模型也称为"三效模型"或者"三E模型",是英文单词Effectiveness、Efficiency、Enablement的缩写,分别是指效果、效率、效能。"好勤快"模型更符合中国人的语言,简单易懂、简洁易记。

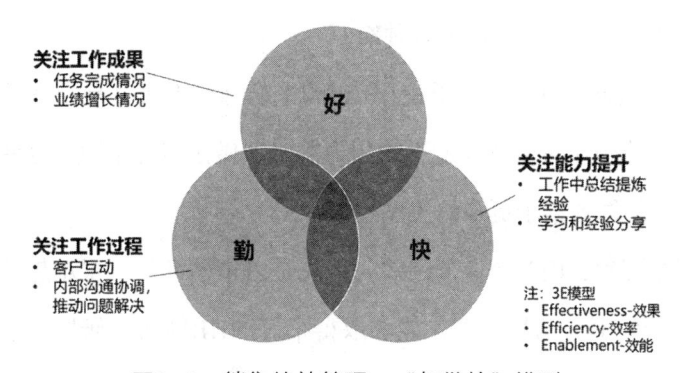

图8-8 销售绩效管理:"好勤快"模型

好勤快模型是指企业可以从三个维度来管理和提升一线销售人员的销售绩效:

1."好"的维度:关注工作成果,即最后实现的成果,销售总归要结果说话,包括任务完成率、销售增长率、利润率等指标。

2."勤"的维度:关注工作过程,这部分指标反映一线销售人员是否在积极地和客户开展互动,更多的互动,往往带来更多的生意机会和更好的销售绩效，包括客户覆盖率、走访频率、销售工具利用率等指标。

3."快"的维度：关注销售能力提升，包括产品知识考试、销售技能熟练度、毛利率。

值得注意的是在梳理的时候，对销售而言，一般建议"好"一类的指标权重不低于70%，而"勤"和"快"相加不高于30%。

参考阅读：世界领先企业绩效管理的三个特点

第一，企业的绩效首先是营销的绩效

谈到企业绩效，很多朋友可能首先会联想到KPI和平衡计分卡。这是两种非常常见的绩效管理工具，它们有一个共同的特点，就是强调从战略分解到战术，自上而下，层层分解到各个职能，生产、销售、人力资源、研发、财务，形成各个部门的各种KPI。

世界领先企业也一样广泛使用KPI和平衡计分卡来管理企业绩效，在实施上与其他企业对所有职能平均用力的一般做法略有不同，这些企业会对营销系统的绩效给予更多的关注。

这不难理解，因为企业的绩效，首先是营销的绩效。很难想象一家公司在营销绩效不好的情况下，能够取得很好的HR绩效、研发绩效、生产绩效。

领先企业对营销绩效的重点倾斜体现在以下几个方面。

（1）目标确定的优先度。在制订战略和绩效计划的时候，优先确定市场目标和营销战略，再由市场目标、营销战略推导出其他职能的关键任务和绩效计划。如营销推广计划会引导财务预算管理、营销人员需求会主导人力资源的招募和培养计划、营销产品规划会引领企业的研发计划、营销预测会影响工厂生产的节奏、营销的区域布局会影响物流部门的配送规划等。领先企业会着重制订营销战略和计划，使其牵引整个公司的资源流

动方向和时间节奏。这也是所谓的"让听得见炮声的人指挥炮火"原则的一种体现。领先企业在制订企业绩效计划时的步骤，如图8-9所示。

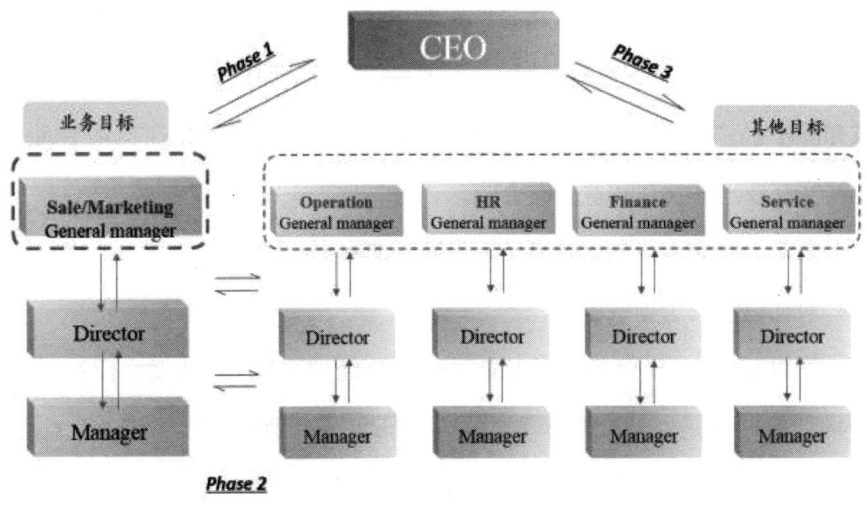

图8-9 世界领先企业中真正的绩效管理流程

（2）组织支持力度强。对营销绩效的倾斜并不止停留在口头和管理层的注意力管理中，领先企业通过组织的设计确保对营销绩效的优先管理。领先企业往往设立专业的部门，对营销绩效进行管理，称为"销售绩效部"（也有称为"销售运营部""销售有效性部""销售市场绩效部"、Sales Force Excellence、Sales Excellence、Marketing and Sales Excellence或Commercial Excellence等）。这个部门专门对营销绩效进行管理。大概只有营销绩效，才享有设立专门部门进行绩效管理的待遇。其他职能部门的管理则没有这么高规格的配置。

（3）日常关注度高。传言京东管理全靠四张表格（能力价值观、绩效ABC等）。我对此颇为怀疑，因为据我所知，老板们天天看的应该是另外一套表格，一套反映营销绩效的销售额、利润、费用、核心客户流失率等重要指标和数据的图表。老板们精力有限，他们查阅日常报表最多的通常还是营销绩效报表。

（4）把营销绩效作为全局绩效，加于所有部门之上。很多领先企业会把职能绩效的10%~20%和整个营销系统的绩效相挂钩。营销绩效优异，那么产、销、人、发、财（指生产、营销、人力资源、研发、财务各个部门）都可以获利；但如果营销绩效不理想，其他部门的10%~20%绩效也就被扣掉了。"胜则举杯同庆，败则拼死相救"，不仅仅停留在文化层面，也实实在在地体现在利益层面上。

第二，领先企业的绩效更多基于客观的数据

对比以下两个场景：

场景1：在一家企业，当老总问营销总经理"X省经理怎么样？"通常得到的回答是："X省经理来公司好几年了，业绩一直不错，工作很努力。"

场景2：在领先企业里，这个回答则会是另一种情况："他来5年了，过去5年的业务增长率一直都在两位数以上，排名公司前5名，现在带领8名城市业务员，离职率一直保持在较低水平。"

两个场景反映出一般企业和领先企业绩效管理的差别。第一种侧重于主观评价，随意性很大；而第二种则全部基于客观数据，相对客观了很多。

不要小看了这种差别，这种差别可能带来天壤之别。我举一个历史小故事来说明这种差别。在一次规模不大的宋金战争中，宋朝战败并支付大量赔偿后金兵退兵，但当事将领、地方官员则跟朝廷奏报成金兵来犯、宋朝将其击退，由于买通了皇帝身边的高官，竟反而获得了皇帝的嘉奖。

这个小故事告诉我们，如果企业没有客观、强大地反映企业真实经营情况的数据系统，那么往往只能通过"人治"主观判断企业经营情况，这种风险是可想而知的。

所以，在GE有一个文化叫作"You don't talk, I don't talk, Number talks."意思就是做得好不好，数据说话。在某个全球经营的跨国公司的

CEO办公室里，有一个特别的地球仪，这个地球仪可以显示各个国家市场的最新业绩，如点击中国，地球仪就会浮现出中国市场的销售业绩、客户数量、拜访次数等业绩KPI的数据。

第三，领先企业绩效管理首先和业务分析、持续改进相挂钩，而不只是和考核相挂钩

很多企业在做绩效的时候，首先想到的是绩效协议，一般在年初起草一份绩效协议，约定KPI，半年或者年度对绩效协议进行打分，然后应用于赏罚擢黜。也就是说，绩效通常仅和考核相联系。

领先企业也将绩效与考核相挂钩，然而它们更重视在过程中对绩效数据的持续追踪和改善，所以它们的绩效往往是和业务分析或者运营分析相联系。比如，对于销售的销售目标达成率，领先企业会每个月甚至每周分析不同区域、不同产品、不同渠道的业绩，及时找出业绩不佳的点，施加影响。又比如离职率，往往也会每月进行动态追踪和分析，找出原因，及时改善。

通过过程中的持续分析和及时改进，达到排除障碍、促成绩效、持续改进的绩效管理的核心目的。

以上三点，是世界领先企业绩效管理的突出特征。可以据以判断出企业绩效管理水平的成熟度。

第9章
销售激励和奖金设计

在前面几章，我们完成了年度运营计划大部分内容的设定，回答了该设定什么样的市场目标、该采用什么样的销售策略、该在组织结构和人员数量及质量上做怎样的布局、该如何分配我们的预算，并阐述了如何将这些运筹都落到绩效KPI上。但是，再完美的计划也需要靠人去完成。这一章，我们就介绍销售运营管理最有挑战性的销售激励设计模块。

奖金设计是运营管理的重要课题，因为企业目标、策略、行为和结果就需要依靠奖金来黏合和打通。这是因为企业的成功依赖于个体的贡献，而个体做出贡献的大小则取决于其意愿（或者说动机）。一百年的管理历史，对人的动机进行了诸多研究，并形成了诸多假设，从"经济人"到"社会人"，又从"社会人"到"复杂人"，但笔者认为"经济人"始终是一个主导的因素，这包括两层意思：一是经济因素仍是绝大多数人的主要工作动机；二是就个人而言，在经济需要、社会需要、成就需要等诸多需要中，经济需要仍是居于主导地位的。

第1节　销售奖金是目标、策略、行为、结果的黏合剂

一个好的销售策略，如果不能有效地和销售人员的利益结合起来，就

不会得到很好的执行。就好比我们在"策略制定，决胜2012"案例中所讲的那样，即使公司强调一万遍，上半年一定要达成，也不及设计半年奖的效果来得奏效。

笔者供职的公司的销售副总裁非常重视奖金的作用，笔者曾问他把一家小公司发展到大公司，成功的秘密是什么，他的回答是"People work for money，所有的管理，最核心的东西就是让一个人从他的行为结果中获利"。也因此，在每年的销售策略宣讲会中，他总会用上1/3~1/2的时间用于向各层销售人员去解释销售奖金设计背后的策略含义，并告诉他们如何做能够获得尽可能多的奖金收入。笔者也曾和瑞士制药巨头诺华制药公司的CMO交流过这个秘密，这位来自美国的CMO听了"People work for money"的秘密后深表同感，补充道"That's right, people would like to work for a bad boss with a lot of money, rather than a nice boss with poor money."（人们宁愿为一个很有钱的坏老板工作，也不愿跟一个没钱的好老板工作。）

本节通过下面的案例，来分析奖金对人的行为的影响。

朋友和一个小老板在路边闲聊，这个小老板谈及如今的生意，感慨颇多，他曾经辉煌过，于兰州拉面最红的时候在闹市口开了家拉面馆，日进斗金，后来却不做了，朋友心存疑虑地问他为什么。

"现在的人贼着呢！"老板说，"我当时雇了个会做拉面的师傅，但在工资上总也谈不拢，开始的时候为了调动他的积极性我们是按销售量分成的，一碗面给他5毛的提成。经过一段时间，他发现客人越多他的收入也越多，这样一来他就在每碗里放超量的牛肉来吸引回头客。一碗面才四块，本来就靠个薄利多销，他每碗多放几片牛肉我还赚哪门子钱啊！后来看这样不行，钱全被他赚去了！就换了种分配方式，给他每月发固定工资，工资给高点儿也无所谓，这样他不至于多加牛肉了吧？因为客多客少和他的收入没关系。但你猜怎么着？"小老板有点激动了，"他在每碗里都少放许多牛肉，把客人都赶走了！"

"这是为什么？"朋友激动地问道。

这个小老板说："牛肉的分量少，顾客就不满意，回头客就少，生意肯定就清淡，他（大师傅）才不管你赚不赚钱呢，他拿固定的工钱，巴不得你天天没客人才清闲呢！"结果一个很好的项目因为管理不善而黯然退出市场，尽管被管理者只有一个。（笔者注：此案例材料来源于互联网）

在上面的案例中，我们清晰地看到奖金对于人的行为的巨大影响，即使你有非常精妙的策略，如果你不能通过奖金设计让你的策略转化为销售人员的利益，并牵引他们的行为，那么你的策略就很有可能会泡汤，至少会大打折扣。

第2节　中国销售奖金设计的四大要素

确立起奖金的原则非常的重要，就是奖金的核心依据是什么。俗语说，"不患寡而患不均"，如何算"均"，其实就是奖金的原则问题，或者说分配依据原则。分配原则清晰、透明、合理、公认，人心才能顺，才能齐，人心齐，事业才能成。

那么奖金究竟应该依据什么进行分配？笔者多年操刀奖金设计的依据，总结出了四大要素：①贡献导向；②绩效导向；③策略导向；④竞争导向（见图9-1）。

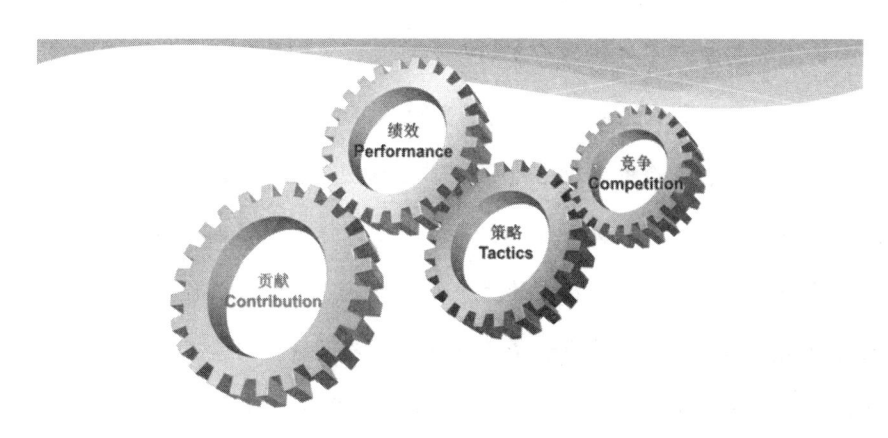

图9-1 奖金设计的四大要素

1. 贡献因素：奖金首先是基于贡献的

这四个要素的顺序不可变更，也就是说最重要的依据就是贡献。这和主流的奖金基于绩效的理念是有差异的，笔者用几个案例来说明为什么奖金首先要基于贡献而不是绩效。

——一个表现优异的公司前台（150分），和一个表现平平的总经理（80分），谁应该拿更高的年终奖？

——销售总监转做公司前台，是否还应该拿高奖金？

——"A销售非常有能力，多给点奖金吧？"

——"B销售来公司很多年了，多给点奖金吧？"

——"C销售工作很辛苦，多给点奖金吧？"

第一个问题，总经理的年终奖金仍然是要远远高于前台的，因为总经理对企业的贡献是远远高于前台的。因此，即使其年度业绩不佳，也应该比表现优秀的前台拿多得多的奖金。相同的道理，一个背负1 000万元销售任务，但是只完成95%的销售人员，其奖金收入也是应该高过背负100万元销售任务、完成105%的销售人员的。所以，销售奖金首先取决于贡献，然后才是绩效。

第二个问题，一旦销售总监转做公司前台，那么他对企业的贡献就大大降低，他是肯定不能再拿做销售总监时的那种奖金了。

第三、四、五个的问题在企业里非常常见？3个答案都是否定的，奖金不取决于能力、不取决于资历、不取决于工作辛苦程度，除非能力、资历、辛苦程度转化为实实在在的对企业的贡献。（当然，作者并不是说企业可以完全忽视能力、资历和辛苦程度，只是说这些因素不应体现在奖金上，能力、资历可以在工资上略有差异，辛苦程度可以在津贴上略有差异。）——奖金是结果导向，是对结果的支付。

再看下面这个案例：

——"请给我100万元奖金，我将为公司创造100万元销售额"

——"请给我100万元奖金，我将为公司创造1 000万元销售额"

——"请给我100万元奖金，我将为公司创造1亿元销售额"

——"请给我100万元奖金，我将为公司创造10亿元销售额"

听完第一句话，我们一定会认为这个人疯了，但很多企业真的是这个样子的，因为他们依据"绩效"付薪酬，如笔者碰到过一个例子，每个销售人员的年度目标奖金（目标奖金是指完成目标时的奖金额）是10万元，很多人都完成了任务，都拿走了10万元，但他们中有很多人的销售额只有20万元，甚至更少。也就是说加上工资、培训、差旅等职务支出，其成本可能远高于给公司创造的销售收入。这种情况在一家企业开拓新市场的时候，是合情合理的，因为新市场处于投入期，但如果长期存在，就得小心分析了。

听到第二句话，我们不太好判断，因为不知道这家公司的利润情况，但会觉得不是很靠谱。

听到第三句话，我们就觉得舒服了，因为如果你是企业主，这个投入产出比听起来是很合适的了。

听到第四句话，如果你是企业主，而你还不同意，那你肯定是有问题的。

以上的例子，旨在证明"奖金是基于贡献的"，多贡献多获得，这是企业价值分配的最核心依据。如果你是企业主，你要让你的销售人员乃至全公司人员都懂得这个道理，这样，在他们伸手向你要待遇的时候，就会先问问自己的贡献是多少。如果你是销售人员，那你要理解这个道理，关注你的市场价值而不是你在这个企业中的价值。林肯说过："不要问这个国家能为你做些什么，而要问问你能为这个国家贡献什么。"有这样的心态，你努力做大你的盘子，当你的生意占到公司生意的10%、20%，甚至30%的时候，你自然而然会得到非常好的回报。如果你做出了巨大的贡献，而企业不给你回报，那么市场迟早会给你。

2. 绩效因素：为绩效付酬

绩效，很容易理解，主要是指根据KPI达成情况来付酬。在销售领域，KPI（关键绩效指标）最主要就是指标完成率或者销售增长率。这一理念应该来自西方现代管理学，主流管理教科书都会强调为绩效付酬，包括Hay等人力资源公司都会强调这一理念。

但这和中国的销售运营管理实践是有偏差的，其实西方讲为绩效付酬是有前提的。这里有一个背景故事分享给大家，在欧美国家的销售管理实践中，在讲付酬之前，他们是有一套科学方法，叫作"区域划分"，这个区域划分的大体意思就是把各层级销售人员的地盘都相对均等地划好，这意味着每个销售人员对企业的贡献（销售额的绝对值）是相对均衡、差别不大的。这是他们对绩效付酬的前提，也是他们"为绩效付酬"实践的基础。欧美管理学者在编写绩效管理教科书的时候，主要从人力资源管理角度出发，忘了介绍区域划分这一重要前提了。于是传到中国就只剩下"为绩效付酬"了。其实，这个区域划分就是我们前面介绍的贡献因素。在所有人贡献都均等的情况下，你就可以不考虑"贡献因素"了，但当贡献差别很大的时候，你就必须首先考虑贡献因素。比如，一个销售1 000万元的销售人员，和一个销售100万元的销售人员，他们都100%完成了指标，你能给他们一样的奖金吗？所以，在实践中，我们一般会先根据贡献值确定一个目标回报值，再根据KPI进行考核和增减。也就是说先看贡献，再看KPI表现。

在实践中，有个小小的现象可以帮助大家理解基于贡献付酬和基于绩效付酬的差别。在我接触过的大部分民营企业中，有80%~90%的企业的销售奖金是按提成制设计的，就是按销售额的一定百分比支付销售人员奖金。我认为提成制是按贡献付酬，按前面的例子，一个销售人员卖1 000万元，一个销售人员卖100万元，如果提成是10%，第一个销售人员奖金100万元，第二个销售人员奖金10万元，显然，他们给企业带来的销售额的绝对值是决定他们奖金的最主要因素。可见，在中国，按贡献付酬是具有广泛实践基础的，所以本文才强调贡献是销售奖金设计的第一要素。

3. 策略因素：让你的销售奖金支持销售策略

销售奖金设计的第三大要素是让销售奖金支持销售策略。让销售奖金支持销售策略，要求奖金设计人员要对整个市场形势有很好的洞察力，对销售策略有很强的理解力，是属于销售奖金设计的高级学问。如在第4章"决胜2012"的案例中，我们就设计了半年奖来支持"上半年速胜"的销售策略。在此，我想请读者做个小练习，尝试为以下每项销售策略分别设计2~3套奖金方案：①提升高价值产品销售比重；②大力开发新客户；③提高大客户的客户份额。可参考本章的案例"将销售策略融入销售提成设计。"

4. 竞争因素：确保你的销售奖金是具备点对点的竞争力的

销售奖金设计的第四个要素是竞争。相信大家都很熟悉，就是薪酬的外部竞争性。我想强调一下"点对点"。所谓的"点对点"，我们知道现在很多企业，尤其是在销售运营实践中，每个销售人员面对的市场是不一样的，他们自身的奖酬水平差异很大，面对的竞争也是不一样的。如上海这样一线城市的销售人员，对标的竞争对象可能是竞争对手企业里最优秀、报酬最高的销售人员；而身处云南的销售人员，对标的对象可能完全不同。因此，把所有销售人员作为一个整体，对其整体平均奖金水平进行简单的市场竞争性分析是不够的，必须细化到每个省份、城市，甚至每一个竞争对手。以我之前服务过的某家跨国公司为例，按城市看，上海的销售人员，可能奖金水平需要达到3万元才有竞争力，而云南的销售人员大约在1.5万元就相当有竞争力了。按个体看，假定某位只负责一家大客户的销售人员，如果他获得的客户份额比竞争对手高，我就会保证他能够获得比竞争对手更好的报酬，反之反是。这就是我所强调的销售奖金设计的"点对点"的竞争优势。你不可能一直都保证"点对点"的竞争优势，但你必须持续地向这个方向努力。我会向销售人员承诺，如果他们发现我们没有帮他实现"点对点"的竞争优势，请他把竞争对手的奖酬方案拿过来，我会帮他分析和研究，如果确实缺乏竞争力，我会立刻进行调整。值得一提的是，点对点竞争优势并不是简单的越高越好，而应结合企业薪酬战略、薪酬理念等多种因素综合考量。关于这点，请参考本章第3节的"参考阅读"——《宋朝是怎么被高薪玩死的》及《华为分钱之道：六大经营系统》。

下面分享一个关于销售奖金设计的竞争要素的小故事。

案例一　销售奖金设计的竞争导向：滥用平衡计分卡差点毁了这家公司一年的业绩

年底年初，正是大多数企业排兵布阵，研究来年市场怎么打的关键时刻。在这个运筹帷幄的过程中，销售人员的奖励计划自然是万众瞩目的核心、焦点，毕竟"天下熙熙，皆为利来；天下攘攘，皆为利往"。销售是

销售运营管理

企业一年经营成败的关键，而销售人员又是看着钱干活的。

A公司也不例外。先介绍一下背景，这家公司是年营业额40亿元规模的一家民营药品公司，全国有600多名销售人员，在全国各地设置有省公司，各省设省总经理，但主要还是负责销售业务，人力资源管理、财务管理、物流管理等权力仍集中在总部（即职能人员都是向总部汇报，而不是向省总经理汇报）。省级作为公司销售策略的基本执行单位，省总经理的积极性对全年销售业务的成败起到至关重要的作用，他们的销售奖金方案自然也成了重中之重。

我和A公司的人力资源部、销售部围绕着这个课题进行了大量细致的工作，最终提交了一套方案上报到CEO。这套方案将省总经理的薪酬划分为三个组成部分，基本工资大概40%，奖金60%，奖金又分成85%的业绩、5%的管理和10%的策略（注：策略是指一些和销售结果密切相关的关键销售项目，如新客户开发量、战略产品销售量、新产品销售量等）。

第一次HR向CEO汇报方案，结果被CEO否决了，说方案不科学，让HR拿回去再找我研究研究。HR很苦恼，第一时间找到我。我就问HR："被驳回来很正常，关键是要了解被驳回来的原因是什么？CEO的考虑是什么？了解了这个情况，我们才好对症下药。"

HR告诉我："CEO最近学了人力资源绩效考核工具——平衡计分卡，了解到了绩效考核要划分成财务、客户、内部流程和学习成长四个维度。因此看了我们提议的方案后，认为奖金中的业绩部分比重太高了，占到了奖金的85%，而策略也是和销售业绩密切相关的，这么一看，几乎100%看业绩了，按平衡计分卡理论看，相当于100%看财务了，这和平衡计分卡的主张相悖。省区总经理有很多管理工作要做，怎么能只看财务指标呢？于是认定我们的方案考虑不周。其实我们已经改过一版了，调整成了70%业绩、15%策略、15%管理，但CEO还是认为不合理。黄老师，您看我

第9章
销售激励和奖金设计

们是不是把业绩下调到50%，加大管理部分？"

我了解情况后，就告诉他们，别慌，让我和CEO再沟通沟通，于是我们一起去找了CEO。

见到CEO，CEO就问我："黄老师，你是不是把我们忽悠了，我看这版方案怎么不符合平衡计分卡原理呀？"

我赶紧回答："您的顾虑我已经了解了，请问您今年的业绩增长目标是多少？"

CEO说："18%。"

我接着问："那您截至目前的实际业绩增长是多少？"

CEO说："6%。"

我接着问："您看今年达成18%有几成胜算？"

CEO沉思了一会，说业绩压力还是很大的。

我接着说："那就对了，我们今年面临的销售业绩压力还是非常大的，在这样的形势下，我们是不是应该考虑把更多的奖励放在销售业绩上？所谓好钢用在刀刃上，业绩压力越大，我们就越要把更多权重放在销售业绩上，刺激销售冲高业绩。此其一。其二，设计销售奖金政策一定要有竞争导向，薪酬结构应与竞争对手势均力敌，即所谓遵循行业范式。试想一下，如果我们放50%的权重在业绩上，而竞争对手都放90%在业绩上，那么当他们的销售人员在面对客户的时候，一定会跟客户诉苦：如果不关照他们的生意，他们就没饭吃了；而我们的销售人员可能就会相对柔和，毕竟业绩上不去，对个人收入影响没那么大。这么一来，是不是会造成我们的销售人员在一线冲锋时的冲击力不及竞争对手？其三，您重视管理也是对的，但是平衡计分卡的实施是需要非常好的数据管理基础去数量化客户、流程、学习成长等这些维度的，而据我了解，咱们公司的数据管理水平目前还远远达不到这个水平，如果过多考虑其他维度，最后往往变成主观打分，变成了白送的福利，岂不是浪费？其四，目前贵公司的组织结构也还不足以支持省总成为真正的省总，他们对财务、人事、库存等事宜并没有真正的主导权，在这些体系完善之前，去考核这些内容，也违背薪酬设计的'考核内容必须是被考核对象能够施加影响的因素'这一重要原则。不是也形同虚设？第五，省区总经理自身的能力提升和角色转换还需要一定的时间。"

CEO又沉思了一会儿，说："那你拿个竞争对手的方案过来给我参考一下。"

我说："好的，咱们的省总经理，大致相当于跨国公司里销售总监的角色，我给您一份外资企业销售总监的奖金方案吧！"

CEO看完后，笑逐颜开，对HR说："还是不能就教科书照搬照抄呀，生搬硬套平衡计分卡的概念，差点影响我们今年在市场上的竞争力。就按你们之前提议的方案去执行吧！"

本文并非要说明平衡计分卡有问题，而是强调设计绩效和激励方案一定要结合实际业务情况、企业自身管理现状以及竞争对手的情况，切忌生搬硬套。

案例二　将销售策略融入销售提成设计

某公司销售人员的提成政策是标准的5%的提成，这个提成政策施行了多年，在早期支撑了企业业务的发展。但随着时间的推进，这种简单的销售奖金方式的弊端日益显现出来，主要表现在以下几个方面。

1. 业务量大的业务员不思进取，经过数年的耕耘，手中把着大客户的销售一年提成可达近百万元，完全没有进一步开拓市场的动力。

2. 另一方面，业务量小的新销售人员，初期开拓客户艰难，往往一年赚不到多少提成，存活不下来，也影响了人才梯队的培养和建设，进一步影响市场的持续开拓和企业的可持续发展。

3. 带来大量无利润业务。销售人员为了走量，往往报低价，结果是接进来大量无利可图的订单。

4. 新产品、战略产品销售乏力。新产品、战略产品由于售卖比较困难，花费的精力可能是老产品的数倍，销售人员认为与其花大精力去推广新产品，不如推老产品赚钱快，结果新产品、战略产品推广乏力。

5. 相当一部分产品销量小量化，难以形成规模销售，给排产和原材料供应带来挑战，导致利润的进一步下滑。

销售奖金方案变革

经过和管理层及销售人员代表的深入交流和研讨，我们为该公司重新设计了销售提成制度，见图9-2。

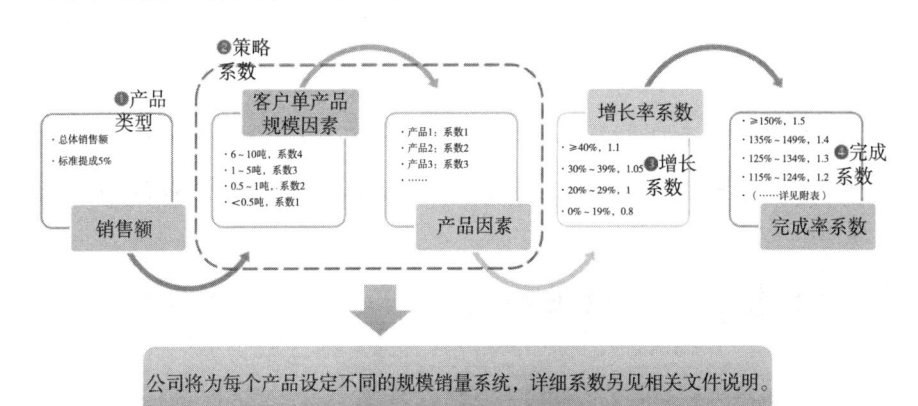

图9-2 销售人员提成政策

新方案中，我们对原来基于贡献的销售提成政策，引入了策略系数和绩效系数。

策略系数主要有两项：

◇客户单产品规模因素。这一因素是指如果单产品的销售额达到一定规模，则提成系数可以在原来的标准提成系数上进行一定的浮动。

◇产品系数。对于公司战略产品、新产品，我们给予了2～3倍的系数，以弥补销售人员需要额外花费的精力，从而推动新产品的销售。

绩效系数也有两项：

◇完成率系数。我们根据每个销售人员的潜力情况，设定了新一年的目标值，超过目标值，提成系数将会上浮，反之反是。这样就比较好地解决了那些因业务量过大而不思进取的销售人员的动机问题。

◇增长率系数。我们根据销售人员的同比增长情况，设计了不同的增长率系数，这样那些快速增长的销售人员也能得到较为理想的经济回报，这样就刺激那些目前业务量不大的销售人员，努力做大自己的盘子，通过快速增长来获得额外的经济回报。

第一年结束的时候，取得了一定的效果，然后我们仔细分析了每个因素对销售人员奖金的影响程度（量化成百分比），调研了竞争对手的奖酬水平，调整了不同因素的系数，同时根据新一年的策略打法又取舍了一些新的因素。

通过这种动态的设计、追踪、评估和调整，帮助该企业引导销售人员始终跟随公司的指挥棒前进，将销售人员的经济收入紧密地和公司的战略方向融合到一起。

这个案例，是对前述销售奖金设计的四大因素的小结和回顾。

案例三　从失败的提成制设计谈有效激励的底层逻辑

北京RS公司是一家电子耗材企业，全国各地有近二十名销售人员，负责市场开拓、客户维护。公司2019年出现增长乏力的迹象，公司为了鼓励销售人员更加积极地开拓市场，在2020年将销售人员的提成从3%增加到了5%，期望提高销售人员开拓市场的积极性，从而改善销售绩效。然而事与愿违，实际结果出乎意料，销售额反而显著下降，公司人工成本还白白增加了许多。财务总监拿出财务分析数据发现这个问题后，十分着急，和人力资源总监分析原因未果，请我帮忙诊断。

我听了他们的故事之后深表惋惜，他们把提成制完全用反了——你如果想让提成制变得更激励,不仅不应该去提高提成率,反而应该逐年降低提成率。

为什么呢?用下面的模型来说明:

假设某销售2019年销售额100万,提成10%,是为10万。

情境1:2020年,公司把提成提高为20%,那么他只需要做50万就能赚到10万。而耗材的特点是生意的延续性、累积性,就是说2019年开发出来的多数客户,第2年仍然会贡献销量。假设2019年的客户会流失20%,再假设留下的那80%的客户自身生意增长5%,那么就意味着这名销售在2020年,不开拓新客户的情况下,他的预期收入将为:[100万-100万*20%(流失客户)+100万*5%(留存客户的增量)]*20%=85万*20%=17万,他能比2019年多赚7万元!而从公司角度看,则是销售额下降15万,同时人工成本增加7万!

情境2:反过来,如果2020年公司把提成降为8%,那么他需要做125万才能赚到10万。他需要很努力在留存下来的85万生意的基础上,再找出来40万的新业务,才能赚到和2019年一样多的奖金!想要赚得更多,他就必须做得更多!

你看是加大提成率激励?还是降低提成率激励?

这是很多企业在用提成制时常犯的错误!记住,要让你的提成制更激励,一定要逐年下调提成率,才能驱动你的销售不断冲向更高的目标。

需要逐年降低提成率的另一个原因是,如果不逐年降低提成制,在耗材这类"流量式销售模式"下,还容易产生"懈怠"的现象。承接前面的例子,假设提成是10%,如果没有目标、增长等其他约束,那么当一名销售开发出3家100万的客户后,后面数年他就都能够较为轻松地每年坐享30万的收入。熟悉经济学的边际效应的人应该知道(我一直建议做销售运营的人一定要学经济学,掌握效率、边际收益、边际成本等重要的经济学概念),当收入达到一定水平后,对金钱刺激的敏感度就会大幅下降,也就是说他可能就没有太大的积极性再去开拓新市场了。果不其然！我说完我的观点后，RS公司的人力资源总监说她们销售队伍确实也有"懈怠"的迹象！

提成制的突出优点是简单易懂，非常多中小企业喜欢采用。但它的弊端也非常多，这个案例里就反映了它的两个重要弊端：1.管理难度大：为了让提成制可以不断发挥作用，最好能够周期性地下调提成比率，驱动销售为增加自身收入而不断挑战更高的销售目标，但我们知道和销售商议下调提成比率，是一件很棘手的事情，这就是为什么我们说提成制存在"管理难度大"的弊端。2.养懒（主要是流量式销售模式下容易出现这个问题，项目式销售模式会略微好一些）。除此之外，提成制还有收入不均、目标单一、疏于长期客户维护等诸多弊端（在这个案例里没有体现，感兴趣可以学习我们线上的课程）。

孙子兵法云："不知其害，不能尽其利。"意思是说如果你不知道一项事物的弊端，你就不能将其优势充分加以发挥。提成制有其独到的优势，但如果我们不了解它的负面弊端，并通过其他配套的措施来减小负面影响，我们就不能很好地利用好这种方式。

通过这个案例，我们还希望大家牢记销售激励的底层逻辑：

激励永远不是管理其"所得""结果"，而是要激发被激励对象的"渴望"，并让"渴望"引导其行为、"过程"（见图9-3）。

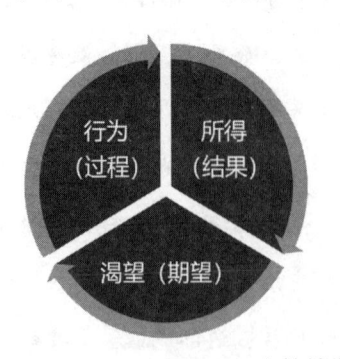

图9-3 有效销售激励的底层逻辑

在这个案例中,企业将激励简单理解为增加收入,然而增加收入非但没能促成企业希望的行为,反而导致了懈怠的负面行为。

他们没有理解激励的底层逻辑:激励不是简单增加激励对象的"所得",而是要聚焦于通过被激励对象对"所得"的"渴望"来牵引其行为过程,引导其通过努力去获得"所得"。用英文可能能更好地表达出来:"If you do something, then you get……(如果你做了什么,你就会得到……)"。上面这个案例中,公司增加提成率变成了"送福利",而这些福利并不能牵引出恰当的行为。另一种现象也能很好地说明这个问题,一些老板喜欢在年底给表现好的员工发"红包",这种其实就是管理其"所得",但这个所得是事后的,并没有激发起员工的"渴望",所以其实达不到激励的目的。有的读者可能会说会激励该员工第2年呀,这一定程度上也对,但由于第2年有第2年的不确定性,员工对是否能够再得到红包("渴望"),以及如何才能得到"红包"(过程)完全不确定,其实激励效果微乎其微。所以,好的激励要推敲这项激励能不能引起被激励对象的"渴望",以及这种"渴望"能否引导出达成目标所需的行为"过程",如果这个逻辑不成立,这个激励政策就大概率是失败的。

第3节 运营视角看销售奖金设计:奖金是一种资源,设计时要讲究投入产出比

奖金同企业的人员、预算、职位、权力等一样,也是一种资源,而且它是有限的,奖金分配方式的不同会带来截然不同的回报,它的分配也需要讲究投入产出比,究竟奖金给到谁?给到什么行为?给到什么区域?给到什么产品?如何把奖金的作用发挥到极致?本节用一个提成设计的案

例，来说明奖金设计对企业收益的影响。

> **案例　提成设计，奖金是一种资源，要讲究ROI**

假设某公司要上市一样新产品，第一年的销售目标是6万支，每支的售价是50元，出于鼓励新产品销售的考虑，公司允许用20%作为销售奖励，公司预计有30名销售人员会销售该产品。

运营团队给出了3套不同的方案（见图9-3的上半部分），这三套方案的预算是一样的，但形式不同，方案A是不论卖多少产品，都是按10元每支的方式进行提成。方案B则是起先的提成高一些，给到15元每支，但是超过一定量后，就减少为5元每支。方案C则与方案B相反，是起先的提成低一些，只给5元每支，但是超过一定量后，就增加为15元每支。

图中下半部分是30名业务员的预测销量分布图，每条线代表一个销售员，高度代表销售额。

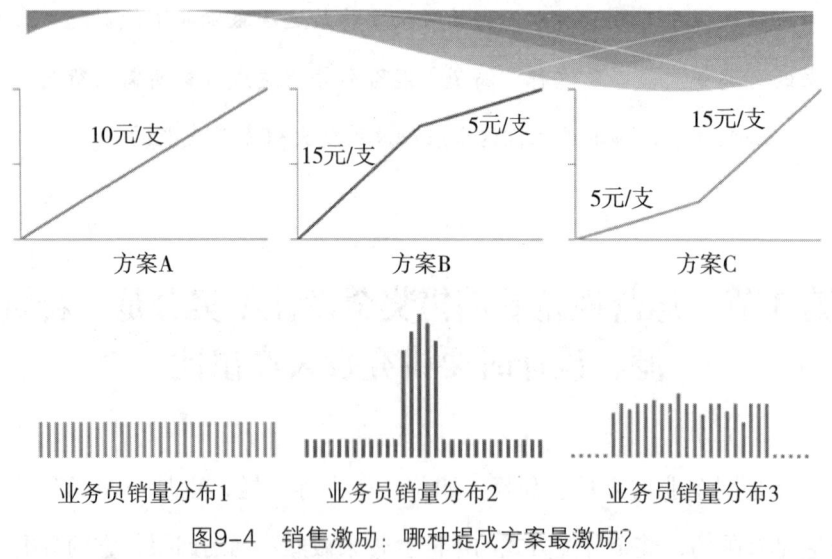

图9-4　销售激励：哪种提成方案最激励？

如果你销售预测是第一种情况，那么应该优选C，次选A，但不能选B。此时所有的销售人员卖的量都是差不多的，C最能够同时满足企业和业务员的需求，因为销售员为了达到利益最大化，他们会努力往高里卖。而C的好处在于冲劲比A强，因为往高里走，他能拿到15元/支的钱，"感觉"是很好的。而如果选择B，销售人员就可能会有情绪，觉得不是那么激励，同时会有投机的行为，如只卖到15元结束的量，将其余的量藏起来，等到下一个周期按15元每支来赚。

如果你销售预测是第二种情况，那么就应选择B。因为大多数人都卖，但又都卖不了太多，只有少数人会卖很多，所以你要力争让所有人都卖，你的起步是15元每支，这会让那些销量不高的业务员受到较好的激励，A的10元和C的5元都不如B的15元。另外，少数销量很高的业务员，虽然看上去超过一定量的提成降到5元，即使他们只做到分界点，企业也已经锁定了低销量业务员的全部销量和高销量业务员的分界点内的销量，完成总目标已有了较好的保障。而且，如果你选择A或者C，中间那些人的收入会变得非常高，贫富分化会非常严重，会引起团队内部矛盾。同时，选A和C可能导致高销量的少数人狂卖，而低销量的大多数人没有动力卖，最终还是完不成任务。可能有人会认为若选B，卖得多的人会郁闷，但是，经济学告诉我们，人的行为是受边际收益规律影响的，只要他边际收益不为0，他就依然会卖。

如果你销售预测是第三种情况，那么就应选择C。因为相当一部分人卖得挺多的，而一小部分人卖的非常少，你完成任务主要依靠卖得多的这些人，所以就要充分激励他们往高里冲，放弃那些低销量的人，因为他们的量对企业目标无足轻重，让高销量的那些人冲出来的量填补低销量人的窟窿。

启示：

奖金设计要考虑激励的受众，让激励的受众面尽可能广，越广的覆盖面，起到的效果越好。

奖金设计要服务于目标的实现，要均衡企业的目标和人的获利性，因势利导地引导销售人员做出最有利于企业达成总体目标的行为。

B方案特别容易被误解为不激励,其实那是销售思维,如果你是企业运营思维,就会知道在预算一样的情况下,B奖金可让更多销量不那么多的销售人员获得更高的激励,是劫富济贫的,也是效果更好的。

最重要的是同样的预算,不同的设计和资源配置方式,会带来截然不同的结果,这就是运营管理的精髓——在限定的资源条件下追求投入回报最大化。

参考阅读一:宋朝是怎么被高薪玩死的?——从胖东来、华为及中国宋朝的治理看薪酬的艺术

高薪就必然能够带来企业的高绩效吗?大量案例显示,未必!事实上,从运营管理的视角来看,薪酬也是企业的一种重要资源,如何分配好资源往往比简单粗放地投入大量资源更重要。本文通过胖东来、中国宋朝、华为三个案例向读者揭示薪酬的秘密。

胖东来:高薪惹的祸?

2014年年初,流传于微信朋友圈的一家企业的故事变得异常火爆,这家企业的做法成为很多人津津乐道的榜样,这家企业就是胖东来,而被人津津乐道的"做法"就是超乎常规的高薪。据说,胖东来员工的工资长期稳居当地同行的薪酬榜首,且高出同业30%以上。胖东来商超的一个普通店长,每年都可以拿到年薪十几万元,而整个许昌的平均月薪也不过是2 000元左右。

然而仅仅在不到一年的2014年年底,《胖东来:童话的破灭》《梦碎乌托邦》等文章流传起来,胖东来被爆走入经营困境,关闭了多家门店。胖东来在其微博上感慨:"不知足的人太多了!放下吧,让大家去选择自

己喜欢的路，我也选择我自己喜欢的！觉得真没必要强求彼此！"

胖东来陷入困境的原因可能不止一个，但高薪应该是其中一个。有记者报道：胖东来的高福利致使员工离职率很低，干部水平长期以来得不到提高，尤其是店长级别基本都是高中及以下学历。胖东来要想实现更大的发展，这样的人才团队是不够的。而且，胖东来局限于原来的员工团队，自然而然会产生惰性，这种惰性慢慢积累就会让其丧失战斗力，不利于企业长远发展。

中国宋朝：高薪之殇

中国宋代公务员的薪酬为历史之最，被誉为公务员的天堂，是中国历朝历代中最为优厚的：是汉代的10倍，清代的6倍。除俸钱外，还有禄米等大量实物福利，朝廷变着法子给官员发钱、发东西，大小官员锦衣美食，生活奢华。

据史料记载，宋代正一品官，月领禄米150石，俸钱12万文，外加每年绫20匹，罗1匹，绵50两；从九品官，月禄米5石，俸钱8 000文，外加每年绵12两。除以上薪饷外，各种福利补贴名目繁多，计有茶酒钱、厨料钱、薪炭钱、马料钱等。甚至官员家中役使的仆人的衣食及工钱也由政府"埋单"。有现代学者将这些数字按购买力折算成现代货币，据估算，当朝一品的文武首席官员（宰相和枢密使）的月收入就有128万元之巨！年收入超过1 500万元！位居二品的官员（相当于现在的省长一级），月收入也有25万元多，即使是相当于现代县长的月收入也将近13万元！据说，宋代以清廉名垂青史的、大名鼎鼎的包青天，其年收入也在千万元以上！宋代各级官员的收入情况参考表9-1。

销售运营管理

表9-1 宋代各级官员的收入估算

单位：万元

等级	职位	年度基本工资	估算年度总收入（包含实物福利的折算）
一级	三师	120	616
二级	宰相	300	1 540
三级	参知政事	200	1 026
四级	六部尚书	60	309
五级	侍郎	55	282
六级	九卿	45	230
七级	少卿	35	180
八级	赤县县令	30	154
九级	赤县县丞	15	76.8

（注：正一品均为虚职，无实权，故俸禄反而少）

然而，众所周知，大宋的这种高薪政策并没有给宋朝带来"市场竞争力"，如果做个中国历朝历代"市场表现"大排名，宋朝绝对是中国历史上"市场表现"最差的。宋朝自始至终都是半壁江山，在其北边先后有辽、西夏、金和蒙古，对宋朝屡屡入侵，宋朝军队在战场上几乎都是一触即溃，谁都打不过，甚至出现了徽宗、钦宗二帝被金国俘虏，惨死他乡的千古悲剧。

高薪政策不但没有给宋朝带来好的"市场表现"，反而带来了诸多问题。

一是人浮于事、机构臃肿。据统计，宋初年的官员队伍，还是比较精干的，仅200多人。但到了1071年，朝廷供养的官吏超过了50万人，官员数量竟然增加了2 500倍。由于官吏的数量越来越多，实际职务和工作内容又有限，于是这些官吏中有很多都成了虚职。据《宋史·职官志》描写："居其官，不知其职者，十常八九。"意思就是说，占着官位，却整天没事干的，十人里面就有八九个，跟现在的吃空饷差不多。

二是不堪重负的财政。庞大的官吏数量带来的一个直接问题就是不堪重负的财政。据《宋史·职官制》记载，每年中央政府在官俸上的支出大约是钱一千六百九十六万贯，金一万四千八百七十两，银六十二万两，成为国家财政沉重的负担。欧阳修就曾慨叹："四海之广，不能容滥官；天下物力，不能供俸禄。"这种负担最终转嫁到老百姓身上，大大激化了阶级矛盾。

三是朋党勾结，排斥忠良。由于当官受到巨大利益诱惑，所有人都想方设法捞官，"一人得道，鸡犬升天"。最典型的人物就是六贼之一的童贯。童贯本是宦官，没有子孙，但他却把自家的门客、童仆拉进公务员队伍，人数达100多。这些人素质低下，骄横跋扈，司马光曾气愤地说："国家爵禄，本待那些贤才及有功效之人，今使无故受官，诚为太滥。"这些进入公务员系统的奸贼又相互勾结，结成朋党，排斥忠良。在很多朝代，一个奸贼就足以乱政亡国，而宋徽宗时期朝廷里就有六贼之多。这些奸贼为非作歹，排斥忠良，我们知道宋代并非没有能征惯战的人才，然而读过《水浒传》的人都知道，在宋代，由于奸贼当道，大批能征惯战的英雄好汉备受排挤，只好落草为寇，啸聚山林去了。中兴四将之一的岳飞被奸贼陷害致死；韩世忠被害得辞官归隐，闭门谢客、自绝于世；张俊则被奸臣威逼利诱，加入了陷害岳飞的阵营。

四是庸才当朝。宋代规定公务员的退休年龄是70岁，但由于公务员待遇实在是太优厚，许多到了年岁的公务员千方百计混日子，如修改生辰，有的甚至直接耍赖。据沈括《梦溪笔谈》记载，一名官员晚年眼疾，已经无法处理政务，但拒不退休。他在每次向皇帝汇报之前，都要背诵熟练，到时再展开奏章装模作样地朗读，其实眼前昏花一片，什么也看不清楚。有一次同事有心取乐，趁其不备把他的奏章换掉，结果当堂所奏与提交奏章不符，在皇帝和百官跟前丢尽了颜面。老人不退，新人自然难进，干部队伍也因此暮气沉沉，不思进取。拒绝退休只是一个侧面缩影，更多的官员是一旦上位，都以保住顶戴花翎为首要目标，不求有功，但求无过，庸庸碌碌混日子。

如果当年宋高宗把高薪付给了岳飞，而不是秦桧，既可以节约整体支出（岳飞的薪水需求要比秦桧低得多），又可以取得卓越的市场业绩，历史恐怕也将因此而改写。

读史可以明智，他山之石可以攻玉。通过3个相互独立的例子，笔者希望向读者揭示一个薪酬制度亘古不变的秘密："把高薪支付给谁"的分配机制才是关键所在。把钱支付给谁，永远比单纯地给所有人支付高待遇来得更重要。把薪酬支付给对的人，才是薪酬支付的艺术所在。

参考阅读二：华为分钱之道：六大经营系统

近些年，华为公司像中国企业界的一颗耀眼的明星冉冉升起，许多学者、企业人都热衷于探讨华为崛起的种种原因。其中，任正非本人的观点，认为华为能够走到今天，主要得益于"分钱分得好"更是引起无可复加的关注。那么为何华为能够做到分钱分得好？本文解析一二。

许多人注意到华为分钱分得好，于是认为分钱分得好就能一劳永逸地激发员工活力，就能激活企业。但是前文中胖东来和中国宋朝也以高薪和打造"利益共同体"而闻名，却都一败涂地。

问题出在哪里呢？很多人忽视了华为支撑其"分钱系统"的其他五个经营系统，合在一起，称为"华为六大经营系统"。下面解析一下华为分钱的这六大支撑系统。这一系统由四大核心运营系统（薪酬激励系统、绩效评价系统、目标责任系统、经营情报系统）和两大辅助系统（能力提升培训系统、任职资格评价系统）组成（见图9-5）。

图9-5 华为六大经营系统

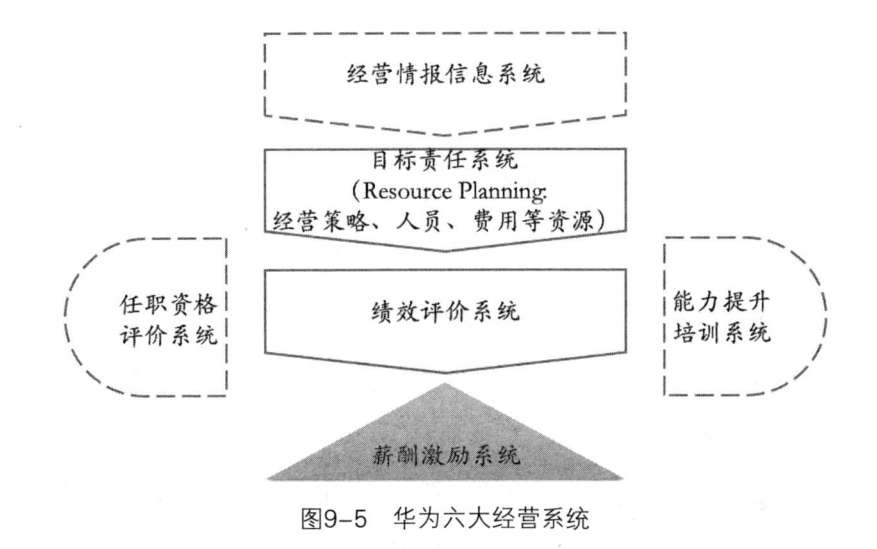

核心模块一：薪酬激励系统

这是大家最津津乐道、最关注的系统。薪酬激励确实是企业运行的一个中心枢纽，牵动着企业上上下下的神经。

但我们知道但凡"分钱"，首先涉及的三个问题必然是：

1. 有多少钱可分？

2. 分给谁？

3. 怎么分？

（第二、三个问题可合称为"分钱的规则"）

如果企业有无穷的钱可以分，大家都可以要多少有多少，那么就无所谓怎么分。遗憾的是大多数企业可分的钱都很有限（经济学的资源有限性）。因此"如何把有限的钱合理分配"，成了核心问题。

把钱分给谁？按照什么规则分钱？仁者见仁，智者见智。如果100个人展开大讨论，大约95%的人会达成一个共同的意见，即按照"绩效"来分钱，绩效好的多分点，绩效差的少分点。这下清楚了，原来分钱的前提是"绩效评价",得先搞清楚谁干得好,谁干得坏,然后才好分钱。这就是图中的"绩效评价系统"模块。

核心模块二:绩效评价系统

什么是绩效?绩效的前提是什么?如何评判绩效的优劣?这是"绩效评价系统"要解决的核心命题。绩效包括部门、个人的工作是否符合和支持公司战略、是否完成任务、是否做出了贡献,所以绩效评价的前提是"任务"(或者说目标)和"完成情况",也就是图9-4中"目标责任系统"模块要解决的核心命题。不少企业绩效评价系统缺位,老板到了年底就发愁,不知道钱该怎么分,最后就凭感觉、凭印象,然后就大锅饭、干好干坏一个样。

核心模块三:目标责任系统

要对一个部门或者个人的绩效做出比较合理的评价,其前提就是这个部门或者个人的目标任务是清晰的,即俗称的OKR(Objectives and Key Results)和KPI(Key Performance Indicator)。OKR说的是要干什么事(德鲁克所说的"做正确的事Do right things"),KPI说的是要干到什么程度(德鲁克所说的"正确地做事"Do things right)。缺乏这个目标责任设定和分解过程,绩效评价就没有抓手,无从谈起。

但是不是有了目标责任系统就万事大吉了?还不是,干销售的人都知道,目标责任是最难确定的,老板定的目标一般都是高不可及的。中国很多企业有个有趣的现象,一般老板定的目标都很高,老板和销售人员都知道完不成,而中国老板又往往很仁慈,完不成就完不成吧,大伙也挺不容易的,年底也下不了手扣大伙儿钱,但这样几个回合下来,销售再也不会把目标当回事了,整个目标责任系统就瘫痪了。

那么如何能做好目标责任系统？做到目标是SMART的，是切实可行的，是销售人员"蹦一蹦够得着的"？其前提是完善的"经营情报信息系统"。

核心模块四：经营情报系统

所谓经营情报系统，就是企业很了解市场的情况，知道市场潜力的大小和竞争对手的动态，也知道销售人员最大努力下能拿到多大的市场蛋糕。经营情报越准确，设定目标就越科学合理。我在华为工作的时候，一部分工作职责就是建立数据库，搜集全球各个国家的电信建设水平、主要电信运营商的设备和经营情况、竞争对手的主要动态等情报。以这些情报为基础，设定国家市场及个人的任务目标。

而我们知道，上述四个模块顺畅运行的外在条件是有充足的人员储备，否则员工不认目标、不胜任，整个运营系统也运转不起来。比如说，你明明知道一名经理业绩不佳，但你更清楚除了此人之外，别无他人可用，那么企业就只好忍受低绩效，因为换个人可能业绩比这个人还要差。于是还需要有另外两个辅助系统"能力培训系统"和"任职资格评价系统"。

辅助模块一：能力提升培训系统

如上所述，企业的核心运营系统要顺畅运行，需要解决"储备力量"的问题，即在绩效不佳时，能有备选的人员和方案。据说平安保险公司的总裁马明哲有一个管理风格，如果有下属跟他汇报说"老板，这事干不了。"马明哲会回复："不要跟我说这事干不干得了，你只要告诉我这件事你干不干得了？如果你干不了，我找个干得了的人来干。"马明哲有这种底气，是建立在他有充足的"人才储备"的基础上的。

华为解决这个问题主要是依靠培训系统，所以能够源源不断地往业务线输送储备人才。有的企业则是通过招聘系统来解决这个问题，但用招聘系统解决的成功率会低一些。

辅助模块二：任职资格评价系统

有了"能力提升培训系统"输送人才储备还是不够的，因为人才储备解决的是"可能性"的问题，即这些储备人才"可能"能把问题解决，干出业绩。但我们需要更高的"确定性"，试错固然难免，但市场不等人，试错的成本是高昂的，需要从储备人才中"选贤任能"，挑出成功概率最高的人才充任岗位，这就是任职资格评价系统，即究竟这个岗位需要什么样的人才？什么样的教育背景？什么样的能力素质？什么样的经验？

放了错误的人上去，你再怎么绩效考核都是失效的。而且我们知道选错人的灾难有时是致命的，如历史上有名的赵括、马谡。很多民营企业也会犯这样的错误，随意指认一个人担任重要职位，而不仔细评估这个职位所需的经验和能力，所以常以失败收场。

华为的"分钱分得好"就是建立在上述六个系统的基础之上的。六个系统相辅相成，相互作用，共同发挥作用而成就了华为的"分钱系统"，也成就了华为的发展。这是一个庞大而复杂的工程，冰冻三尺非一日之寒，不可能一蹴而就，需要企业长年累月、点点滴滴、艰苦卓绝的长期摸索和配套建设。

参考阅读三：多事业部（多产品线）集团企业销售奖金设计的五个均衡

多事业部制企业是指一家企业涉足多个经营领域的公司，典型的如通用电气，同时经营医疗、能源、金融等众多业务。多产品线企业是指一家企业经营了多种产品线，如辉瑞，专注医药领域，但是由于产品众多，就分成了不同产品线进行运作。

不论是否以事业部制方式开展多产品线的运作，这类企业都有一些共同的特点：产品线众多、各产品线（事业部）规模不等、发展阶段及经营效益各不相同，而各个产品线通常都有自己的销售队伍，这些销售队伍因业务或产品线不同差异也非常大。

这样一来，就给这类企业的销售奖金设计提出了很大的挑战，即如何系统考虑不同规模、不同发展阶段、不同经营效益的业务线下销售人员的奖金设计，才能在整个公司内确保效率和公平呢？

这类企业销售奖金设计需要遵循五个均衡原则。

1. 事业部（产品线）与集团的均衡

事业部（产品线）与集团的均衡，是指所有事业部的销售奖金支出之和应该以集团公司盈利和竞争能力增强为前提，即把销售人员的收入水平和集团的盈利水平密切结合在一起，实现双赢共享。俗话说："皮之不存，毛将焉附。"企业的盈利和发展是销售人员收入的大前提，如果企业不盈利，销售人员的收入增长再快，也是难长久的。

有的人力资源一谈及薪酬，就首先强调"外部竞争力"，这其实是不全面的，至少是没有站在公司运营的视角来看待薪酬，这不是人力资源的问题，而是职能式组织结构下人力资源部门的局限性造成的。奖金首先要和企业的盈利水平挂钩。如果企业盈利不善，外部竞争力是无从谈起的。

那这个均衡怎么做呢？我们为一家集团公司建立了一套机制，销售人员薪酬增长的幅度和企业盈利增长的幅度相挂钩。企业盈利增长越高，销售人员的薪酬增长也越高。我们知道由于企业存在固定成本杠杆，随着销售的增长，盈利增长会以更快的速度上扬。销售增长10%的时候，盈利增长可能是8%；而销售增长15%时，盈利增长可能是18%；销售增长达到20%时，盈利增长可能达到28%。这样既赋予销售人员冲高的动力，又避免万一销售不力时企业的经营风险，如业务只增长5%，那么销售人员的收入增长就只能随盈利增长情况,只有2%或更低。我们原来以为变革会引起销售人员的抵触,没有想到销售人员反而非常理解和支持这种利益分享机制。

再举一个例子来谈企业利益和销售人员利益均衡。销售奖金设计常常涉及起付点问题,比如完成任务的80%,支付销售奖金的70%。那么这个70%的决策是怎么形成的呢?它和上面的例子是一样的道理,要测算销售人员在完成任务80%的时候,企业的盈利水平够不够支付70%,如果不够,也许这个70%还要再下降。

第一个均衡是最重要但又最常被忽视的均衡。我们知道通用汽车公司被不断增长的人工成本压垮的故事,我们也知道北宋王朝不堪公务员高薪的故事,这均是忽视了第一个均衡造成的后果。然而,这个均衡需要从企业运营的视角出发,站在企业主或股东的高度上,且同时掌握企业运营、人力资源、财务管理的相关知识才能做出规划,企业主有高度但无暇顾及,而职能人员又到不了企业运营的高度和视角,因此常常被忽视了。

2. 事业部(产品线)之间的均衡

第二个均衡是不同事业部或产品线之间的均衡。我们前面提到,不同事业部和产品线的规模、发展阶段、盈利水平,甚至业务模式均不同,因此也不宜设计完全相同的支付水平和奖金方式。如规模大、盈利好的老事业部和新兴的、未见盈利的新事业部的销售人员,显然不宜一样。然而,既然同属一个集团,如果差异太大,也会产生诸多问题,比如,不同产品线间的相互攀比,处理不当可能影响新兴产品线的业务人员的士气,进而影响新兴业务的开拓;反过来也可能伤及"利润来源"的老事业部业务人员,造成生产率下降。因此,要结合业务规模、发展阶段和盈利水平来合理规划不同事业部之间的均衡。

3. 事业部（产品线）与外部市场的均衡

这个均衡特别容易理解，就是每个业务单位的销售人员的收入应当和这个业务单元所处行业的外部市场水平相均衡。比如，通用电气的医疗业务就要比照医疗行业的水平，而金融业务就要比照金融行业的水平。

这个均衡唯一需要注意的就是要选准外部参照的标杆，通常就是战略学上所说的"战略集群"中的竞争对手。以通用电气医疗为例，我们知道医疗行业鱼龙混杂，从大块分，有跨国厂家和本土厂家，在跨国厂家中，又有一、二、三线品牌，当年作者所支持的通用电气药业事业部，竞争对手有拜耳、博莱科、泰科、扬子江、通化东宝等，选择的外部市场标杆就应该是拜耳，因为只有拜耳和通用电气是一个"战略集群"、一个层次上的直接竞争对手。我们通过全面的数据分析，发现果然只有拜耳能和通用电气"全面竞争"，即在目标客户上高度相同，如果当时以"拜耳+博莱科+泰科+扬子江+通化东宝"的组合作为参照制订销售奖金方案，就"失之毫厘，谬以千里"了。

4. 事业部（产品线）内部不同层级、不同销售人员之间的均衡

这个均衡就是人力资源经常挂在嘴边的"内部公平性"了，也是老生常谈了。

值得一提的是绝大多数人力资源经理只会关注相同等级销售人员之间的相对公平，如销售代表比销售代表，销售经理比销售经理，但往往忽视另一个很重要的点：不同层级之间的均衡。

举一个例子，某公司的奖金采取的是销售经理奖金制（即根据目标设定约定奖金），而销售代表采取的是低工资高佣金制。我们知道佣金制的最大特点是员工收入几乎与销售收入同比增长，即销售额增长50%，佣金也增长50%。这样一来，就造成销售代表的收入出现全面逼近甚至反超销售经理的势头，销售经理意见非常大。作者通过数据分析，指出这一问

题，告诉人力资源负责人这个事业部的这种奖金制度最多只能再维持一年。果然第二年大量的销售经理就不干了，投诉很多，公司最终将销售代表的佣金也转化成了奖金。这个事业部还有另一个问题，就是销售经理考核目标，而销售代表拿佣金但不考核目标，这样一来，销售代表做到差不多就不再努力，而销售经理干着急。这也是典型的不同层级间奖金设计不均衡的表现。

在完善的销售奖金设计中需要同时系统地考虑不同层级之间和相同层级内部的这两个方面的均衡。

5. 前台和后台之间的均衡

前台和后台之间的均衡，指的是销售人员和后台职能人员（运营、人力资源、财务）之间均衡的问题。很多发展中的公司完全忽略这一问题，这本无可厚非，因为"好钢用在刀刃上"，本来就应该向销售人员倾斜。但是随着企业逐步做大，这个问题需要逐步重视和解决，并需要保持一定程度的均衡。

因为随着企业做大、组织的复杂化，管理就越显重要，后台运筹人员的素质和能力也越显重要。我经常告诫一线销售大员，不要小看后台，要尊重后台管理人员，维持良好的沟通和合作。销售再牛，如果后台管理部门不给费用或人员，你什么事都干不成（在十几年的工作中，接触了成百上千的从一线销售到销售副总裁的各层销售人员，我观察出一条规律，职位越高的人越是谦逊和气，越是骄横目中无人的人越是没有职业上升空间）。很多战争的胜负，并不仅仅取决于将士的骁勇，在诸葛亮辅佐刘备之前，骁勇善战的三兄弟加上赵云是无所作为的；西汉刘邦称帝后也将头功给了后台人员萧何。后台职能的重要性体现在运筹帷幄上，如前面提及的设计科学合理的奖金体系对销售生产率和业绩的重要影响等。

正是由于后台职能人员的重要性随企业规模增长与日俱增，如果不兼顾前台后台人员的均衡，后果是销售人员日益轻视后台人员，而后台人员缺乏成就感、薪酬吸引力，公司将很难招到高水平的职能人才，管理体系建设将会严重滞后于业务发展，而这种滞后性迟早会反过来制约企业业务的进一步发展。

事实上，在通用电气这类大型企业的最佳实践中，职能系统的建设和职能专业人员的培养备受重视，在其进入的每一项业务、每一个国家、每一个区域，都会派驻财务经理、人力资源经理和运营经理的专业人才，辅佐总经理开展业务。这些人和总经理是平起平坐的，在很多情况下，财务经理的话语权甚至略高于总经理。这种配置和安排，可确保业务管理能够以最专业的方法、最佳的实践来开展。

总之，企业越发展，越需要吸引高水平的职能管理人员来帮助企业建立完善的管理系统。因此，志存高远的企业不可不重视前后台人员之间的均衡。

第4节 销售奖金设计的一般流程

在实践中，销售奖金设计可以说是最复杂和最具挑战性的工作领域之一，销售、财务、人力、市场各个部门为了自身利益往往会争论不休，做出一版既支持业务战略，又满足业务需要，既奖励优秀，又确保公平性的奖金方案，实在不是一件容易的事情。所幸，我们在实践中总结了一套流程，销售奖金设计人员如果遵循这套流程（参考图9-6），就能考虑周全，少走一些弯路。

销售运营管理

第一阶段 诊断和分析	第二阶段 建议和方案	第三阶段 执行和优化
• 梳理销售模式和行业范式 • 销售角色和职责梳理 • 现有问题诊断 • 年度销售策略梳理 • 外部分析 • 内部分析	• 预算水平 • 奖金哲学 • 奖金结构 • 层级体系 • 奖金方式 • 绩效考核KPI • 支付曲线 • 发放频率和速度 • 奖金管理制度	• 沟通和宣导 • 执行追踪 • 奖金效率的追踪分析 • 答疑 • 优化和修订

图9-6 销售奖金设计的一般流程

1. 诊断和分析

这一阶段的目标，主要是分析清楚销售奖金设计的主要目的、激励的对象、潜在的问题和挑战等。包括以下几个方面。

（1）梳理销售模式和行业范式。所处的行业和企业的销售模式会极大地影响销售奖金设计的各种决策，如零售业和软件业的销售奖金方案的关注点就必然不同。销售模式方面，一年才产生几个大单的大型设备公司的项目式销售和细水长流的食品企业的流量式销售模式，必然影响销售奖金的方式、支付水平等决策要素，这在销售奖金设计时是必须要考虑的要素。

（2）销售角色和职责梳理。不同企业和业务模式的销售角色会有不同，通过投标获得订单的企业，如华为，它的销售角色承担的职责和可口可乐公司渠道人员的职责就截然不同。华为的销售角色要求更高的能力和决断力，而可口可乐渠道人员可能只需要具备中等能力，但要有更强的执行力。这必然影响对他们的激励水平。

（3）现有问题的诊断。很少销售奖金设计是凭空开始设计的，多数销售奖金都是"变革"式的实践，即变革原来的奖金方案，那么，充分调研现有销售奖金方案的问题就是很有必要的。通常最好的办法就是找最优秀的销售人员聊一聊。

（4）年度销售策略梳理。奖金同销售运营管理的其他各种要素一样，都是为企业的年度销售目标和策略服务的，因此深入地理解企业当年的销售策略，就是设计奖金方案必要的前期功课。

（5）外部分析。主要是分析竞争对手的奖金方案和奖金支付水平，它是制定销售奖金政策的重要参考，记住我们的奖金设计原则——点对点的竞争优势。

（6）内部分析。对现有销售奖金政策进行一定的量化分析，也是这一阶段必须要做的，包括相对的公平性如何、员工的满意度怎么样、优秀销售人员的主动流失率水平等。

2. 建议和方案

第二阶段的工作，就是对奖金政策的各个关键决策点做出考量和决策，完成这一步骤，一套奖金方案就基本成型了，这个环节包括以下一些要点。

（1）预算水平。多少的预算水平是合适的，这要综合参考企业的支付能力、对销售人员的激励力度、竞争的水平、年度目标的挑战性等要素后才能做出预测。

（2）奖金哲学（薪酬战略）。这是和企业文化相结合的方面。比如，企业是强调效率，还是强调公平？是鼓励个人英雄主义，还是鼓励团队作战？是强调公司整体达成，还是强调个人突出贡献？在市场上准备有什么水平的薪酬定位等。

（3）奖金结构。这里需要决定固定薪酬和浮动收入的相对水平，力求使这个结构既符合销售人员的角色和企业对其业绩的期望，又适应企业的竞争环境和市场目标。

（4）层级体系。这里需要决定不同销售层级之间的收入级差，即销售总监的收入应该是销售经理的多少倍,而销售经理的收入又应该是一线销售人员的多少倍等。

(5)奖金方式。这里需要选择奖金的方式,是采用提成制,还是约定的奖金制,还是混合制?不同的奖金方式有不同的特点,也有其特定的适应情境。

(6)绩效考核KPI。这里需要决定奖金依据哪些KPI来支付,常见的KPI有结果KPI、过程KPI、能力KPI等。

(7)支付曲线。这里主要决定奖金的起付点、是否封顶、是否捆绑、在不同业绩区间的奖励大小等。

(8)发放频率和速度。这里主要决定销售奖金发放的频率和速度,频率是指按月、按季度,还是按年支付等;速度是指在业绩兑现之后多长时间支付销售人员报酬。

(9)奖金管理制度。这部分主要是指销售奖金制度本身的制定和修订流程的约定,如哪些人需要参与奖金制度的制定、多长时间回顾一次奖金制度、如何发起修改提议、如何评估和审批等。

3. 执行和优化

这一阶段,主要是奖金制度的实施,不可或缺,通常对奖金政策是否能够达到预期效果起到很大的作用。

(1)沟通和宣导。通过什么形式向相关人员解释奖金制度及其背后的考虑是让销售人员充分理解销售奖金制度及其策略导向,以引导其日常行为的重要前提。据国外的研究显示,奖金政策的沟通往往极大影响销售奖金的效力的发挥。

(2)执行追踪。这是指销售奖金是否很好地支持了企业的目标,比如,销售奖金想要激励某个产品线的销售,那么在执行一段时间后,这条产品线的销量是否确实有所提升。

（3）奖金效率的追踪分析。这部分分析奖金的ROI，如同样的奖金支付，是否带来了更多的销售业绩。

（4）答疑。最好设置答疑机制，指定人或者设定电话热线，解答销售人员对奖金政策的咨询。

（5）优化和修订。必要时，对奖金政策进行优化和修订。

第5节　超越薪酬激励："可期望前景－成本"激励矩阵

谈到激励，相信百分之百的人会想到提高薪酬待遇水平，包括我自己之前也是这样。在我的职业生涯过程中、在我所读过的所有关于薪酬管理的书籍中，都会反复强调一点：给予员工一份有市场竞争力的薪酬有多么重要。以至于这个观念深入人心，以至于几乎所有的招聘广告，都不会缺少"富有竞争力的薪酬福利待遇"这一项。

但，近几年做的几个项目促使我重新思考激励的问题。

一个项目是一家民营小企业R公司。老板非常舍得分钱，甚至自己赚的都不如员工多，在访谈中，员工对收入是没有怨言的，对老板的慷慨也是高度认同的；但由于公司经营不善，持续下滑，员工如走马灯式地换，离职率居高不下，企业在人员问题上始终无法走上良性循环。

另外一个项目是国有企业Z公司。某行业的领头企业，员工待遇不及竞争对手一半，但员工喜欢国企稳定、有保障，当我们指出他们薪酬仅及直接竞争的民营公司的二分之一时，竟没有人对此表现出诧异或者愤慨，更没有人表示这是不可接受的。当时我们判断：这也许是因为地理的原因，因为这家公司在所在城市是龙头企业，当地人都以加入该企业工作为荣；且尽管这家企业的收入不高，但由于该城市的生活成本低，仍算是一份过得去的收入。有趣的是却有许多人受不了加班过多而离职，加入Z一年的小姑娘这样跟我们描述：她父母给他介绍过几个相亲对象都处不长就吹了，因为男孩一打电话过来问她干嘛呢，她几乎都是在加班，实在是加班多得连恋爱都没时间谈。Z公司的离职率也很高。

第三个项目也是国有企业X公司。全国知名企业，其员工薪酬仅及直接竞争对手的三分之一，而且X公司的员工分布在全国各地，不像Z企业虽然薪酬比竞争对手低，但在当地还行；X企业的员工薪酬无论是对比竞争对手，还是对比当地，都非常没有竞争力。而且该公司驻外人员的工作条件可以说是相当艰苦的，所有驻外人员几乎都是X公司总部所在城市往外派驻，家在总部所在地，而工作在外地，他们住的全是集体宿舍，甚至好多是2个人一个房间，有亲属去探望都只能另外开酒店，他们本人一年也就回总部一到两次。但这家公司的离职率很低，多数人仍然十分努力。

显而易见这几个例子里员工判断待遇是否"激励"的标准都不仅仅是现金报酬，而是对公司前景和工作难易程度的综合权衡。第1个例子里，员工尽管对目前现金报酬满意，但看不到前景；第2个例子里，员工尽管有前景的保障，但工作的舒适程度太低；第3个例子里，尽管员工的现金薪酬很可怜，但公司的前景、国有企业的"稳定"预期、人际关怀的企业文化等，仍然有效地"激励"着员工。

因此，我认为，激励不是一个简单的给大家增加薪酬的问题，当员工权衡"待遇"是否足够激励，事实上，他/她会在内心权衡一组相当复杂的综合要素，这些要素大致分布在两个维度上（参考图9-7）。

第9章 销售激励和奖金设计

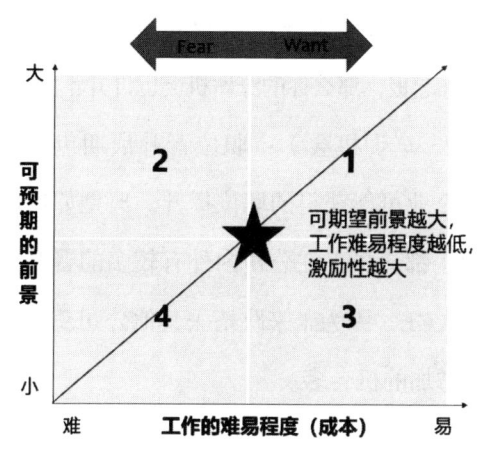

图9-7 "可期望前景-成本"激励矩阵

➢ **可预期的前景：**
- 现金报酬
- 公司发展前景
- 稳定性
- 涨薪预期
- 职位晋升预期（含能力提升、培训机会）

➢ **工作的难易程度：**
- 管理成熟度（目标、责任、流程清晰程度）
- 愉悦度（上下平级，尤其上级）
- 工作生活平衡（加班、上班交通）

1. 可预期前景

可以将其视为财务上的折算现金收入，即未来现金总收入折算到当下的总现金报酬，比如你现在在A企业一年赚10万元，将一直持续30年，但如果你去B企业，1年只能赚5万元，但企业高速增长，预期五年后，你将会水涨船高年薪涨到50万元，且会一直持续25年，那么你在A企业的总报酬是300万元，而B企业的总报酬是1 275万元，显然，B企业对你更具"激励"。

可预期的前景包括以下要素：

·现金报酬：这个不用多解释，即企业提供的薪酬。

·公司发展前景：最典型的例子莫过于当年史玉柱一起创业的那个人群，据说头几年都没有工资，仍任劳任怨，根本原因就在于看好前景，看好远期收入回报。

·稳定性：稳定性也是一个非常重要的因素，比如前面的B企业，假如50万元只能赚1年，其他时间大概率只能赚5万元，那么多数人会选择A，这也解释为什么我们前面例子里国有企业尽管报酬低，却仍有许多人选择，公务员不也是如此吗？

·涨薪预期：这个因素和公司发展前景既有类似的地方，又有区别，因为公司好不一定所有成员都跟着好，还需要看该企业涨薪意愿和逻辑规则，如果老板任人唯亲，而你又恰恰不善于讨好老板，那么你的涨薪机会也许并不大。

·职位晋升预期（含能力提升、培训机会）：职位晋升预期包括获得的培训，也包括在本企业和其他企业可能获得的职位提升。典型如通用电气，完善的培训体系、公司品牌，都让员工在公司内外有较多的晋升机会，许多人自减一半薪水也愿意加入GE，因为未来跳槽去其他公司获得高薪职位的机会大，未来总报酬收入增加的机会多。

2. 工作的难易程度

你为获得预期总报酬所需要付出的一切。比如，尽管你在B企业能赚到1 275万，但将会是一个令人非常不开心的环境，患癌的几率将会很高，那么你很大可能会重新选择A。

工作的难易程度包括以下要素：

·管理成熟度（目标、责任、流程清晰程度）：在职场中，最能让一个人产生离职想法的，可能就是"打杂感"，当一个人说"我就是个打杂的"，除开开玩笑的情形，基本上是处于正在重新考虑机会的状态了。我们来比较一下两个岗位，一个是中层经理，待遇不菲，但工作很杂很乱，一年下来被调了N次岗位、换了N个领导、还经常背黑锅；另一个是超市售货员，或者地铁安检员，月工资3 000元，但工作极为轻松和容易。往往前面那种岗位干不了太久，反而后面这种岗位的人会做很多年。这其实反映的是工作内容本身的目标、责任、流程等的清晰程度，管理越完善，员工工作越容易，那么他/她稳定在这个工作上的可能性越大。

·愉悦度（上下平级，尤其上级）：在前面说到的R企业，我们后来发现该老板有一个可能他自己都没有意识到的问题。招聘时，往往迫于用人紧急，草草招进来，但不超过3个月，他会说出一大堆此人的这不好、那不好。人际关系非常的微妙，往往在上级不悦的情况下，员工的心情会

第 9 章
销售激励和奖金设计

相当的糟糕，表现会进一步下滑，而离职的概率会大幅度上升。事实上，近年来有大量的调研显示，导致员工离职的第一大影响因素是直接上级。在物质条件日益丰厚的当今，愉悦度，在"激励"问题上占据越来越突出的位置。

• 工作生活平衡（加班、上班交通）：这其实也和愉悦度有关，但又有些不同，一方面更多是一些发生在职场外的客观要素，另一方面，在上下平级相处融洽的情况下，多数人会更能接受加班、上班交通这些因素，因此将其单列。我知道有一家公司从市区搬离到远郊区，就引起了大量员工的辞职。我自己在招聘员工的时候，我必会问两个问题，你家住得远吗？你能承受多大程度的加班（一周加几天，每次几个小时是你忍受的极限）？

所以，当员工权衡"待遇"是否足够激励，事实上，他/她会在内心权衡以上两个维度的共计8个要素，所有人都会努力选择"可预期前景"大而"工作难易程度"低的工作机会，最后会选择这两个维度上的一个平衡点。而企业激励员工的核心命题，也在于为员工提供这样的一个平衡点。

"可期望前景-成本"激励矩阵的提出，拓宽了企业"激励"员工的思路，为企业提供更多"加薪"以外的可行激励措施（见图9-8）。

➢ 可预期的前景：
  • 现金报酬
  • 公司发展前景
  • 稳定性
  • 涨薪预期
  • 职位晋升预期（含能力提升、培训机会）

  → 让员工看到前景

  1. 提高现金报酬水平
  2. 制定和公布公司发展战略或经营计划——把公司经营好，是队员工的最大的激励
  3. 完善薪酬阶梯管理机制
  4. 完善职级体系
  5. 提供培训机会

➢ 工作的难易程度：
  • 管理成熟度（目标、责任、流程清晰程度）
  • 愉悦度（上下平级，尤其上级）
  • 工作生活平衡（加班、上班交通）

  → 让员工完成工作更容易

  6. 提升企业管理水平
  7. 提高管理者的成熟度：不只是分派任务，而是帮助员工完成任务
  8. 在招聘及平常工作中关注员工的工作的舒适程度

图9-8 超越薪酬激励：拓宽"激励"的思路

让员工看到前景——提高可预期的前景：

1. 提高现金报酬水平：激励员工，提高现金报酬水平自然是最直接有效的措施之一，但它的后遗症也是巨大的，一个是短期化，一般不超过3个月，激励效果就会消失；二个是工资刚性和复利效应带来的企业固定成本的增加（我一直主张企业要像对付"洪水猛兽"一样防范固定成本）。

2. 制定和公布公司发展战略或经营计划——把公司经营好，是对员工最大的激励。曾有一家外贸公司的员工跟我描述她为什么跳槽加入该公司，她说老板去挖她的时候告诉她公司正在请咨询公司进行一系列管理上的变革，她由此看到这个老板发展公司的雄心，因而决定加入该公司。不是么？有什么能比"公司未来一定会发展壮大"这样的信念更鼓舞人心呢？有什么能比公司发展壮大更能够给员工带来丰厚的远期回报呢？

3. 完善薪酬阶梯管理机制：即加强员工的涨薪预期，让他们看到薪酬增加的机会，当然，这要用一定的绩效要求相配套。

4. 完善职级体系：让员工看到升职的机会。有一家公司，飞速发展，但管理体系一直跟不上，公司的职级体系很原始，专员上面是经理，经理上面直接是副总了，许多人看不到职业上升的机会，干不了几年纷纷离职。我们建议公司增设了主管、总监级别，完善了职级体系，情况为之改观。

5. 提供培训机会：相信很多人在选择就业企业的时候，都会优先选择那些培训机会较多的公司，因为培训多，能力提升得更快，未来收入提高的可能性也越强。

让员工完成工作更容易——降低工作的困难程度：

1. 持续提升企业管理水平：企业的岗责、流程越清晰，员工完成工作的方法、路径就越明确，也就越容易达成绩效目标，从而降低员工获得预期回报的成本，增加其工作性价比。

2. 提高管理者的成熟度：不只是任务分派者，而要帮助员工完成任务、帮其成长。审慎地选拔管理者，或者为管理者提供领导力方面的培训，帮助管理者更成熟，及更好地带领员工，创造团队的愉悦氛围往往比物质奖励更能激励员工，而且往往更持久。

3. 在招聘过程及平常工作中关注员工工作的舒适度。这方面有非常多措施，不赘述。

概而言之，尽管现金报酬不可或缺，且简单直接；但囿于其时效性短、成本刚性强、企业远期风险大的局限，我们建议将其作为需要"激励"员工时的最后一招，优先在其他因素上努力，或许成本更低，且激励效果更理想、也更持久。最后，再着重强调一点：把公司经营好，把公司带上快速发展的上升通道，是对员工最根本、最长远、也是最大的激励。

第 10 章
形成业务计划

如果你对4+1管理模式的各个模块都进行了周详的分析和论证，那么你就应该对下一年度的成功胸有成竹了，剩下的任务，就是用一份简明扼要的业务简报向你的上级去陈述你的宏图大计，并争取资源。这一章，我们介绍形成业务计划汇报的主要事项，并用简短的篇幅介绍流程优化和系统支持这两个销售运营管理的辅助性模块。

第 1 节 围绕 4+1 管理模式输出年度运营计划的业务简报

目标、策略、人员配置、预算费用、绩效薪酬整体制定结束后，需要输出一个整体的年度运营计划，这个年度运营计划需要简明扼要，最好不要超过15页的幻灯片，只聚焦于最关键的要素及形成这些决策的关键假设。包括：

目标设置：下一年度应设定什么样的市场目标？为什么？

策略：为了达成任务目标，应该在哪些方面着力？

人员配置：为了达成市场目标，需要配置多少销售人员？

费用预算：为了达成市场目标，各项费用需要多少？

绩效薪酬：为了达成任务目标，应辅以怎样的激励制度，激励所有同人朝着同一目标努力奋斗？

这些关键要素就是"4+1"管理模式的几个重要维度。4+1管理模式是指从目标、策略、人员、费用4个维度进行管理和制订年度运营计划，而绩效薪酬则围绕上述四个维度进行设计（参考图10-1）。

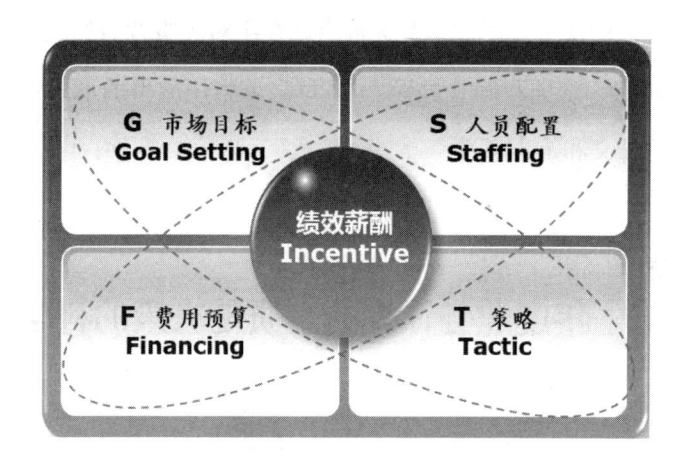

图10-1　"4+1"管理模式

年度运营计划应该有几种版本，一个版本是向最高管理层、股东或投资人汇报的，此版本要高度凝练，重点突出，重在解释目标形成的逻辑、策略对目标的支撑以及资源需求的依据（为什么需要这么多人？为什么需要这么多费用？），因为其目的在于展现管理能力、获取信任和争取资源投入。另一个版本是高层讨论版，向各个职能部门的领导人汇报的，此版比高层版更详尽一些，要展现各项策略形成的过程和逻辑，重在使各职能部门的人员，如财务和人力资源，了解业务需求的原因、重要性及各项资源何时需要到位的详尽解释。例如，需要增加的人员需在什么时间到位等，因为其目的在于使各个跨职能部门清晰了解自身在年度计划中的定位并拧成一股绳，劲往一处使。还有一个版本是面向中低层的执行人员，这一版本需要详细，但也要简单、易理解，除了说明目标、策略、策略背后的含义，还需要向执行人员阐释具体需要做些什么。比如，前面的"优化产品策略"的例子，需要向销售人员解释清楚此策略的意义、对他们自身的好处、他们需要如何开展行动，甚至于公司将如何计算利润提升奖励、何时兑现等。

业务计划的本质是探索业务发展的内在规律，遵循规律，因势利导，形成资源分配的决策。因此，其关键点就在于对决策背后的规律、逻辑、合理性的研究、论证和确立过程。本章第2节将用故事的形式进一步诠释决策理性的含义和重大意义。

第2节 年度业务计划的本质是决策的科学理性

企业每天面临诸多决策，业务扩张、组织重构、人员调整……大的决策可能关乎企业的命运，甚至生死存亡；小的决策关乎运营效率的高低及一个部门或一群员工的得失。决策无所不在，决策的重要性不言而喻，西蒙甚至说"管理即决策"。

决策水平有三重境界：拍脑袋决策→集体决策→基于数据和分析的科学理性决策。

1. 拍脑袋决策

尽管很多经验丰富的企业家对待决策事宜的直觉非常准确，但这种决策的弊端仍显而易见。一是缺乏公信力，这种决策基于执行者对企业家个人的信任和膜拜，而其他员工可能就会将信将疑，执行力打折。二是参与度不够，未经充分讨论，甚至有时元老都不能理解这项决策背后的含义，执行力打折。三是难免会因直觉不准或企业家个人精力不足而出现决策失误。四是个人决策难免考虑不周全。五是这种决策的责任和压力全在企业家一人身上，不利于责任分担和下级的成长。所以，有一句话生动地描绘这种决策方式的不足:"拍脑袋决定,拍胸脯保证,拍屁股走人。"

2. 集体决策

这种改进的方式避免了第一种方式的一些不足,但仍有几个弊端。一是强势领导下,下级可能不敢发言,回到了第一种。二是盲从,可能集体中最积极发言或最善辩论的人的意见会左右集体决策。三是如果集体成员都对待决策事宜缺乏经验或真知灼见,那么也难以做出好的决策。集体决策事实上是一种基于群体理性的决策,然而可能出现"群体不理性"的时候,如疯狂的股市可以理解为不理性的散户群体做出的决策。

3. 基于数据和分析的科学决策

基于数据和分析的科学决策,就是将决策基于客观的数据分析,用数字预测决策对后果的影响。这种决策方式进一步优化前两种方式,将个人智慧和集体智慧都归结到逻辑智慧和组织理性。举一个例子,每年企业工资水平决策,在第一种方式下,企业家凭感觉和喜好定一个数字,这难免会引起企业内部矛盾。在第二种方式下,企业家抛出一个数,几个人说说看法,这个人说高了,那个人说低了,最后取了个大家感觉差不多的数字,决策完成。在第三种方式下,管理层讨论出决策原则(薪酬的行业竞争力或人工成本增幅控制),业务分析人员通过调研、数据分析和演绎,提出建议方案,评估备选方案对经营成果的影响。如是否满足高于行业平均10%、人工成本占营业收入比是否合理及是否具有竞争力等,从而做出科学的决策。

第三种决策方式是企业科学管理和扩大经营规模的必由之路。因为在这个过程中,企业经营的原则不断得以确立、检验和优化,下级可以依据原则自主做出决策,不再"等、靠、要",而企业家只需盯住大原则是否被遵循，而无须陷入细节，身上的日常经营决策压力逐步减轻，得以释放出更多精力着眼于企业的未来。这种科学管理方式正是当年"蓝血十杰"对福特的重要贡献之一，也是我经历的外资公司和民营企业的显著差异之一。当然，这种决策方式对企业运营数据管理水平要求较高，这是很多企业目前尚不具备，需要着手改善的。

参考阅读：业务计划的本质是建立决策的理性：从宋徽宗即位看民企决策

1100年，宋徽宗即位。我们后来人知道，这是北宋历史上最糟糕的一次决策，因为这个决策直接导致了北宋王朝后来的动荡以至灭亡。那么这么糟糕的决策是怎样形成的呢？它对现代企业经营又有怎样的警示和启发呢？让我们复原这一决策制定的场景，从中汲取企业经营的智慧。

宋徽宗即位前的北宋

宋徽宗是北宋第八任皇帝，北宋自赵匡胤建立以来，经七任皇帝苦心经营，到宋徽宗接任前，可以说发展迅猛，蒸蒸日上，尤其在第六任皇帝宋神宗期间，任用王安石，推行变法，国民经济迅速发展，国家富庶繁华。据统计，当时北宋国民生产总值，占当时世界的80%。宋徽宗就是在这样的背景下即位的。

宋徽宗即位决策形成过程

1100年，北宋第七任皇帝宋哲宗积劳成疾，死于任上。宋哲宗死后无子，接班人就只能从他的兄弟里挑选。宋哲宗的父亲宋神宗一共有十四个儿子，哲宗是第六子。哲宗死时，有五个成年的兄弟，继任者只能从这5个人里选择（参考表10-1）。

表10-1 宋哲宗去世时有机会继位的5个弟弟

哲宗兄弟	姓名	母亲	生卒
九子	赵佖，吴荣穆王	母惠穆贤妃武氏	1082—1106年
十一子	赵佶，封端王	母钦慈皇后陈氏	1082—1135年
十二子	赵俣，封燕王	母贤妃林氏	1083—1127年
十三子	赵似，封简王	母钦成皇后朱氏	1083—1106年
十四子	赵偲，封越王	母贤妃林氏	1085—1129年

哲宗归天，由谁接任皇帝？当时的太后，也就是宋神宗的皇后向氏，紧急召集大臣商议。向氏在谁承继大统这件事上，起了非常关键的作用。向太后隔着帘子问大臣："哲宗猝死，诸位看谁来出任皇帝合适？"宰相章惇第一个发言说："按照立嫡原则，应立先帝同母弟简王。"也就是说，应该立宋哲宗的亲兄弟，第十三子赵似。他这句话一说完，向太后的脸色马上就变了，质问道："宰相你说的这叫什么话，什么叫同母弟啊，这六个皇子难道不都是哀家的儿子吗？"这下宰相就傻了。因为哲宗皇帝不是向太后亲生，而是朱太妃所生。现在如果再立朱太妃所生的简王，那朱太妃就有两个儿子先后为帝。太后虽然是正位中宫，但是倘若朱太妃的两个儿子先后担任皇帝，那向太后的身份就危险了。章惇的这个提议也就作废了。

既然立简王不行，按照第二原则"长幼之序"，应该立老九赵佖。但是他有目疾，是个盲人，无法执掌公司事务，因此也不行。

再往下数，就该十一子端王了。果然，向太后发话了："那这样一来，下边就该端王了吧。"章惇心中暗说，不好不好，实在不好！因为他知道，这个端王整天就是踢球、赏花、写字、画画，跟名妓勾勾搭搭，这种人怎么可以执掌北宋江山？章惇于是强烈反对，说："端王轻佻，不可以君天下。"

太后听了章惇的这句话很生气，心想，你说立谁就立谁，我立的你就给否了，还认不认这个太后了？这还得了？这个时候，同僚们也开始落井下石了。当时的枢密使曾布，觊觎宰相的位置已久，他想，如果再让章惇推选的人做皇帝，那还有我当宰相的时候吗？所以，曾布这个时候就跳出来指责章惇，说他"所发议论，令人惊骇，不知居心何在"。这样的大帽子一扣，给了章惇一个承受不了的罪名，他就没法再说话了。这时，太后发言："宋哲宗曾说端王有福寿，仁厚孝顺，不同于其他的皇子。"最后太后拍板，端王即位。

这就是宋徽宗继任北宋皇帝的决策过程。

宋徽宗即位决策的问题及其对企业经营的启示

1. 自大情绪，无视潜在危机，缺乏对继任者核心任务和素质要求的洞察

在宋徽宗即位之前，经过宋神宗的苦心经营，北宋如日中天，大概决策者们都没有意识到潜伏在北宋周边的严重危机，过高地估计了北宋的实力，而低估了这任皇帝对北宋命运的重大意义。如果当时管理层意识到北方外民族的崛起对北宋的战争威胁，他们恐怕会将"守边戍疆，抵御外侮"界定为此任皇帝的核心任务，据此修订此任皇帝的任职资格——在外侵将至的环境中，刚强性格和军事才能必不可少，而宋徽宗显然不具备这样的条件。

在民营企业中，这种自满自负情绪在管理层当中并不少见。公司越大，意味着企业主的自我成功感越强，加上企业主天然的"溺爱自家孩子"的心态，即认为自己的企业什么都好，经常容易做出脱离企业实际的决策，如无视乎公司人才匮乏的现实、制定过于激进的进入新业务领域的决策、草率配置领军人物等。

2. 决策人话语权比重过高

在这个决策过程中，向太后作为最终决策人，显然缺乏做出正确决策的两项经验：一是对时局的战略眼光，二是识人的能力。但是，这个拍板人却缺乏自知之明，把持了100%的最终决定权，而不愿意听取正确的意见。

作为拍板人，应该清晰自己对"待决策问题"的认知，如果不是该领域的专家，缺乏做出决策所需的经验，就应该主动降低自己的决策权重，而更多引进专业意见，避免出现决策偏差。

3. 建言人缺乏大局观念

在这个决策过程中，显然曾布等其他大臣的"落井下石"起到了扰乱思维、间接促成错误决策的负面作用。

在民营企业中，这种高管之间的倾轧、派系斗争的现象也很常见。当权者应洞悉建言人背后的利益纠纷，要么直接将利益利害人员排除在决策之外，要么洞悉这些利害关系，确保每个建议人的发言都是从大局出发，而不是为了私利。

4. 可选方案的局限性

由于北宋类似于现在的家族企业，这就决定了其候选人的局限性。然而即使如此，北宋也没有为"穷尽所有可能选项，找出最优方案"付出足够的努力。对于宋徽宗的两个弟弟十二子和十四子，大臣并没有进一步展开讨论，虽然史书对二人记载不多，但在有限的记载中可以看出这两人似乎更有军事天赋，也许他们是更好的人选。

对于现代民企，如果候选项均不是那么合适，应该放大范围，寻找更优的候选方案，越是重大决策，越应该力寻所有可能的优质候选方案。

5. 决策草率

从史籍的记载可以看出，这个决策是在宋哲宗突然去世的仓促之间，几个核心班子成员花了一个晚上的时间商定的。选任皇帝这么重大的事情，竟然在这么急促的情况下匆匆做出决定，甚至没有任何对候选人进行考验的程序！

对于重大的决策，一定要思之再三，必要时几次讨论之间应有一定时间的间隔（冷静期），以确保决策的质量。后来宋高宗在选择接班人的时候就经过了多番考验才最终选定接班人，事实也证明这种谨慎决策挑选出来的宋孝宗，是一个比宋徽宗好得多的皇帝。

6. 缺乏决策的修正方案

北宋衰败的悲剧还有一个机制上的缺陷，就是对于错误决策没有修复机制。宋徽宗即位不久，就显现出了骄奢淫逸的本性，北宋开始出现了动荡和衰败的迹象，然而却没有机制来修正错误决策的后果。这位错误决策产生的皇帝执掌政权长达26年之久，最终把北宋推向了粉身碎骨的深渊。

所以，对于重大的决策，要有第二套方案，在设定周期内，如果实际偏离了预期的结果，应该快速做出调整，以避免更严重后果的发生。

7. 缺乏对决策原则的探究：选人的原则是什么？

宋徽宗即位决策的错误，更根本的还在于对决策原则探究的缺位。笔者发现，在很多企业中，可能有80%以上的决策缺乏对决策原则的探究。决策原则就是如何做好"待决策事宜"的外在的、客观的条件。在本例中，我们看到决策中先后提了几个"原则"：立嫡原则、长幼原则、裙带原则（这是向太后头脑里的潜规则，她否决宰相立简王，其实是裙带原则在发挥作用，因为上任的人必须是对自己有利的人）。遗憾的是，这群智囊都没有对这几个原则是否是该项决策的"黄金标准"进行探讨，我们前面提到在这项决策中，最重要的原则应该是胜任能力原则，即继任者能不能继续保证北宋长治久安。正确的逻辑是：该任皇帝的核心任务是什么？

（"守边戍疆，抵御外侮"）为了达成目标，候选人需要具备什么样的条件？（"刚强的性格和军事才能"——决策的标准）然后再依据决策标准，筛选候选的方案。

现实中的很多民营公司在做决策时，也很缺乏对决策原则的考察。很多决策成了政治决策，即几个决策人之间的利害博弈，从而不能系统地梳理这样决策的依据是什么、背后的道理是什么，这其实是每项决策背后最该深究的根本问题。

一个如此重大的决策，一个犯了如此之多错误的决策，终于导致了一个强盛的北宋王朝，在如此短的时间内迅速地走向土崩瓦解。留给后人深深的遗憾和思考……

第3节 销售流程管理与LTC

优化销售流程，使之规范、简洁、顺畅有助于提高销售效率，因而销售流程管理是销售运营管理挖掘销售增长潜力的有力方法之一。不少公司的销售运营部门都设置销售流程优化经理的岗位，从事流程优化的工作。近几年，由于华为公司的明星效应，其LTC方案更是备受瞩目。

一、LTC简介

LTC是Lead To Cash的缩写，代表的含义是"从线索到回款"，是项目式销售模式销售流程管理的一套解决方案，是从销售过程视角建立的"发现销售线索-培育线索-将线索转化为订单-管理订单执行/回款"端到端流程管理规范。

LTC因近年华为的名声而闻名于世。据报道，华为2010年开始引进LTC变革咨询，通过实施LTC变革，优化以客户为中心的运作和管理，提升整体经营指标（财务指标、客户满意度指标、运营绩效指标），实现卓越运营，华为为此前前后后斥资数亿美元。

LTC有何不同？为何能有如此的魔力？它的一个突出特点是"端到端"、或者说"完整性"。它将销售流程管理的对象从"商机—合同—交付–回款"扩展到"线索—商机—合同—交付—回款—评价"。举个例子来说，许多公司的销售流程管理都是从"商机"这个环节开始的，而将"线索"这个环节交由销售人员自己掌握，究竟整个公司有多少线索？究竟销售人员主要从哪些渠道获取线索？究竟哪个线索来源的效率最高？究竟有哪些发掘线索的最佳方法？等，则疏于管理。LTC就改善了这一情况，要求对"线索的产生、分配、追踪"都加以规范管理，将管理范围扩展到了"生意"产生的最前端，避免对线索识别不准、响应不及时、疏于追踪等问题导致的"销售漏斗"漏出。它的灵魂还是"精细化管理"。

另一个随LTC火爆起来的概念是"营销铁三角"。铁三角是LTC的一个组成部分，是LTC流程管理的组织方式和实现方式。通过构建客户专家、解决方案专家（产品专家或行业专家）和交付专家三个角色的客户工作小组，落地LTC，提高赢单率、利润率、交付效率和客户满意度。

二、LTC的实施对销售绩效的提升有5个重要的意义

近几年，我和华为老同事合作为几家企业做了LTC流程优化咨询，我们认为LTC的实施对销售绩效有以下5个意义：

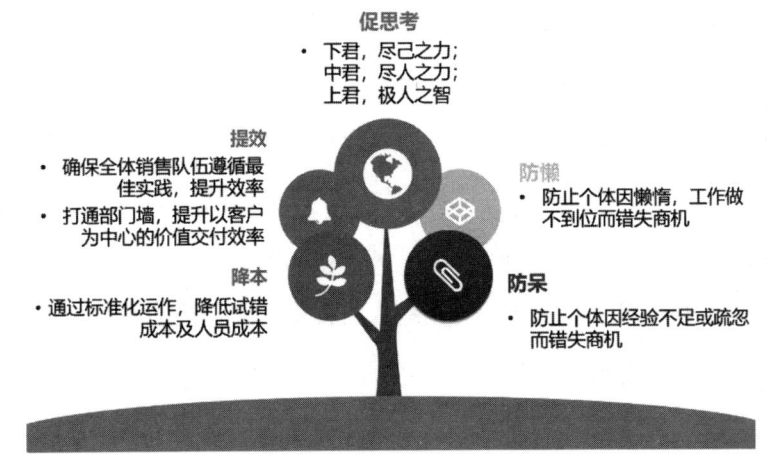

促思考
- 下君，尽己之力；
- 中君，尽人之力；
- 上君，极人之智

提效
- 确保全体销售队伍遵循最佳实践，提升效率
- 打通部门墙，提升以客户为中心的价值交付效率

防懒
- 防止个体因懒惰，工作做不到位而错失商机

降本
- 通过标准化运作，降低试错成本及人员成本

防呆
- 防止个体因经验不足或疏忽而错失商机

图10–2　LTC变革的5个意义

1. 防呆：防止缺乏经验的业务人员因经验不足或者疏忽漏失商机

许多公司没有线索管理，对市场线索的来源、追踪、培育没有进行系统的梳理、追踪和管理。我们讲一个真实的故事，来看这种状况对企业生意的伤害：浙江省A公司准备采购CRM解决方案，IT副总指派一名IT专员去网上搜寻潜在供应商，IT专员网上查到了广东一家供应商H公司，致电H公司的400热线，H公司400热线接线员表示"我们公司只做广东省的项目，不接省外的项目。"而真实的情况是H公司正在全国市场铺开，寻求从区域化经营向全国化经营的升级蜕变。如果H公司对所有来电（线索）都有监测和回顾机制，或许能够"捡回"这个线索，否则可能就这样失去了一个上百万金额的生意机会。（这个故事还反映该公司在策略传达和培训机制上的缺失，接线员没有及时获得公司经营策略调整的相关资讯和培训。）

2. 防懒：防止业务人员因怠惰而丧失商机

举例来说，许多销售人员在打单的时候懒得做或者不会做详尽的"竞争对手分析"，公司也没有这方面的运营支持，当在客户那里被问及竞争优势的时候，一脸茫然。我们仍然来讲一个真实的故事，客户透露了竞争对手的情况，并希望从M公司销售代表那里获得更完整的关于他们和竞争对手的相对竞争优势的书面分析，M公司的销售代表觉得太麻烦了，不愿意花时间给客户提供这样的分析，M公司因为"懒"而丧失了这次机会。可怕的是，M公司不知道有多少订单因为销售人员的这种"懒"而丢单。LTC通过两方面的机制来防范这种风险，一方面强制要求销售人员对重要订单都进行竞争分析，从而杜绝因"懒"而丧失机会；另一方面在公司层面系统整理竞争对手的资讯，为销售人员提供帮助，让他们在做竞争对手分析时更轻松、更便捷。

3. 提效：加速新人或不熟练人员对销售流程、销售工具的掌握，快速上手，提高效率

想象一下这个情景：某个销售新人小A进入一家公司后，签订某个合同时，由于对公司业务流程不熟悉，先请教同事X。X正在忙别的事情，只简单应付了几句，小A一知半解，按自己的理解做了。另一名同事Y得知后，急忙制止了小A，告诉他这个合同他需要先上某某系统做某某申请，否则会被财务、法务驳回，小A重新走流程，十分郁闷。几个月后，小A又签一个合同，又被财务驳回，财务告诉他这次卖的这种产品，流程不一样了，需要重头来过。我们知道新人融入一个销售组织大约需要6个月时间，像小A这种"试错式"的经验积累效率极低，LTC变革通过将生意产生过程进行标准化，新进的业务人员按照LTC的操作流程按部就班开拓商机，上手时间缩短，就提升了销售效率。此外，在前面说过的竞争对手资料研究，LTC将竞争对手资料研究作为一个标准动作，就会积累不同竞争对手的大量资讯，新人在需要分析和预判某个销售项目的竞争对手时，就不需要再自行从头搜集，可以获得许多同侪的分析成果，从而大大提高效率。

4. 降本：LTC运作成熟后，可以降低企业对"有经验"的销售的依赖度，降低用人成本

当企业的销售标准化较低的时候，就需要雇佣较多有经验的销售人员；而当销售标准化程度较高的时候，无经验的新销售人员按照标准化的操作，一方面快速上手，另一方面也能模仿到成功经验六七成。此时，企业对有经验的销售人员的依赖就相对降低，可以招聘较多无经验或较低经验的销售人员，那么人工成本就能相应降低。

降本的另一方面是在角色的分拆。与LTC相伴而生的铁三角，将"销售"角色拆分为AR客户专家、SR解决方案专家、FR交付专家三个角色。我们知道一个人同时具备3个角色特质是比较困难的，意味着招聘同时具备3种特质需要花费比较高的成本，通过分拆，降低难度，能够一定程度上降低用人的成本。

5.让人思考：企业最大的财富是人的脑力资源

韩非子曾经有一段非常精辟的论述，"下君，尽己之力；中君，尽人之力；上君，极人之智。"意思是说最高明的领导者，能够鼓励下级开动脑筋思考。复杂产品销售过程中，销售人员是否积极主动思考、想方设法应对复杂多变的客户需求、竞争动态，步步为赢，引导成交，可以说是临阵决胜的关键制胜要素。遗憾的是，诚如德鲁克所说，知识工作者的工作是极其难以衡量的，一个销售人员在销售过程中是否积极"动脑"是很难判断的。那么销售领导者如何才能让你的销售人员在销售过程中"开动脑筋思考"呢？通过观察销售人员对"客户需求""竞争动态"等是否认真思考并具有洞见，是极为重要的一种方式。而LTC所要求的输出关键环节文档，并进行质询、辅导，就是非常有效的促使销售人员"思考"的方法。举例来说，LTC要求销售输出"客户需求分析表"，假如一名销售拿不出这个分析，那么基本可以判定他没有花费足够脑力去分析清楚客户的需求，那么获取该客户合同的概率（赢单率）肯定是要受影响的。

综上所述，LTC的实施，能够有效提高销售流程标准化，提高线索转化率、赢单率，进而提升企业销售绩效。这也是为什么华为愿意斥巨资实施LTC变革的原因，以华为的体量，转化率、赢单率的一点点提升，都将是一个非常可观的财务数字。

当然，LTC也有其不足，就是推行起来会显得烦琐，往往比较适用于产品复杂、订单金额大、成交周期长的企业，并非所有企业都适合采用LTC方案。企业应该根据自身的实际情况决定是否实施，以及实施的颗粒度。

案例　AK企业LTC与铁三角变革

背景：

AK公司所在的新能源行业，客户集中度非常高，头部的8家客户就代表了整个行业50%的采购额，而前20家客户就代表了整个行业80%的采购额，因此，成为这头20家客户的"数一数二"的战略供应商，是在此行业中生存和赢得竞争的不二法则。

因此，我们对其营销战略的解读是"成为战略大客户数一数二的战略合作供应商"。对这一营销战略的解读和理解是我们设计LTC流程优化方案的前提和基础。

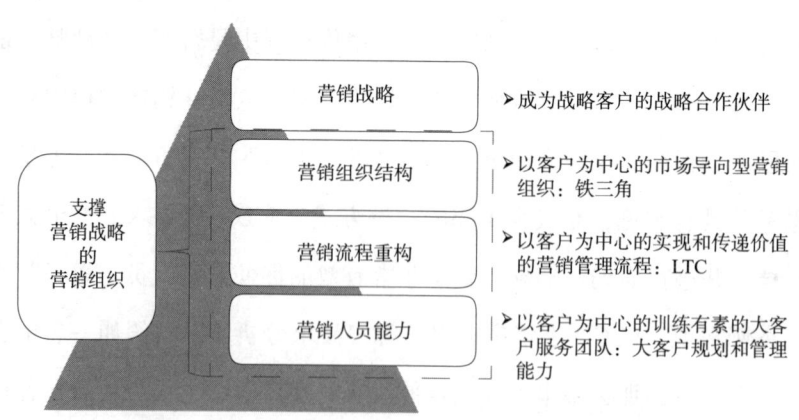

图10-3　整体变革方案：打造支持营销战略的营销组织

模块一：创造客户价值的销售流程：LTC（Lead to Cash）

我们为客户导入了LTC流程，梳理在大客户服务过程中，在从线索到回款这一核心业务流程的各个不同阶段的最佳管理实践,并制定操作规范。通过对流程的解构和标准化,使不同营销人员在面对客户时有了统一的语言、规范和工具,强化了在为客户创造价值过程中不同部门和角色间的协同及效率。

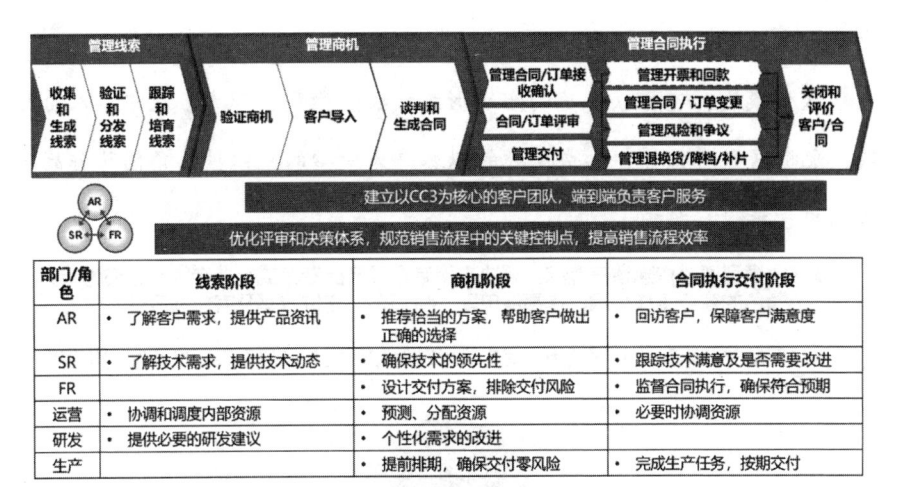

部门/角色	线索阶段	商机阶段	合同执行交付阶段
AR	了解客户需求,提供产品资讯	推荐恰当的方案,帮助客户做出正确的选择	回访客户,保障客户满意度
SR	了解技术需求,提供技术动态	确保技术的领先性	跟踪技术满意度及是否需要改进
FR		设计交付方案,排除交付风险	监督合同执行,确保符合预期
运营	协调和调度内部资源	预测、分配资源	必要时协调资源
研发	提供必要的开发建议	个性化需求的改进	
生产		提前排期,确保交付零风险	完成生产任务,按期交付

图10-4 优化销售流程的LTC方案

模块二:深化客户关系的营销铁三角

AK公司的销售模式具有典型的B2B大客户销售模式的特征:产品较为复杂、客户定制化程度较高、客户决策流程涉及多个环节和个人、客户需求多维化、产品交付周期长等。

这种销售模式,与华为的销售模式十分相似,客户既有客情维护关系的需要,又有专业技术领域的诉求。所谓术业有专攻,往往销售背景的人缺乏技术背景,而技术背景的人又不善于客情的维护。因此,仅凭大客户经理一个角色维系与客户内部商务、技术、品质等各方面干系人,往往力不从心。比如,销售背景的大客户经理就极难与客户的技术人员进行深入的"技术交流",就不容易理解客户的技术需求,也难以与客户技术人员"交心"并获得他们的认可。

因此,我们将营销铁三角组织方式导入AK公司。这种铁三角的组织

销售运营管理

方式,由客户经理、技术经理和交付经理三个角色共同组成一个客户服务团队,分别对接和管理客户在商务、技术、交付等方面的需求,实现团队作战和优势互补。同时通过赋予铁三角团队调动公司内部资源的权力,形成以铁三角为龙头、以客户为中心的大客户服务组织,提升客户服务和客户满意度,深化客户关系。

这个模块,包括铁三角的组织形式、配置模型、职责、权限、人员甄选、配套绩效考核等,形成高效的以客户为中心的、以铁三角团队作战为基础的营销组织架构。

- 铁三角模型通过构建客户专家、解决方案专家(产品专家或行业专家)和交付专家三个角色的客户工作小组,提高赢单率、利润率、交付效率及客户满意度。
- 但铁三角并非所有企业都适用,其实施颗粒度和效果与产品复杂程度和客制化程度成正比。

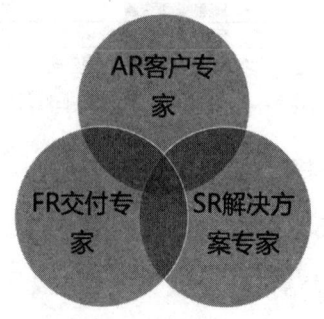

图10-5 营销铁三角

模块三:大客户规划与管理能力提升

LTC比较适用于复杂产品、大客户的销售场景,这类销售场景,铁三角团队,尤其是AR的大客户管理能力十分关键。因此LTC往往和"大客户管理"能力提升方案配套实施,事半功倍,效果更好。为此我们配套导入了包括大客户销售培训、大客户管理工具模板、大客户月度回顾机制的大客户管理能力提升方案。我们为以AR为首的各个铁三角团队进行了《大客户规划与管理》的培训,要求各个铁三角团队根据提供的模板为每家大客户制定详细的《大客户管理方案》,组织管理团队评审每家大客户的计划（Key Account Plan大客户计划），并按月进行回顾和动态调整。

1	看客户	客户档案	大客户的基本介绍等基础信息
2		客户需求分析	大客户在产品需求最的评估，及对品质、服务等方面的关键诉求
3		决策链&KDM分析	大客户与我司相关的决策流程，及决策流程上各个成员的关注点
4		客户SWOT分析	客户面临的市场、竞争环境扫描
5	看竞争	我司SWOT分析	与竞争对手相比较的优劣势、机会威胁分析
6	看自己	合作回顾	我司与大客户合作历史的回顾
7		关键问题	该客户关键问题的识别
8	定目标	目标（Goal）	设定客户目标
9	策划&行动计划	关键策略（Tactic）	策略与行动计划
10		项目小组（Staffing）	设置大客户服务项目组，并明确各个角色职责
11	辅助内容	关键活动追踪表	与战略大客户的关键互动活动的记录
12		评审表	对大客户规划评审质量进行评审

图10-6　大客户规划模板

模块四：支持营销战略的市场情报系统

要成为客户的战略合作伙伴，需要倾听客户的声音、成为客户的知音，因此，情报、信息工作是不可或缺的一环。为此，我们用我们的市场情报管理方法论，帮其梳理了需要采集的市场情报种类、搜集责任人主体、搜集频率、搜集模板，以及市场洞察报告的种类、发布频率及查阅范围。将客户、市场情报工作从随机的、偶发的变成周期性的、规范的、系统性的工作。

在这个案例中，我们围绕着营销战略，从核心销售流程LTC出发，优化销售组织方式、提升大客户管理能力、改善情报信息流转，有效地提升了AK公司的销售生产力。

第4节　销售IT系统支持

销售运营管理的一个突出趋势是将销售管理流程进行IT系统固化，这方

销售运营管理

面的软件解决方案主要是客户关系管理系统（CRM，Customer Relationship Management）和业务智能（BI，Business Intelligence）。CRM系统作为销售市场管理的重要工具，在企业的客户画像和客户分析、客户分级管理、目标市场选择、指标分配、营销绩效追踪等方面发挥着巨大的作用，在外资企业已盛行近20年，是企业狭义销售运营管理的三大件之一（狭义销售运营管理主要包括三方面工作：数据分析、CRM系统管理、销售激励）。近年来，国内越来越多的企业意识到了客户关系管理的重要性，并投入人力、物力、财力建设了CRM系统（客户关系管理系统），有的企业甚至投入上百万元、上千万元。遗憾的是少有企业真正理解CRM，往往只是把CRM当作一个工具，而没能像跨国外资企业的最佳实践那样，把CRM当作"以理念为牵引；以制度、流程为依托；以技术为支撑"的整体的业务管理变革，因此应用得并不好。

作为销售运营的负责人，笔者早在2004年参加工作早期，就在华为负责搜集海外市场客户信息（当时用的还是非常老的Lotus Approach软件自建客户信息数据库），后来加入GE，又为GE的医学诊断部和生命科学部两个BU成功实施了CRM系统，并因使用得非常成功，获得GE HERO Award。后来在诺和、萌蒂等公司也成功实施和推广了CRM系统。前前后后，在CRM系统管理方面已有15年管理经验，三大类型的CRM系统都亲自实践过，本文分享一下企业用不好CRM系统的六个主要原因。

1. 客户关系管理理念和文化宣贯不到位

CRM用不好，首先是企业理念的问题。很多企业看到CRM很热门，就跟着上了，但缺乏整体理念梳理和宣贯及配套文化的铺垫，造成整个公司上下对CRM的理解不到位、接受度不高，管理层仅仅把它当成工具，而业务团队则仅仅把它当作约束、监控自己的枷锁，在这样的背景下实施CRM自然是事倍功半的。具体又分成两种情况：

（1）客户关系管理理念

客户关系管理不仅仅是技术，而是"以理念为牵引；以制度、流程为依托；以技术为支撑"的整体的业务管理变革。这些管理理念如下。

①市场是一个一个具体客户组成的；

②客户是一种资源，必须加以有效地开发和利用；

③企业的根本任务是开发、保留和升级有价值的客户；

④越深入了解客户，就越能有效开发和服务客户，提升客户黏性；

⑤只要能把握住市场上的主要客户，就能成为领导者；

⑥与客户一起发展；

⑦介入客户的业务和生活；

⑧达成一个市场目标：通过有组织的努力，系统地发掘、培育、发展和维护优质客户，不断深化企业的客户基础，稳固和强化企业的市场地位。

在这些理念的牵引下，有大量的营销管理理念和管理工具。例如，二八理论、客户采纳阶梯等，如果缺乏对企业上下，尤其对中高层业务管理人员进行深入的理念梳理、培训沟通，让他们充分理解CRM管理变革的意义、价值，往往上CRM的效果会大打折扣。笔者2007年在GE说服管理层上CRM时，就撰写了《CRM之我见》《竞争对手销售管理趋势研究》等大量报告去影响管理层，为后来CRM的顺利实施奠定了良好的环境基础。

（2）销售抵制

后来到民营企业，发现CRM实施的基础比外资企业还差。因为在外资企业，由于企业品牌、产品品牌都比较扎实，多数营销方式是品牌营销、产品营销，而在中国，由于企业品牌、产品品牌都相对较弱，营销方式多为关系营销，即业务员个人和客户之间的关系占到了生意往来的较大的比重。外资企业换一个业务员,多数生意会延续,而民营企业业务员一跑,往往生意就跟着跑。这带来的一个差异是外企业务员往往不会把客户当成自己的"资产",而民营企业的业务员则往往把客户当成自己的资产,从而不愿意跟公司分享这些客户的信息。我到过一些民营企业,常有这样的情形:一名业务员离职后,企业对其原负责的客户一无所知,新业务员又重新花半年时间接触和熟悉客户,几乎相当于重新开拓,这对企业是多么大的效率损失!面临有这样问题的企业,在实施CRM前,还必须对业务团队灌输这样的理念:所有的客户都是公司的资产,并建立红线,凡是刻意阻碍、隐瞒、误导客户信息的,予以重罚。我认为,恰是因为中国企业的这种现状,实施CRM对企业稳健经营尤为具有战略意义!立志成为百年企业的公司尤其应该建立实施CRM变革的雄心和决心。

2. 选型不当

CRM用不好的第二突出问题是CRM系统的选型。选择什么类型的CRM,会极大地影响企业使用CRM的效果。

前面说CRM是"以理念为牵引;以制度、流程为依托;以技术为支撑",三者缺一不可。这里的技术,就是指系统的支持,没有符合企业实际业务需求的、恰当的软件系统的支撑,CRM变革也是难以实现的。

CRM主要有三种类型,云端型CRM、产品型CRM、定制开发型CRM。企业应该根据自己的需要选择合适的产品。这三种产品我都用过,GE我负责的两个BU用的都是定制开发型的CRM;诺和用的是产品型CRM(Oracle的Siebel);萌蒂用的是云端型CRM(Sales Force,简称SFDC)。我从性价比的两个关键维度功能适应性和成本方面,对三种类型进行比较分析(见图10-7):

CRM	On Demand	产品型CRM	定制开发型CRM
典型	Sales Force（SFDC）；钉钉、纷享销客	Oracle，SAP	GE OMS，GE LSCRM，萌蒂BI
成本	低（实际高，因为免费功能非常有限，完整功能就变得很昂贵）	非常高	中
客制化	低	中高	高
我的实施经验	英国萌蒂	诺和诺德	GE MD；GE LS
预算估算	（Sales Force为例）300美元/用户/月*6汇率*12个月=21600/用户/年	千万级别（6000万）+年度维护费用	50万+年度维护费

图10-7　CRM系统选型

先说云端型：

特点：最有名的就是Sales Force，这类产品的特点是数据库存在云端，功能模块高度标准化，一般收费方式是用户授权费+定制实施费。这类CRM宣称的卖点是实施快、便宜。

功能客制化：据我的经验，这类产品的定制化程度是最低的，很多时候他们都会说这个功能技术不能实现。这里我持保留看法，因为现在的技术手段非常强，一般没有不能实现的功能。我个人判断事实上是他们内部有一套评估机制，他们会评估你提出来的需求能不能推给其他公司用，如果个性化很高，没有普遍推广的价值，他们是不愿意做的。还存在另一种可能，由于这种产品是很多家企业共用一个平台，你的特殊需求可能会引起其他企业系统的不稳定，他们也不会做。据我的经验，每家公司的业务都是很独特的，而且我们往往寻求通过差异化的业务流程去强化我们的竞争优势，因此，我个人是不愿意接受一个普用的流程的。我知道的一些选用云端型CRM的企业，用得都比较痛苦，企业不得不削足适履去适应软件。我在萌蒂时，也不得不在云端产品外，另找定制化供应商另行开发BI进行辅助。

企业成本：这类产品会告诉你费用很低，以SFDC为例，他们的报价

销售运营管理

从25美金/人/月（25美金×6汇率×12个月，合1 800元/人/年）到300美元/人/月（300美金×6汇率×12个月，合21 600元/人/年）。如果企业有30名业务员（我一般建议不光业务部门，市场部、人力资源部、财务部、运营等都要使用CRM，往往人数要在业务员人数基础上乘以1.3），预计第一年成本在60万元+实施费。这里我直接用的是300美元的高值，因为25美元的功能极为有限，几乎没有企业能用起来，在后面的功能设计部分我会展开说明。现在国内还有一些云端产品号称免费，在我看来，天下没有免费的午餐，免费的功能极少，而真正能用得起来的功能，投入并不低。

再说产品型CRM：

特点：Oracle、SAP等，这类产品的特点是数据库存在企业里，功能模块相对标准化，可以根据客户需要进行一定的定制。一般收费方式是用户授权费+实施开发费+维护费。这类CRM宣称的卖点是数据安全、稳定。

功能客制化：这类产品的客制化要大大优于云端产品，但仍有一定的局限性。比如，我当时实施这个产品时，和供应商在一个问题上争执了整整一个月，当时产品的原生设计是一对一的汇报关系，即每一层的人只能看下一级的客户数据，但我们的需求是不仅销售团队，而且产品经理和市场经理也是要看客户数据的，就是需要横向交叉，如A产品经理看的是"有销售A产品的所有销售员的数据"，这在协同作战中非常常见。但当时就和供应商争执了很久。因此这类产品的定制化水平高于云端产品，但低于完全定制产品。

企业成本：我接触过的这类CRM都是天价，基本上是千万元级别起。这类产品比较适宜有成千上万销售队伍的大型企业或全球化经营的巨型企业使用。

最后说完全定制开发型的CRM：

特点：这类产品的特点是功能模块高度客制化，一般收费方式是实施开发费+升级维护费。这类CRM的卖点是完全客户定制，只有想不到，没有做不到。

功能客制化：这类产品的客制化程度是三类里最高的，如在GE的时候，我们有很多项目需要进行招标，招标需要填写许多的文件，而且后期要搜集竞争厂家的中标信息并对其进行整合分析，这在前两类的CRM产品里面都是没有的，而完全定制化CRM则很好地解决了这种个性化需求。另外，我们的订单流程是很复杂的，包括的审批非常多，这在前两类CRM中，要么是实现不了，要么得付巨额费用才能实现。

企业成本：这个类型的CRM系统波动范围比较大，取决于客户需要的模块、需求开发的复杂程度等。通常在几十万元到几百万元之间。

我个人一直钟爱完全定制化，因为我的选择标准是最大限度实现我们对业务管理的大胆创想，"指哪打哪"，这类最满足我的需要，而成本介于云端型和产品型之间，性价比最为理想。

3. 功能设计不完整

CRM使用的效果，还非常大程度地取决于CRM的功能设计。

我一般把CRM分为狭义CRM和广义CRM。现在市面上说的CRM往往是指狭义CRM。

狭义CRM主要包括三项功能：客户（包括机构和联系人）、销售活动、市场活动。有的时候甚至仅仅是前两者，就是让销售人员填写一下客户信息，做一下工作周报或者拜访报告。我可以负责任地告诉你，这样的功能设计使用起来的失败概率高达80%以上。许多企业的CRM用不起来，恰恰就是这个环节出的问题。

我们知道客户关系管理的一个重要理念是"越深入了解客户，就越能有效开发和服务客户，提升客户黏性"。而我们和客户的接触绝不仅仅限于拜访。事实上，客户的大量信息存在于业务流程（客户做生意的方式）、订单（生意往来）、合同（合同价款、交期要求）等，称之为360度CRM信息。因此，这里存在广义CRM的概念。

广义CRM应该包括企业的全业务流程的管理，如图10-8所示（以项目式销售CRM为例）。

线索 > 项目 > CPQ > 投标 > 合同 > 交付 > 回款

市场活动　客户　联系人　销售拜访　经理辅导

费用分配　客户分配　指标分解　销售预测

全程BI分析

图10-8　广义CRM示意（以项目式销售为例）

如果你上的CRM系统是一套整体业务解决方案，而不仅限于狭义CRM的那点儿功能，是没有理由用不好的。2009年，我在中国大陆GE生命科学部交付了这套整体解决方案后，次年公司在中国香港和中国台湾的部门也用上了这套解决方案。

4. 配套流程和制度不健全

前文提到，CRM是"以理念为牵引；以制度、流程为依托；以技术为支撑"的管理变革。前面说到了理念和技术，这里说说制度和流程。

先说流程，如果你的CRM设计科学合理，销售人员还是愿意使用的。举个例子，GE生命科学部在上CRM系统之前，报价审批环节都是用电子邮件完成，由于产品比较复杂，涉及的审批流程多达30多步，包括分产品价格的审批、整张合同的毛利的层层审批、价款审批等。更为恐怖的是，当给客户的报价发生了一次变化，所有的审批都要重新来过，可以说是电子邮件满天飞，而客户要求调整报价的情况又很多，最后乱了套，不知道哪个版本的报价是最终的，也不知道哪个版本的报价是准确的，一片混乱。

我们先用GE的LEAN工具梳理流程，将其中不必要的审批流程精简，之后再进行系统固化。比如一次报价修改，仅修改了其中售后服务项的价格，那么其他产品线就不需要再二次审批，只需要售后服务经理确认，而如果变动后的价格折扣没有超过原来审批人的权限，甚至不再需要进行二次审批。这样的变化大大简化了业务员的工作流程，提高了响应的效率，受到了普遍的欢迎。又比如，很多企业苦于业务员不愿意将客户信息上报到CRM系统中，如果你的流程设计上是没有客户信息就不能报价和算业绩，那么业务员是不可能不填写完整信息的。

再说制度。制度包括专人管理、及时支持，以及制定CRM使用规范。在外资企业，这个职责一般由销售运营部负责。我清晰地记得，2009年GE生命科学部CRM系统试运行的时候，销售的抵制仍然非常大，当时有位销售运营专员负责这些销售项目、销售预测的追踪和管理，大家在使用过程中有问题都会联系到她，可以说她的角色非常重要。一次开会，总经理问我，CRM推行起来是不是压力很大，我指着旁边的这位专员说："我的压力不大，主要压力在她，她负责大家使用的日常支持，直接顶着业务人员的大量抱怨。"总经理对这位运营专员的工作给予了高度认可，这位专员受到了鼓舞，也更加积极地推动业务使用，包括反馈使用情况、及时解答、制定使用规范等，对CRM试运行及最后成功铺开，起到了巨大的作用。

5. 未进行数据分析和利用

CRM投入使用，你的变革只成功了一半。如果你不能从CRM的数据中挖掘有价值的信息、情报，持续地给予各层人员及时的决策支持，那么很快业务人员会感到CRM"没用"，这对你持续推动CRM的使用极为不利。因此，你还需要掌握基于CRM数据进行数据分析的能力，要能够为业务团队，尤其管理层提供有价值的数据分析报告。

销售运营管理

2007年,GE生命科学部CRM的销售活动模块上线,当时为了促进使用,我将覆盖分成三种类型:第一种类型是有销量,这是最好的覆盖;第二种类型是有联系人;第三种类型是有拜访活动。我对这三种类型的覆盖进行综合分析,发现了很多有价值的信息。比如,一家医院有销量,但是却没有这家医院的具体联系人(医生)的信息,那么我们就认为是自然销售,即业务员并没有做任何工作,这部分销量将收归公司,不计业绩。又比如,一家医院业务员持续地有拜访活动,但是一直没有什么销量,那么我们会让销售经理介入调查,要么是销售人员填写了假信息(GE诚信要求是很高的,发现这种情况,我们会严肃处理),要么是销售人员的能力、方法不行,这时就需要销售经理进行针对性的协访和辅导。

我们还培养了业务经理非常好的使用习惯,他们每周回顾业务,就直接打开系统进行回顾。

6. 配套激励不完善

世界领先企业的销售管理实践,通常会把业务员的激励分为两大部分:一部分是结果激励,一部分是行为激励。结果激励是大家所熟知的销售收入、毛利等的考核;行为的激励则包括客户数量、拜访活动、CRM使用竞赛等的激励。有条件的企业可以配套设计一定的行为激励,以促进CRM系统的使用和最终客户关系管理变革的成功。

上述引入CRM系统使用效果不理想的六大原因中,1、2、5、6属于管理配套的"软性"问题,3、4属于技术的"硬性"问题。为使引入CRM系统能切实提升企业业务管理水平,一方面应在实施CRM系统前梳理配套的管理制度、流程,一方面应仔细甄选适合自己公司的CRM供应商和解决方案。

一、实施CRM系统前应先确保CRM系统能切实提升企业业务管理水平

CRM究竟能不能提高营销管理水平？

答案是能，也不能。

浅显的逻辑：CRM系统是管理理念的外化、映射，管理思想（提的需求）是什么样子的，CRM系统就会开发成什么样子。头脑里有客户分级的管理思想，才会在系统里开发客户分级管理的相关功能；头脑里有LTC管理思想，才会在系统里开发LTC管理的相关功能。所以CRM开发成什么样子、是否能发挥作用、提高营销管理水平，关键在于提需求的人是否具备领先的营销管理思想。

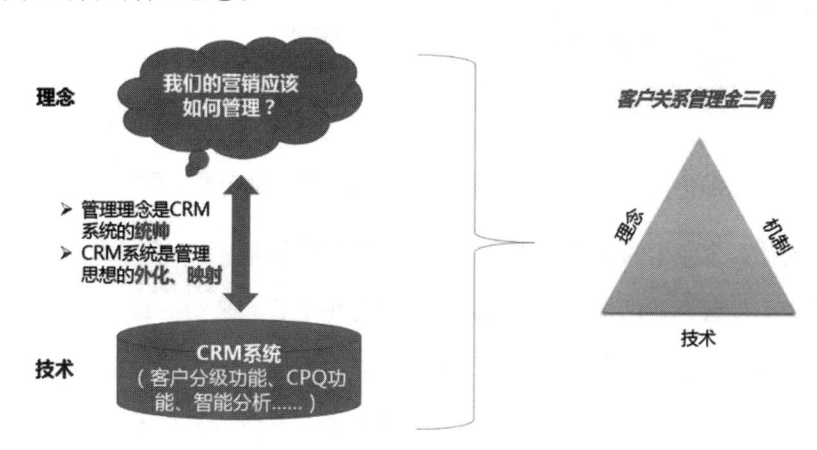

图10-9 CRM系统是管理思想的外化、映射

如果提出需求的人没有领先的管理思想，CRM系统充其量只会做成"本企业目前管理现状"的复制、映射，自然不可能对提高营销管理水平有什么帮助。

1. CRM未能提高营销管理水平的原因剖析及例子

我们看一下企业一般如何开展CRM系统建设。通常会内部指定一名项目经理，这名项目经理会联系销售、售前、商务、客服等各个有关部门的

销售运营管理

员工去搜集"需求"。问题就在这个环节出现了——这些内部员工所提出的需求，多是他们部门当前是如何管理的，因为他们并不知道世界领先企业是如何管理营销的、不知道最佳营销管理实践是如何的，自然不可能按最佳营销管理实践的标准来提出需求。提出的需求如此，做出的CRM系统自然也只能是企业现有管理水平的简单翻版，肯定谈不上对提高营销管理水平有很大帮助了。

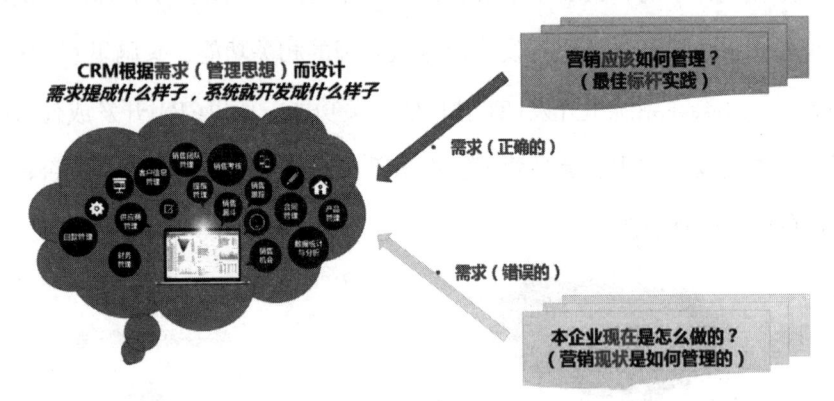

图10-10　CRM系统能否提升营销管理的关键在管理思想

为什么企业里的员工往往提不出"领先"的需求？

中小民营企业的员工大多数是在本企业里成长起来的，意味着缺乏比本企业更大企业的管理经验。比如有一家企业发展很快，过去10年从0到1迅速发展到了10亿元的规模，副总从毕业就加入企业，只有本企业经验，缺乏GE、IBM这类领先企业最佳管理实践的经验，那么他提出的CRM需求，肯定只会按本企业当前实际管理现状来提出需求。

可能有人会说，可以通过二手资料学习领先企业的营销管理知识呀，但有两个原因造成通过二手资料获得领先管理知识的可能性很小。

第一，领先企业的真实管理往往被作为商业机密而小心保护，获得其真实管理知识并非易事。我们训练营里曾有一名同学兴奋地告诉我她设计的销售激励方案参考了华为的方案，我听了就乐了，我说"华为的销售激励方案是花了好几个亿请咨询公司设计的,你怎么弄到手的"?她说网上找到的。我说"你要小心可信度哦,蹭华为热点以讹传讹的很多哦"。我有好多华为的前同事,所有人都表示华为的管理资料根本拿不出来,连对着电脑屏幕拍照都不允许。曾有一名人力资源总监告诉我,她们老板非常爱学习,她会帮老板搜集各种好的管理资料,但她从来不敢跟老板推荐有关华为的管理资料,因为她觉得70%都是假的,而她又分辨不出来,怕会误导老板,干脆完全不推荐。华为曾发声明怒怼某名教授"不可能了解华为"的事件,就很能说明问题。

第二,管理总归是实践科学,即使获得了真实的领先企业的管理资料,通过二手资料获得的知识,总归和实践获得的知识还有不小的距离。

我们来看因为"想不到",所以"做不到"的5个例子(见表10-2)。

表10-2 因不同错误理念导致的CRM设计缺陷

序号	理念(管理思想、认知)	CRM设计缺陷
1	认为CRM就是用于管理销售日报、周报	销售人员大段文字描述,信息混乱,数据结构化差,无法进行后续的各种分析
2	认为CRM就是客户信息库	做成客户通讯录,用于存储客户姓名、联系方式、兴趣爱好;但缺失其他应有的功能;一段时间后发现客户信息不完整、也不更新,容易成为"死库"
3	缺乏市场份额管理思想	缺失"潜力"等用于衡量和管理市场份额的功能设计;不能发挥CRM挖掘市场机会的应有功能
4	缺乏市场目标管理思想	缺乏市场目标设定、分解、追踪、调整等一系列功能;给销售使用造成不便
5	缺乏渠道管理思想	缺乏精细化渠道管理功能;起不到应有的渠道管理作用

【例子1】

管理理念:有的销售总监简单地把CRM理解为管理销售人员的日

销售运营管理

报、周报。

提出的需求和CRM设计：在这种观念的影响下，通常把销售人员的"日报"、"周报"搬到CRM系统里。

后果：日报、周报通常是大段文字描述的几百字的当天工作汇报，数据结构化较差。比如某客户名叫李小龙，销售人员一会记成李总，一会记成龙总，一会记成李经理，很难进行后续的汇总分析。要追踪销售人员过去半年对李小龙进行了几次拜访，几乎不可能，就失去了CRM基于客户进行精细化管理的初衷。

【例子2】

管理理念：认为CRM就是客户信息库

提出的需求和CRM设计：做成静态的客户通讯录，要求销售填写客户姓名、联系方式、兴趣爱好等许多静态信息；但缺失其他应有的功能，如订单、销售与客户的互动等。

后果：一段时间后发现客户信息不完整、许多客户名单销售没有放在系统中，汇报的客户也许多字段空缺或不更新，容易成为"死库"。

【例子3】

管理理念：缺乏市场份额管理思想（市场份额是营销管理的重要绩效指标，领先企业的营销管理都应设法搜集有关数据对市场份额进行衡量和管理）。

提出的需求和CRM设计：没有提出市场份额管理功能，导致CRM缺失"潜力搜集"等用于衡量和管理市场份额的功能设计。

后果：不能发挥CRM衡量市场份额、挖掘市场机会、指导销售努力方向的应有作用。

【例子4】

管理理念：缺乏市场目标管理思想

提出的需求和CRM设计：没有提出目标管理功能需求；导致CRM系统缺乏市场目标设定、分解、追踪、调整等一系列功能。

后果：给销售使用造成不便，销售人员不能在CRM系统中获得一站式信息支持，比如想要查看一下自己的任务完成进度，需要从CRM中查一下已完成的回款数，然后再从别处查一下指标，再手工计算一下完成率。如果大区经理手下有30名销售，他想看一下每个人的任务完成率，就相当费劲了，慢慢就会觉得CRM太麻烦，不愿去使用了。

【例子5】

管理理念：缺乏"伙伴式渠道管理"思想，认为渠道管理就是简单的买卖交易关系，压货、对账、收款。

提出的需求和CRM设计：仅提出渠道下订单、对账、收款等功能，没有提出渠道精细化管理的功能需求；导致CRM系统缺乏经销商"瞄""选""育""用""留"各环节重要工作的配套功能，例如医药行业需要记录经销商和下游医院之间的销售记录，即流向单管理分析功能。

后果：起不到应有的渠道管理作用。举个例子，通常医疗设备的精细化渠道管理，要求厂家的销售要和渠道定期回顾商机，并协助经销商的销售打单，因而CRM系统要有记录经销商在跟商机的配套功能，但销售总监的管理理念认为"渠道卖给谁是渠道自己的事情，厂家无法进行管理"，于是没对销售人员提定期找经销商复盘商机的管理要求，更没有在CRM系统里设计相应的功能。后果是对市场始终隔山打牛，扎根不深。

以上5个例子，都生动地说明了客户关系管理金三角，即CRM是"以理念为牵引，以制度流程为依托，以技术为支撑"的整体解决方案，理念是技术的统帅、技术是管理理念的外化、映射。缺乏领先的管理思想，提不出领先的管理需求，设计和开发的CRM系统必然不能帮助企业向领先的营销管理水平推进。

2. 如何才能让CRM帮助企业提高营销管理水平？正确的做法是什么？

要想让CRM帮助你提高营销管理水平，需要先建立正确的管理思想，需要先思考清楚"我们的营销应该如何管理"这个问题。并基于"我们的营销应该如何管理"提出正确的需求。

一个案例，是浙江一家上市民营企业，在引入CRM系统之前，先请我们帮助他们梳理营销管理体系，公司抽调精锐人员花了半年时间，深入研讨"公司的营销应该如何管理"，全面梳理了市场信息管理、大客户管理、LTC流程等营销管理机制，之后再引进软件公司用软件加以固化。

另一个例子，某国内头部建材行业民营企业，他们进行营销数字化之前，先请四大会计师事务所之一的德勤对他们进行营销数字化管理咨询，理顺"我们的营销应该如何管理"，之后再根据最佳营销管理实践的要求引进CRM实施商，着手建设信息化系统。

迈瑞、三一重工等崛起企业的CRM建设路径也都遵循"先咨询"+"再进行CRM固化"的路径。

许多企业舍不得为"咨询"和"IT系统"花两份钱，殊不知，好钢用在刀刃上，咨询部分——研究清楚企业究竟该如何进行营销管理，才是提升营销管理水平的关键部分，才是最该用上"好钢"的"刀刃"！

一句话，CRM实施是从"我们的营销应该如何管理"这个管理问句开始的，对这个问题回答得越清楚，CRM才越能提高营销管理水平，否则只是把落后的管理固化到IT系统里，反而会束缚企业的进步，有害无益。

二、甄选适合自己公司的CRM供应商和解决方案

如何选择CRM（客户关系管理系统）？甄选CRM系统最重要的标准是什么？不是价格、不是品牌、也不是技术，而是这个核心指标："业务拟

合度"，即这套CRM系统在多大程度上能够完美支持公司的业务？

很多企业没有意识到这一点，简单地以价格或者品牌来选择CRM的供应商，往往造成的后果是CRM不能很好地实现对公司真实业务的完全模拟，公司不得不改变自身的真实流程去适应系统。这对公司将至少造成5个方面的不利影响：

1. 如果业务拟合度不佳，那么意味着更长的开发周期和更高的成本投入，因为供应商需要做大量的改动或者大量的开发，才能实现其系统对公司业务流程的支持。我知道一家快消品销售模式的公司，却选购了项目式销售模式的CRM，项目式销售模式CRM主要围绕着销售漏斗进行管理，即线索—项目—投标—报价—合同—回款的主流程设计，而快消品、耗材类公司的业务主流程根本不涉及线索、项目、投标这类活动，为了让系统支持业务流程，公司额外支付了许多改动成本。

2. 业务拟合度还影响一种不容易被觉察的隐形成本，这项成本就是公司中高管人员用于向软件实施商进行业务沟通的时间成本，也可以说是甲方对乙方的"培训成本"。可以试算一下，如果让你公司的总经理、营销总监、运营总监、财务总监等高级管理人员向软件供应商反复开会阐述、澄清业务流程，假设10天会议，加上会前准备和会后澄清跟进，对公司来说是怎样的成本支出？我们曾经承接一家医疗耗材公司的CRM系统建设项目，在选型阶段，与客户的营销总监沟通，聊不多久，营销总监就对财务总监说："你们就不必再找其他供应商啦，就这家好了，他们对医疗耗材企业太熟悉了，一点就透，不需要我们跟他们一点一点解释业务是怎么回事，跟其他供应商解释业务，真的太耗费精力，太累了。"

3. 业务拟合度对公司的第三方面的影响是使用者的精力和心情成本。表现在：如果软件不能完美支持企业真实的业务流程，而公司又有很多使用人员（许多公司的销售队伍数百甚至上千），那么让这么多人削足适履改变操作习惯去适应系统，会让他们使用得很别扭，见过很多公司的销售不断抱怨"系统很烂"，员工的这种心情损耗和精力损耗，引起的运营效率下降，实际上可能是一笔比CRM投入本身要高得多得多的无形成本。

4. 业务拟合度差，甚至可能引起使用者强烈抵制，最终导致CRM项目中止、投资打水漂。有时甚至可能造成CRM项目负责人被问责。曾有一家公司，全国有200多名销售人员，总经理是外国人，这名总经理一次参加全国销售会议，在兴致勃勃地发表完致辞后，心血来潮，问在场的销售人员，他们有什么困难需要支持，一名销售就举手问道："现在的CRM系统真的很烂，很不稳定，经常出错，浪费销售代表很多时间。"这个问题说完，竟然全场掌声雷动。由于销售代表说的是中文，这名总经理没听懂，还在纳闷什么问题引起这么空前强烈的共鸣？后来得知实情，大为光火，责令IT总监出具整改措施，但系统木已成舟，再次整改谈何容易？没过多久，IT总监就黯然离开了公司。

5. 业务拟合度差，还可能引起后期高昂的升级成本。CRM有个特点，是越使用越清晰功能需求，很多CRM在设计阶段并没有意识到某个功能的必要性，往往在投入使用后才发现流程不顺畅，或者使用不方便；甚至不少对全局有影响的关键需求，往往不是在项目设计阶段被意识到，而是在试运行或上线阶段才被意识到。

举两个例子，一家计划进行销售漏斗管理的企业在设计CRM时，没有设计"产品管理"模块，带来的问题是在线索和商机阶段，不能准确记录具体产品规格和型号，只留了一个文本框，让销售人员进行文字描述。这带来两个弊病，第一，跨部门的人，比如市场部、运营分析人员，无法从产品的维度对线索和商机进行分析，当产品经理想要看一下和自己负责产品相关的线索和商机有多少时，无法便捷地得到统计分析，可想而知大大降低了系统的实用性；第二，后期进行报价、合同功能开发的时候，需要重新设计产品管理模块，增加了企业的成本负担。

另一个例子，一家医药公司的营销总监，计划对销售人员的拜访活动进行追踪管理，跟CRM厂家提出"拜访管理"模块的需求。我提醒他要同时提一个"KPI管理"功能的需求，比如你要求销售人员每个月要拜访5次经销商，那么你系统里应该有一个位置可以设定"5"这个目标数字，否则系统做完后，你只能看到实际拜访次数，而无法分析和目标的差距，也无法调整目标，比如把目标从5增加为6。如果在系统设计阶段没有想到这些问题，在上线后才提出这些要求，那么供应商一定会收取一笔不菲的"变更"费用；甚至扯皮，可能从这个时候开始，甲方不愿再增加预算，而乙方也不愿再多支出人天，项目有可能因此中止。因此，CRM实施关键在于设计，而设计关键在于丰富的业务管理经验，设计水平和管理经验的优劣，最后体现在软件上，就是"业务拟合度"。

那么有人会问，那我怎么判断"业务拟合度"呢？我建议从两个方面来进行判断：

1. 备选的系统解决方案是否有行业应用案例？特别要注意是稳健运行多年的行业应用案例。因为有的供应商会包装他们的解决方案，可能给同行业的X企业实施过CRM，但实际未能成功，或者使用得不佳，却会被他们包装成"成功案例"。因此采购的时候特别要注意问："你们有没有本行业内已成功使用了多年的系统案例？"如果答案是"是"，那么你实施CRM的成功概率会大为增加。

2. 软件实施的需求分析人员是否具备本行业的经验，尤其是业务管理经验？尽管是同行的企业，但产品和业务管理逻辑、规则难免会有相当的差异，一定程度的定制化开发依然是难免的。而定制化部分就需要需求分析人员具备非常强的业务实感，具备很强的业务抽象提炼能力，能够将实际业务需求转换为系统设计，并向技术人员解释清楚。这里特别要强调的

销售运营管理

是需求分析人员的"管理"经验,如果管过这类行业的实际业务,那么他会有对业务的深刻洞见,理解管理需求特别容易,甚至可以给出非常好的建议。千万不要忘了,上CRM系统的终极目标,是"如何更好地进行业务管理"。需求分析人员具备很强的业务管理思维,必然是CRM成功的巨大的Plus(加分项)。

最好的CRM实施商,是具备丰富的行业管理经验,他会告诉你,你需要哪些功能,并用最适合你企业的情况,设计出极高业务拟合度的解决方案,切实帮你提升业务管理水平。

第11章
销售运营管理变革案例

第1节 4+1管理模式中国企业落地记——为某50亿元集团企业导入4+1管理模式

2013年，我随导师包政教授进入一家医疗集团企业，帮助该企业提升业务管理水平。这是一家经营医疗耗材的集团型企业，创立于20世纪90年代，经过多年扩张，从最初的几十名销售迅速发展到2013年营业收入达到30多亿元，6个BU（事业部），研产销三千多人，二十多个省区办事处，销售队伍七八百人。管理跟不上业务发展，各种业务管理问题接踵而来，表现在以下几方面。

1. 集团通过人力资源和财务两条线管控各个事业部及省区的业务，缺乏销售运营功能。集团总部没有销售运营部门负责建立中央数据库来掌握各事业部、各省区的客户、竞争、市场份额等完整的信息，并缺乏对各事业部、各省区的市场形势的独立研究和分析，各个事业部和区域各自为政，地方上的市场信息被有意无意地加以掩盖、粉饰。

2. 由于各事业部、各区域的客户、竞争、市场份额等经营信息的匮乏，导致总部不能有效地下达任务目标，缺乏科学规范的指标分配流程，目标通过"拍脑袋"或"一刀切"的方式确定。各地负责人拥兵自重，在指标分配上与集团讨价还价或阳奉阴违。

3. 市场目标系统的失效进一步导致配套的人员分配、费用分配等资源分配系统的失效。因为既然不知道市场目标在哪里，人员和费用等资源的分配也就缺乏科学合理的依据，只能通过"感觉""感情""主观判断"等加以分配，该配资源的市场或产品线得不到支持而难以发育，富余的区域或产品线则产生浪费，效率低下。

4. 更糟糕的是，市场目标系统失效和资源分配机制失效，进一步导致绩效评价系统和薪酬制度的失效。一个本该增长50%的市场只增长了30%，但却被认为是良好业绩。而一个只能增长10%的市场增长了15%，却被认为是绩效不佳。绩效评价系统瘫痪，薪酬制度自然也是难以发挥作用。

5. 业务管理系统失效，伴随着指挥链条失效，中央的各项政策、策略完全无法落到实处（见图11-1）。总部的各项策略指示层层衰减，都无法落实到一线，总部想一套，地方干一套，处于脱节状态。

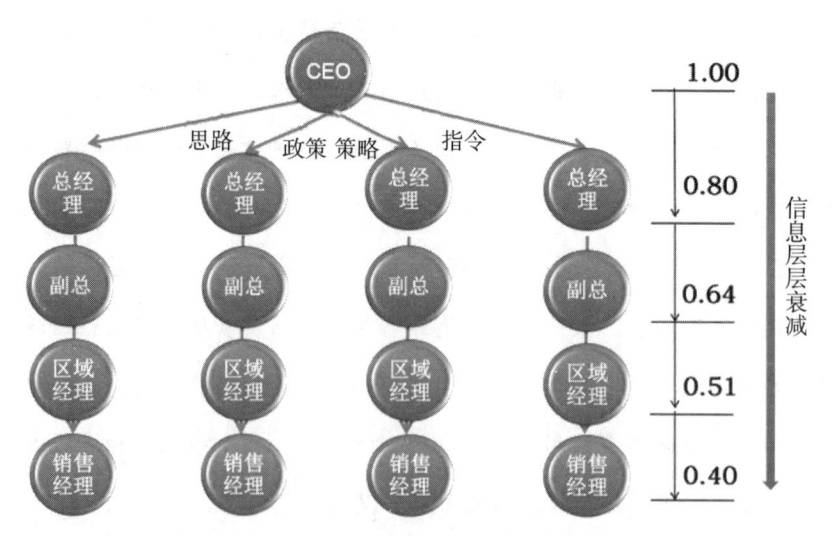

图11-1 导入4+1管理模式前，指挥链条失效

6. 责权利不清晰，各区域经理能力跟不上业务发展，缺乏经营意识。区域经理基本上仍是大业务员，只管销售和回款，缺乏费用管控、人

员梯队建设等意识,尽管老总一再强调要加强管理,但区域经理并没有管理概念,不知道如何管起,资源上争相向总部要人头、费用等各种资源,结果各种费用成本急剧上升,经营利润日渐减少。组织发育上,则没有形成清晰的人才梯队。

7. 各地的区域经理水平参差不齐,打法各不一致,不同区域间的经验很难分享和传承。区域经理自身管理能力得不到提升,就不能主动地承担起经营管理责任,阻碍公司进一步发展。

8. 企业老总感到精疲力竭,管不过来,成为公司进一步扩张的瓶颈。

概括地说,这么大的集团企业,连客户潜力、客户资料,以及完善的指标分配流程都没有。组织结构、团队梯队、预算管理、薪酬管理等都与世界领先企业相差甚远。在这样的背景下,我们为该企业导入4+1管理模式。

一、启动:成立4+1管理变革小组

我们首先在该集团最大的事业部进行变革试点,该事业部业务占集团80%,销售人员达500多人。我们在总部成立了4+1管理变革小组,搭建了以集团总部领导为引导,以事业部负责人为中心,加上财务负责人、人力资源负责人,再新设运营负责人(由我担任),形成"4+1管理模式导入工作小组"(见图11-2)。形成一个专业互补、背景互补的工作小组。专业上,业务、人力、财务、运营互为补充。背景上,我是外来人,来自世界500强,掌握领先企业科学管理方法和工具,而其他几个角色是内部人,熟悉企业内部沿革和实际情况,能避免变革的一些"坑",确保变革以更符合企业实际情况和接受程度的方式更顺畅地落地实现,也形成了良好的互补。于是我们开始掀开业务变革管理的序幕。

销售运营管理

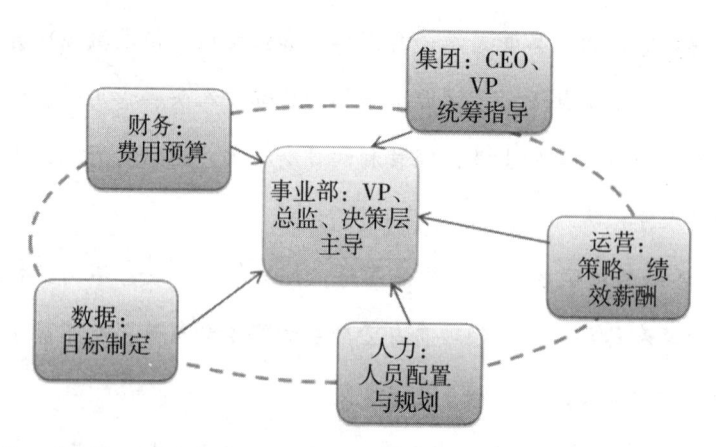

```
集团：CEO、VP 统筹指导
财务：费用预算
事业部：VP、总监、决策层主导
运营：策略、绩效薪酬
数据：目标制定
人力：人员配置与规划
```

➢ 工作小组：业务部门为核心，职能部门配合的工作小组，业务+职能的组合方式，技能互补

图11-2　导入4+1管理模式变革小组

二、4+1管理模式之薪酬模块：薪酬绩效管理变革

我们首先从当时最饱受诟病、矛盾最为尖锐的薪酬问题入手进行分析和变革。经过访谈、调研和数据分析，销售薪酬存在的主要问题包括以下几方面。

1. 薪酬双轨制引起销售管理层极大不满

该事业部的销售组织分为5个层级，如图11-3所示，业务员的奖金方式为销售提成，而销售经理及以上的人员大部分为年薪制（一小部分销售经理与公司谈判，要求对自己保留提成制），年薪主要决定方式是与公司的谈判。这样的双轨制带来了层级间的冲突，引起了销售管理层的巨大不满，这种不满是这样形成的：该事业部发展速度较快，而提成制有一个特点，就是销售奖金会随着销售额同比例增长，即业务增长50%，则提成也增长50%；而销售经理以上人员是年薪制，通过每年谈判确定，而集团较为强势，每年的年薪调整往往为个位数，在0～8%。这样一来，销售经理看到下面的业务员年年薪酬增长幅度远高于自己，甚至绝对值也逼近甚至超过自己，于是心里有巨大的不满，极大影响了销售管理层的士气。

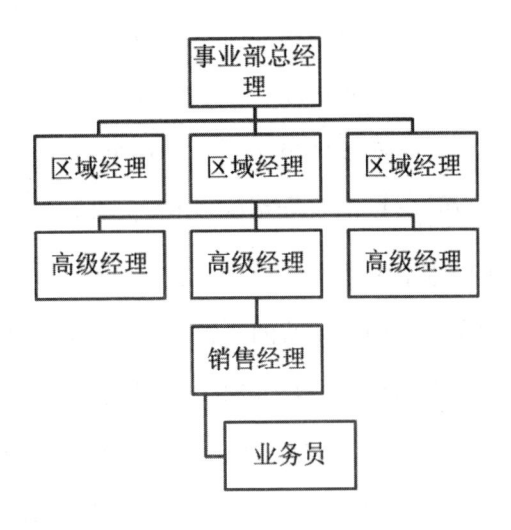

图11-3　某集团销售组织的5个层级

2. 在双轨制内部也分别存在巨大问题

销售业务员内部，因区域差异，不同业务员的收入相差数十倍之多，内部公平性极差。区域好的奋斗几年之后就不思进取了，而区域不好的干了几年之后就失望离开了。在销售管理层内部，年薪制由于主要通过谈判决定，几年下来，也积累了大量的矛盾，善于谈判的人的年薪可能远高于那些不善谈判的人，而年薪高的可能与其对企业的实际贡献不符。我们摘取了4名一线销售经理的销售额及其奖金数据，首先奖金形式不一，A、B为提成，C、D为年薪；其次，内部公平性极差，D的销售额达到3 500多万元，是B的1.5倍，而收入仅为B的60%，B和C销售额差不多，但C的奖金仅为B的一半（参考图11-4）。虽然公司采取了薪酬保密制度，但大量的私下交流仍使得很多不合理薪酬成为"公开的秘密"，引起一些人的攀比和巨大不满。

销售运营管理

销售经理	奖金形式	2013年销售额	变革前奖金	变革后奖金（测算）
A	提成	17 504 586	325 740	152 532
B	提成	23 168 676	329 787	192 181
C	年薪	22 699 056	168 000	188 893
D	年薪	35 550 000	216 000	278 850

图11-4 销售薪酬样本（单位：元）

3. 薪酬带来的其他销售组织问题

一个有趣的现象是我们在调研的过程中，发现凡是年薪形式的一线销售经理，他的业务员团队建立得比较好，满意度和士气比较高。而保留提成方式的销售经理，他的团队稳定性、满意度和士气都较弱。深入研究后，我们发现两者的差别，如图11-5所示，原来拿提成的销售经理，其收入取决于他对接的医生的销量，他自己负责的医生越多、单产越高，他的收入就越高。因此他一方面缺乏带人和团队发展的意愿，另一方面他和业务员存在竞争关系。我们发现的最恶劣的情况，销售经理在招来业务员并

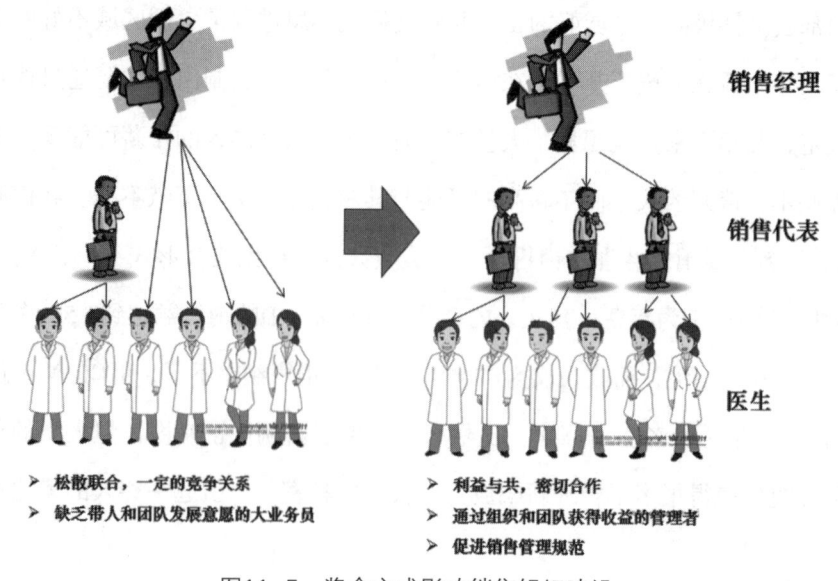

图11-5 奖金方式影响销售组织建设

让其开发出医生后，就把业务员开除掉，把其销量归为自己，周而复始。而年薪制的经理，其收入不直接和具体医生的单产挂钩，而是和整个团队的产出挂钩，团队越好，他自己越好，因而也就更加重视团队管理。我后来又走访了一些企业，存在这种薪酬机制影响销售组织发育的情况竟有不少。

4. 在公司层面，则人工成本大幅上涨

一线业务员的人数是重头，他们的收入增长是公司人工成本上涨的主要因素。而我们说到提成制的一个重要特点是人工成本和业务同比例增长，如业务增长50%，则人工成本同比增长50%，这给企业人工成本控制带来了巨大的压力。

针对上述的问题，我们进行了几个方面的薪酬变革。

（1）重新确立和宣导集团销售奖金的理念（见图11-6）。我们特别强调了奖金设计依据（内容见第9章的介绍）中的贡献因素，强调"奖金是自己赚出来的，不是和公司谈出来的"，引导大家把关注重点投向市场争夺，公司和个人共同从市场成功中取得回报，"共赢共享"，鼓励"三高"（见图11-7）。

> ➢ 利润考核，共赢共享
>   ➢ 公司、事业部、销售人员三者共赢，在确保公司利润增长、业绩达成的同时，使销售人员获得有竞争力的收入增长
>   ➢ 增量收入来源于增量利润分享，增量利润越多，收入增长越高
>
> ➢ 富有激励性，鼓励高贡献、高利润增长、高完成
>   ➢ 销售贡献越大、利润增长越快、达成率越高，则收入也就越高——鼓励高贡献、快增长、高完成
>   ➢ "奖金是自己赚出来的，不是谈出来的"
>
> ➢ 效率优先，兼顾公平原则
>   ➢ 在多贡献多获得的同时，兼顾公平性，合理控制同一层级内收入差距及层级间差距
>
> ➢ 简单、易理解原则
>   ➢ 奖金增长和利润增长率简单相关，利润增长率越高，奖金增长越多

图11-6 销售奖金设计理念

销售运营管理

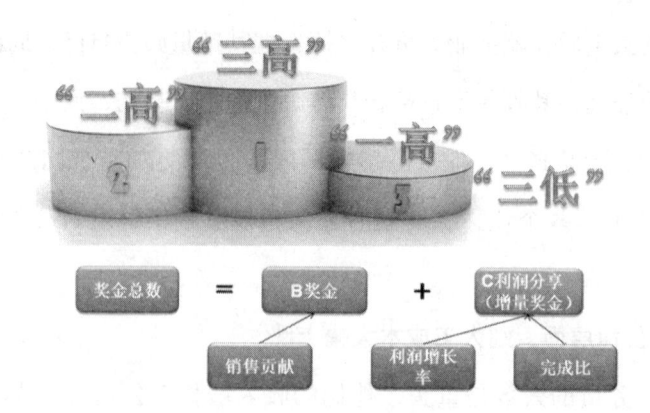

图11-7 奖金精神：鼓励"三高"（高贡献、高利润增长、高完成）

（2）取消"双轨制"。我们重新设计了各层级销售人员的薪酬结构，将提成制和年薪制都统一变为更符合行业范式和适用大规模企业的"工资"+"奖金"方式（见图11-8），消除销售层级间的矛盾根源。这里的利润分享，相当于"虚拟股权激励"，即销售人员在获得销售奖金的基础上，还能从事业部当年的利润中获取一部分"分红"。这种方式既增加了销售人员的"归属感"，又巧妙地给各级销售管理人员加上了"费用控制"的"紧箍咒"。事实证明起到了不错的激励效果。

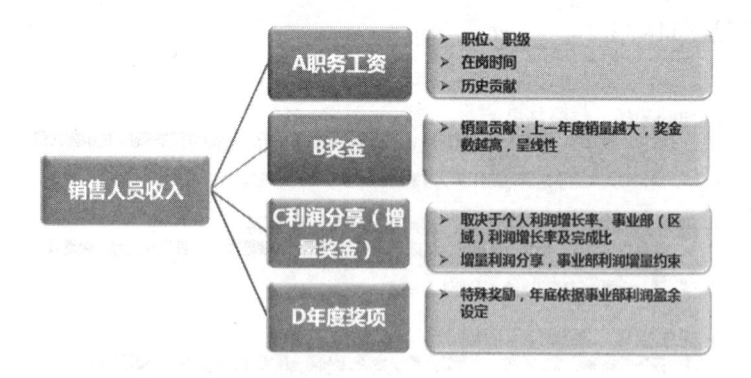

➢ A+B由2013年人工成本内调匀确定
➢ C、D来源于新增利润分享，集团新增利润越多，增量奖金越多

图11-8 取消"双轨制"，重新设计薪酬结构

（3）合理设计各层级人员之间的级差。通过外部市场调研，结合企

业实际情况，我们合理规划了各层级之间平均奖金收入的级差。例如，一线销售经理的平均销售奖金收入为业务员平均奖金收入的2倍，而高级经理的收入为一线经理的1.5倍。这个数字的确定既结合市场调研的结果，也考虑工作性质，我们认为业务员和经理的工作是有本质变化的，而一线经理和二线经理的差异性相对来说就小了一些。这样的设计起到两个很好的效果：一是解决层级间矛盾，责权利进一步清晰化；二是激励了下一层级的人，为什么呢，业务员会想，如果我能够晋升到一线经理，我的收入将会翻番，从而会更加努力地工作。一般来说，这个级差越大，对下一级的激励效果会越好，但是由于这个级差有叠加效应，就是每一级都拉大级差，层层放大，到销售组织中高层可能就是非常高的薪酬支出了，因此这个级差的设计需要在激励性和企业能承担的支出之间进行平衡。

（4）在每个层级内部，依据"效率优先，兼顾公平"的原理，重新进行基于贡献的价值定价。我们通过数学模型的测算，确立了不同贡献对应的合理薪酬回报（见图11-9）。和原来的提成制不同，我们为不同销售额的销售人员设计了一个目标奖金，任务在100万元的销售人员，他的目标奖金为4万元，而任务在1 200万元的销售代表，目标奖金为20万元。为什么这样变革呢？我们来和原来单纯的销售提成制进行对比，首先，薪酬要支持公司业务战略，该公司处在业务成长期，不断开发新市场、不断引进新人。我们知道，公司可用于销售奖金的成本是相对固定的，像这个行业，大致是2%的水平，如果按原来的简单的2%的提成制，那么可以想见，任务100万元的销售代表只能赚2万元，而1 200万元的销售代表将会赚24万元，这不利于新市场的开拓（尚未起量），也不利于新代表的进入和存活。我们通过这样的调匀，从薪酬的角度向新市场和新代表倾斜，支持了公司业务发展需要。其次，在内部公平性上，在原来的销售提成制下，任务100万元的销售和任务1 200万元的员工收入将差12倍，我们通过调匀的数学曲线，将这一收入差距下降到了5倍，在效率的基础上兼顾了内部公平性。当然，这个倾斜的力度应该有多大，取决于公司薪酬文化是强调效率，还是强调公平，也取决于业务发展的需要。当时我认为向新市场和新人的倾斜力度还不够，但变革小组的企业内部人员认为第一年的变革，应以稳健平稳变革为大原则，我采纳了他们的意见。

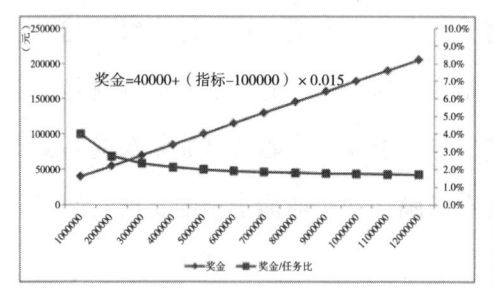

奖金=40000+（指标−100000）×0.015

任务区间（元）	奖金（元）	奖金/任务比
1 000 000	40 000	4.0%
2 000 000	55 000	2.8%
3 000 000	70 000	2.3%
4 000 000	85 000	2.1%
5 000 000	100 000	2.0%
6 000 000	115 000	1.9%
7 000 000	130 000	1.9%
8 000 000	145 000	1.8%
9 000 000	160 000	1.8%
10 000 000	175 000	1.8%
11 000 000	190 000	1.7%
12 000 000	205 000	1.7%

图11-9　基于贡献的价值定价

这里还要提一下变革的技巧：①这个定价机制是向管理层汇报的，我们并不向销售人员公布定价的公式，销售人员仅会看到图11-9中右表的"任务区间"和"奖金"两列，让他们知道奖金确定是和贡献密切相关的，但模糊化具体数字，这会减少变革的阻力。尽管如此我们还是遇到了一些区域大的销售人员的挑战，他们认为他们的"点数"低，我们做了很多沟通工作，一方面向他们解释是公司未来发展战略需要，另一方面让他们理解公司在大区域的投入。比如，赞助、后台资源等各种成本远高于小区域，大多数抱怨的人员都接受了。实在接受不了的，我们就让他挑选，他可以去小区域。如果还有情绪，我们就请他离开。我在销售薪酬设计方面会很清晰地告诉销售，我制定的规则首先关注的是如何达成公司的整体战略目标，其次才是你的个人需要。②在拟合定价曲线的时候，一定要套入现有人员的现实奖金数据，确保这条曲线能够拟合大多数人的历史收入，避免变革后一部分收入大涨，一部分人收入大跌，引起动荡。③以时间换空间，选择适宜的变革时机，通常财年伊始是最佳的时机，因为多数公司每年会有加薪机制，这个时候有额外的预算可以比较从容地进行变革。

经过这几项主要的变革措施，我们实现了几个结果。

（1）各层级的"定价"机制明确、整齐划一。各销售层级人员的责权利趋于合理，减少了内耗。

（2）为公司节省了大约600万元的薪酬支出。这个数字是这样测算出来的，公司上一年度的奖金成本是6 000万元，在原来的提成制下，公司业务增长25%，总奖金成本大约会增加20%，即1 200万元，但由于我们变提成制为目标奖金制，我们把总体奖金增长幅度控制在10%左右，即节省了600万元成本。

读者会说，销售人员会很不满意吧？事实上的结果是皆大欢喜。原因是这样的，在原来的双轨制下，20%奖金成本增长的分布情况是：提成制的销售人员增长幅度为25%，而谈判年薪制的销售经理以上的销售管理层增长为5%。我们统一规划后，各层人员的增长都在10%左右。这样一来，销售管理层人员的收入从预期5%增长翻了倍，激发了干劲儿。另外，销售人员虽然仅增长10%，但在多数企业里，年收入能有10%以上增长，也是可以接受的，何况还有"利润分享"的虚拟股权激励。这里面包含了一个治理的智慧，就是激励要聚焦关键群体，我们变革成功的很重要的因素，就是我们激活了"将军"。

事实证明，当年该事业部的薪酬变革有效激发了各层级的积极性，取得了良好的效果。另一个变革小组没有预想到的好处是薪酬问题暴露了许多组织建设的问题，如区域大小差异巨大、管理幅度，又如一部分销售经理的区域，甚至远不及中等销售代表等。这将在后面的人员配置变革的模块里再作介绍。

三、4+1管理模式之市场目标模块：指标管理变革

变革小组着手的第二模块是市场目标模块。

变革之前，该事业部的市场目标管理是简单粗暴的，主要诊断出来的问题有以下几方面。

1．总体任务的确定缺乏客观科学依据，也缺乏严谨的流程，集团总裁凭对市场大势的判断，直接给事业部设定整体增长目标。

2．事业部内部任务分解没有流程、规则，简单粗暴。事业部总经理将总裁给到的增长目标平均下放到各个区域，如各个区域都增长35%。

3．此外，各个区域如何落到下一级人员直至一线人员，集团和事业部并没有严格统一进行规范和追踪，甚至很多区域或一线经理看人下菜碟，季度末、年末偷偷调整指标的现象屡屡发生。

这些现状带来的问题就是目标系统的失效，这在第5章已经分析过。该老板是一个比较"仁慈"的人，指标归指标，给钱还给钱，指标全然失去了其约束意义，销售队伍上下都知道是"摆设"，丧失了严肃性。可想而知，整个事业部的逻辑不会是"必须完成指标"，而是"60分万岁，过得去即可"。

我们跟事业部总经理提出了变革指标管理的想法，一开始就碰到了障碍。我跟事业部总经理建议各省区经理及数据中心做销售预测，作为设定来年目标的依据。总经理认为："没有用，每年都是总裁拍脑袋定下来增长目标，明年不可能低于35%，咱们就只需要等着就行。"我跟他说："您目前有两个选择：一是等着，总裁定多少就接受多少；二是我们先做一些客观的市场分析，主动汇报给总裁，去影响他的思考，您至少有一次可以

第11章 销售运营管理变革案例

影响老板的机会，您是否要放弃这样一个机会？"事业部总经理勉强同意一试。

随后，变革小组进行了多方的分析论证。首先，组织了事业部的区域经理和省区总经理对各区域内每家医院每条产品线进行了审慎的销售预测；其次，数据部利用过往5年的历史数据进行长期、短期的趋势预测，给出了可能的增长区间；再次，运营部协同市场部一起调研了整体市场大盘的增长以及主要竞争对手的增长情况；最后，结合多方面信息和数据，我们通过头脑风暴的方法确定了指标设定的总体原则，包括保持领导者地位、全国略高于市场增长、份额低的地方提高一些等4条总体原则，并与财务部一起测算了在各种增长率情况下，公司能够获得的利润情况及员工的收入增长情况（参考图11-10）。

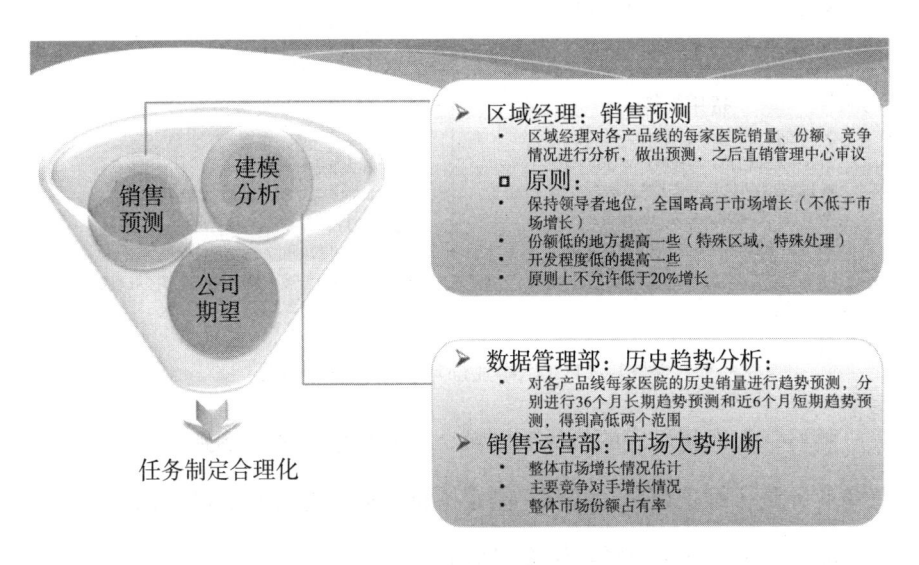

图11-10 市场目标管理模块的变革

一切停当后，我们向总裁汇报了我们认为该事业部合理可行的销售增长目标，大约是19.8%。该汇报是用4+1管理模式进行汇报的（见图11-11），融合了对市场目标、人员配置、费用预算、主要策略及薪酬激励方案的整体汇报，另几个模块会在后文详细介绍。

总裁感到非常高兴，因为我们史无前例第一次把业务经营通盘考虑到，直接帮助总裁筹划好目标、投入、策略路径，甚至把预期的利润都测算了出来，总裁认为这是经营管理上的一大进步。他对市场目标和人员配置提出了一些质疑，他说集团正在收购一条新的产品线，预计会带来人员的相当大的增长，要求我们再考量一下这个因素（人员配置的质疑在下文阐述）。我们又进行了一番测算，再次汇报了一版销售增长目标为23.8%的业务计划。最后当年的销售增长目标锁定在26.3%。

市场目标	人员配置
➢ 2014财年，销售目标××亿元，同比2013年增长××%。其中： ◆ 脊柱产品线销售目标××亿元，增长率××%。 ◆ 关节产品线销售目标××亿元，增长率××%。 ◆ 正天产品线销售目标××亿，增长率××%。	➢ 2014财年，直销事业部总计××人，同比2013年增长××%。其中： ◆ 直销管理中心×人，同比增长××%。 ◆ 区域经理×人，同比增长××%。 ◆ 高级经理×人，同比增长××%。 ◆ 业务单元经理×人，同比增长××%。 ◆ 销售代表×人，同比增长××%。
费用预算	关键策略
➢ 2014财年，销售费用×亿元，同比2013年增长×%。创造利润×亿元，同比增长×亿元。其中： ◆ E类费用×亿元，同比增长××%。 ◆ 直接销售费用×亿元，同比增长×%。 ◆ 人工成本×亿元，同比增长××%。	➢ 老客户挖潜 ➢ 加大新客户开发 ➢ 调整产品结构，加大推广高利润产品 ➢ 关注利润，控制费用支出 ➢ 变革薪酬制度，激发积极性 ➢ 推行4+1管理，提高区域经理区域规划、费用管理能力

图11-11 XX事业部年度业务计划摘要

随后，我们将敲定的指标按区域、产品线细致地分解到了每个团队、每个业务员、每家客户，并统一制定了指标调整的时间窗口、调整原则和审批流程，规范化了市场目标管理系统。

我们对变革并没有追求完美，一步到位，我们第一年将这个大的框架、流程、逻辑固化了下来，后来又进一步引进更加精细化的管理体系，包括通过CRM系统更完善地搜集客户信息、建立客户分级体系等。变革忌讳追求完美，需要考虑企业的现状和现有团队的承受能力，逐步推进和提升。

四、4+1管理模式之人员配置模块：销售组织优化

在人员配置和组织优化的这个模块上面，我们诊断出存在的主要问题包括以下几方面。

1. 人员销售额（专业说法叫"区域划分"）极不均衡。在第3节薪酬分析里，对数据敏感的读者可能已经发现，销售代表的小区域和大区域相差数十倍，这对企业来说，存在巨大隐患，一旦该销售代表离职或转向竞争对手，对生意的威胁是比较大的。

2. 人员的提拔缺乏客观合理性，各层级缺乏任职资格评估。不少刚到公司一两年的业务员未经充分的历练就被提升为销售经理了，不仅在一线经理层面存在这个问题，在省区总经理层面也存在这个问题，很多没几年工作经验的人就顶着省区总经理的头衔了。这背后其实是胜任力模型的缺失，担任各层销售领导人究竟需要什么样的经验和能力？有的企业通过高头衔来吸引人才，我不认为这是一个好办法。其实每个职位背后都匹配着一定的能力要求，头衔膨胀，对企业、对个人来说都是不利的。对企业而言，试想客户面对一个不到30岁的"省总"，我想第一感觉一定是"这家公司不咋地"，这在一定程度上是有损公司形象的，因为客户是通过销售人员来感知"公司"的，如果销售人员水平一般，却担任着高职，客户可能会认为这家公司的管理层就这个水平。我不排除有年轻有为的特例，但那毕竟是少数。曾经有一名CEO跟我说他公司的财务总监25岁，并引以为豪。我跟他说，我不了解你的公司，仅凭这点信息，我的判断是：第一，你的公司是一家小公司；第二，你的公司用人比较随意。这种任职资格缺失对组织的另一个伤害，是内部人不再"信仰"公司的职业阶梯，不再有向上发展的渴望，"看省总，就那水平，不做也罢！"在一个组织内部，维持一种向上的信仰，是向心力的重要条件。任命能力不能服众的领

导者，还容易引发诸多内部攀比和矛盾。

3．合理人数配置缺乏科学逻辑。我们第一次跟总裁汇报4+1管理模式的业务规划时，当时我和人力资源测算次年公司应该增加15个人左右。总裁质疑这一数字，并推算出来大约需要86个人。我当时心里不服，总裁解释了这样的几个原因：其一，这家公司只招募应届毕业生，一年只有两次招聘季，培养的周期是很长的；其二，应届生的离职率比较高；其三，不同于外资企业强大的雇主品牌和招聘能力，公司的招聘是比较困难的；其四，最重要的是公司未来发展向好，需要提前准备半年到1年的人才，确保生意起来的时候有人可用。后来我到销区里调研，发现销区人员工作负荷确实都非常满，佐证了这位总裁的判断是准确的。这是我到民企学的第一个深刻的教训，当时忽略了该公司和我之前工作过的500强公司的差异。这也许就是管理学的魅力所在，永远需要深入实际，永远需要实事求是。

4．组织结构设计有问题。这个主要是指当时有一些技术人员，也掺杂在销售团队里，汇报给一线销售经理，这个技术团队主要负责"跟台"，即帮助医生实施手术，这个群体多半不具备开拓客户的意愿和能力，并不是真正意义上的"销售"，但对公司有独到的战略意义，因为越大的医生客户越喜欢这种贴心的技术"助手"。这个群体通过技术服务获得报酬收入，每支持一台手术，获得一台收入的费用。但因为多数手术比较耗时，每天医生做的手术数量有限，意味着这些技术人员的收入回报比较有限。工作年限越长的人，技术越好，对收入要求越高，可想而知，在收入受到限制的情况下，往往会选择离开。另外，这些人是零散地挂在一线销售经理下面的，彼此之间没有很好的交流，也没有职业发展的空间，他们是缺乏组织归属感的。

5．管理幅度不合理。不少经理只带一两个人，甚至不带人，这其实对组织是一种浪费，因为越高职位，企业支出成本越高。此外，一些非常小的区域的销售代表被提为了销售经理，销量甚至不及销售代表平均销量，引发了其他区域代表的不满。

概括而言，这家公司的人员配置在结构、数量、质量上都缺乏清晰合理的管理逻辑，更像是自然形成的人群，而不是管理学意义上的组织。

针对这些问题，我们做了如下一些变革。

1. 确立销售人员规划模型，包括对业务进行细致的分析和判断，结合区域来年的增长目标、员工的工作量饱满情况、收入情况等，制定了"控制总量、优化结构""工作量饱和""预见业务增长""合理管理幅度"等原则，对各个区域的人员需求进行了条分缕析，并与各区域经理进行了充分的讨论论证，最终确定了事业部的人员配置模型。

2. 确立一线经理、二线经理各层级人员任命的基本要求。初期我们主要确立一些刚性的要求，包括销售额、工作年限，后来逐步增加一些软性的因素，建立起完善的任职资格体系（见图11-12、图11-13）。

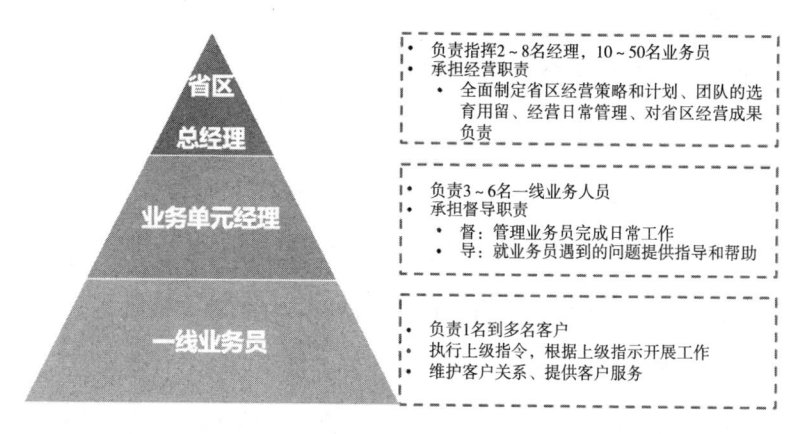

图11-12　各级人员的定位和工作职责

3. 区域调整。我们对特别小的区域进行了合并，而对特别大的区域进行了拆分。

省区总经理的能力要求

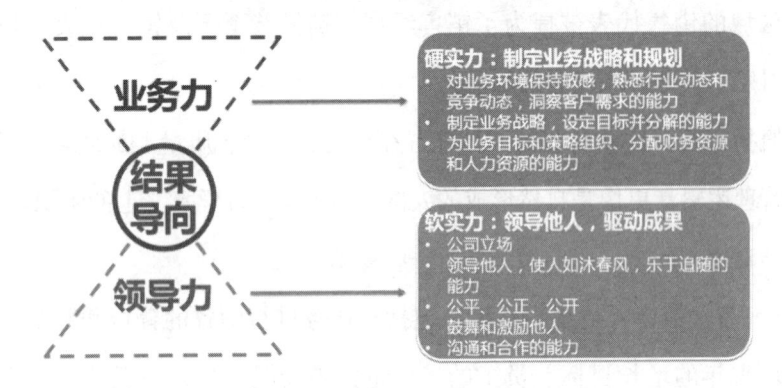

业务力 → 硬实力：制定业务战略和规划
- 对业务环境保持敏感，熟悉行业动态和竞争动态，洞察客户需求的能力
- 制定业务战略，设定目标并分解的能力
- 为业务目标和策略组织、分配财务资源和人力资源的能力

结果导向

领导力 → 软实力：领导他人，驱动成果
- 公司立场
- 领导他人，使人如沐春风，乐于追随的能力
- 公平、公正、公开
- 鼓舞和激励他人
- 沟通和合作的能力

图11-13　建立各级人员的任职资格体系

4．组织结构优化。我们将"技术人员"单独拉出来，作为事业部的一个独立部门，并设立技术经验等级，技术经验等级高的人每台手术的收入也更高，从而解决这个群体的收入、职业发展和组织归属的问题（这项变革后来因故未执行）。

五、4+1管理模式之费用预算模块：制定销售预算

我把企业管理水平分为5个境界：

1. 有没有？比如说有没有财务分析角色。
2. 对不对？比如财务分析角色是不是在做对的工作。
3. 专不专？比如财务分析角色对所做的事情专业不专业。
4. 精不精？比如财务分析角色对所做的工作精通不精通。
5. 强不强？比如财务分析角色强不强，能不能引领行业实践标杆。

当时该事业部的预算管理水平就处于第一个境界：还没有预算体系。各层人员都对花费和利润没有什么概念，更谈不上经营的意识。具体表现就是在一次开会时，总裁问事业部总经理、副总经理知不知道事业部上一年的利润，所有人面面相觑。

因此我们的任务就是帮助该事业部建立其费用预算体系。主要包括以下两方面的工作。

1. 建立流程。我们列了一个预算制定的时间表（见11-14）。先有财务部提供包含销售收入、产品成本、销售费用、培训、人工等各项费用历史数据的模板，依据这个模板，事业部负责人牵头变革小组制定各项费用科目的预算依据、方法，作为各区域、省区制定预算的指导意见；然后由各区域和省区负责人制定该区域的预算，并汇总至变革小组进行评审；之后签批执行。

预算：时间安排

第一阶段：财务中心下发历史数据及模板（1月31日）

第二阶段：事业部牵头，变革小组制定各项费用科目的预算依据、方法

第三阶段：各区域经理将预算上报管理中心（3月10日）

第四阶段：变革管理小组做预算评审并汇总

第五阶段：签批执行（3月31日）

图11-14　费用预算制定流程的建立

2. 梳理逻辑。流程和时间是容易梳理的，逻辑才是要点。我们主要依据两个逻辑来框定预算：第一个逻辑是历史数据，原则上各项费用科目的预算都必须比历史数据在占比上应逐年下降。如上一年销售产品成本占销售收入比为30%，则今年应该下降到29.8%或者更低。这意味着经营效率要逐年上升，转化为对销售行为的要求，就是要抬升价格或者调整产品结构，销售更多高利润产品；第二个逻辑是单项费用，即术语所说的"零基预算"。这个一般是一些新项目，单独进行预算，如增设培训投入等。

费用预算模块的变革，我们进行了逐项分析和研究，研究了事业

部当时的费用结构、各项费用的影响因素及历史变化趋势，结合业务增长需要，预测了各项费用预算。同时，从中发现了诸多可以提升集团利润率的着力点。例如，调整产品结构，以低成本率产品替代高成本率产品，这也为"利润分享"机制奠定了坚实的基础。我个人认为最大的收获，应该是事业部总、区域总、省总开始具备了"经营意识"，真正承担起了"经营区域"的职责。相比于看到销售业绩的增长，我更愿意看到销售组织的建立和完善，因为销售业绩增长受多种因素影响，可能只是短期成功，而销售组织能力才是持续成功的关键。赚钱并不难，难的是持续赚钱。

六、4+1管理模式之策略制定模块：制定销售策略

变革小组最后触及的是策略，这可能和读者的直觉相左，似乎4+1管理模式变革应该先触及策略，而且我们也反复说到人员配置和费用预算及薪酬都要支撑策略。然而在这个案例里，策略是最后一块触及的。这是因为策略是销售管理领域里最高深和最困难的部分，只有具备对行业、对市场、对竞争、对自身组织、人员能力的全方位的了解，才有可能制定出有效的销售策略。在触及这个模块之前，其实是我在积累事业部领导人对我专业能力认可的过程。这对于我来说，也是必要的过程，因为经过前面对薪酬、组织、费用、市场的全面量化分析，我已经有自信和业务领导人探讨销售策略了。

关于销售策略的制定，我们在第6章里做了很多介绍，并没有很好的诀窍，只是勤奋，周咨博询。如果非要说有诀窍，那就是"到业务中去，从业务中来"，就是要到业务团队里面去，广泛地找业绩优秀的业务员、销售经理、区域总监沟通和探讨，要关注做得不好的地方，也要关注意外的成功，广泛吸取群众的智慧。此外，开展工作坊、头脑风暴、群策群力

也都是非常有效的方式。

针对销售策略,我们主要做了以下三方面的工作。

一是将策略制定作为一个正式的环节,制定具体流程,放进业务规划的组成流程之一(见图11-15)。

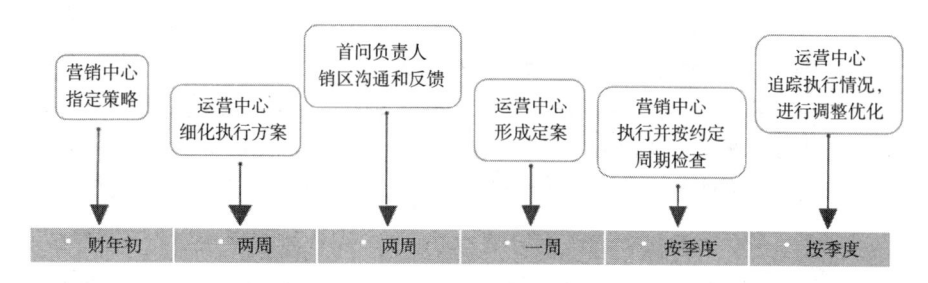

图11-15 营销中心销售策略规划流程

二是协助策略的制定,包括:①从数据中发现问题,找出那些远低于预期和超越预期的团队、个人及客户;②深入业务团队,与业务人员大量沟通,吸取他们的成功经验、失败教训,以及对市场的见解;③组织销售管理人员召开策略制定研讨会,应用第6章里介绍的模型,引导大家讨论行业、客户、竞争对手的动态,并制定针对性的策略;④对于大家讨论出来的备选策略点进行量化分析和排序,从中挑选出最有效的策略。

当年变革小组围绕"为了更好达成财年任务目标,事业部应该在哪些方面着力?"这一命题,根据事业部面临的市场环境、内部挑战、公司的管理导向等进行了多轮的讨论,最终确定了"开发新客户""关注利润,控制费用支出""变革薪酬制度,激发积极性"等六条关键策略。第6章介绍的费用控制案例,就是这个模块的成果,结果证明非常有效。

三是对策略的宣导、月度追踪、季度回顾和微调。宣导就是编制策略执行手册(见图11-16),印成手机大小的小册子分发给销售管理人员,将当年关键销售策略的含义、追踪办法准确地传达给各层销售人员,直至

销售运营管理

一线。月度追踪就是将每月销售策略的执行情况编制成各层管理人员需要看的报表，追踪销售策略在各个区域的执行情况。而季度回顾和调整，就是在季度会上，要求管理人员汇报策略执行的成果（见图11-17），如果效果不佳，则需要进行适当的调整。

要求三级管理，各层人员定期拜访次数要求如下：

类别	营销中心副总	省总	销售经理
直销TOP医生	1次/季度	2次/月	3次/周
直销VIP医生	1次/季度	1次/月	2次/周
分销TOP医生	1次/季度	1次/月	2次/周
分销VIP医生	1次/季度	1次/月	1次/周
分销TOP分销商	1次/季度	1次/月	2次/周
分销VIP分销商	1次/季度	1次/月	1次/周

图11-16　加强大客户拜访

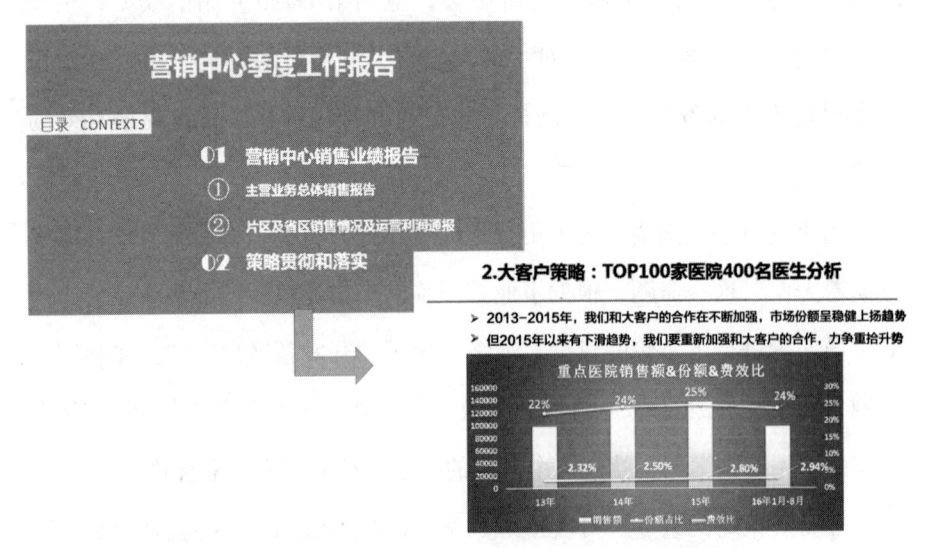

图11-17　季度会上对策略执行效果进行追踪和回顾

通过策略管理，我们帮助事业部将各项重点工作层层落实，直到一线业务团队，有力地支撑了事业部业务目标的实现。

七、4+1管理模式之流程优化、系统固化

至此，我们对事业部的管理变革基本完成，下一步就是对变革的成果进行巩固和固化，这主要包括流程优化及引进IT系统进行固化。

流程优化方面，是将管理变革中积累的流程知识、业务逻辑知识沉淀下来，以备第二年进行业务规划时修订和重用（见图11-18）。

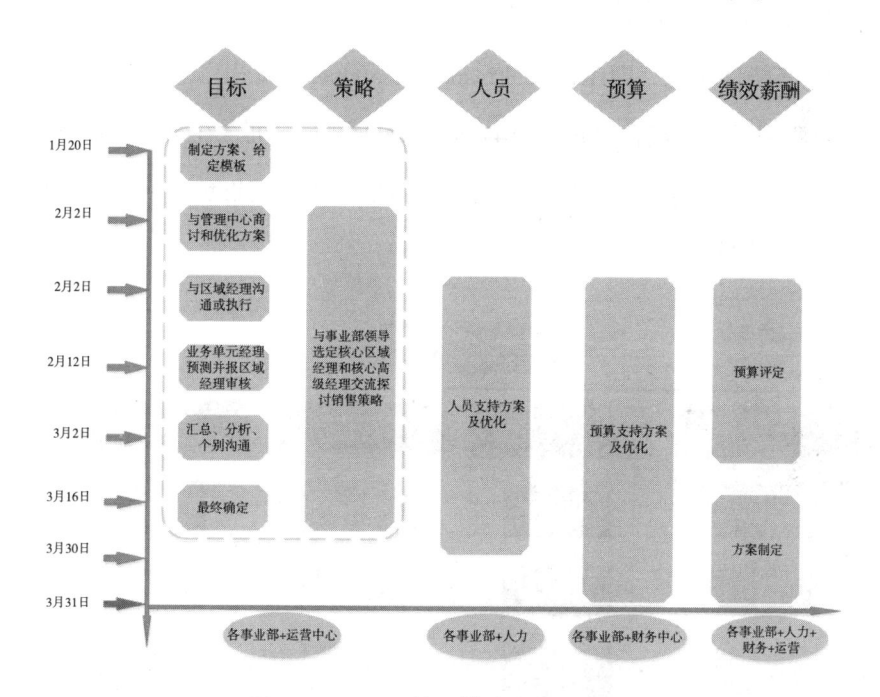

图11-18　4+1管理模式业务规划总流程

系统固化方面，第二年我们实施了CRM系统和企业绩效系统。前者用于系统搜集客户信息和管理业务活动，后者用于追踪各项绩效KPI，让业务报表实现自动化和智能化。

八、4+1管理模式下沉和横向复制

事业部变革取得阶段性成果后的问题,就是把4+1管理模式向区域一级、省一级组织下沉,即层层4+1管理团队的复制和构建,以及向其他事业部的复制。

集团正式组建了"三剑客"的核心管理团队,形成了以"集团总部+事业部+财务+人力+运营"的架构。财务、人力、运营相应招募和发展下一层的业务伙伴角色,即HRBP,Finance BP,Operation BP,协助下一层级开展4+1管理模式的经营管理。将4+1管理模式层层下沉,在每个层级形成"销售负责人+运营+财务+人力"的指挥中枢,协助销售负责人全面管理辖区业务(见图11-19)。

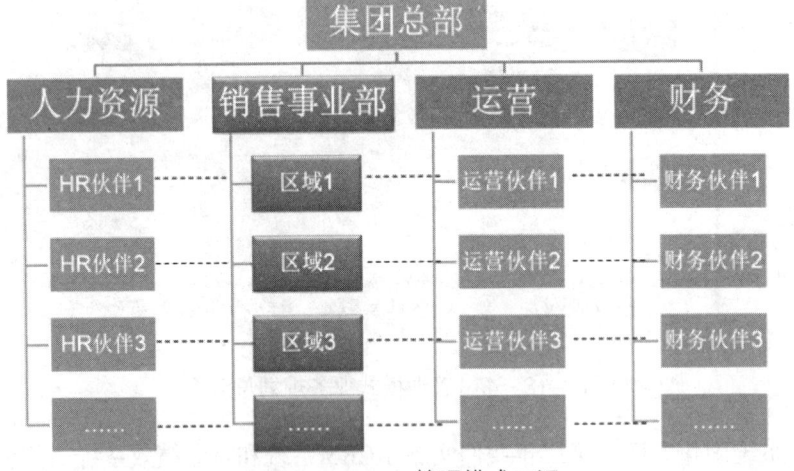

图11-19 4+1管理模式下沉

变革小组对人力BP、财务BP、运营BP这三个核心职能管理团队进行了4+1管理模式的业务管理逻辑和各个工作模块的培训和宣导。使这个核心管理团队承担起"上传、下达、中辅佐"的管理中枢作用。

第 11 章
销售运营管理变革案例

这样整个集团对销售系统传达的信息通路变成了多条通路，一方面保留原来的行政管理线传达，即总裁→副总经理→区域经理→省经理→销售经理→销售代表；另一方面增加了一条通路，即总裁→4+1核心团队→销售各个层级（包括副总、区域经理、省经理、销售经理、销售代表）（见图11-20）。这样缩短了信息传递路径，确保了信息传达到位，整个公司步调一致。

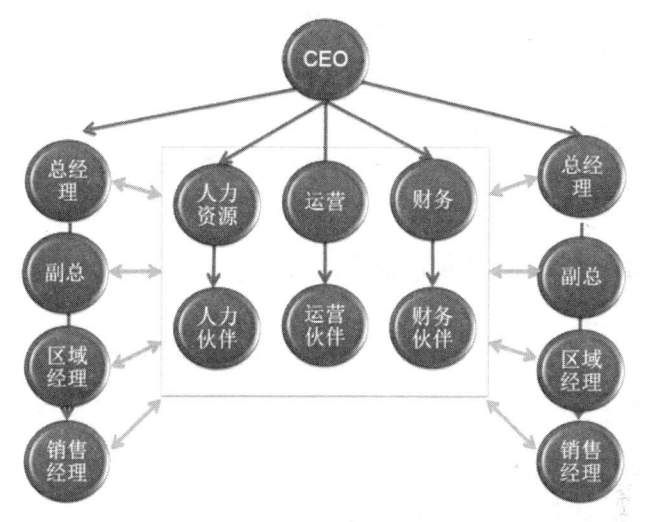

图11-20　三个核心职能团队的管理中枢作用：上传、下达、中辅佐

做好这些安排后，我们对全国销售经理以上人员进行了4+1管理模式的理念、原则、工具的多场培训，让他们掌握4+1管理模式的业务管理核心逻辑。

最后，我们将该事业部的治理结构复制到整个集团的所有事业部，最终形成了类似GE的集团治理结构，将整个集团的所有事业部和各个层级的人员有机地组成一个"组织"、一个"整体"（见图11-21）。

· 345 ·

销售运营管理

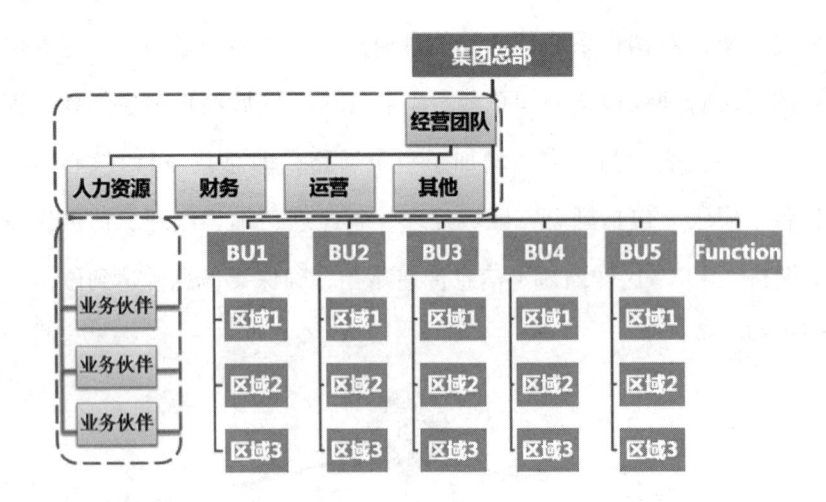

图11-21 在全集团复制4+1管理模式的治理结构

九、4+1管理模式变革成果

在导入4+1管理模式后10个月后,该公司业绩取得了较为喜人的结果,表现以下两个方面。

1. 财务数据

(1)达成率100.7%,增长率30.9%;

(2)费用比下降4个百分点;

(3)核心产品售价上升;

(4)产品结构全面优化;

(5)事业部利润率提高。

2. 其他数据

(1)销售人员平均薪酬增幅比往年上升6个百分点,满意度上升,士气提振。

(2)事业部培养出具备4+1经营思维的32名高级经理及多名职能业务伙伴。

第11章
销售运营管理变革案例

后来，我们持续完善了该集团在市场目标、策略制定、人员配置、费用预算、绩效薪酬管理等各个模块上的工作内容，使其形成了公司的年度运营体系，并逐渐成为企业的一种内在天赋。

销售运营管理就是围绕业务目标，找出影响目标的关键影响因素，制定策略，并充分调动人、财、技术、组织方式等各种资源，全力支持业务目标实现，以追求最优效率和最佳ROI（投入产出比）的经营管理过程。我们可以清晰地看到，这个案例中的整个业务管理变革，从市场目标、人员配置、费用预算、策略、绩效薪酬、IT技术各个方面为实现业务目标创造有利的条件。就是销售运营管理定义的充分体现。

第2节 互联网大厂销售运营管理审计+针对性培训方案

1. 销售运营管理审计简介

销售运营管理审计是世界领先企业用于评估和提升下属区域或事业部的重要手段之一，是世界领先企业常用的4大管理审计方式之一（世界领先企业4种常见管理审计是财务审计、质量审计、销售运营管理审计、安全审计）。销售运营管理审计是根据销售运营管理八大模块的领先实践，建立全公司共识的销售运营管理规范和标准，将该规范和标准公示、培训所有事业部、区域后，再由总部成立由销售运营管理专家牵头、相关职能（财务、人力、市场、销售）专家组成的审计小组，对各事业部、区域进行销售运营管理水平的评估和审计，出具审计报告，提出限期整改要求，并在3-6个月后检视整改结果（见图11-22）。世界领先企业实践证明，通常在执行销售运营管理审计3年后，各事业

销售运营管理

部、区域的管理水平会获得长足进步,优秀管理经验得以在全公司范围内分享、积淀,公司的销售运营管理水平将获得大幅度的整体提升。销售运营管理审计是一种"识别和最大化销售增长潜力"的系统而有效的方法。

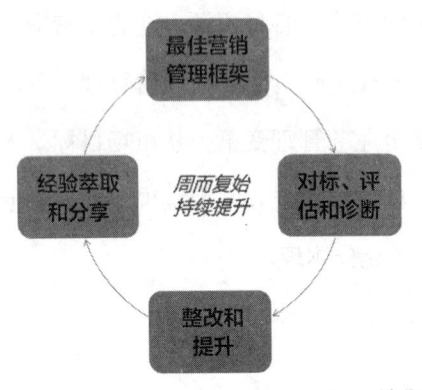

> **第1步**:由公司内部专家和外部专家萃取,并设计出公司最佳营销管理实践框架
>
> **第2步**:执行审计,将各BU/区域的实际管理实践与公司最佳管理框架进行对标,评估其现状,并做出诊断报告(审计报告)
>
> **第3步**:要求BU/区域依据审计报告进行整改,并在审计结束一定时间后由审计小组评估整改进度和效果
>
> **第4步**:将审计过程中发现的经验或教训萃取和丰富到最佳营销管理实践框架中,在不同BU/区域间进行分享

图11-22 销售运营管理审计原理

2. 背景

M公司是一家Saas服务公司,给客户提供软硬件服务,全国有上千销售人员,分为10个大区,管理全国30余省份的业务。过去主要依靠高投入、堆人头,由各省区的一把手各显神通,开发业务。经过几年野蛮快速发展,增长陷入瓶颈,暴露出一些销售管理问题:①各省区依据一把手的经验,该用的方法、该使的招数都使用了,没做起来的省份束手无策,而做得稍好的省份似乎也黔驴技穷,找不到好的增长方法了;②部分好的省份虽然业绩不错,但基本依靠一把手手中的数家大客户支撑着,团队梯队建设几乎空白;③部分省区滋生任人唯亲、山头林立、贪污腐败等不良迹象;④各省区负责人都凭借自身经验领导本区域,各级销售人员经验、能力千差万别,缺乏对全公司最佳管理实践的提炼和共享,未能将最佳销售方法论在全公司复制以最大化市场机会。

在这样的背景下,新到任的营销总监肩负起建立销售管理体系、提升销售能力，带领业务突破增长瓶颈的使命。我们协助其设计和实施了"销售运营管理审计+针对性培训提升"的解决方案。

3. 销售运营管理审计+针对性培训提升的整体解决方案（见图11-23）

图11-23 销售运营管理"审计+培训"方案

（1）目的

①识别销售管理体系存在的问题：挖掘销售运营管理8大模块存在的提升机会；

②促进执行力，实现销售管理的PDCA闭环；

③提升销售管理者Team Leader的销售管理能力：针对销售管理者存在的不足，提供针对性培训或辅导；

④提升销售团队的作战能力：针对一线销售人员存在的不足，提供针对性的培训或辅导；

⑤提升跨部门协作机制：在审计中发现销售与产品、销售与交付、销售与职能之间协作存在的改善机会点，针对性加以流程优化（LTC流程）；

⑥将共性问题集中，从中央制定规范加以标准化。

（2）审计流程（见图11-24）

销售运营管理

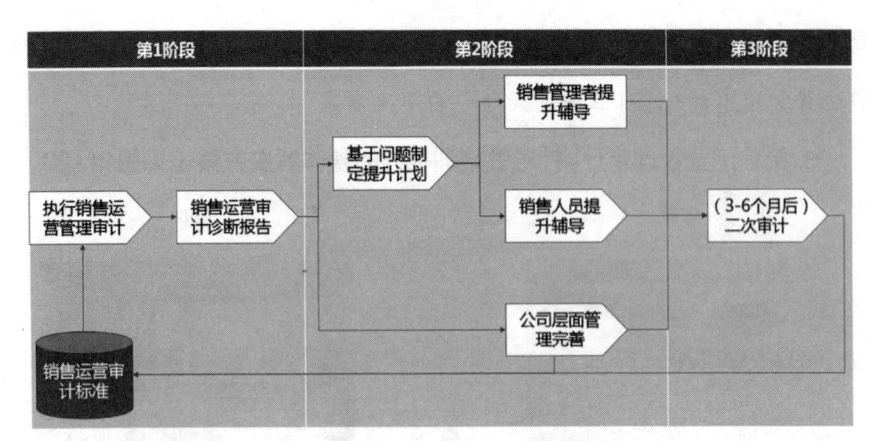

图11-24 销售运营管理"审计+培训"流程

①成立审计小组，执行审计；

②出具审计报告，对存在问题达成共识；

③针对审计发现不足，进行管理者能力提升辅导；

④针对审计发现不足，进行一线销售人员能力提升辅导；

⑤共性问题归纳，带回总部制定标准管理规范；

⑥6个月后二次进驻，观察改善情况。

表11-1 审计流程

步骤	名称	详细说明
1	审计准备	·成立审计小组，由专家牵头，邀请市场、人力资源、财务、销售、运营，5~7人组成审计小组 ·前期准备工作：重点审计方向、团队分工、审计日程计划、差旅等
2	执行审计	·审计小组进驻审计区域 ·执行审计：包括现场观察、听取区域负责人汇报、内部访谈、走访客户、分析数据、识别存在问题、制作审计报告
3	达成共识	·审计小组与受审区域就存在改善机会达成共识
4	制定改善计划	·针对区域管理、区域一线销售、区域内跨部门协作、公司层面问题共同制定 ·可能包括：设计1对1经理辅导项目、设计培训课程、设计管理工具等

续表

步骤	名称	详细说明
5	执行改善项目	·安排人员执行改善计划 ·可能包括：1对1辅导管理者；组织培训学习；跟踪管理工具使用情况；组织专题研讨会等
6	第2轮复审	·3-6个月后对受审区域进行第2轮审计，重点关注第一轮审计中识别的改善机会点在3-6个月内的提升情况
7	完善、丰富销售运营审计标准	·评估审计+整改的效果，复盘区域审计过程，回顾哪些举措是有效的、哪些是无效的； ·提炼审计中发现的好实践，丰富公司销售运营审计标准、知识库、案例库

（3）"销售运营管理审计+针对性培训"整体解决方案的操作要点

①审计专家与被审计方共同制定提升方案，"寓教于战"，和实战紧密联系。

审计后发现的问题，专家参与整改方案的设计，在审计结束各方就区域存在的问题达成共识后，专家针对存在改善的机会点与相关各方共同制定改善措施，包括4个方面：

a.区域管理者存在的改进空间：举例，对上海市执行销售运营管理审计后，发现上海市经理商机回顾工作做得较为薄弱，则直接设计商机回顾的专项辅导、支持，由销售运营部研究改善周期，假设是2个月，随即指派专员进行辅导和跟踪执行情况，直到情况改善。

b.一线销售人员存在的改善空间：举例，审计中发现浙江省一线销售人员拜访后的归纳总结普遍不到位，则强化拜访后归纳总结培训、设计工具，并指派专员跟踪特定的周期。

c.跨部门配合存在的改善空间：举例，审计中发现江苏省销售团队和产品团队之间的职责不清，工作流程不明，LTC管理规范混乱，则由审计小组牵头涉及的相关部门，共同完善相应的流程。

d.公司政策层面存在的改善空间：举例，审计中发现广东省销售团队对销售奖金政策不满意，提出不少合理化建议，则由审计小组带回公司总部与相关人员共同完善方案，或者加强沟通工作。

这种"寓教于战"的解决方案，能够深入实地，了解基层作战部队在实战中存在的问题，针对性地提供解决方案。

②发现问题与解决问题并重、提升绩效与提升管理并重

审计+培训的升级方案不仅强调发现问题，更强调直接解决问题，区域审计中发现的问题，直接给出对策，切实帮助区域提高和解决问题，更有助于帮助作战队伍切实提升绩效。

③因地制宜、因材施教，标准化管理和个性化落地相结合

标准化管理和个性化落地相结合，推动销售运营管理标准在不同管理者、不同团队中落地。

第3节 识别销售增长潜力，助力医疗设备企业重拾升势

1.背景

L公司是中国优秀的医疗设备上市企业，从事医疗设备研发、生产、营销二十余年，年销售额近十亿元，全国销售队伍六七百人。尽管L公司产品质量可靠、技术领先，但营销系统能力较为短板，在市场上被起步较晚、技术不及但营销系统较强的竞争对手远远超越，市场份额被侵蚀，连续3年陷入负增长，至2020年销售额已不及主要竞争对手的三分之一。管理层决心改变这一现状，提升营销系统的能力。我们帮助该公司设计了整体提升方案：

第 11 章
销售运营管理变革案例

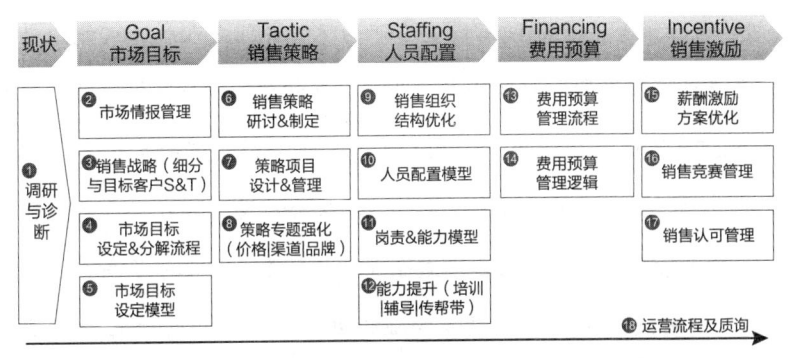

图11-25 销售运营管理管理体系建设整体方案

2.销售运营管理审计

首先是对销售运营管理现状进行调研和诊断，识别阻碍销售增长的障碍。

我们采用"管理专业度5级阶梯评估模型"对L公司销售运营管理8个模块的50余项工作进行了对标和评估。"管理专业度5级阶梯评估模型"是评估企业管理专业度的实用工具。该工具采用五分制，将被评估企业的管理现状与标杆企业（GE、IBM等）管理水平相对比，根据参考标准赋予0-5分，如图所示，通常得分越高，管理专业度越强，竞争能力就越强。专业度5个等级的评分依据为（以评估销售运营管理职能的整体工作水平为例）（见图11-26）：

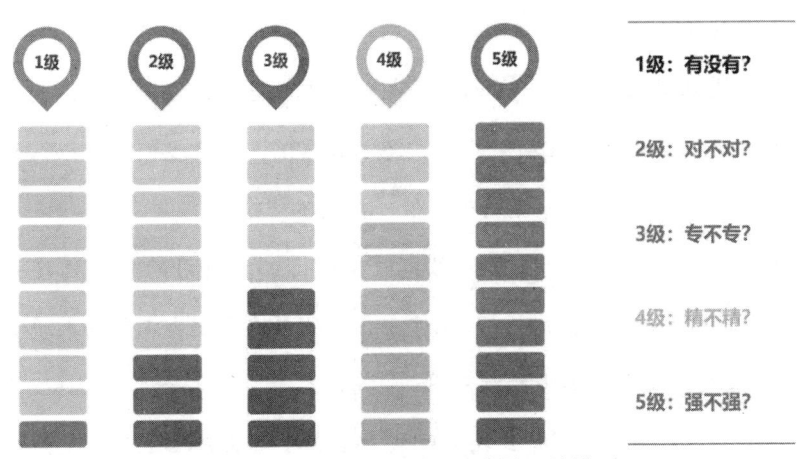

图11-26 管理专业度5级阶梯评估模型

· 353 ·

销售运营管理

0级：表示这家企业还没有设置专职的运营部门或人员，可能是老板自己，或者老板娘，思考和管理所有与业务运营相关的市场情报与目标管理、销售策略、销售数据分析等运营相关工作。（公司经营的主线条"市场目标-策略-人员配置-费用预算-激励"，如果公司没有专人对这条运营主生命线进行专业管理，是不是可以理解企业的管理专业化水平不高？）

1级："有没有"。表示这家企业设立了专职的销售运营管理角色，但可能只是简单地统计一些销售数据，制作一些业务报表，而销售运营管理体系8个模块的大部分工作则没有开展。这样的情况，我们判定为"有"但其功能不完整，没有在做"对"的事情，还"不对"，是1级的水平。

2级："对不对"。表示这家企业设立了销售运营管理角色，8个模块的工作也都在开展，但还没有达到专业水准，比如人员配置模块，她可能只是根据老板的想法统计了一些各区域人头数量，但这样配置的方法到底对不对？支不支持业务目标和策略？组织结构合不合理？人员的素质能力符不符合业务发展需求？她无法做出专业的判断和建议。这种情况我们就认为这家企业在做"对"的事情，但还没有达到"专"的水平，是为2级。

3级："专不专"。这比"对不对"更进一步，仍以人员配置模块为例，如果运营人员会运用"FTE评估"、"竞争对手人员配置调研"等专业化手段来辅助人员配置数量的决策工作，但只是偶尔应用，对这些专业方法和工具的应用还处在初级阶段，还不够熟练，那么我们就可以认为他达到了3级的水平，具备一定的专业性，但还不"精"。

4级："精不精"。依据时间和对专业化工具应用的熟练程度来判断。仍以人员配置模块为例，如果这个公司从事这个模块工作的人员都有2年以上工作经验，能够很熟练应用"FTE评估"、"竞争对手人员配置调研"（至少3次以上），那么我们就认为这家公司的销售运营人员是相当精通这一模块的了，达到了"精通"的水平，是为4级。

5级:"强不强"。这个要求就非常高了,要求公司在这一领域的管理水平能够引领同行,成为标杆,同行一说这家公司的销售运营管理体系,无不跷大拇指,通常需要这家公司已经完成了"代际传承",即前后经过了数任专业的销售运营管理人士,对整个销售运营管理体系进行了反复的锤炼,各个模块都积淀了成熟的方法论及实践经验、案例,那么我们就认为这家公司做到了最高的境界,达到了5级的水平,例如GE的业务人员培训体系,被誉为美国B2B销售的西点军校。

用相似的逻辑,我们可以对销售运营管理的各项工作都进行5分制的评分,比如"销售培训"工作(见表11-2)。

表11-2 "销售培训"工作5分制评分细则

阶梯	定义	做到	但还没有做到
0	空白	未开展任何销售培训,销售人员入职后完全放任自流	没有任何最起码的入职培训
1	有没有	有进行最简单的培训,如入职培训、产品知识培训	但没有根据销售人员开展工作所需的知识、技能进行系统化的培训,如没有销售技巧、客户管理等培训
2	对不对	培训内容完整正确,覆盖基本业务、产品知识、工作技能等方方面面	但培训采用简单的内部交流,不成系统、也没有参考权威的销售培训课程,不够专业
3	专不专	引进了权威专业的销售培训课程	但此项工作刚刚开始开展,仅组织过一年,或者没有延续性;没有内部专业讲师,或者讲师经验不足三年
4	精不精	销售培训工作持续进行多年,培养了一批又一批的销售人才	但还没有被行业视为该行业培养人才的标杆、学习对象
5	强不强	已成为销售培训管理的行业金标准,比如GE、惠普、IBM、宝洁等公司的培训体系广被学习和借鉴	无

销售运营管理

果然，L企业评估得分仅有1.375分，多数销售运营管理工作处于未开展，或者刚刚开始起步的阶段（见图11-27）。

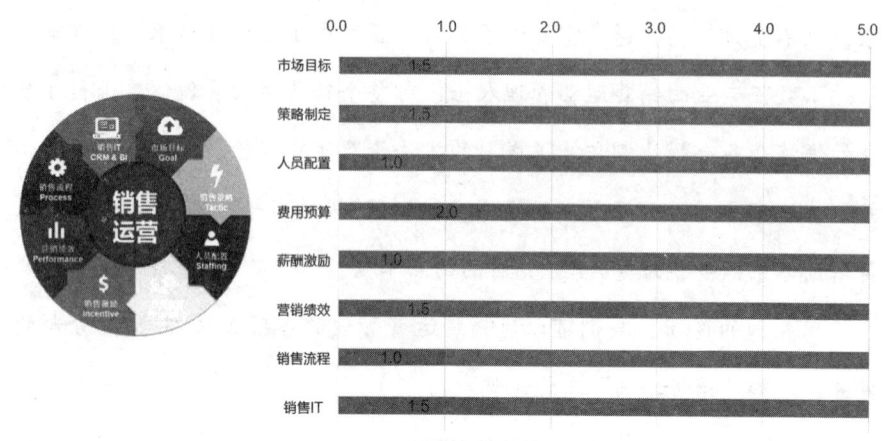

图11-27　L公司销售运营审计整体得分

诊断结束后，我们将诊断报告汇报给L公司的管理层，然后讨论哪些模块的问题较为突出、紧急，且一旦改善能对销售业绩有较大的提升作用，依据对问题的严重度、对销售业绩影响程度，以及改善难易快慢程度综合考虑，我们排定了各个模块变革的先后顺序（见图11-28）：

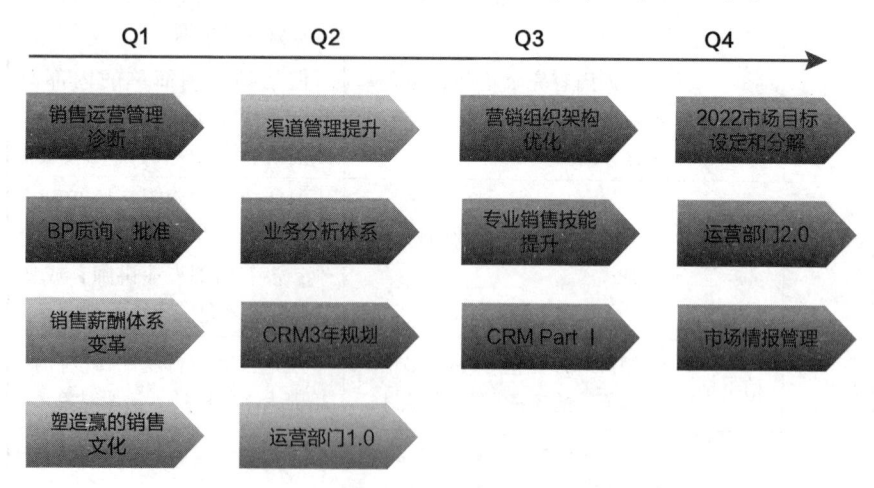

图11-28　L公司销售运营管理变革路径图

3. 分模块实施变革

我们以销售薪酬激励模块的变革为例，介绍销售运营管理如何识别和排除销售增长障碍，助力增长。

（1）问题的发现和分析

项目开始于年初1月份，时逢L公司各个事业部中高级销售管理者集聚总部开会，讨论新一年的工作计划，我们就参加了各个事业部的会议，作为销售运营管理现状调研、审计的一部分。（注意：敏锐的读者朋友，根据我们第4章介绍的年度运营计划体系，您发现L公司销售运营管理水平的落后了吗？没错，领先公司在每年年底12月20日左右就确定好下一年度的整体计划，次年年初的时候早就一切准备就绪、各就各位了，而L公司1月份才刚刚开始讨论年度计划。）在会上，我发现一个异常的现象：多名大区经理多次焦急地跟事业部领导及公司领导追问今年到底什么时候能调薪？并表示这是销区里很多销售人员十分关切的问题，如果还没有准确消息，恐怕很多优秀销售会在春节前后离职。原来L公司由于过往3年业绩下滑，已有2年时间没有进行调薪，这似乎给主管们的焦急、关切找到了注脚，但我仍然感到十分奇怪，因为过往的经验告诉我，管理完善的领先公司，销售人员通常不会把调薪看得特别重，因为固定工资仅占销售人员的小部分收入，销售人员的收入主要来自销售业绩，销售业绩越好，整体收入越高，且越是优秀的销售人员，由于其业绩好、奖金高，往往更不会太关注"调薪"。我意识到L公司销售人员对"调薪"问题超乎寻常的关切和焦急，可能意味着L公司的销售薪酬机制存在问题，带着疑虑，我进一步分析和诊断L公司的销售薪酬机制，问题逐渐浮现出来。

该公司的销售薪酬采用"年薪制"，入职时和公司谈好一个年薪，再根据职位划分出固定比例和浮动比例。以一线销售人员为例，某一线销售人员入职谈的年薪包为20万，公司规定一线销售的固浮比为五五，即50%

销售运营管理

固定工资，50%浮动奖金，那么该销售的固定工资即为10万（再除以12个月），浮动奖金为10万（根据业绩达成情况上下浮动）。入职之后的调薪也无明确规则，主要由本人和上级主管争取、谈判。这样的薪酬机制设计不够精细到位，入职定价和调薪都缺乏相应的明确的"定价规则"，在实际操作中产生了很多问题，我们来看这2个例子：

例1：A销售在公司工作了5年，年薪20万，固定10万，浮动10万，承担200万销售任务；公司业务扩张，急聘另一名经验与A差不多的销售B，也需要承担200万销售任务。但为了吸引B入职，公司给开了30万，那么B固定15万，浮动15万。（新老倒挂）

例2：C、D两名销售同时加入公司，入职时谈的年薪相当，入职后C屡屡跟上级提调薪，而D则没要求过，连续几年下来，C的年薪竟比D的年薪高出了20%。（会哭的孩子有奶吃）

随后，我们调取了L公司销售人员上一年度的销售数据和薪酬数据，绘制了"销售额-年薪"相关性分析图（如图11-29所示），验证了我们对L公司薪酬分配不合理问题的猜想。

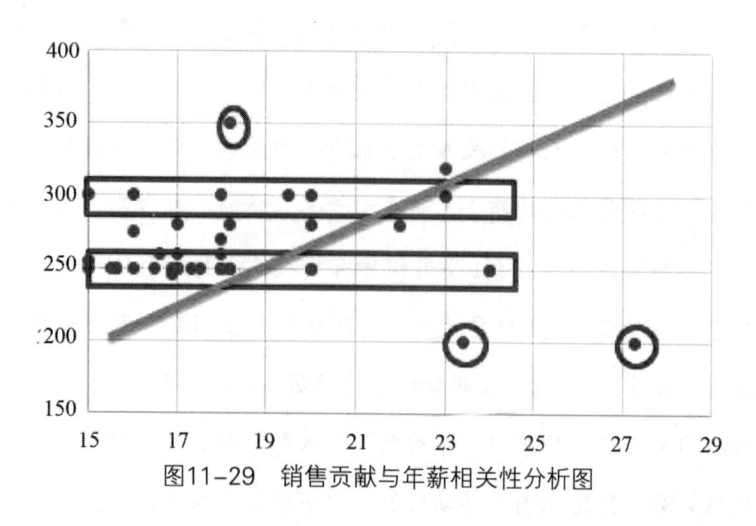

图11-29 销售贡献与年薪相关性分析图

如图11-29所示，图中横轴表示年薪，纵轴表示销售额，每个点表示一名销售人员的销售额和其年薪。良性的薪酬机制，销售人员的年薪应该与其销售贡献成正相关关系，即图中自左下向右上的斜线，但L公司的现状却严重偏离该斜线，比如最右侧圆圈中的这名销售人员，年销售额仅200万，却享有27万高年薪，而最上方的圆圈所表示的那名销售代表，销售额高达350万，却仅有18万的年薪。

这样的薪酬机制带来许多问题：

◇ 薪酬机制的底层逻辑扭曲：我们在第9章里介绍了决定销售奖金的4大因素：销售人员的报酬应该主要取决于贡献、绩效。但L公司这种年薪制下，销售人员的薪酬主要由什么决定呢？L公司年薪制的底层逻辑扭曲成了"谈判能力"，包括入职时的谈判能力和每年调薪时的谈判能力。尽管浮动部分一定程度上体现了绩效差异，但如前面例1、例2所示，谈判能力较强的销售人员获得了远高于其业绩的薪酬。

◇ 赏罚不明，丧失公平：薪酬机制底层逻辑扭曲首先带来的问题就是赏罚不明。如前面销售额和年薪相关性分析所揭示的，贡献与收入严重不成正比，严重赏罚失当，这样的机制设计对贡献大的优秀销售人员造成10 000点伤害，引起了极大的内部矛盾。

◇ 薪酬效率不高：在例1中，同样为公司带来200万销售额的A、B两名销售，公司支付的薪酬分别为20万元和30万元，显然，B多出来的10万元并没有给公司带来相应的市场回报，没有充分发挥奖金这一资源的效率，有悖于我们在第9章第3节里介绍到的奖金设计原则：把奖金当作一种资源，设计时讲究其投入产出比。

◇ 公司固定成本增加：根据经济学理论，企业经营固定成本越高，经营风险就越大。按L公司的薪酬机制，一旦调薪，增加部分按固浮比的固定比例会自动转化为固定工资，变成公司的固定成本，比如涨薪10%，那么5%加在底薪里，5%加在浮动里。而如果采取工资+奖金的方式，那么公司可以少调整底薪，或者维持底薪不变，只调节奖金高低，比如涨薪10%，但3%加在底薪里，7%加在浮动里。这样一来，浮动部分越大，激励效果更强，同时还能降低企业固定成本及经营的风险。

◇ "薪酬取决于谈判"的底层逻辑扭曲还带来严重的团队管理问题：当薪酬首先取决于谈判能力时，销售人员会直观感觉薪酬是公司"给"的，他们的关注点就会在和公司的薪酬谈判上，而不是关注市场的开拓（贡献和业绩），这削弱了销售人员在市场上的锐气；还造成了公司和销售人员的立场对立，当销售人员觉得自己收入低时，不是诉求于把市场做好，而是埋怨公司，"都怪公司不给我高年薪"。一旦销售人员"恨"公司，人都有补偿心理，就容易通过懈怠、降低努力水平来找回平衡。更严重的是，整个团队一旦多数人把努力方向从"如何把市场做好、多赚奖金"，变成"如何和上级搞好关系，获得更高年薪"，就为公司内部的拉帮结派、山头关系埋下了隐患。在后续的调研中，我们发现销区里拉帮结派相当严重，销售人员都根据自己是不是省经理的"嫡系"来判断发展前程。我们访谈了一部分离职的优秀销售人员，我们问他们"你销售业绩突出，在公司发展前途可期，为什么要辞职呢？"他们解释的离职原因是因为不是省经理的自己人，加薪、升职都轮不到自己，失望离去。这个问题放到更高组织层级看，危害则更加巨大。该公司某事业部下的某个大区经理，其性格就属于比较不会谈判，比较不会索要资源的类型，又和事业部总经理有些不和，结果我们发现该大区里的各层销售人员年薪都要远低于其他区域，这给该大区吸引、保留优秀销售人才带来了十分不利的后果，该区市场形势日趋恶化。

基于上述的发现，我们认为薪酬模块问题较多、改善潜力较大，于是决定将薪酬作为第一个变革的模块。

（2）解决方案和变革

我们变革了工资、奖金混在一起的年薪制，将工资、奖金分开单独管理，分别制定规则。

工资方面，我们参考外部数据调研，依据工作经验、能力划分不同等级，在入职时根据求职者的工作经验匹配相对应等级。

奖金方面，我们通过线性回归分析，进行数学建模，确立了不同销售贡献对应的合理薪酬回报，例如，200万元任务对应7.5万元目标奖金；300万元任务对应11万元目标奖金；400万元任务对应14.5万元目标奖金；500万元任务对应20万元目标奖金。（分析和建模方法与本章第1个案例的方法相同）。

我们以例1来说明变革前后方案的变化。经调研，A销售代表10万元底薪，合每月8 000多元，略低于调研参考值9 000元，因而底薪调整为10.8万元，增长8%；但由于A销售产出平平，一年销售额200万元，根据数学建模结果，目标奖金应为7.5万元。因此A变革后的总报酬变成10.8+7.5=18.3万元。A当然会很不满，但我们告诉他，他过往的年销售额低于公司一线销售人员的整体平均值，我们希望他能挑战自己，做到300万元销售额，那么他的收入就会变为10.8+11=21.8万元，相当于比变革前涨薪9%，但需要他自己努力。当然，为了让变革更加平稳顺利，我们对A这类销售奖金略低于数学建模结果的销售人员采取了特殊关照，我们给予2年的过渡期，即变革后2年时间内，我们不是按数学模型建议的7.5万元作为其目标奖金，而是本着以年薪不变的原则，以其变革前年薪的20万元减变革后基本工资10.8万元，即9.2万元作为其目标奖金。再来看B的情况，当B来公司应聘时，其工作经验和A差不多，底薪也只能参照市场水平定在10万元上下，这满足不了他30万元的期望年薪，怎么办呢？我们告诉他，如果他一年能做到500万元销售额，就能拿到20万元奖金，达到年薪30万元的期望收入。既然B要求比A销售更高的收入，那么当然要看到B比A更能干、更高贡献，是不是合情合理？如果B做到了，那么B拿到了他期望的收入，而A也会心服口服，公司也实现了更多的市场收入，"三赢"，可谓皆大欢喜。而如果B只能和A一样做到200万元，而公司还高薪聘他，岂不是"赔本赚吆喝"？而且肯定引发A极度不满，最后"既赔夫人又折兵"。

变革后的机制，有效地解决了原薪酬机制的各种弊端：

薪酬决定的底层逻辑由"薪酬取决于谈判能力"变成了"薪酬取决于市场贡献"。销售人员收入高低不再需要和公司谈判，更不需要看主管上级的脸色，其收入高低主要取决于市场贡献，你能干多少市场，公司就给你配相应的报酬。这和商鞅变法的底层逻辑是一样的，报酬、荣辱、升降不再看身份、不再看是否是"王公贵戚"，而完全取决于战功。这也很大程度解决了山头问题，销售人员薪酬确定的权力集中到了中央的统一规则，怀有私心的主管难以再在"定薪""调薪"等方面为自己人输送利益，销售团队风气为之一新。另外，变革还改善了薪酬的效率问题，仍以AB销售作为例子，原来公司支出的50万元（A20万元，B30万元）获得的市场回报是400万元（A200万元，B200万元），现在变成800万元（A300万元，B500万元），投入产出比得到了改善，固定工资也由变革前的25万元（A10万元，B15万元）降低到20万元（A10万元，B10万元），公司的固定支出和经营风险得到了更好的控制。总之，变革迅速激励了士气、释放了生产力，改善了销售绩效。充分体现了销售运营"识别和最大化销售增长潜力"的使命。

有意思的是，薪酬逻辑的变革，还改善了L公司在人才招聘上的劣势。此前，L公司最大竞争对手给一线销售支付的薪资大约要高25%，竞争对手总以此为诱饵，挖猎L公司的人。但建立了薪酬和销售额的线性回归关系后，我们发现竞争对手一线销售平均大约要多承担2.5倍的销售额，比如L公司300万元销售额大约能拿到20万元年收入，而竞争对手则需要做到750万元才能拿到25万元年收入。我们建议L公司改变招聘的话术，"加入我们公司吧，来我们公司变现吧，在我们公司做750万元，能拿到高于40万元的年收入呦！"鼓动竞争对手的好销售投诚过来，以此反制竞争对手的人才战争。《黄石公三略》曰："罗其英雄则敌国穷"，扰乱竞争对手销售人员的心态是有效的人才竞争策略之一。

当然，薪酬变革还涉及其他许多复杂的问题，其中有个细节值得一提。在变革薪酬前，我们发现L公司并未设计绩效门槛，即销售人员不论任务完成比多少，都能获得相应比例的奖金，比如某销售只完成年度任务的30%，那么公司也会付给他目标奖金的30%。发现这一问题后，我们提议对任务完成率低于50%的销售人员不予支付奖金。其实这是行业内许多公司的通用做法，多数公司的门槛甚至比50%还要高。但在L公司引起了轩然大波。一名表现相当好的大区经理怒气冲冲地找到我，责备我这个规定根本没有必要，因为完不成50%任务的人她都会淘汰掉了。我知道她来自GE，训练有素，我于是反问她："我知道你是很成熟的大区经理，对于业绩不佳的人员，你会加以淘汰；但公司有数十位大区经理，你能保证他们全都能够像你一样做吗？"她默然。我接着说，"假设我们公司没有业绩门槛的要求，而同行其他竞争对手都有最低业绩门槛要求，你觉得5年后会发生什么情况？"她陷入沉思。我又接着说："可以预见的情况，是行业中那些业绩靠后的销售人员大概率会流动到我们公司，我们公司会形成一个低业绩销售人员的蓄水池……"我之所以提到这个对话，是因为这个例子充分体现了销售运营如何通过设定规则，促成优秀管理实践被统一贯彻，从而充分挖掘销售增长潜力。在这个例子中，假设没有绩效门槛的规则，可能70%的大区经理会像这名大区经理一样主动地管理或淘汰绩差人员，但30%觉悟稍低的大区经理会容忍不加管理，而这30%的容忍就可能拖后腿公司数个点的销售增长。识别出这个问题，捡回几个点的增长，这就是我们为什么说销售运营管理是关于"识别和最大化销售增长潜力"的方法论。

销售运营管理

薪酬模块变革后，我们随后又逐步优化了销售职业发展阶梯、销售竞赛、市场目标管理、渠道策略管理、营销绩效管理等模块，帮助L企业建立起销售运营管理体系。

4.变革成果

经过一系列励精图治的努力，L公司打破了三年滞涨的局面，重新进入增长通道，实现20%+销售增长，销售额创出历史新高，利润更是实现惊人的50%+的增长（根据麦肯锡的研究和我们的实践，销售运营管理体系对利润增长的帮助大于对销售增长的帮助，参考第2章第4节"销售运营管理：企业增长之路"），横盘数年的股价也应声而涨，公司市值实现了翻倍。

Part 3

趋势篇

销售运营管理的趋势

第 12 章
销售运营管理的组织结构支持

如我们开篇所提到的，销售运营管理在欧美国家已经相当成熟，销售运营部也成为GE、惠普、西门子、辉瑞等公司的标配部门。这一章，我们介绍一下两家著名公司的销售运营管理部门的设置情况，供有意建立这一部门来提升市场竞争力的企业，以及正在管理销售运营部门的部门负责人参考。

第1节 典型的销售运营管理部门的组织结构

前面介绍了许多关于运营管理的职能，那么这项职能在企业中是如何组织的？是由什么样的人来完成的？如果企业要建设这项职能，该如何建设？

不同的企业会有所不同，我们举两个例子来介绍典型销售运营管理部门的组织结构——GE某事业部的战略运营部门和瑞士制药巨头罗氏在中国的销售运营部。

1. GE某事业部的销售运营部

图12-1是GE某个事业部的"战略运营部"的组织结构图。该部门共有24人，一名部门负责人，1名助理，以及各个分职能团队。

第12章 销售运营管理的组织结构支持

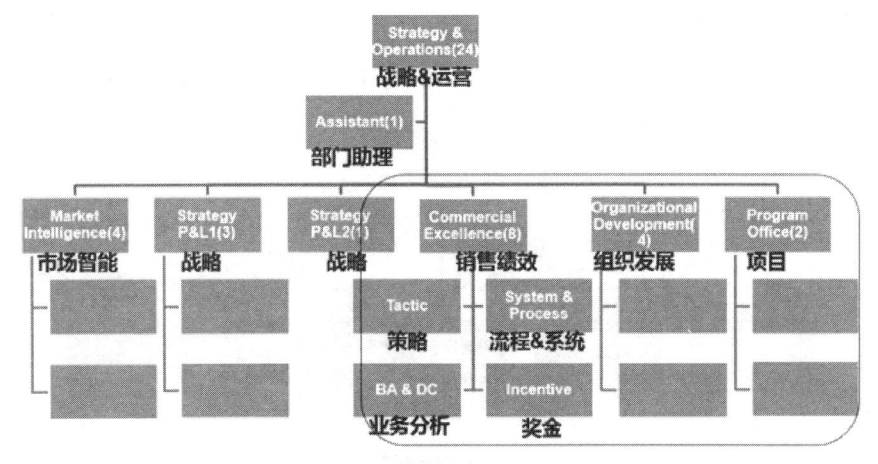

图12-1　GE某事业部的销售运营部

（1）市场智能团队（Market Intelligence）：4人，主要负责外部市场研究和分析工作，为企业制定业务目标提供依据。

（2）产品线战略团队（Strategy P&L，P&L：Profit and Loss，产品线的意思）：4人，主要负责为各产品线制定销售战略。

（3）销售绩效团队（Commercial Excellence）：8人，主要负责客户数据管理和研究、策略制定、业务分析、销售激励、系统管理、流程优化等功能。

（4）组织发展团队（Organization Development）：4人，主要负责组织结构的设计和发展，包括销售队伍规模和结构。

（5）项目管理团队（Program Office）：2人，主要负责一些特定项目，如客户关系管理系统（CRM）建设项目、跨事业部合作项目等。

2. 罗氏（中国）的销售运营部

罗氏是瑞士医药巨头，全球医药行业排名前5，2017年财富500强排名173位。罗氏在中国有六七千人的销售队伍，图12-2是罗氏（中国）的"销售运营部"，他们称为战略规划与运营优化部（Strategic Planning And Commercial Excellence，SPACE）。这个部门的使命是：致力于帮助公司发掘业务机会，通过策略、系统、工具、优化来实现业务的飞速进步与不断超越。2015年，这个部门的总人数就超过了100人，细分为5个功能。

```
                    SPACE Head
                         |
                    Assistant
                         |
    ┌──────┬──────────┬──────────┬──────────┬──────────┐
   SFE   Strategic  Commercial   Project   E-marketing
         Planning    training   management

                    总计100人
```

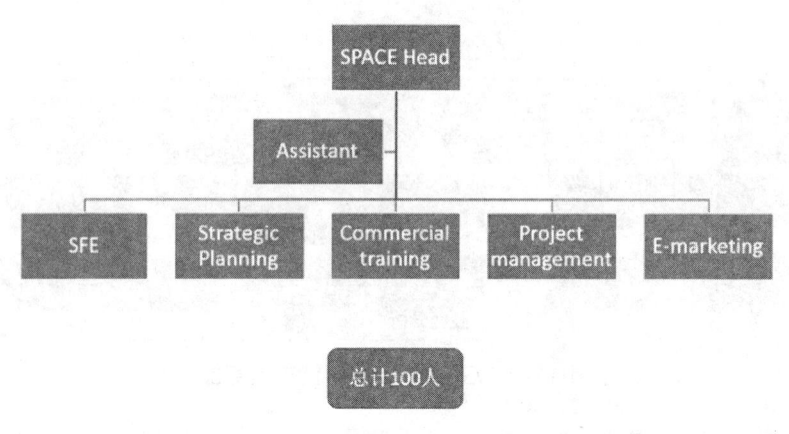

图12-2 罗氏（中国）战略规划与运营优化部

（1）销售绩效管理部门（Sales Force Effectiveness，SFE）：通过提供有效的市场信息和见解、有效的销售力平台和机制，激励销售人员提升绩效。其工作职责主要包括销售力量部署、激励机制的设计和性能评价以及客户关系管理的培训和支持。

（2）战略规划部门（Commercial Leadership Committee，CLC）：提供决策支持并预测行业发展趋势；为BU提供各项市场分析，掌握竞争对手动态，早期发现潜在问题；与KA团队共同建立跨部门区域沟通平台，让销售队伍得到总部及地区功能部门的更多协助；为罗氏（中国）新产品及已上市产品的适应证延展提供竞争潜力评估、销售预测和商业洞察。

（3）业务培训和发展部（Commercial Training）：为BU医药信息顾问及市场人员、管理团队及业务部门提供专业/管理培训、能力测评和增值外部客户培训及专业化提升项目。

（4）项目管理组（Project Management）：负责协助公司所有部门KPI的制定，确保其与公司的整体战略方向保持一致；支持战略规划部门进行公司重要决策的前期讨论与后期执行；对公司层面或者跨部门合作的重点项目进行管理。

（5）电子市场营销组（E-marketing）：负责制定公司短期和长期电子营销策略，以及数据处理的流程与指南，宣传E-Marketing的最佳方法，与关键利益相关者协调与合作，实施重点营销项目，整合不同的系统使市场与营销的合作更加紧密。

与GE某事业部的销售运营部相比，罗氏（中国）将与业务相关的培训划到了销售运营部，此外还增设了电子营销小组，反映了近年销售运营部门自身功能发育的发展趋势。

第2节　销售运营部门与企业组织结构顶层设计的智慧

第3章我们介绍了4+1管理模式的顶层组织架构设计，GE、罗氏、IBM、沃尔玛等许多世界领先公司的核心架构都采用这种人力、财务、运营三个核心职能支撑业务作战的"三剑客"模式。为什么顶级公司会不约而同这样做呢？近几年的咨询实践中，我们发现和那些没有将顶层整合成业务、人力、财务、运营几个核心部门的企业相比，采用4+1管理模式顶层组织架构设计的企业拥有诸多竞争优势，这种架构方式蕴含着深厚的智慧。

一、降低一线作战部队协调后勤部门的难度，提升作战效率

没有采用4+1管理模式组织结构顶层设计的公司，其后勤部门相当地分散、臃肿。在业务部门外，还有人力资源部、财务部、销售管理部、合同部、招标部、数据部、渠道管理部……很多很多，经常多达十几个部门。想象一下，当前线有战况，一线部队要马上出击，就需要协调非常多

的部门，开个与后勤部门的协同会议，今天X部门领导有事不能出席，耽误几天；后面Y部门领导又有事缺席，又耽误几天……想必协调过高层管理会议的人都体验过这其中的滋味。其协调难度之大，可见一斑。世界领先公司就将作战部门以外的职能部门集约成三个核心职能：人力、财务、运营，将财务、人力以外的部门都整合到销售运营部，一旦一线要开打，只要协调好人力、财务、运营三个部门，立刻可以开拔！协调三个人，总比协调十几个人要容易得多、高效得多吧？哪个后勤链条掉链子，全部由你们三个人中的某个人负责，减少了许多部门间的扯皮。企业运营的效率在这里得到了大幅度的提高。当然，这对三个核心部门的负责人提出了非常高的综合素质的要求，他们需要上通天文（懂销售、懂业务），下知地理（精通本职能的各个模块，如销售运营管理的8个模块），所以他们都需要经过4+1管理模式的系统化的训练。

二、对一线部队倾斜的必要性：老板的精力

我们知道企业经营中，最紧缺的资源是人的精力，尤其是老板的精力，不少中国企业老板几乎全年无休，且每天都要工作到后半夜。假设后台除了业务以外还有10个部门，假定每个部门负责人都找老板商议事情，那么老板的精力就会被分散成11份，也就是他花在业务上的精力就无形中变成十一分之一。而整合成业务+人力+财务+运营后，老板能够花给业务的精力就增加到了四分之一。无疑有利于一线作战部队各种决策、各种审批的提速，提升一线作战部队对市场的反应速度以及战斗力。

这点对中国企业尤其有借鉴意义。因为很多中国企业是研产销一体化的，老板除了业务这摊的十来个部门外，加上研发的N各部门、工厂的N个部门，直接汇报部门可能多达几十个，这时能够花给业务的精力就越加分散，就越有必要采用4+1管理模式的组织架构智慧，精简顶层组织设计，

以保证对业务、市场的精力投入。

三、管理幅度：管理精细化的颗粒度

从管理学的管理幅度原理来说，通常越往高层，管理幅度应该越窄，因为越往高层，处理事情的面越宽、面对的问题也越复杂。CEO下辖几十个部门，有几十个直接下级，显然违背管理学的基本原理，显然不符合精细化管理的要求。从这个角度说，也是有必要对顶层组织设计进行整合简化的。

四、激活后台

当公司后台支持部门被切割成数据部、商务部、渠道部等N多部门的时候，一方面意味着每个部门的人数都不多，部门小，必然比较扁平化、领导岗位必然少，那么后台人员的职业发展空间必然十分受限，容易"没奔头"。没奔头的情况下，有能力的人会跳槽；没能力的会得过且过，不利于激活后台。另一方面，由于部门墙不可避免地存在，比如数据部的人，不容易流动到商务部去历练，久而久之，一旦感到工作单一枯燥，就容易流失掉。整合成一个运营大部门后，部门大了，职业晋升空间就出来了，另一方面削弱了N个小部门之间的部门墙，数据、商务、渠道各部门内的小伙伴们如果厌倦了自己手头的工作，较容易转到兄弟团队，降低人员流失、激活后台职能部门。

五、向下管理2层（多层）的智慧

我曾拜访一名高科技企业的营销副总裁，她们的业绩从10亿元冲刺到了16亿元，她说她也没啥绝招，就每天花两个多小时看手机微信进行督导：她要求全国70多名销售每天一早把当天计划发到她微信上，每天晚上

销售运营管理

再把进展也发给她。有人说她的办法很傻，直接管理那么多人，那她底下的经理们干嘛用？

我觉得这位副总裁很聪明，她运用了管理学上"向下管理2级"的管理智慧。多数管理者只会向下管理一级，而下级的下级的情况，全依靠下级的反馈来进行管理，这种方式产生很多弊端。比如下级的下级中明明有一个人非常能干，但和上级不和，就非常容易被埋没甚至流失。又比如说下级可能实际上管得一塌糊涂，却妙口生花地蒙骗上级，所以，管理学认为管理者至少要"向下管理2级"。这位副总裁一竿子杵到底，整个管理链条上的管理人员谁敢懈怠、谁敢糊弄？当然，这家公司销售团队规模较小，向下管理2级基本可以覆盖整支销售队伍的管理，那如果销售队伍规模成百上千呢？

4+1管理模式的组织架构设计，将这种"向下管理2级"的管理智慧发挥到极致，变成"向下管理所有级别"——CEO通过销售运营部实现全方位、立体式的管理（图12-3），从业务管理的5个核心模块：市场目标、策略管理、人员配置、费用预算、销售激励，3个支持模块：营销绩效、销售流程、销售IT，立体化地管理、监测所有层级的运作，整个体系中哪

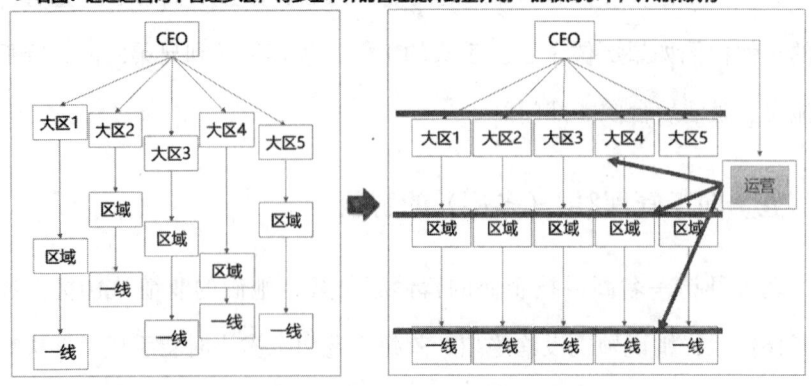

> 左图：向下管理一级，下下级管理水平参差不齐
> 右图：通过运营向下管理多层，将参差不齐的管理提升到整齐划一的较高水平，并确保执行

图12-3　通过运营实现向下管理多级，掌控全盘

个环节、哪个链条掉链子都一目了然，且整个链条中的各级管理人员都需要"不待扬鞭自奋蹄"。

（注意："越级管理"和"越级指挥"不同，一般提倡越级管理，但不提倡越级指挥，即可以越级了解下情、掌握整个系统中每个节点的运行情况，但不能越级直接给下级的下级下达指令。）

综上所述，我们认为世界领先企业的"4+1管理模式组织架构"设计蕴含了企业管理的顶级智慧，难怪会成为越来越多励精图治、富有智慧远见企业的首选。我们建议中国企业采用这种架构方式，充分发挥销售运营的效用，最大化销售增长潜力。

第3节 "打铁还需自身硬"，销售运营部门的发展升级

第2章第3节，我们介绍了销售运营功能发展的3个阶段：初级境界是销售服务和支持，为销售提供一些数据、流程管理方面的支持；中级境界是销售计划和管理（销售运营），为销售提供策略、计划、销售组织和人员配置、绩效、激励、培训等一系列的支持和指导；高级境界是公司价值链协同管理（公司运营），以协助销售实现业务目标为核心，协同和调度市场、人力、财务等部门全力支持销售去实现企业运营目标。近年我们接触国内的一些销售运营部门，发现很多销售运营部门卡壳在"支持和服务"的初级阶段而无法升级到对业务进行"计划和管理"的中高级阶段。而无法升级到中高级阶段，就难以真正发挥销售运营管理运筹帷幄、决胜市场的价值，无法为企业创造竞争优势。这里我们剖析其原因及解决途径：

销售运营管理

一、问题的提出：从"支持"到"管理"——销售运营功能"最难的一跃"

销售运营管理在一个公司里的发展通常会经历三重境界（销售运营从业者个人的发展也大体会经历这三重境界）（见图12-4）：

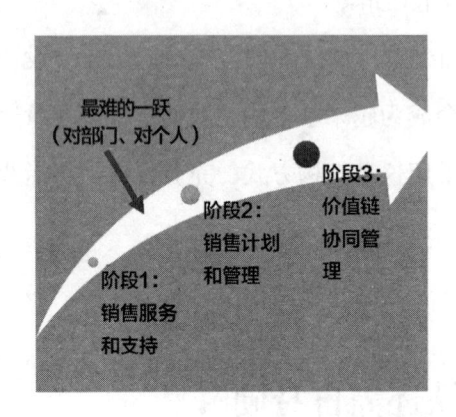

> 销售运营管理有三个境界：
> - "**初级境界**"是销售支持，为销售提供一些数据、流程管理方面的支持。
> - "**中级境界**"是销售运营，为销售提供策略、计划、销售组织和人员配置、绩效、激励、培训等一系列的支持和指导。
> - "**高级境界**"是企业运营，以协同销售实现业务目标为核心，协同和调度市场、人力、财务等部门全力支持销售去实现企业运营目标，此时的角色就演化为COO，即首席运营官。
>
> 销售是大多数企业唯一的产粮单元、收入单元，是企业的火车头，也是企业运营的重中之重，**能够运营好销售，再以销售带动支持部门，整个企业的运营自然不在话下。**
>
> 不同企业销售运营职能发展的阶段不同，取决于**发育时间长短**、销售运营部门人员的**能力**和境界以及团队**成熟程度**等。

阶段1：销售服务和支持
阶段2：销售计划和管理
阶段3：价值链协同管理
最难的一跃（对部门、对个人）

图12-4 从销售支持到销售运营的升级

1."初级境界"是销售支持和服务，为销售提供一些数据、流程管理方面的支持。这个阶段的工作内容是多数销售运营管理者最熟悉的，每天根据业务的需要，提供一些数据分析报告，以及出于数据分析需要，搜集、核验基础数据，此外还有一些业务相关流程梳理，CRM系统的维护、更新，销售政策的上传下达等。这个阶段的工作主要围绕销售运营八大模块的后三个辅助性模块：营销绩效（数据分析）、销售流程、销售IT进行。笔者所接触的销售运营部门大约有80%~90%处在这个阶段上，销售运营的初级人员多是在做这些基础工作。

2."中级境界"是销售运营（计划和管理），为销售提供计划、策略、销售组织和人员配置、绩效、激励、培训等一系列的管理方案和指引，运筹帷幄。这个阶段的工作内容复杂很多，对销售运营部门的能力以及从业者的能力要求提高许多。

·374·

第12章 销售运营管理的组织结构支持

（1）他们需要搜集外部市场环境的信息、数据，为业务决策提供参考信息及建议；

（2）他们需要帮助业务界定关键策略并推动策略在整个业务团队中的落地；

（3）他们需要管控业务团队的人员编制（HC，headcount），提出组织优化建议，如设置混合型销售代表还是专职化代表，甚至承担销售培训工作；

（4）他们需要对业务队伍的薪酬激励方案，包括奖金、销售竞赛、销售认可项目等提出独立的见解和建议；

（5）他们需要与业务讨论关键绩效指标KPI（营销绩效管理模块进一步分为2个部分：一部分是营销绩效KPI的确定，这部分工作要求较高；另一部分是用业务分析追踪KPI，这个部分要求较低）。

从事这些工作的角色常见如"高级业务分析经理Business Analysis Manager""销售策略经理Sales Strategy Manager""销售激励经理Sales Incentive Manager"等，也有的公司采取"销售运营经理+职责"的方式，例如名片上印为"销售运营经理-奖金管理Sales Operation Manager-Incentive"。这个阶段的工作，在初级阶段工作上增加进了市场目标、策略制定、人员配置、费用预算、销售激励5个模块的工作内容，显见这个部门的工作更为"高级"、对业务价值更大、对从业者的要求更高，头衔、待遇一般也更高。笔者所接触的销售运营部门大约只有10%~20%处在这个阶段上，多是销售运营部门发育较早、较为成熟的跨国公司，以及国内医药、互联网行业的部分头部企业，如辉瑞、诺和诺德、GE、美团等。

3."高级境界"是企业运营，以协助销售实现业务目标为核心，协同和调度市场、人力、财务等部门全力支持销售去实现企业运营目标，此时

· 375 ·

的角色就演化为COO，即首席运营官。

不同企业销售运营职能发展的阶段不同，取决于发育时间长短、销售运营部门人员（尤其销售运营部门负责人）的境界和能力以及团队成熟程度等。

在这三个阶段中，最难的，不论是对整个部门，还是对销售运营管理者个人，当属从第1阶段"销售服务和支持"到第2阶段"销售管理和计划"的跃升，我观察中国大多数销售运营部门都卡壳在第1阶段止步不前，很难往第2阶段跃升。

究其原因，主要有两个方面的因素：

首先是第2阶段对人员能力的要求非常高，要求质的飞跃。企业是"实用主义"的，只有当你"有用""能用"，你才会被赋予相应的职权。比如我们不会要求一个三岁小孩去扛百斤重的重担，因为我们知道他做不了。因此，只有当销售运营人员展现出在"市场目标管理""策略管理""人员配置管理""费用预算管理""销售激励管理"上的专业才能时，企业才会给到这样的定位。如果销售运营人员在这些方面没有专业高度，解决不了实际问题，即使老板有心给较高的定位，最终还是会落回到初级境界去。

其次，由于多数销售运营部门最初只是服务和支持，人员门槛并不高，很多企业初期配置的往往是较低资质的人员，这些人员可能并不具备升级的潜力，但企业又不愿意亏待他们，硬把他们提升为经理。结果造成了工作要求和人员能力之间的Gap（错配），也会阻碍销售运营部门的升级。

二、解决销售运营从1阶向2阶升级的思路

找到症结所在，也就给了我们解决的思路。要完成最难的一跃，最关

第 12 章
销售运营管理的组织结构支持

键的是要能承担起中级境界"销售计划和管理"所要求履行的那些职责，这就要求人员具备履行这些职责的能力、专业性。因此，目前处于"支持和服务"，想升级为"计划和管理"的销售运营部门的出路是：

1. 首先，对现有人员提出"升级"的要求，要求他们提升八个模块（尤其5个核心模块）的专业度，这个过程可能需要2年。

2. 其次，对现有人员进行盘点，凡是有潜力完成自我升级的人员，就安排给他相应的工作和职责，能胜任则提拔他到相应层次。

3. 中级阶段要求履行的职责，而现有人员又无法满足的，怎么办呢？那么就只能考虑外聘。

在我职业生涯中，我一共经历过4次这样的升级，都是从第1个阶段往第2个阶段的升级。采用的方式都是"另立炉灶"（见图12-5）：原有人员的"销售支持和服务"维持不变，招募高潜人员组建"专业中心"，专业中心负责去研究管理问题、构建专业方法论体系，再以方法论指导"销售支持和服务"人员重新组织他们的工作内容和方式。最终完成向第2阶段的升级。举个具体例子。比如X公司招募了一名"销售流程经理"，负责梳理公司的LTC流程，这名专业的销售流程经理会进行大量的调研，设计出该公司LTC流程管理的最佳方法，之后对"销售支持和服务"的原有

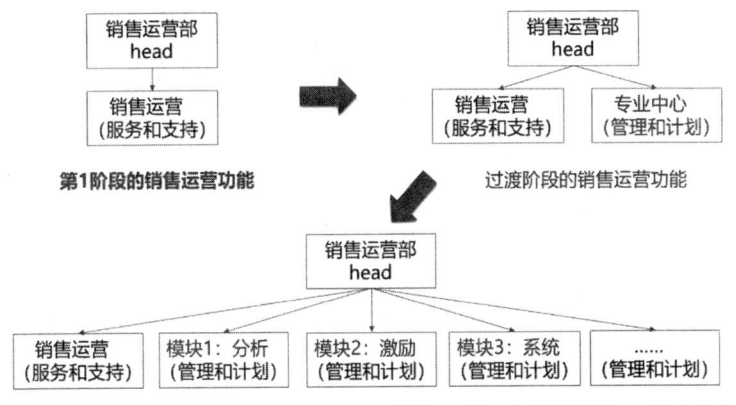

图12-5 销售运营部门升级路径图（整合后第2阶段的销售运营功能）

人员进行培训，按LTC的科学方法重新设计他们的工作，然后就把原来服务和支持的那些负责流程相关的人员剥离出来，放到这位专业经理下面，成为一个专门的小组，从而实现销售运营部里"销售流程"这个模块的升级。其他模块的升级也以此类推。最后就形成了图12-5"销售运营部门升级路径图"下方所示的第2阶段"新销售运营部门"。

销售运营部门只有发展到中级阶段以后，才成其为真正的"销售运营部门"，才能承担起本书所介绍的"运筹帷幄、决胜市场"的使命，否则充其量只是"销售助理""销售支持部"。而要达到这一目标，需要企业和销售运营人双方的共同努力，一方面企业应提出要求、赋予职权、提供相关培训、进行人才培养；另一方面销售运营人应奋发图强，提升自己在销售运营管理核心模块上的专业技能。

第4节　销售运营能力模型和培训体系

前文我们说要发挥销售运营部门的真正作用，就应该具备专业技能。那么销售运营应当具备什么样的能力素质？又该如何培养呢？我们以销售运营总监为例来探讨销售运营的能力模型，因对销售运营总监要求是最综合和最高的，其他销售运营职位可以借鉴销售运营总监的能力模型规划和提升自己的能力。

一、什么是能力

能力一直是一个相当模糊的概念，之所以说它模糊，是因为它的内涵和外延都不太容易界定，比如说谁能定义人的身上有几种能力？是10种？还是100种？还是1000种？恐怕世界上没有哪个人或机构能给出一个令人信服的标准答案。因此，我认为不能泛泛地谈论能力，而应结合工作场景、工作任务来定义能力——能力是解决特定工作任务所需的知识、技能的总和及其熟练应用程度，是对特定工作场景的条件反射。因此，探讨销售运营总监需要具备什么能力，应该从销售运营总监需要完成的工作任务入手。

二、硬实力

有种观点，认为外行可以领导内行。我认为这种说法有一定问题。不排除少数情况下，超高人格魅力的人能够在对具体业务不熟悉的情况下，指挥下级去完成一些工作任务。但我认为这种情况出现的概率正在变得越来越低，尤其在知识工作者领域，如果你对下级知识工作者的知识领域完全不理解或者一知半解，很难获得知识工作者的心悦诚服，很难评价下级的工作成果，自然也很难领导下属知识工作者。

因此，担任销售运营总监，首先应该对销售运营管理需要解决的主要问题、主要的工作任务有比较全面和完整的知识体系。这样才能指导下级开展具体工作。我把这部分知识和技能称之为"硬实力"。硬实力就是履行工作职责的能力，尤其是指在缺乏外力帮助的情况下，比如在没有下属的情况下独立完成公司销售激励方案的设计，这个时候所谓的"领导力"就派不上用场了，因为你没有可领导的对象。这种情况下，如果你不掌握设计科学合理销售激励方案的知识技能，你就无法履行这项职责，就不是称职的销售运营总监了。因此，硬实力是领导力的基础——当销售运营的head，拥有硬实力，才能做稳做久，才能赢得下级的尊重。

那么销售运营总监需要具备哪些硬实力呢？如图12-6右侧所示。

销售运营管理

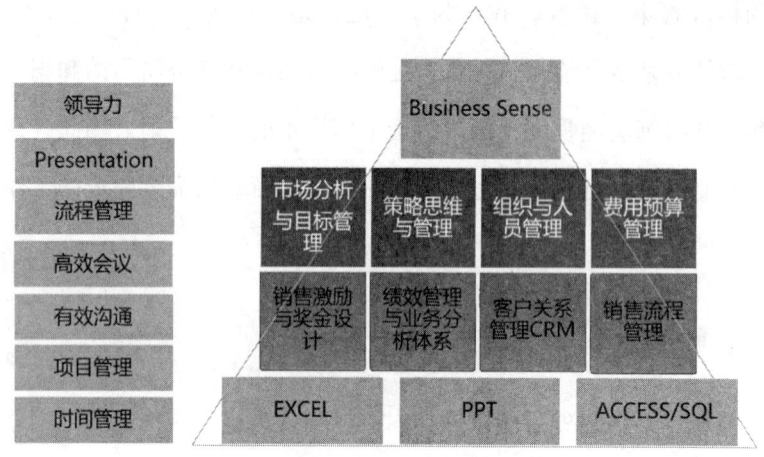

图12-6 销售运营总监能力模型

最基础的是应该具备销售运营基本要求的数据处理和分析能力。数据处理和分析是销售运营的基本功，销售运营需要管理大量的数据，并从数据中监测业务运转和找出问题。但这部分并不是销售运营总监的核心能力，因为数据处理和分析的能力比较初级，有几年工作经验的销售运营人多半能够熟练掌握excel、ppt这些技能，容易雇佣到人来负责这部分工作任务，因此它很难成为销售运营总监的核心竞争力。换个角度讲，光懂数据分析也很难晋升到销售运营总监的位置，甚至连晋升到经理都不是那么容易。

高级一点的能力，就是我们所说的销售运营管理8个模块的工作任务所需的知识和技能。这部分工作任务的实质是基于数据分析对公司进行业务管理，而销售运营总监的核心能力，就是基于数据分析对公司进行业务管理的能力。包括：

◇ 市场目标管理：销售运营的一项重要工作，就是设定和分解市场目标，这是业务管理的大前提。因而，进行市场分析、帮助公司设定和分解市场目标的知识和技能是必不可少的。

◇ 策略制定和管理：识别实现业务目标所需要执行的重点策略，并对策略加以有效管理的知识和技能。

◇ 人员配置管理技能：基于目标和策略设计组织结构、配置和培养合适的人员去实现目标的知识和技能。

◇ 费用预算管理技能：同样地，基于目标和策略分配和管理财务资源的知识和技能。

◇ 销售激励管理技能：销售运营需要能够设计出能够激励业务人员的销售激励方案，包括奖金政策、销售竞赛项目、销售认可项目等，需要掌握关于销售激励的原则、流程、方法等的知识和技能。

◇ 营销绩效管理技能：销售运营人员的一项工作任务是监测业务绩效情况，及时发现问题和进行纠偏，这就需要营销绩效管理的相关知识和技能。

◇ 销售流程管理技能：产品、业务模式较为复杂的情况，例如医疗设备、软件等这些领域，销售运营需要能够梳理和优化销售流程。

◇ 销售IT管理技能：多数企业的业务相关的IT系统会交由销售运营管理部门来进行管理，因此，销售总监不可或缺需要掌握CRM、BI等基本知识和IT管理技能。

这八个方面的知识、技能构成了销售运营总监的核心能力结构。具备这其中的一个或数个模块，一般就能够担任销售运营经理，在整个销售运营管理体系中独当一面。例如，擅长营销绩效管理模块的人可能成为业务分析经理（Business Analasis Manager），擅长销售IT的人，可能成为CRM Manager。而要成为销售运营总监，最少需要对其中3~5个模块具备3年以上的丰富管理经验。

再往上一个层次，是形成良好的business sense（业务感），即对业务的敏锐性。业务的敏锐性是指对八个模块都非常熟悉，一方面总是能够敏锐地发现业务在某个方面上存在的问题；另一方面，能从各个方面给出相

销售运营管理

应的对策和解决方案。比如，你非常熟悉销售组织结构设计的原理、原则，你可能很容易就发现公司销售组织设计存在的问题，比如有一次我们发现一家公司在区域市场上的竞争力偏弱，我们很快在这家公司的市场部的组织结构找到了症结所在，行业领先公司的市场部架构早已走到了"中央市场部+区域市场部"的架构方式，而这家公司组织发育远远落后于竞争对手，只设有中央市场部，市场部对区域的支持鞭长莫及，区域上的炮火自然要弱于竞争对手。这里，敏锐地发现问题就是一般所说的"业务敏感度"，这个例子里敏感度就来自于对销售运营管理八个模块中的"人员配置"模块知识、技能的熟练掌握和应用。

当然，光具备硬实力仍然不够，销售运营管理要推动公司变革，产生积极的成果，光知道各项任务该如何开展还不够，因为多数任务的开展需要协调其他人员，尤其是跨部门人员。因此，除了硬实力外，还有一系列的软实力需要掌握。这些软实力包括：

	专员	主管	经理	高级经理	副总监	总监
领导力		★★	★★★	★★★	★★★★	★★★★★
Presentation	★★★	★★★	★★★★	★★★★	★★★★	★★★★★
流程管理	★★★	★★★★	★★★★	★★★★	★★★	★★
高效会议	★	★★	★★★	★★★	★★★★	★★★★★
有效沟通	★★★	★★★★	★★★★★	★★★★★	★★★★★	★★★★★
项目管理	★★	★★★★	★★★★	★★★	★★★	★★★
时间管理	★★★	★★★	★★★★	★★★★	★★★★	★★★★★

★表示需要该项技能；★的数量表示需要该技能的强度

图12-7 销售运营能力模型：软实力

1. 时间管理

时间管理是重要的自我管理技能，能在事业上取得成功的人，一般都有较强的时间管理能力。我认为时间管理对于销售运营的人尤为重要，因为销售运营的大部分工作都和"定规"有关。但凡规则，就必然和时间相关，例如需要什么时候提交数据报告、需要什么时间完成什么事情等。如果运营人自己没有很强的时间观念，我认为是不可能很好地去为其他人定立规则的。因此，时间观念和管理技能是销售运营人重要的软技能。

2. 项目管理

项目管理是销售运营人员必修的另一项重要技能。企业的所有工作大致可以分为两类：一类是常规性工作；一类是偶发性工作（如图12-8所示）。前一类工作，例如销售运营中的奖金计算、数据报告等，一般都可以按固定的程序开展，不太需要关注；而另一类工作，比如组织结构优化、策略项目落地、CRM系统建设等，多为项目性质、阶段性的工作。一般常规性的工作已相对稳健运作，不需要太多管理；而项目性质的工作，多是公司面临的新挑战，往往也是老板头疼的问题。典型的，比如，老板认为应该要上CRM系统；又比如，老板认为应该变革公司的销售薪酬制度，那么这些任务一般就会变成公司，当然也是销售运营部门当年的重点项目。这些项目往往是决定老板对这个部门的绩效评价的首要依据，比如，销售运营部门今年完成了CRM系统上线；或者成功地建立了销售培训体系，那么就很容易成为亮点工作获得好的年终绩效评价。反过来，如果这些老板认定的关键项目没有被很好地完成，那么这个部门的年底评价一般也就只能是中等了。所以销售运营人员一定要学会项目管理技能，才能够把每年老板指定的那些重点项目完成得漂漂亮亮的，才可能工作出彩和获得职位晋升。

销售运营管理

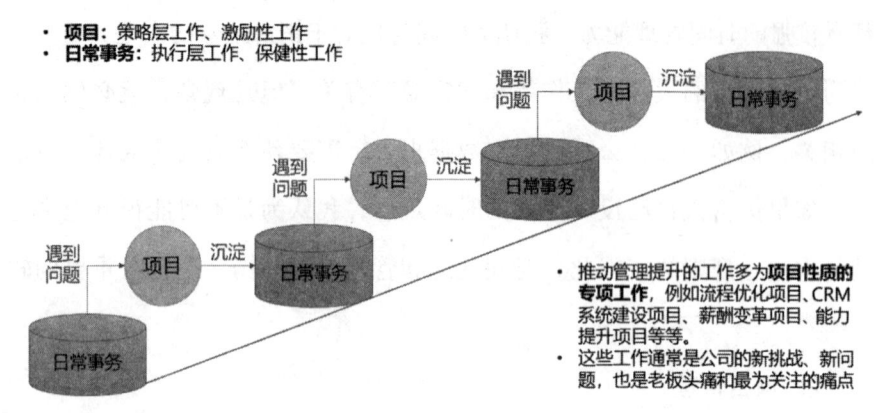

- **项目**：策略层工作、激励性工作
- **日常事务**：执行层工作、保健性工作

图12-8　企业管理水平提升的演进方式

3. 高效沟通

曾有一种说法，认为90%的管理问题都可以归因到沟通不足上，沟通可以解决掉90%的问题，尽管这一说法可能有些夸大，但也反映了沟通这项技能的重要性。销售运营是一种参谋角色，意味着一方面要通过沟通让别人理解自己的谋划，另一方面也需要通过沟通让销售人员或者跨部门同仁去执行自己的谋划，这自然意味着沟通技能是销售运营人员不可或缺的技能。举个简单的例子，常有销售运营人员跟我反馈，"他们把某项政策发mail给销售了，可销售不看，这不能赖销售运营吧。"这其实是一种缺乏沟通技能的表现。高效沟通相关研究表明："人们可以记住10%所读到的，20%所看到的，30%所听到的，50%同时听到和看到的。"所以，善于沟通的销售运营，在制定政策时，永远不会只把文件甩给销售，否则只有10%会被吸收。走到业务中去，讲给他们听，演示给他们看，甚至演绎成故事。否则你的工作只做了10%。

4. 高效会议

会议在销售运营管理工作中也是时刻伴随的，尤其在走到销售运营的中、高级职位的时候，经常需要组织跨部门的同事就特定的销售运营管理问题展开讨论和决策。这些会议的与会者可能来自不同的部门、不同的级别，甚至可能会有级别比自己高很多的大佬，例如CRM经理组织global、IT head、sales head、marketing head等各部门的大佬讨论项目决策，如何高效地组织会议，如何高效地汇报进展，以及如何促成决策等，都是非常重要的，因此，高效会议技能也是销售运营人士必须具备的软技能。

5. 流程管理

销售运营的相当大一部分工作是制定规则，而流程管理，就是一项非常重要的定规工具。流程管理就我自己的体会，在两个方面非常有价值。一个是销售流程的梳理，销售运营如果掌握流程的输入、输出、who、when等要素，掌握专业的流程图绘制和流程文件编制，会让流程梳理变得更容易、更高效。流程管理的另一个重要应用，是当你晋升到销售运营部门总监或者部门经理的时候，你可以用流程管理来梳理和规范本部门的工作，例如销售运营的业务分析工作是怎样的流程？应该在什么时间启动业务分析？谁来启动？数据如何组织？谁来校验？等等，都可以用流程管理加以梳理，这会使部门工作组织得更加井井有条，也便于负责不同工作的人员相互进行轮岗，为本部门人员的能力和职业提升创造条件。

6. Presentation

这项能力其实贯穿销售运营职业发展的全职业阶梯，从入门级的专员，到总监，但越往高处，这项能力就越重要。你能不能用很清晰的逻辑结构向老板汇报你的业务计划？或者向销售人员宣讲你设计的激励方案？中国老话讲，干得好不如说得好。在GE，也鼓励员工要多多exposure（展现）。"你很有才华，你老板知道吗？""你很有功绩，业务队伍了解吗？"如果你觉得你怀才不遇，很可能你只是展现得不够。而Presentation，就是展现你自己并影响他人的重要技能。当然，这里的presentation不仅仅是幻灯片，还包括演讲的技巧。

7. 领导力

从开始担任带人的角色开始，领导力就是必要的技能，领导力是一种使人如沐春风、乐于追随和贡献才智的能力。尽管有的观点认为领导力是天生的，但还是有相当多的技巧可以学习和发展。所幸，领导力相当一部分来自于你的职权，当你担任了销售运营总监，那么，你对市场目标设定和分配、人头（Headcount）分配就有话语权，你对你部门内人员的绩效考核、晋升评级也很话语权，如果你再花一些时间去学习领导力的源泉，以及如何更好地应用这些源泉，就会帮助你更加获得各方面的支持，也会让你的事业更加成功。

上述这些销售运营总监所需的软技能，其实不仅仅局限于销售运营，应该说普遍适用于各职业发展通道，包括销售部、财务部、人力资源部等。志于在职业发展上走到更高位置的人士，建议较为系统地训练和发展上述的各项技能。

三、销售运营培训课程体系

如图12-9所示是销售运营管理知识体系和培训体系，分成4个部分：

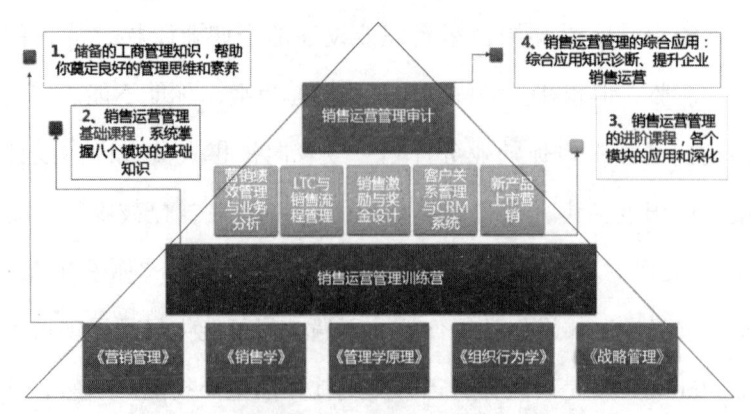

图12-9 销售运营管理知识体系与培训课程

第1部分是储备良好的工商管理知识基础。销售运营管理本身是管理

第12章 销售运营管理的组织结构支持

学的一个分支,储备良好的工商管理知识会为掌握和运用销售运营管理奠定非常好的基础。我们观察发现具备工商管理专业背景的销售运营人员职业发展较为顺畅和快速,一些Top外企招聘销售运营职位时直接说明"MBA优先",可见这部分知识对从事销售运营管理工作的帮助。这部分知识包括高校工商管理教育的那些经典课程,《营销管理》《销售学》《管理学原理》《组织行为学》《战略管理》等。

第2部分是销售运营管理入门课程。这门课程主要介绍销售运营管理8个模块的基本原理、工具和方法,形成销售运营管理整体概念。销售组织的问题,很少是单一模块的问题,典型的如销售策略管理,往往牵扯到该策略相关的目标、人员、培训、激励、流程等诸多方面,需要综合运用各模块的知识;此外,销售运营是一门"识别和最大化销售增长潜力"的学问,只有具备8个模块的整体概念,才能运筹帷幄、决胜市场,准确识别、判断增长瓶颈究竟存在于哪个模块。因此,做销售运营一定要先学习八大模块的整体概念。

第3部分是销售运营管理进阶课程,是各个模块的应用和深化,包括《营销绩效管理与业务分析体系》《销售流程管理与LTC》《销售激励与奖金设计》《客户关系管理与CRM系统》《产品营销战略(新产品上市)》等课程。

第4部分是销售运营管理高阶课程,《销售运营管理审计》,综合运用各模块的知识、技能,识别销售增长瓶颈,最大化销售增长潜力,以及建立持续改善的长效机制的方法。

第5节　销售运营管理部门与其他部门

1. 销售运营管理部门和销售部门的分工

销售运营管理部门和销售部门是协同合作关系。事实上销售运营部门发展早期可以说脱胎于销售部门，因此，可以说和销售部门的联系是非常紧密。相当一部分销售运营管理部门的工作内容最早是销售最高领导人的大脑，如销售战略、销售目标分解、销售分析、销售奖酬设计等。随着销售队伍的日渐扩大，管理复杂度的不断上升，这部分工作的重要性凸显，而工作负担日渐繁重，非一人能够承担，最后衍生出销售运营部门，以用更专业和更有技术含量的手段去解决上述的销售管理问题。有不少销售运营部门甚至是隶属于销售部的，后来为了保持更好的独立性、公正性、全局性，越来越多的企业使其独立出来平行于销售部门而挂在最高管理层下。

2. 销售运营管理部门和市场部门的分工

在一些企业，销售运营部门叫作MSE（Marketing and Sales Excellence），把市场运营的一些工作，如市场调研、市场活动效果评价、工具开发和应用剥离出来放到了销售运营部门（事实上，销售运营管理大量应用了营销管理范畴的概念、工具、理论，工作中和市场的协作配合是非常多的）。这主要是依据"运动员"和"裁判员"不能是同一个人的原理来划分的。运营部门独立于销售、独立于市场，能够更加客观公正地评价市场活动、销售活动的效果、投入产出及绩效。另外，这也是专业化效率的需要，销售运营部门有几个优势：一是精熟业务，善于和销售人员打交道，更有利于将市场的关键措施在销售团队中落地执行；二是精通数据处理和分析，能将内外部数据进行更好地整合、挖掘和利用,充分服务于业务管理;三是精通专业化工具(如CRM)的应用和管理。于是逐渐把相关的这些内容归集到了销售运营,以提高工作效率。

3. 销售运营管理部门和人力资源部门及财务部门

在和后台职能部门关系中,销售运营部和人力资源及财务部门并列为三大核心职能部门,他们之间的合作可谓最为紧密,因为他们需要共同按4+1管理模式对业务经营的市场目标、人员配置、费用预算、策略制定、绩效薪酬各个模块负责。他们的分工协作,详见第3章的相关介绍。

4. 销售运营管理部门和其他职能部门

销售运营部和IT、采购、行政、研发、生产、物流等其他部门的合作,可以看作是顾客、销售部和职能部门间的传导器。销售运营部是将顾客和销售部门的需求传导到相关职能部门,并建立数据追踪机制,确保相关支持工作落实到位。

第13章
销售运营管理的趋势

销售运营管理作为企业运营的重要职能，在跨国企业的运作中发挥着重要作用，但在国内，无论是在企业的管理实践中，还是在理论研究上，都还很少见。笔者认为可能有以下几个原因。

1. 运营管理的主线"市场目标—策略制定—行为（任务）—绩效—激励"涉及企业最核心的业务机密，是企业管理的精髓，这也使得很多先进企业有意无意地隐藏这项管理实践，影响了这项管理技术的传承和传播。

2. 传统观念的运营管理或现存的运营管理研究，主要集中于生产领域，绝大多数的运营管理方面的教科书，研究的都是工厂、服务、生产的组织和管理；而我们现在介绍的运营管理实践，实际上是"市场"的运营，研究的是如何组织各项资源，以最富有效率的方式开发市场、达成市场目标。在跨国企业实践中，为了将此职能和传统观念的"运营管理"区别开来，往往称为"销售运营管理"或"销售与市场运营管理"。笔者认为，企业的运营理应围绕着市场、销售，然后以市场、销售带动职能、生产和供应链的运营，销售、市场更需要"运营管理"，这才是真正打通企业横向价值链，真正市场、销售导向，这才是企业运营管理被忽视的研究重点所在。

3. 中国大部分企业组织结构形式较为原始，大多数企业仍然处于简单的职能组织结构，还没有走到把职能部门组织起来，统一于市场竞争的高度。众所皆知，职能组织的弊端是各个职能部门各自为政，无法统一于

第13章 销售运营管理的趋势

企业争夺市场的需要、不利于企业形成整体的策略安排,甚至形成了"局部最优"大于"整体最优"的有害于企业利益最大化的部门本位主义。最典型的例子,IT部门和销售部门,企业考核IT部门,往往用的是成本、项目时间,因此IT部门做事时往往是怎么简单怎么来、怎么省事怎么来、怎么快怎么来,交付的系统完全不顾业务追求的快速、便捷和灵活,但由于IT的专业性,业务人员往往无法识别其中的玄机。笔者负责过的一个项目,IT人员为了图编程简单,去掉了客户选择的搜索功能,于是业务人员在填写销售单时,需要靠肉眼从数以千计的客户列表中寻找客户名称,想象一下一个一千多行的Excel表,每行10~20个文字,填写表单时需要靠肉眼找出其中几个文字。IT人员把设计方案给我时(我当时在销售运营部担任此项目的项目经理,代表销售部门负责此项目的需求、设计、验收和培训等事宜),我说:"我不能让你通过,因为我背后是数千名销售人员,每个销售人员为干这件事,每天白白多花十几分钟,这对企业是多大的效率损失,这个责任我不敢负。"IT给我说:"为了做这个功能,需要多花多少人多少天,可能导致项目延期。"我说项目延期的责任我可以负,但我决不允许交付的是一个没有效率的东西。在这个例子中,IT只关心按时完成自己的任务,而销售部门缺乏相应的专业知识去揪出IT应用中的这种陷阱,有了既懂业务又懂流程又懂IT的销售运营职能,就较好地确保IT应用服务于业务的需要。500强企业较早意识到类似弊端,因此设置了销售运营管理职能、COO等角色等来优化原始的职能结构,确保各个职能部门服务于市场目标。运营管理职能的诞生是对简单的职能组织结构的改善。

时下销售运营管理的一个重要趋势是和战略的融合。战略概念在过去的很长时间里被炒作得很热,很多企业纷纷成立战略部门,然而这一部门在现实企业中却运作得不好,非但没有发挥预想的功效,还常常被边缘化。笔者认为这种现象的重要原因是企业很多战略部门对企业实际情况把握不足，拿出来的战略方案往往脱离实际，不具备可行性。我认为战略和运营不可脱离，很多企业的战略职能的弱点就在于脱离了业务实际后，做虚做空了。事实上，战略的三个环节（战略分析—战略制定—战略执行）和运营都是息息相关、紧密联系的，战略—运营—执行应三位一体，战略在于发掘市场机会，而运营则在于围绕市场机会进行资源配置和执行落地（年度运营规划及季度、月度执行，动态修正、改善）。因此，运营管理部门的一个趋势，就是与战略部门整合，在第12章"销售运营管理的组织结构支持"就是这个趋势的体现。

结束语

经济学的核心命题是有限资源的效益最大化，管理职能的产生、管理学的诞生是基于对这种资源优化配置、经济效益最大化的追逐，可以说"对效率的追逐"，或者说"如何最有效地配置企业的各类资源以达成企业的市场目标和经济效益"是管理职能的终极目标，销售运营管理职能正是基于管理的这一终极目标。

最近几年，我们很高兴地看到国内一些行业的领先企业，如互联网的美团、阿里，制造业的隆基股份，医疗器械行业的迈瑞等，都设立了销售运营管理部门，持续提升销售体系，挖掘销售增长潜力，促进企业增长。我们坚信销售运营管理之道是销售体系建设的王者之道、是企业追求增长的最佳解决方案，因而设立销售运营部门、诉诸销售运营管理之道以寻求持续增长才会成为国内外众多最优秀企业不约而同的共同选择，诚如麦肯锡白皮书所指出的：卓越销售运营管理——增长之路。

销售运营管理的实践和研究方兴未艾，期待将来涌现更多的实践者和研究者，为中国企业家提供更多企业销售运营管理领域的实用指南和鲜活案例。

推荐语
RECOMMENDATION

医疗行业（医疗器械、医药行业）

很多民营企业在成长的过程中常常依靠的是经验和直觉，这在企业发展的早期阶段能缩短决策流程、快速响应市场并抓住发展契机。当企业规模发展到一定程度后，基于数据和系统规划的决策起着越来越重要的作用，读者从《销售运营管理》能够得到启发和借鉴。我国医疗器械行业距离科学销售管理体系的距离尚十分遥远，而《销售运营管理》无疑是缩短这一距离的指路明灯，建议医疗器械行业的销售管理者们都认真研习。

——**赵晓红** 爱康医疗控股有限公司（港股上市公司）执行董事兼副总裁

《销售运营管理》是非常值得一读的书籍。深入浅出地阐述了销售运营管理的核心理念和实战技巧，包括如何制定市场目标，如何提高销售效率，如何制定策略等方面的内容，非常具有指导意义，相信会对从事销售运营管理人员的职业生涯产生积极的影响。

——**朱 郁** 上海微创电生理医疗科技股份有限公司（A股上市公司）副总裁

后疫情时代对企业的运营管理提出了更高的要求，营销高效运营和精细化的管理在制药企业专业化的学术转型中重要性显得越发地突出和紧迫。迪祺从古到今，从理论模型拆解到自己的亲身实战娓娓道来，通过他的总结和思考给读者呈现了一套具有实战性的方法体系。

——**黄 憨** 北京康辰药业股份有限公司（A股上市公司）产品战略发展中心总经理

销售运营管理

黄迪祺老师的《销售运营管理》帮助我从BU业务岗位到营销战略运营的转型，具备简洁全局的战略思维指导价值。这本书理论系统和真实场景案例既解决了外企职业经理人在当前医药环境中的落地灵活性问题，例如指标和绩效多种设定方案；又解决了国企经理人缺乏的系统性运营思维框架问题，例如IT系统和流程搭建问题。值得推荐！

——徐　春　长春金赛药业（A股上市公司）战略运营部高级总监

《销售运营管理》不仅仅是一本理论性的教科书，更是一本实践性的指南。黄老师通过生动的案例和实际经验，深入研究了销售运营管理的关键要素，探讨了市场竞争、销售策略、渠道管理等主题。同时，还提供了实用的工具和方法，帮助销售团队在不断变化的市场环境中实现卓越的业绩。

——石振宇　蓝帆医疗（A股上市公司）心脑血管数据运营、SFE总监

黄迪祺老师十几年磨一剑，结合了世界500强企业在销售运营管理方面的最佳实践和在国内企业咨询落地的经验，全面系统地归纳和总结出销售运营的方法论和"4+1"管理体系架构，是销售运营领域难得的一本宝典和工具书。

——朱钢华　万孚生物（A股上市公司）运营支持部总监

互联网&IT行业

我先后读黄老师的《销售运营管理》这本书两遍，第一次是我自己是负责销售运营约一年多，第二次重读是在负销售团队后半年左右。两次都有很大收获，受益匪浅。

所以我也推荐两类朋友读这本书，一是正在从事销售运营工作的朋友，这本书可以帮助你更好地理解自己的岗位职责；二是从事销售管理工作的朋友，这本书可以帮助你更好地与销售运营协同，用好销售运营的资源，或者管理好销售运营团队。

——陈　畾　美团酒旅事业部销售运营负责人

推荐语

全球经济平稳运行新常态下，每家企业都希望找到增收入提业绩的策略和路径，每个销售组织都在思考我们的市场机会在哪里？我们的客户在哪里？我们的增长点在哪里？应该采取什么样的业务策略？如何科学合理地设定业务目标？如何布局我们的销售队伍更好打赢这场仗？如何解决销售管理中让人头疼的销售黑箱问题？……解决好这些问题，将成为在新常态时期获得独特竞争优势的内在驱动力。Steven的第二版销售运营管理，对标业界最佳实践，引入"定策略、拿结果、可复制、易上手"的实战销售运营体系和方法，聚焦科学销售管理体系建设的管理痛点，不仅体系化涵盖了销售运营管理涉及的理论知识，作者在阐述了做什么之后，还引入大量实战案例分享了怎么做。从理论到实践手把手教你如何构建"全程记录、全局可见、结果可视"的打单流程化、标准化的指标驱动的销售过程管理体系，从不可控的结果指标转变为管理前置可控行为指标，构建业绩增长飞轮，让一切变得简单可复制。本书源于作者长期以来对多家公司的咨询实战研究，希望所有读者都能和我一样从本书中获益匪浅。

——**武　超**　美团餐饮SaaS销售运营负责人

在当前的时代背景下，销售运营管理对企业发展的重要性不言而喻。随着市场竞争的日益激烈和消费者需求的不确定性增加，企业需要不断提升自身的销售运营能力，以应对市场变化和挑战。

黄迪祺老师凭借多年的专业经验，将销售运营管理领域的独特见解和深入分析总结为《销售运营管理》一书，这本书犹如灯塔一般为企业做好销售运营管理指引着方向，也是为销售团队和管理者提供实用战略、战术和工具的宝典。

书中详细解释了如何设定并实现销售目标，如何实施有效的销售流程，以及如何评估、改进销售团队的绩效。同时，详细阐述了如何通过改善销售流程、优化销售团队的组织结构等方式，提高销售效率。并且，书中还包含了来自不同行业的案例研究，使得理论更具说服力，也使我们能够从这些成功实践中获取灵感。

欣闻黄老师《销售运营管理》一书发布第二版，我强烈推荐销售从业者认

销售运营管理

真阅读，无论你是刚刚开始职业生涯的销售运营新手，还是已经有一定经验但寻求进一步提高的销售运营团队领导，《销售运营管理》都是行业里最值得一读的书。它将帮助你深化理解，激发新的想法，并提供实现目标所需的工具和技巧。

总之，我极力推荐《销售运营管理》这本书，它将为你的事业提供强大的支持。

——高　豪　京东集团零售云业务资深运营总监

百度十分重视销售运营在销售管理中的中枢作用，是国内最早设立销售运营部门的互联网公司之一。黄老师的《销售运营管理》一书为互联网公司的销售体系建设提供了宝贵的指南。

——吴鑫洋　百度中国区运营总经理

销售管理在企业的运营过程中属于重点关注的领域，目前市面上的销售管理书籍一般从成交或流程的角度来谈管理，而从运营的视角谈管理的书籍很少，让人耳目一新。本书系统地讲解了销售运营的版块、方法，分享了工具和实战经验，尤其策略制订和销售激励设计，观点新颖，值得借鉴。推荐销售运营管理人员将其作为必读书籍，研读和学习。

——郭宇龙　金蝶中国销售运营部总监

这是一本老板和销售管理者必读的书！如果业务要规模化扩张，那更是要仔细研读并且落地应用！销售运营作为前线作战部队的"总参谋部"，在业务发展中起着至关重要的作用，黄老师总结的销售运营管理八大模块和4+1管理模式，对于销售运营团队建设是非常好的体系框架。第二版中，黄老师更新的"探寻和最大化市场机会并科学设置市场目标""制定有效的销售策略并高效执行"也是当前我们遇到的关键问题，相信能带给大家更多的启发和帮助。

——陈常霖　高顿联合创始人、高级副总裁

快消行业

过去的二十多年服务过多家著名外企，共同的特点都是有独立的销售运营管理部。能把销售运营项目做好的企业在业务标准化、组织绩效上都是最优的。黄迪祺的这本书高度总结了销售运营在市场策略、销售目标、人员配置、激励方案等方面主要工作，值得正在组建销售运营管理部的企业和个人研习。

——Susan 原嘉士伯重庆啤酒股份有限公司商务总监

尝试以批判的目的翻一翻本书，不料被书中诸多观点引发共鸣，遂认真研读，把作者观点与书中引用的中外名企案例，以及个人工作心得结合分析思考，促使自己把原本散落的工作心得体会进行了梳理、归纳与总结，形成了前后印证的逻辑体系。本书可当作一本销售运营管理的工具书。

——Queenie 飞鹤乳业销售管理部总监

管理咨询行业

营销数字化是大势所趋。营销数字化包括两个方面：一方面是营销管理规则、制度的建立，另一方面是用信息技术对营销管理规则、制度加以IT化、固化。《销售运营管理》是营销管理规则、制度梳理的优秀指南书，公司如能用书中的框架指引营销数字化进程，将事半而功倍。

——Michael Yan 原埃森哲中国Managing Director

销售运营基于数据实现精细化管理，提升销售漏斗的健康度、提高赢单率、持续优化销售过程效率、改善人效，给业务带来直接的增量效果。也是因为这个大逻辑，销售运营不仅在世界五百强，同时也在目前在我们服务的国内企业当中，扮演着越来越举足轻重的角色。黄迪祺老师一直以来帮助企业搭建更高效的销售运营团队，理论和实操都有很深造诣。他的书再版，特此推荐！

——蔡 勇 前惠普中国区副总裁、硅谷蓝图中国区董事总经理